世界歷史有一套之

聞香法蘭西

楊白勞

目錄

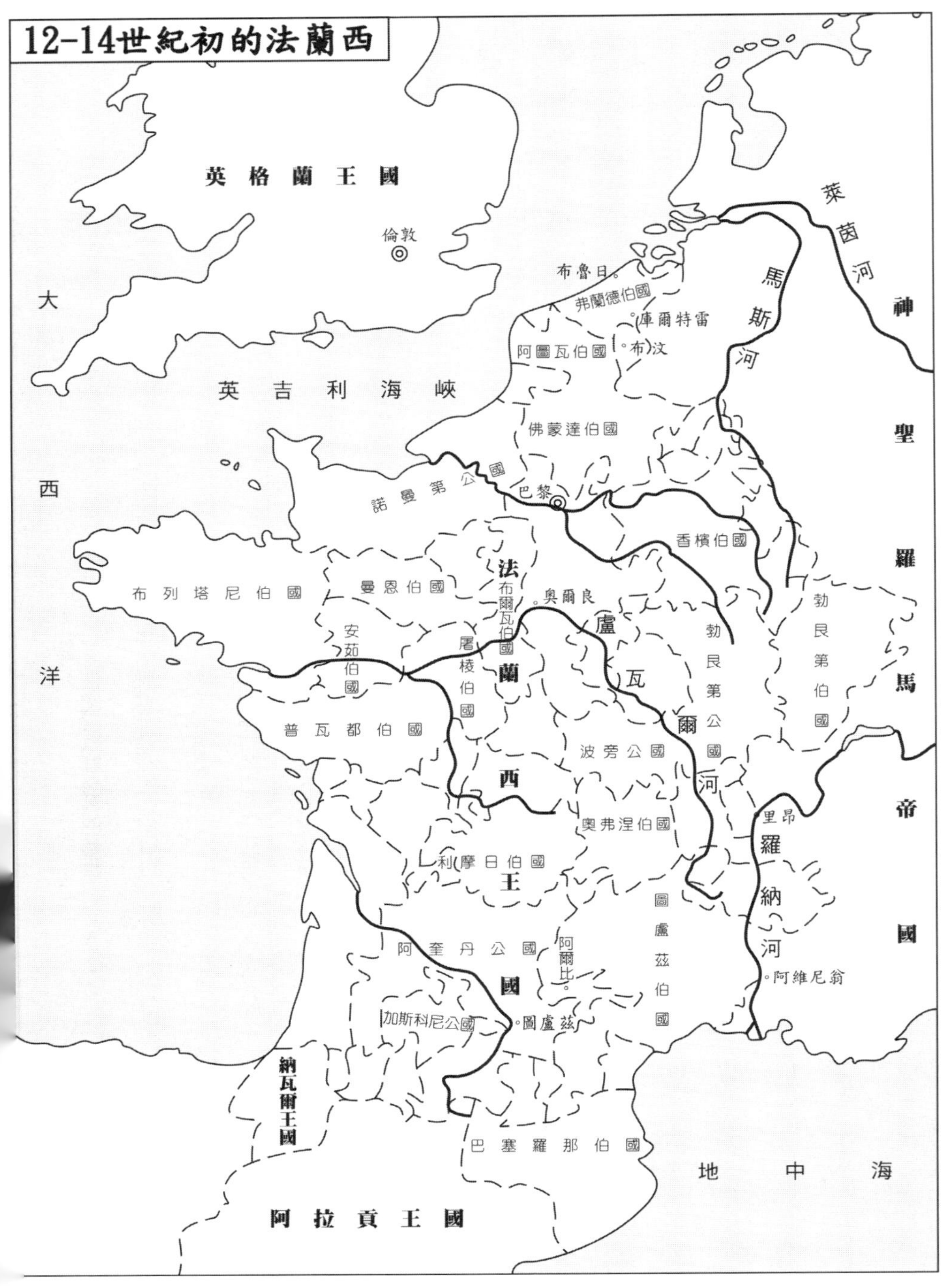
12-14世紀初的法蘭西
英格蘭王國
倫敦
大西洋
英吉利海峽
布魯日
弗蘭德伯國
庫爾特雷
布汶
阿圖瓦伯國
佛蒙達伯國
諾曼第公國
巴黎
香檳伯國
布列塔尼伯國
曼恩伯國
法蘭西王國
布爾瓦伯國
奧爾良
安茹伯國
屠棱伯國
盧瓦爾河
勃艮第公國
勃艮第伯國
普瓦都伯國
波旁公國
奧弗涅伯國
利摩日伯國
阿奎丹公國
阿爾比
圖盧茲伯國
加斯科尼公國
圖盧茲
里昂
羅納河
阿維尼翁
納瓦爾王國
巴塞羅那伯國
阿拉貢王國
地中海
馬斯河
萊茵河
神聖羅馬帝國

引言

這是《世界歷史有一套》叢書的第四本，老楊會帶大家回到法國。

為什麼是「回到」法國？因為老楊和「地主」這一場意外的緣分，奇妙的旅程，幾乎可以說，是從法國開始的。

二〇〇八年，為了配合奧運前各種激動或者躁動的情緒，老楊隨手寫了一部簡單潦草的法國歷史發在網上，雖然很不嚴肅，居然還是有「地主」閱讀和評價，並一直鼓勵督促著老楊的堅持和進步，一轉眼就是三年過去了。

感謝三年來「地主」們的不離不棄，重寫這部法國的歷史時，老楊一直懷著感恩的心，也希望現在的表現比三年讓大家更滿意。

都知道西歐諸國的歷史糾結得很緊密，英國和德國兩家的故事已經出版，部分相關重複的內容，在法國篇中老楊就不再贅複；而有些故事也許在英國和德國時沒有講全面，加上法國這一塊，拼圖就完整了，所以建議「地主」們將三本書放在一起閱讀。

出發吧！

看到《聞香法蘭西》這個名字，大家第一反映就是法國香水。在老楊看來，香水之香，太過膚淺，無論是 CHANEL 5 號還是大蒜，要刺激感官並不難，如果不巧患了感冒，再好的香水也是百搭。

香味是一朵花的精髓，香水是這種精髓的提純；思想和創意是人類發展的精髓，文化藝術則是人類精髓的提純。所以說文化藝術才是世界上最深沉最濃郁的香氛，這種香味能穿越我們的器官直接浸潤心靈的，暈染我們的意識和靈魂，而且歷久彌新，永不消褪。

說到法國，有兩個得到全世界承認的關鍵字，一個是浪漫，一個是藝術。浪漫是無影無形沒有痕跡的，法國人的浪漫跟咱們文明古國的標準恐怕還是稍微有點不同，讓我們在未來法國史的進程裡慢慢體會。而藝術之香是最容易感覺到的，在法國，它無處不在，從每個毛孔中滲透出來。

我們第一個要造訪的法國景點，是羅浮宮，全世界藝術的聖殿。

老楊組織的是精華遊，撿重點的說，講講羅浮宮三件鎮館之寶：

第一件，《米洛斯島的維納斯》。我們通常叫的名字是「斷臂的維納斯」。這是一件我們熟悉得不能再熟的雕塑品，隨便走進一家路邊工藝品店，花兩百元錢可以買一尊非常精緻的仿品，擺在家裡慢慢看。

在羅馬卷，老楊介紹過維納斯，她是羅馬神話的愛與美神，在希臘神話中，她叫阿佛洛狄忒，天上地下最美的女人，金蘋果的獲得者。傳說她是宙斯背著老婆在外勾搭大洋女神生下的孩子，誕生在海洋上的浪花中。

阿佛洛狄忒一出生就是成年美女，光芒四射，沒有經歷過不美的嬰幼兒時期。她在賽普勒斯上岸，此後這個島嶼成為她的聖島，賽普勒斯島是世界上最信奉維納斯的地方，現在還隨處可見維納斯的廟宇和雕像。

在奧林匹斯山，阿佛洛狄忒的美豔讓所有的男神仙為她瘋狂，所有的女神仙嫉妒成狂。為阿佛洛狄忒傾倒的神仙裡，當然少不了最大的色鬼宙斯（整個希臘神話，宙斯最大的工作業績就是跟各色女人私通），希臘神話不用研究親緣關係，宙斯追求自己的女兒不算人倫悲劇，最悲劇的是，阿佛洛狄忒居然還拒絕了這位神仙老大。宙斯惱羞成怒，就將她許配了自己的兒子，火神和工匠之神赫准斯托斯。

赫准斯托斯心靈手巧，和善友愛，為奧林匹斯山修建了精美的宮殿，還幫諸神配置了神奇的兵器，深受各界神仙好評。不過他面目醜陋兼瘸腿，是古希臘神話中最醜的神仙，美女俊男聚集的奧林匹斯山上最不協調的風景。宙斯將阿佛洛狄忒嫁給他，分明是帶著報復的惡意。

阿佛洛狄忒可不是那種屈服於包辦婚姻的弱女子，她要走出家門勇敢地尋找自己的愛情。於是，這個大美女在希臘神話中留下了大量可以和宙斯媲美的私通故事。

在神界，阿佛洛狄忒最大的相好就是戰神阿瑞斯，還生下了小愛神（在羅馬神話裡，被叫做丘比特，光著屁股，背著一副弓箭，到處亂射。地球人被他的金箭射中，就產生愛情，被鉛箭射中，就產生仇恨。根據歷史上那些氾濫的愛情悲劇，可以看出這小孩眼神兒不算太好）。赫准斯托斯風聞老婆和阿瑞斯的故事，怒不可遏，但他佯裝不知，偷偷製造了一張金網。有一天，趁老婆和姦夫在床上鬼混，將二人一網打盡。赫准斯托斯背著這張網來到神殿，將二人丟在諸神面前，供大家參觀。成為古今中外最漂亮的一個捉姦行動，載入史冊。

除了戰神阿瑞斯，阿佛洛狄忒還勾搭凡人，在羅馬卷裡我們說過，阿佛洛狄忒跟凡人私通，生下了後來特洛伊人的駙馬爺埃涅阿斯。埃涅阿斯被羅馬人奉為始祖，阿佛洛狄忒自然就是祖奶奶了。

在希臘文化中，阿佛洛狄忒這種密集地背夫私通，可以理解為「多情」，所以她除了是美神，還是愛神。

美麗而多情，那就是女性美的象徵，當希臘羅馬人開始玩人體雕塑的時候，阿佛洛狄忒就成為他們最首選的主題了。

到底什麼是美女，古往今來，古今中外，標準各異。不過在世界藝術界，美女標準可以用數學方法統一。這要感謝天才的古希臘人，西元前四世紀左右，古希臘的雕塑家利西普斯在自己的青銅雕塑作品中，將人體的頭部與身體的比例設定為一：八，根據這個比例雕刻出來的人體，修長而優美，得到所有人的認可，從此，這個比例就成為西方人體美的最高標準。這個身材比例，就是我們現在常說的「九頭身」，嬌滴滴的台灣美眉林志玲和吳佩慈，就是經典的「九頭身美女」。

除了頭身比例，還有一個重要的美女比例就是黃金分割。西元前三〇〇年，「幾何之父」——古希臘著名的數學家歐幾里德在前人研究的技術上，創立了黃金分割的理論，經過後來的數學家將其發揚光大，讓〇．六一八這個數字跟圓周率一樣，成為數字界的大明星。

黃金分割大約就是說，一個物品如果要分成兩部分，最完美的分法就是整體與較大部分的比為1:0.618。自從這個比例橫行於世，大家就看這個數字怎麼看怎麼美，最後結論，美女的臉型五官也要符合這個比例才是美的。所有人拿尺子一通量，終於發現，好萊塢的潔西卡•艾芭是最符合這個比例的美女，幾乎接近完美了。

數學家們認為，「九頭身」美女或者是黃金分割的美女都還是能找到，可是既符合九頭身的比例又符合黃金分割的美女就找不到了，活的沒有，石頭的還是有一件，那就是羅浮宮裡的「米洛斯島的維納斯」。

這就是為什麼維納斯號稱是世界上最美，數學家們研究出來的。用數學知識尋找美女，肯定比在華爾街研究怎麼騙錢顯得更有意義。

這尊維納斯雕塑材料是白色大理石，就是我們一般說的漢白玉，在中國，它經常被用來做台階和欄杆，再深加工就是雕刻兩頭大獅子，面目猙獰守著大門，顯得主人家很有錢。而在古希臘，這些白色的大石頭，卻經常用來被雕琢成溫暖鮮活的人體。

米洛斯島的維納斯高二〇四公分，身材豐腴溫潤。她腰部微擰，讓整個身體呈現一種螺旋形的上升狀態，被人們稱為有「音樂的律動感」；而下半身繫在腰部的裙裾，皺褶細緻，質地垂墜，平衡了維納斯略微豐滿的上半身，讓本來有點微胖的女神顯得輕盈柔美。雕塑臉部有著無與倫比的完美五官，希臘人特有的挺直鼻樑和圓潤下巴。最了不起的是，這位女士幾乎什麼也沒穿，可她臉上的表情卻是如此的聖潔安詳，嫺靜端莊。

都說這尊雕塑是完美的，即使是，她沒有雙臂。維納斯是女神，而且是最美的女神，至少應該是四肢俱全吧，怎的去了法國在羅浮宮住下後，把兩條玉臂整沒了呢？關於雕塑雙臂之謎，也有很多眾說紛紜的故事。

最多人認可的版本是：一八二〇年春天，愛琴海的米洛斯島，有個叫伊奧爾科斯的希臘農民刨地，挖出了這尊維納斯。當時考古學正逐步盛行，有艘法國軍艦停靠在米洛斯島的碼頭，船上的一位法國軍官正好想在這座文明悠遠的愛琴海名島上掏換點寶貝帶回家。

法國軍官雖然是個初級考古愛好者，可維納斯的光芒太耀眼了，她一離開泥土，就讓人感覺到了她的價值。法國人要求購買，伊奧爾科斯也知道這是個好東西，於是開了個價格。法國軍官感覺到，這絕對不是可以放在自己家院子裡的東西了，於是找到米洛斯島上的法國領事，希望他能夠買下。

法國駐米洛斯島的領事薪水也不高，手上沒現錢，兩人商量，應該通知法國駐土耳其的大使（當時的米洛斯島在土耳其的統治之下），這筆錢由法國政府支付。好在法國人對藝術品的感覺是天生的，法國大使同意購買，可就在籌錢的這段時間，伊奧爾科斯在當地一個土耳其長老的慫恿下，將維納斯賣給了一位在土耳其上班的希臘官員。

法國人帶著錢回到米洛斯島，維納斯正預備裝上一條土耳其的船。法國人急眼了，他們不是海盜脾氣嗎，看在眼睛裡的東西是拔不出來的，買不到就搶吧。於是，法國人調動了停靠的戰艦，預備跟土耳其船隻打一仗，據說當時現場還有英國的戰艦，聽說有寶貝，也想過來踩一腳，海上一片混亂。

後來到底打起來沒有，也沒個定論，有一種說法是，愛琴海上突然起了風暴，海戰沒打起來，法國人利用這段時間充分斡旋，許了大把金子，總算將維納斯帶走了。而另一種說法是，小規模海戰還是發生了，法國人搶贏了，遺憾的是，維納斯的胳膊就是在這一場戰亂中被打壞了。

那到底伊奧爾科斯挖出來的維納斯有沒有胳膊呢？據說當時挖掘出土，維納斯就沒有雙臂，可繼續發掘，又挖出了兩隻手，正好能按上。右手提著裙裾，左手舉著一個蘋果。然而根據後來的研究，這兩隻手卻不是這尊雕塑原裝的胳膊。這樣就又冒出來一種說法，雕塑的作者猜想是古希臘著名雕塑家亞歷山德羅，他雕出這件作品後，請人參觀。大家都讚美她美麗絕倫，而最受大家稱讚的，是那兩條玉臂。亞歷山德羅可能是覺得細節的過於完美影響對作品的整體欣賞，或者是他辛苦忙半天，人家就看兩條胳膊讓他很忿怒，於是他就把兩條胳膊給卸了。

撲朔迷離，眾說紛紜，總之是，維納斯進入羅浮宮被世人看見並驚歎時，就是沒有胳膊的。全世界的藝術家都想補上這個遺憾，各路高人各施手段，配了花樣繁多的各種手臂，大家欣賞了一圈後，得出結論，就讓她維持原狀吧，別再費勁了，這個世界上，根本找不到能搭配這個美女的雙臂。

從此後，這尊米諾斯島的維納斯又被稱為「斷臂的維納斯」，她為藝術世界帶來了一種叫「缺陷美」的流派，讓後來的很多藝術品瑕疵都變得理直氣壯了。到底缺陷美不美，我們不是藝術家，也不好說，不過這位斷臂的美女我們看習慣了，也沒覺得不妥，而最神奇的是，這麼多年過去了，維納斯沒有雙臂，腰上的裙子還就是不會掉下來。

要說完美無缺的世界級藝術品，羅浮宮不知道有多少，偏偏沒有胳膊的維納斯成為鎮館之寶，有趣的是，另一件鎮館之寶，也是個「缺陷美」，更離譜的是，這個寶貝連腦袋都沒有！

給大家介紹的第二件珍寶，就是勝利女神。

希臘神話中勝利女神名字叫「NIKE」，主導著和平與勝利，她似乎沒什麼強大法力，就是有一對大翅膀，會飛。在戰爭或者各種競技比賽中，這位女神降落在哪一方，那方就會取得最後的勝利（其實這個法力是挺牛的）。

西元前二〇〇年，當時小亞細亞的統治者為了慶祝一次對埃及托勒密王朝的海戰勝利，在愛琴海北部的薩莫色雷斯島岸邊的懸崖，憑海臨風立起一座兩百四十四公分高的勝利女神像。勝利女神尼可張展雙翼，降落在一個船頭，裙袂在海風中飛揚。

如果說「米諾斯島的維納斯」是一種靜穆的美，這座勝利女神雕塑則是生機勃勃的動態美。不論是雙翼張開的角度，還是薄薄的衣裙下隱約可見的豐滿肢體，都可以感覺女神的蓬勃的力量。從任何角度看，雕塑都有一種向上伸展的動感。這已經不是一塊冰冷的大理石，這就是一位颯爽的女神，而且她隨時會逆風升騰，翱翔於海上的天空。

一八六三年這尊雕塑在薩莫色雷斯島出土，此後就被稱為《薩莫特拉斯的勝利女神》。

經過千年沉寂，再次傲然現身時，女神已經是碎片。費了不少功夫，她才算重新站穩在船頭。遺憾的是，腦袋和雙臂都找不到了。藝術家們這次學聰明了，既然連維納斯提著裙子的胳膊都配不出來，勝利女神降落在船頭那種凜然的威風更是雕刻不出來了，所以，只好就讓她沒頭沒手地站立在羅浮宮最醒目的位置。

勝利女神沒有頭和手也讓大家習慣了，因為即使是殘缺的，她立在那裡，所帶來的強大氣場也可震懾四周，就算是放在室內，參觀的人都能彷彿感覺到強勁吹襲的海風。

美國有個很著名的運動品牌就用了「NIKE」的名字，而它那個簡潔有力的標誌，可以認為靈感來自於勝利女神張開的強勁翅膀。

兩位女神都沒有胳膊，諾大一個羅浮宮，難道找不到一個有手的美女嗎？有啊，還號稱是世界上最美的一雙手呢，第三件鎮館之寶，就是大家都認識的《蒙娜麗莎》。

繪畫這東西，也沒個標準，一幅畫的價值到底取決於什麼，我們這些藝術外行也說不清楚。畢卡索的畫至今把持著繪畫拍賣的最高價位，梵谷緊隨其後，但是誰也不能說這兩個人就是世界上畫得最好的人。《蒙娜麗莎》並沒有拿出來公開拍賣過，相信對法國人來說，這絕對是非賣品，它值多少錢，沒人知道，可以說是無價。而如果要說到畫作在世界上的知名度，我想更是沒有一幅畫能比得上《蒙娜麗莎》了，說《蒙娜麗莎》是天下第一畫，估計大家應該都沒有意見。

自從小說《達文西密碼》盛行於世，達文西大爺幾乎已經是個半仙了。當然，他實際上也是個半仙，作為一個畫家、哲學家、音樂家、科學家、機械專家，軍事工程師，他對後世的很多領域都有巨大影響。這樣一個全科天才，他的任何行為都不能粗淺理解，所以，大家都認為《蒙娜麗莎》肯定也不僅僅只是一幅肖像畫這麼簡單，尤其是，圖中的女人還笑得如此古怪。於是，研究《蒙娜麗莎》也成了一個挺熱門的課題。

第一個謎題，蒙娜麗莎她是誰？最多人接受的說法，蒙娜麗莎是佛羅倫斯一個絲綢商的妻子，這位絲綢商人是達文西父親的朋友。一五〇〇年，他邀請達文西為自己的第三任妻子，時年二十五歲，已經生過五個孩子的麗莎作畫。達文西花了四年的時間完成了畫作（還有一說是畫了十多年，應該是指後來的細部修改），將他精湛的技法發揮到了淋漓盡致，以至於畫作完工，他自己太滿意了，不捨得交出來，帶著這幅畫，跑掉了。

還有種說法被很多人接受，說這根本是達文西的自畫像。江湖傳聞，達文西疑似同性戀，很自戀，還有點崇尚女性主義，所以他將自己畫成女人，還畫成一個完美女人。有一陣傳說義大利科學家想開棺驗屍，把達文西的頭骨挖出來重建，徹底揭穿達文西這個惡作劇（歐洲的考古學家喜歡挖先人的骨頭出來擺弄，後面咱們會經常說到開棺驗骨頭的事，咱們中國人有點忌諱這個）。

其他的說法就更離譜了，有人說蒙娜麗莎是達文西的老媽，還有人說她是個名妓等等。

第二個謎題，蒙娜麗莎有沒有笑？為什麼笑？說到蒙娜麗莎的微笑，大家都喜歡加上「神祕」

二字。是夠神祕的，盯著這個女人的臉看，你會發現，她有一陣在笑，其實又沒笑，好像又皮笑肉不笑，等你分不清她到底有沒有笑的時候，她的表情又帶著些譏誚。

達文西人物技法出神入化，都說湊近了看，彷彿可以看到蒙娜麗莎的肌理並感覺她肌膚的溫度。她似笑非笑高深莫測的表情，加上背景那些幽深如夢的意境，看久了挺讓人發毛的。

根據蒙娜麗莎是絲綢商人的說法，達文西在給麗莎作畫時，一直捕捉不到讓人滿意的笑容，他甚至在現場布置了音樂演奏和小丑表演，這四年時間，就是用來等待這稍縱即逝的神祕微笑了。其他的說法包括，蒙娜麗莎這個笑容是因為沒有門牙，或者是懷孕後的一臉聖潔，離譜的妓女說法是，這是一個高級妓女對恩客的職業微笑。

不管這個笑有什麼故事，這麼複雜的表情被用油彩表現在畫板上，不能不說是繪畫技法的登峰造極，然而一件藝術品的江湖地位，往往不僅僅只從技術層面分析這麼簡單。《蒙娜麗莎》之所以偉大，跟她誕生的背景很有關係，

達文西是文藝復興的三傑之首。文藝復興的核心內容，就是人文精神，以人為本。達文西之前的大多數畫作，都是以聖經故事為原型，畫的主角通常是漫天神佛，聖父聖子聖母之類的。《蒙娜麗莎》是繪畫史上第一幅在一個虛構背景裝飾下的半身肖像畫，而將一個普通婦人作為畫作的主角，正是展現張揚了文藝復興的精神，表達了該時段的進步人士擺脫宗教和教會對人的禁錮束縛的要求。按照咱家的說法，不僅是選材還是畫法，都展現了文藝創作的先進性。

《蒙娜麗莎》雖然是絕世好畫，有題材有業績，但是有一個真理是亙古不破的，再好的東西，沒有人炒作是不行的。《蒙娜麗莎》有今天這個地位，有一個很重要的原因，是因為她曾經被盜。

世界上的事情就是這麼古怪，你要是搶了銀行，再找個門面將你搶來的錢開放展覽，你肯定會被員警當場按住；而你要是開著軍艦打壞別國的大門，再搶走裡面的金銀財寶，找個地方開放展覽，基本沒人會管你，那個被搶的人還要時不常的自掏腰包，過去看看自家的東西。這個事中國人最有感觸，咱們去歐洲參觀博物館，很多時候都是看自家的東西，咱們也習慣了，可有些人不習慣。

一九一一年八月，有個每天去羅浮宮臨摹蒙娜麗莎的畫家發現，《蒙娜麗莎》不見了！畫家告訴羅浮宮的管理人員，他們還不以為然，認為是攝影師拿去拍照了。當時羅浮宮固執地認為，哪怕偷走巴黎聖母院的鐘樓，也不會有人偷《蒙娜麗莎》，因為這東西太扎眼，偷走了怎麼脫手呢？

經過幾個小時的尋找，直到發現了被丟在一個走道上，原來是罩在蒙娜麗莎畫框上的玻璃罩，羅浮宮才不得不承認，這位美麗的夫人，被人拐走了！

《蒙娜麗莎》被盜，法國一片譁然。法國百姓更是質疑羅浮宮的保全，他們認為，羅浮宮的館長丟了腦袋也不能丟了這幅畫。羅浮宮因此關門一周，收集證據。這個事件在很長一段時間都佔據法國報紙的頭條，法國警方遭受空前的壓力。

找到了蒙娜麗莎的玻璃罩，也找到了畫框，在畫框上還找到一枚指紋，甚至還有人聲稱，他跟竊賊照過面，法國警方肯定了，竊賊是羅浮宮內的工作人員，趁周一閉館清潔時作案。然而羅浮宮有幾百號工作人員呢，尤其是當時正在給所有的名畫加設玻璃罩，品種流雜的各種雜工往來頻繁，到最後還是沒有頭緒。面對法國人的質疑，羅浮宮的館長及保全部門領導被免職，新上任的館長繼續追查。與此同時，世界藝術品黑市上，此起彼伏，全是《蒙娜麗莎》的叫賣聲，而經過警方核查，都是贋品。

相見不如懷念，《蒙娜麗莎》在羅浮宮的時候，法國百姓也沒說總是去參觀，這一被盜，勾起了法國人無盡的相思，紛紛擠進羅浮宮，就為看看《蒙娜麗莎》留下的那一片空白和四個冷清的掛鉤，多情的法國人還向那片空白獻上了鮮花。

一年後，羅浮宮不得不承認，《蒙娜麗莎》找不回來了，那個空白總是提醒法國人的失落，找個其他的畫作掛上吧，希望法國人盡快把那個義大利女人忘了。

一九一三年，也就是蒙娜麗莎離開羅浮宮兩年後，有個義大利著名的古董商人在報紙上發廣告，高價收購各種藝術品。幾天後，他收到一封信，寫信的人說是自己擁有從羅浮宮偷出的《蒙娜麗莎》真跡，希望古董商人能收購，並將之留在義大利佛羅倫斯的烏菲茲博物館，不能還給法國。

古董商人見來信言之鑿鑿，雖然打心裡覺得這是個騙子，但還是叫上了烏菲茲博物館的館長，一起去看個究竟。

在米蘭的一個小旅館裡，一個留著小鬍子的義大利人從床下拉出來一個箱子，將箱子裡的衣服雜物清空後，在箱子的暗格裡，拿出了一張由綢布包裹的畫板。

烏菲茲博物館的館長在該剎那心臟都停跳了，這夥計做夢都夢不到這一天，神一般的《蒙娜麗莎》真跡，就在他的面前！

這個義大利小鬍子叫做佩魯賈，一九〇八年開始在羅浮宮做油漆匠。佩魯賈是個愛國者，他知道羅浮宮裡很多珍寶都是法國在世界各地掠奪而來的。《蒙娜麗莎》是義大利人的作品，畫的也是個義大利女人，怎麼會跑到羅浮宮的牆上去呢，佩魯賈一分析，肯定是法國那個叫拿破崙的從義大利搶來的！作為一個愛國者，拿回自己國家的國寶是神聖的責任和義務。

一九一一年八月二十日那天，他走過蒙娜麗莎，看著左右無人，就上去摘下來，在一個隱蔽的走廊拆掉玻璃罩和畫框。因為《蒙娜麗莎》是畫在白楊木的畫板上，不好捲起來藏著，好在尺寸不大，佩魯賈塞在自己的外套裡，大搖大擺走出了門，路上還跟保全親熱地打了招呼！

作案動機和作案過程都讓人聽得目瞪口呆。我們在感歎佩魯賈的愛國熱情的同時，也為一個文盲的衝動掬一捧熱淚。羅浮宮是有不少贓物，罪行昭彰，可是《蒙娜麗莎》真的不是贓物啊。話說達文西因為深愛《蒙娜麗莎》，完工後一直將其帶在身邊。達文西晚年受法王邀請來到巴黎，並在此終老，《蒙娜麗莎》是被法王真金白銀買下的，留在法國是合理合法的。所以，真要愛國，就一定要了解自家的歷史，也要了解別人家的歷史，防止鬧笑話。

古董商人和博物館館長帶著激動的心情報了警，佩魯賈被捕。義大利人舉國上下對這個愛國小偷表示了深切的同情，法官也覺得其情可憫，所以，這個載入史冊的世紀大盜服了一年不到的刑期就被釋放了。

古董商人倒是發了財，他因為追回名畫有功，領了不菲的一筆獎金。《蒙娜麗莎》在義大利展覽一圈後，被送還羅浮宮，回到了她原來的位置。

迎接《蒙娜麗莎》那天，法國幾乎是舉國狂歡，猶如盛大的國家節日。《蒙娜麗莎》從此正式成為法國的第一國寶。而經過這一輪離奇的失而復得，也讓這幅畫作名聲大噪，被全世界矚目，上升為世界藝術界最閃亮的頭牌明星。

有人不希望佩魯賈這麼個小蟊賊成為二十世紀最著名的大盜，幾年後，有個美國記者公布了這起世紀竊案的驚人內幕。有個專賣贋品的藝術品商人說，佩魯賈盜竊《蒙娜麗莎》是他一手安排的。據說在真品失竊的兩年間，他共賣出去六個贋品。這是一場極其高明的詐騙案，因為真品失竊是大家都知道的事，所以每個買到贋品的人，都以為自己重金買下的，就是羅浮宮丟失的。

研究蒙娜麗莎的各種故事，謎團重重，高深莫測。還有一個更狠的流派，一口咬定，羅浮宮裡那幅，也是贋品，不過羅浮宮拒絕承認罷了。什麼是真，什麼是假，都是浮雲。達文西智商奇高，喜歡謎語謎題，還喜歡玩各種暗號，他要是知道，他留下的這幅畫給整出了這麼多懸疑故事，他該多有樂趣啊。

羅浮宮收藏了四十多萬件世界各地的珍奇異寶，大部分都是來自古希臘、古羅馬、埃及和兩河流域的藝術品（法國人拿走的中國寶貝尤其是圓明園的大都藏在楓丹白露宮的中國館），分散在近兩百個展覽大廳裡，要想仔細走一遍，恐怕要花好幾天的工夫。

羅浮宮現在是博物館中的佼佼者，法國的很多博物館在世界上都是頂尖的。老楊忍不住非常阿Q地說一句，如果圓明園沒有被人燒掉，全歐洲的博物館又算得了什麼呢。

根據初步估算，散落在世界各地的圓明園珍寶超過一百五十萬件。最近，中國政府正呼籲有關嫌疑人將這些東西送回來。這是個美好得有點天真的願望，如果歐洲那幾個案底累累的搶劫犯真要良心發現，交還贓物，交還所有文明古國的贓物，那咱們去歐洲旅行時，歐洲人賴以得意的博物館基本不用進去了，就剩下華麗的空房子了。

大致了解了法國旅遊最經典的景點——羅浮宮，下一站，我們要去法國的源頭，去看另一個經典的景點，另一座羅浮宮……

一、史前的羅浮宮

法國人的藝術基因，可以追溯到很久很久以前，多久呢？西元前一萬七千年！這可不是法國人自己吹牛的，人家有證據的。

一九四〇年，法國西南部的多爾多涅省，韋澤爾河谷四個鄉村頑童帶著狗追趕野兔，追著追著，狗和野兔一起不見了。四個孩子經過仔細勘測，發現狗和兔子是掉進一個山洞裡。法國小孩淘氣，居然找根繩子，拿著手電筒就下到這個神祕莫測的山洞裡去了。

這是一個前後長達兩百多米的洞穴，有的地方寬，有的地方窄，還有大廳，而最讓人震驚的是，牆壁和洞穴頂端，有大量色彩豔麗，栩栩如生的岩畫！根據碳十四的檢測，這些岩畫誕生於一萬七千年前，也就是我們常說的舊石器時代！這是歐洲歷史上最驚人的考古發現之一，也就是享譽世界的法國拉斯科岩洞，後來成為世界級的文化遺產。

法國的這個韋澤爾河谷，應該是歐洲大陸上最早有人類居住的地區之一，一萬七千年前，正是離現在最近的那一次地球冰河期的末期，地球上三分之一的大陸覆蓋著冰雪，韋澤爾河谷的山洞裡，住著歐洲的原始居民。所謂舊石器時代，就是我們那些祖宗前輩已經學會用石頭獸骨打製成工具，撲殺野獸了，在學會直立行走後，再次讓人類和獸類分出了高下。

天氣寒冷，白雪茫茫，歐洲前輩們躲在山洞裡，用石頭和獸骨做成畫筆，用紅土、動物脂肪油與黏土調製為顏料，在洞頂和洞道兩側畫畫打發時間。

畫的內容大部分都是動物，原始人最為熟悉的，每天要面對的野馬、野牛和野鹿，線條粗獷，氣勢磅礡，有強烈的動感以及大量古怪的符號，反映了舊石器時代法國祖先刺激忙碌豐富多彩的藝術人生。

拉斯科岩洞的發現讓法國人欣喜，這樣一個熱愛藝術的國度更加為他們祖先的藝術天賦而自豪。可惜現在去法國，原始法國人的畫作是欣賞不到了。早期開放時，進入參觀的人太多，原始人沒想到他們的畫作要保存這麼多年，沒做防護措施，現代的法國人也沒想到要做防護措施，結果大量的細菌侵蝕了畫作。

上世紀六〇年代法國政府將拉斯科岩洞永久關閉，在旁邊複製了一個足以亂真的山寨岩洞，居然每天還吸引了幾十萬人過去看。

因為它的壯觀和神奇，很多人都稱拉斯科岩洞為「史前的羅浮宮」或者「史前的西斯廷教堂」。

日耳曼人說自家的祖先是神族，羅馬人說自己是戰神之後，法國人認可這些在洞裡畫畫的穴居人是祖先，可見非常淳樸。

二、高盧舊事

原來說過，歐洲大陸最早的兩幫人就是凱爾特人和羅馬人。凱爾特人也不算一個固定的民族或者人種，當時聚居中部歐洲語言、宗教、生活習慣比較接近的一些人都被稱為凱爾特人，他們向四面八方擴張，讓羅馬人很頭痛。

西元前六〇〇年，希臘已經有船隻在現在法國的普羅旺斯和西班牙的海邊穿梭做生意了。當年的某一天，一隻希臘的商船停靠在羅納河口的一個港灣裡，這裡，有一位凱爾特人的首領正在嫁閨女，來自希臘的客人也參加了觀禮。

當時嫁閨女非常簡單，女兒大了要嫁人，父親就開個酒席，把所有的求婚者招來。女孩子端著一個裝滿水的杯子，遞給了哪位，這位就是她的丈夫，有點像拋繡球，證明當時的女子地位挺高。凱爾特首領的女兒在所有人臉上看了一圈後，走到希臘人身邊，將水杯遞給了希臘人的首領。

凱爾特人很高興，跟希臘人聯姻是很好的事啊，首領將希臘船隻停靠的這片海灘當作嫁妝送給了希臘人，希臘人就在這裡建城，後來就發展為地中海名城馬賽。馬賽建城期間，吸引了很多希臘人移民過來，並將葡萄和橄欖引入了這個地區。

也就是馬賽成型的這段時間，凱爾特人分批進入現在的法國，並定居下來。雖然都是凱爾特人，羅馬卻將阿爾卑斯山以西，現在的法國、瑞士、比利時、荷蘭、德國南部、義大利北部的稱為高盧人。

根據羅馬人的記述，高盧人粗放豪邁，大碗喝酒大塊吃肉，很早就會做乳酪，暴飲暴食的；私生活比較隨意，不論是同性還是異性關係都大膽開放，保持著動物一般的隨性和天然，讓羅馬人都有點不能接受。

西元前二世紀，羅馬征服了阿爾卑斯山以南的山南高盧，後來又征服了地中海沿岸的那爾波高盧，剩下的事，就是凱撒壯麗而慘烈的征服山北高盧的戰爭，應該說，就是高盧成就了後來的凱撒。

西元前五十三年左右，整個高盧被納入羅馬成為一個行省，此後，高盧的發展就在羅馬文明的深刻影響之下了。

羅馬文明是一種已經充分發展並成熟的奴隸制文明，它進入高盧地區，帶來了健全的政治體制，發達的技術和各種方式的貿易。雖然現在很多人喜歡假設，如果羅馬沒有同化高盧，現在的法蘭西文明將是什麼樣子，會不會受希臘移民的影響，成為希臘文化的延伸。這是很沒有意義的論題，學術界的大師們有的時候實在太閒。

高盧在羅馬時代接受了基督教。跟羅馬一樣，早期的基督徒，一直被屠殺和鎮壓，一批批的殉道者用生命和熱血奠定了基督教在歐洲的統治基礎。

二六二年，在巴黎傳教的主教鄧尼斯被斬首，傳說行刑後，鄧尼斯主教撿起自己的頭顱，清洗乾淨，抱著腦袋向北走了六千步才身亡。為了紀念他，那裡就建造了聖丹尼大教堂，後來的法蘭西諸王，都尊聖鄧尼斯為王室的保護神，西元六世紀左右，聖丹尼教堂成為皇家的陵園，安葬著好幾代的法王和王后。

羅馬高盧結束於四世紀，各種蠻夷部落一輪輪的進佔和侵襲。西元四七六年，西羅馬最終覆滅時，高盧大地上交織著兩種居民，一種是高度文明帶有羅馬印記的高盧人，一種是來自日耳曼各部落的形象奇特的蠻夷。

三、羅蘭之歌

所謂「法蘭西」，大家可以簡單理解為法蘭克王國的西部，而法蘭克王國的主要故事，老楊在《德意志是鐵打的》中，已經詳細介紹過了。按老規矩，實在沒有新內容可以寫，我們就講故事吧，介紹一部法國的史詩《羅蘭之歌》。

羅蘭之歌講的是查理大帝對西班牙穆斯林的征戰故事。在這篇故事中，查理大帝超過兩百歲了，銀髮飄飄披在後背，長鬚雪白垂在胸前，看來歐洲人就喜歡這個造型，有想起了哈利波特的鄧不利多校長。

查理大帝在西班牙征戰七年，征服了無數城池，只有薩拉戈薩還沒有屈服，查理大帝預備對其用兵。薩拉戈薩的馬西里王知道不是大帝的對手，就派了個使者去求和乞降。只要大帝退兵回家，馬西里王將送上金銀財寶和人質，隨後他本人將親自去面見大帝，並受洗成為基督徒。

大帝的將士分成主戰和主和兩派，主戰的是查理曼旗下最神勇的騎士，他的外甥羅蘭伯爵，主和的是羅蘭伯爵的繼父甘尼侖。從二人的對話來看，父子倆可能原本就不太和睦。

查理曼決定派個人隨薩拉戈薩的使者回去面見馬西里王，看看他的誠意，試探他是不是耍陰謀。這是個很危險的差事，因為馬西里王曾經詐降，而查理曼派去的使者被他剁了腦袋。英勇的法蘭西騎士們當然不會貪生怕死，都爭先恐後地要去。查理曼心痛這些愛將，誰也不放。這時，羅蘭伯爵推薦了甘尼侖，理由是這個夥計智商有點高，應該能完成任務。甘尼侖一聽就火了，你小子這是想害死我呢！估計是查理曼覺得甘尼侖打仗不頂用，只能當文職幹部使，所以就接受建議把他派去了。

甘尼侖智商是挺高的，他一上路就想到了既保全自己又報仇的辦法。他在陸上就說服薩拉戈薩的來使，說願意幫他們出一個打擊查理曼的妙計。見到了馬西里，甘尼侖就給他們上了一課，說是查理曼之所以如此好鬥，征伐不休還百戰百勝，原因就是因為身邊有羅蘭這個人。羅蘭總挑唆查理曼出門打仗，而且他自己還驍勇異常，只要想辦法除掉羅蘭，查理曼相當於丟失了一隻右臂。

具體計畫是這樣：馬西里按約定送出金銀珠寶還有些當地的怪獸，獅子老虎熊之類的東西，還有十幾名身分尊貴的人質，並承諾一定會皈依基督教，讓查理曼放心撤回家去。但他大軍輜重太多，一定要有人殿後，這麼危險的任務，羅蘭一定接手，等查理曼大軍一過庇里牛斯山的隘口，馬西里就集合大軍，將羅蘭和殿後的部隊幹掉。

馬西里一拍巴掌，說此計大妙。甘尼侖成了薩拉戈薩的貴客，收受了馬西里王和王后的大批貴重禮品，帶著約定的貢品和人質，甘尼侖風風光光地回到了查理曼的駐地。

收到東西和人質，就該撤兵了。誰殿後，甘尼侖趕緊推薦了羅蘭。誰都看出他是報復，不過羅蘭也不介意，本來他就決定接下這項任務的。查理曼本來預備將十萬大軍留給他一半，羅蘭說兩萬足矣，然後跟他主公揮淚而別。

查理曼大軍剛走，馬西里的四十萬大軍就集結到了附近，看著對方的軍隊黑鴉鴉望不到邊，羅蘭的好友奧利維就說，應該吹響號角，召喚查理曼回兵救援。

羅蘭伯爵一向托大，自信爆棚，而且有點病態的冒險精神。他認為此時吹號求救，那是懦夫和丟臉的行為，他決定以兩萬人馬跟四十萬穆斯林拼一仗。奧利維共勸了羅蘭三次，三次都被拒，沒辦法了，碰上這麼個統帥，這兩萬人肯定是交代在異鄉了。

戰鬥很慘烈，法蘭西的騎士們以一當十，不對，要以一當二十才能頂住。羅蘭伯爵更是如趙子龍附體，於大軍中穿梭自如，殺人無數，血染戰袍，還殺掉了馬西里王的獨子，砍掉了馬西里王的一條胳膊。

誰附體也沒用，眼看法蘭西的戰士們越來越少，羅蘭自己也受了重傷。這時，他開始想要吹號角求救了。奧利維很鄙視他，說該吹的時候你不吹，如今打光了，死絕了，你吹有什麼用呢？羅蘭用騎士精神回答，不是自己怕死，是讓主公過來收拾兄弟們的屍首並報仇。

羅蘭吹響了號角，查理曼也聽到了。不過甘尼侖卻說，這肯定是羅蘭閒著沒事跟手下狩獵玩呢。過了一會兒，號角聲再起，查理曼聽出了號角中的悽惻和悲涼，認定是出事了，大軍掉頭支援。

聽到羅蘭的號角響起，馬西里的士兵們就知道查理曼的軍隊要殺回來了，趕緊撤兵。羅蘭此時已經無力再戰，倒在地上，他又想起他的寶劍不能落在異教徒手裡，又堅強地爬起來，想在石頭上將寶劍砍斷。砍了三次，岩石切出一個豁口，寶劍毫髮無傷，中世紀的鋼鐵冶煉技術，那是相當高強。

查理曼回兵後，見到了遍地的屍體，隨後他就懷著巨大的傷痛追擊敵人，滅了薩拉戈薩。回到法蘭西後，甘尼侖被四匹馬拉著撕成了碎片，連同他三十個親戚也被吊死。

《羅蘭之歌》是法蘭西最古老的文學作品，也源自於民間的傳唱，大約在十一世紀時最終成文，四千零二行的長詩。現存於世的有好幾個版本，不過公認牛津大學收藏的抄本為權威。

歐洲所有的史詩幾乎都關於帝王霸業，不過這部《羅蘭之歌》背後的史實卻不是很體面，大約西元七七八年，查理曼進攻薩拉戈薩，後因阿基坦地區叛亂，他不得不撤兵回家，穿越庇里牛斯山時被西班牙人和加斯科涅人伏擊，斷後部隊全軍覆沒，財物輜重也被搶光，布列塔尼邊區總督羅蘭戰死。

《羅蘭之歌》不僅是文學作品，更是一部歷史，它包含的關於基督教和伊斯蘭教的衝突，法蘭西君臣之間的關係態度都是中世紀法國社會的重要內容之一。而後來法國的騎士在作戰時的魯莽衝動個人英雄主義，也是深受這個傳說的影響。

作為一部中世紀的史詩，《羅蘭之歌》浩大磅礴，據說文辭還相當優美，這個事老楊不好評價，我看的是楊憲益老師的譯本，其中的戰鬥描寫頗有畫面感，尤其是羅蘭臨死前，傷痕累累，腦漿迸裂，居然還屢屢爬起來忙這忙那，對著一塊石頭連砍帶剁，還換了好幾個倒下的姿勢，讓人不由得想起了《十面埋伏》裡的章子怡。

四、家賊外盜誰更狠

八四三年的《凡爾登條約》，查理曼的帝國被他幾個孫子撕開分了，接手西法蘭克的，最小的孫子，禿頭查理。

查理曼帝國一被肢解，周圍的敵人都樂壞了，小樣，現在還收拾不了你嗎？於是，各種造型火爆，模樣怪異的敵人，像商量好了一樣，從四面八方，動作整齊地開始向法蘭克王國進攻。

九世紀，歐洲受到來自三個方向的襲擊：在東部，是馬札爾人，也就是後來的匈牙利人，他們的主要攻擊目標是東法蘭克王國和亞平寧半島（這部分故事參看《德意志是鐵打的》）；來自南方的穆斯林，不斷騷擾西法蘭克南部和地中海沿岸；而最狠的，是來自北方的老朋友，維京人又叫諾曼人。

在《老大的英帝國》中，老楊大致介紹了諾曼人的背景和崛起，以及他們對英倫三島的攻擊和滲透。在九—十世紀這個維京人組團打劫的黃金歲月，丹麥、挪威、瑞典選擇了不同的發財方向。瑞典人選擇了從北到南貫通了中歐，一直進入到了黑海沿岸，並建立了羅斯公國，最後發展成為俄國。丹麥和挪威的重點放在西歐，英吉利海峽成了他們的遊樂場，那些線條流暢的龍頭戰船在這裡往來穿梭，氣定神閒，想去英國就沿泰晤士河進入倫敦，想去法國就沿著塞納河進入巴黎，或是串門或是搶東西，悉聽尊便。

諾曼人是職業搶匪，絕對不是烏合之眾。這個團夥不僅裝備精良，員工素質過硬，最重要的是，每次出手，都會經過嚴格地策劃和計畫，從不打沒有把握的仗。比如，根據他們的情報，西歐大陸，當時當地，最有錢的單位就是修道院，天主教的統治地位讓修道院斂了不少錢財，金銀滿屋，而因為自恃有上帝罩著，這種公司幾乎沒有保安設施，連門衛都沒配一個。諾曼人認為，這樣的地方，不搶對不住奧丁（奧丁是維京人信仰的大神）。於是乎，修道院首當其衝，損失慘重。諾曼人挺不厚道的，把修道院搶劫一空，還要強姦修女。傳說，當年有個修道院看到海盜來了，修道院的女院長割掉了自己的鼻子和上唇，其他的修女看到院長這麼剛烈，也跟著將臉割得鮮血淋漓。此舉收到了效果，海盜雖然什麼大市面都見過了，一屋子滿臉鮮血的女人還是有點驚悚。他們拿走了修道院的金銀財寶，而後一把火連屋子帶修女全部燒掉，讓這些女人保住了貞潔。由此我們可以感覺到諾曼人出手之狠辣。

查理曼大帝時代，諾曼人就已經對法蘭克王國周邊動手動腳了，可是礙於大帝的神威，維京人審時度勢地，比較收斂。三個倒楣孩子手足相殘打得熱鬧時，維京人圍觀得一臉壞笑。

禿頭查理年齡雖小志氣高，跟幾個哥哥惡戰之後，終於三分天下有其一，意氣風發去西邊上任登基去了。西法蘭克各路諸侯看著這位新來的老大，最明顯的態度就是，冷漠，不鳥他，而且爭先恐後地鬧獨立。

不論是對待作亂的貴族還是維京人，禿頭查理都沒有對付自己兄弟那樣的神勇，他只能是花大把銀子送走維京人，再跟自己的封臣們陪小心。

禿頭查理死後，接班上位的西法蘭克國王一個比一個沒用，維京人在西歐不斷深入，而西法蘭克的各路諸侯勢力也越來越大。

八八五年，維京人圍困巴黎，有位叫羅貝爾的公爵抵抗了諾曼人的進攻而聲名大噪。羅貝爾在戰鬥中喪生，留下兩個兒子由修道士于格照管。

九一一年，西法蘭克國王查理三世（外號叫「天真漢」或者「簡單查理」）實在是受不了諾曼人的折磨了，好在海盜們在海上遛達久了，也想過安定日子，於是，查理跟海盜頭子羅洛簽訂和約，將塞納河下游沿岸的土地割讓，海盜成立屬於自己的公國，不過要皈依基督教和宣誓成為法王的封臣，諾曼公國由此就出現了。

安撫了諾曼人，諸侯們還沒完呢。簡單查理後來就被他的封臣們玩弄於股掌，經常被囚禁。這一輪西法蘭克諸侯的爭位混戰，還是以羅貝爾公爵的兒子勢力為最強。加洛林的末代法王路易五世在一場狩獵事故中死去後，羅貝爾家族的于格・卡佩終於登上了西法蘭克的王位。

五、卡佩王朝之開局低迷

1.開局低迷的王朝

于格・卡佩是保衛巴黎的羅貝爾公爵的孫子，卡佩這個名字來源於他家喜歡穿一種短斗篷。自從九五六年，繼承了法蘭西公爵之位後，于格・卡佩就夥同蘭斯的大主教，加上德意志的奧托二世、奧托三世，跟自己的主子發難，到加洛林王朝的最後幾年，他已經掌握了所有國王應有的權力。

加洛林王朝的末代懶王路易五世死後無嗣，但是整個加洛林王系沒有絕嗣啊，下洛林公爵查理是路易五世的叔叔，當然可以要求王位。大家回顧《德意志是鐵打的》相關內容，當時的德意志奧三弱冠登基，由太后泰奧法諾攝政，在這個拜占庭女人的一手支持下，于格・卡佩代表卡佩家族戰勝查理公爵，正式取得了法國王位，開啟了整個歐洲綿延時間最長，最顯赫的卡佩王朝。

于格・卡佩以法蘭西公爵的身分成為國王，經過了神乎其神的「塗油禮」，職稱上獲得了巨大的提升，實質上的許可權，基本沒有變化。

于格是法蘭西公爵，他大概可以轄制的土地在塞納河與盧瓦爾河中游，包括巴黎和奧爾良兩座名城，南北狹長的一個島嶼，時稱「法蘭西島」。該島面積大約是三萬平方公里，而當時整個法國領土有四十五萬平方公里，也就是說，這時的法王，其權力範圍不到全國的十分之一。更可憐的是，即使是在此王領內，還有很多城堡主，根本不把國王放在眼裡。

而王領之外，更是群雄爭霸。當時的法蘭西，各路諸侯統轄著大面積的土地，實力和氣派都比國王大多了，著名代表有：諾曼第公國、勃艮第公國、阿奎坦公國、布列塔尼公國、加斯科涅公國這五大公國以及弗蘭德、圖爾茲、巴賽隆納、安茹、布盧瓦—香檳伯國等一批大伯國。

這些爵爺們在自己的廣袤土地上享有獨立自治的權力，根本沒拿國王當主子，于格・卡佩能順利登基，跟大型諸侯對國王這個職務毫無興趣也有很大的關係。

其實這些爵爺在自己那一畝三分地，日子也不好過。跟「法蘭西島」的情況一樣，當初為了抵禦諾曼人的進攻，法蘭西全境建有大量的防禦城堡，城防堅實，有自己的土地，養著自己的民兵，慢慢地，城堡主形成氣候，獨斷專行，也不把自己的領導，也就是所屬地的爵爺們放在眼裡。各種勢力分片割據，支離破碎，歷史學家形容，此時的法國，就是一片大馬賽克。

于格做國王那陣子，也沒個固定的國都，帶著幾個所謂內閣班子，有時在巴黎上班有時在奧爾良上班，餐風露宿，看著像盲流。因為在王領之外沒有徵稅的權力，所有管理國家的開支都從「法蘭西島」這麼一小片土地上來，盲流的日子相當窘迫。

不管有多大權力，法王就是法王，經過主教塗了油膏的。大家還記得吧，在《德意志是鐵打的》中，老楊介紹過關於歐洲王室這種油膩膩的加冕禮，在中世紀歐洲諸國，王權還沒有最終確認的時候，就靠這一身油膏讓國王顯出一點權威來了。

法蘭西王室受的這瓶油膏，則很有來歷了，據說是當年克洛維受洗的時候，一隻鴿子帶給主教的，用這瓶油膏加冕，證明王統與大衛王和克洛維一脈相承，絕對是上帝認可的領袖。這瓶子油膏據說每次用完就會自動加滿，預備下一個王使用，塗上油膏的國王，法力無限接近上帝，可以透過觸摸或者劃十字等辦法治療疑難雜症，所以，不管諸侯實際上聽不聽話，形式上的效忠是必須的。

世界歷史上，不管哪個國家，只要是王位，不稀罕的還是少。法國諸侯中，對王位無視的有，覬覦的當然也有，不過呢，法國這些爵爺們，願意抱團起事的幾乎沒有，他們一邊打國王的主意，一邊還要防止自己左鄰右舍黃雀在後，所以，于格・卡佩開國那幾年，雖然有幾路諸侯謀反，最後也都沒有撼動卡佩家的位置。

于格一邊忙著跟自己的臣子幹仗，一邊就是盤算如何讓法王的王冠千秋萬代地留在自己家，不要落在其他人頭上。於是，上任幾個月後，于格就宣布，自己的大兒子羅貝爾成為法王繼承人，諸侯們綜合考慮當時的形勢，也沒覺得有什麼不妥。九年後，羅貝爾成為羅貝爾二世，受膏成為卡佩王朝第二任君主。後來的卡佩諸王，都是在自己登基不久就將兒子立為王儲，加上卡佩家族的媳婦們都比較爭氣，都能生出男性繼承人來，時間長了，法國人就習慣了，諸侯們之間的關係太複雜，王位之爭注定是場亂戰，反正法王也沒多大權力，世襲就世襲吧，以後的法王就卡佩家了。

羅貝爾二世在歷史上被稱為「虔誠者」，一生有三個重要事蹟，第一個是傳說他透過觸摸治好了淋巴結核病；第二個就是他被教宗開除教籍；第三個是他將勃艮第兼併，成為王領。

觸摸治病這個事，天主教的歷史愛怎麼說就怎麼說吧。

而教宗會對一個「虔誠者」下破門律，則是因為羅貝爾二世的婚姻問題。

話說卡佩王朝早期，王權羸弱，找個有錢有勢的王后，藉助岳父家的勢力保全王位，是比較有效的辦法。於是，卡佩王朝的太子爺都深受包辦婚姻之苦，登基後就急著尋找真愛，拋棄原配。教皇一天到晚調解法王的離婚官司，一發現法王不給自己面子拒不接受意見時，就翻臉對法王下破門律。卡佩王朝不少國王因為婚姻問題被開除過，但是卡佩家這幫孩子比德意志那幾個刺頭省心，每次看到教皇真發飆了，都能態度良好地道歉認錯溝通協調。所以在那個王權和教權角力的時代，法王在教皇心中，還基本屬於乖孩子。

于格為羅貝爾選擇了弗蘭德伯爵的遺孀，而羅貝爾一直深愛著自己的表妹。登基後，就跟原配離婚，迎娶了表妹。

當時的教宗是格里高利五世，咱們都認識，也就是神聖羅馬帝國奧托三世的堂兄，歷史上第一個德意志人的教宗。

這位德國教宗堅持不認可羅貝爾二世的二婚，勸說無效，只好將法王開除出教。羅貝爾二世頂不住來自教廷和周圍的重重壓力，跟教廷多次溝通未果，只好再次跟表妹離婚，娶了另一個伯爵的女兒，生下繼承人，而表妹就只好留在身邊，又是前妻又是小三這樣湊合著過。

羅貝爾二世任內最大的功績，則是兼併了勃艮第公國。勃艮第公爵是于格•卡佩的弟弟，也就是羅貝爾二世的親叔叔。勃艮第公爵沒有兒子，只有一個老婆帶來的繼子。羅貝爾二世跟這個繼子打了幾場，搶贏了，成為法王的另一片王領，也開啟了卡佩家後代繼承者，為擴大王領進行不屈不撓鬥爭這項偉大的事業。

羅貝爾二世仿效父親，在自己任內，就為兒子亨利加冕為下任法王。給兒子帶上王冠時，羅貝爾二世想必是再三囑咐兒子，要防範環伺的各路諸侯，亨利沒想到的是，最先出現的敵人，居然是自己至親的人。

2. 諾曼第公爵

西元一〇〇〇年前後，整個法國版圖上，自以為是男一號的肯定卡佩家那幾個法王，實際上，對劇情影響巨大，隨時奪了主角鋒頭，片酬拿得更多的，肯定另有其人，頭號重要角色，就是諾曼第公爵。

自從「簡單查理」將塞納河下游割讓給大海盜羅洛，這些職業罪犯就浪子回頭金不換了。羅洛和他手下眾兄弟，娶了法蘭克的女人，皈依了基督教，收心過上了安分守己遵紀守法的家居生活。根據這些人的原始秉性，任何一個法王都不太敢招惹他們，安頓了幾年後，諾曼第公國就成了法國最有權勢的諸侯。諾曼第歷代公爵好像都不想做法王，而法王也收拾不了公爵，雙方相安無事地平靜。

羅貝爾二世做了三十五年法王，第三個老婆幫著生了好幾個兒子（老楊每次都強調法王生兒子的事，是因為卡佩王朝的生育能力是他家得以壯大發達的重要條件。），長子夭折，次子亨利成為下任法王。

亨利一世登基後，按照以往法王的遭遇，應該是會遭遇幾個諸侯的常規謀叛，而讓亨利一世沒想到的是，這次先跳出來為難他的，居然是自己的親媽。

世界上沒有不偏心的父母，亨利的老媽偏心得有點過。她鍾愛小兒子羅貝爾，一直張羅著讓羅貝爾繼承王位，看改變不了老公的主意，只好在老公死後，跟小兒子一起，造大兒子的反。

被骨肉至親打得措手不及，亨利一世只好外出避難，他選擇藏身的地方，就是諾曼第公國。此時的諾曼第公國已經傳承至第六代公爵，很遺憾，也叫羅貝爾，大家別暈，從諾曼第公國的公爵排序上，這位是羅貝爾一世，為了跟上面幾個法王區別，我們叫他羅貝爾公爵吧。

羅貝爾公爵桀驁不馴，在法國諸侯中地位超然。不過，既然他們已經宣誓對法王效忠，沒有利益衝突之下，還是想讓大家感覺他是個挺忠心耿耿的封臣。如今老大落難來此，羅貝爾公爵閒著也是閒著，能袖手旁觀嗎？

於是，公爵發兵，幫助亨利一世打回家去，拿回了王位。亨利一世為表達謝意，將巴黎北部一塊叫韋克森的地區送給諾曼第公國，羅貝爾公爵感覺這筆買賣挺合適，後來的一段時間裡，兩邊維持著友好的關係。

羅貝爾公爵在歷史上的名頭絕對不是僅僅來自幫著法王平叛這麼點小事，應該說，公爵是影響了整個歐洲歷史的人，原因是他搶了一次親。

一個製革匠的女兒阿萊特被公爵看上了，公爵強迫她成為自己的情婦。一個農家小姐被公爵看上，這是歐洲三流言情小說裡才有的浪漫啊，所以阿萊特不爭地位不爭名分，就爭了一口氣，給公爵生了個兒子，唯一的兒子！這個男孩英國名字叫威廉，好好的法國人，幹嘛要叫英國名字啊？沒辦法，叫他的法國名字「紀堯姆」誰認識啊？

諾曼第這一支海盜，自從改信基督教後就特別虔誠，羅貝爾公爵突然決定要去聖地耶路撒冷朝聖。長路漫漫，這一趟的行程堪比西天取經，公爵估計自己碰不到猴子、豬或者水怪之類的幫手，自己十有八九會中途掛掉，於是，出發前，給諾曼第公國指定了繼承人，也就是他唯一的兒子威廉。

阿萊特一直是公爵的情婦，威廉作為非婚生子是私生子，根據西歐古怪無聊的規則，私生子是沒有繼承權的，羅貝爾公爵將公國交給年幼的私生子，整個諾曼第公國內一片譁然，反聲四起。

羅貝爾公爵管不了這麼多了，他朝聖的心堅決如鐵。正如他自己期望的，這一次遠行，他就真沒有回來，八歲的威廉成為新出爐的諾曼第公爵。

威廉的成長受到各種叛亂的折磨，他的監護人和老師都被陸續謀殺，每天過著朝不保夕的生活，他能安全長大並成就霸業，不能不說是個奇蹟。而他的敵人們一邊向他進犯，一邊還叫他「私生子」，實在是讓一個「私生子」無法忍受。威廉成年後冷酷殘暴多疑的性格大概就是緣於此。

好在，羅貝爾公爵在亨利一世身上的投資收到回報了，威廉公爵找到亨利一世，要求他幫自己平叛。亨利一世欠著人情，不能不還，只好以盟友的姿態與他戰鬥在一起。

威廉一〇四七年平滅了主要的反叛，基本穩住了自己的地位。一〇五三年，他迎娶了弗蘭德伯爵的女兒瑪蒂爾達。這樁婚姻對威廉來說肯定是如虎添翼的，卻引起了教皇和法王兩位老大的不滿。教皇阻擾是因為威廉和瑪蒂爾達大約是有點血緣關係，屬於近親結婚，與禮法不合；法王反對是因為，他幫完威廉，看這小子這麼快站穩腳跟，羽翼豐滿，頗為後悔，如今他成為弗蘭德伯國的女婿，以後勢力更強，更難以轄制，非常鬧心。

羅貝爾公爵可以讓私生子成為公爵，可見這個海盜家族的驢脾氣，威廉要結婚，誰能阻擋呢？威廉結婚後的一〇五四年和一〇五七年，亨利一世兩次對諾曼第用兵，都沒什麼值得記錄的成果。

跟亨利一世不同的是，威廉所有的用兵都取得了很好的收益，比如諾曼第南部兩個公國布列塔尼和曼恩伯國有矛盾，他就漁翁得利趁亂征服了這兩個地區。

一〇六六年，威廉人生的又一個奇蹟和巔峰，他的艦隊越過英吉利海峽，跟英王哈樂德相會在倫敦附近的赫斯廷斯，大戰之後，當年的耶誕節，威廉在英國的威斯敏斯特教廷加冕，成為英王，開創了英吉利的諾曼王朝，威廉成為威廉一世，江湖人稱，征服者威廉（參看《老大的英帝國》）！

赫斯廷斯大戰這樣一齣好戲，法王亨利一世沒機會看到，他一〇六〇年就死掉了，沒有享受到給英國國王做主子這種榮耀的生活。

亨利一世的兒子腓力一世八歲成為法王，威廉一世成為英王那一年，他正式親政。腓力一世上任的頭幾年，簡直就是法國王權的谷底，比他父親爺爺那幾輩過得還要窩囊，有的時候手頭緊了實在沒辦法，腓力一世還組織打劫經過法蘭西島的義大利人商隊！歐洲皇室王室經常做一些上不得台面的動作，況且打劫是這些人的民族傳統，我們也就不大驚小怪了。

話說威廉一世入主英國後，遭遇很多反對，他一時間要穩住在英國的地位，艱難重重。他進入英國前剛降服的布列塔尼公國，此時反悔了，說是不承認威廉是老大。威廉一世百忙之中跟布列塔尼幹了一架，戰事不利，最後簽訂了對威廉一世很不合算的和約。

大家還記得之前亨利一世為了感謝羅貝爾公爵的幫忙，曾將巴黎北部的韋克森送給諾曼第，後來亨利一世跟諾曼第翻臉，又自說自話把這片地收回去了。

威廉在布列塔尼吃了虧，就找腓力一世索要韋克森，誰也沒規定，送人的東西不能再要回來，於是，威廉一世發兵攻打法王。

威廉一世VS腓力一世，這個實力懸殊太大了，威廉一世的軍隊幾乎是所向披靡，先是洗劫了韋克森，接著佔領了巴黎附近的要塞芒特。

卡佩王朝的法國，生死一線，眼看就要亡國，而英吉利兩邊的英法國家將統一為一個整體，全世界都在等待這個無比熱鬧的結局。誰知老威廉關鍵時刻不給力，對不起廣大觀眾。他的戰馬突然跌倒，英王被掀下馬，腹部受傷，不治，身亡。

上帝保佑那匹偉大的戰馬，腓力一世在家裡，驚魂初定後，頭腦從來沒有過地清明，他堅定了對付英國和諾曼第清晰思路。

話說威廉一世死後，將諾曼第領地交給了長子羅貝爾，英國王位則傳給了次子威廉，而最小的兒子亨利，則給了一筆錢，讓他自己愛買什麼就買什麼去。

老楊在英國卷裡介紹過，威廉一世這三個兒子之間的恩怨和戰爭，而腓力一世根據這個情況擬定的鬥爭思路就是，隨時在英國扶持反對勢力。腓力一世很早就跟大公子羅貝爾勾結在一起了，羅貝爾先是跟著法王對抗自己的父親，父親死後又忙著對付自己的兄弟。

法王腓力一世任上最考驗的工作，就是如何應對英國國王。幾乎所有人都預備看法王如何面對一個強大的諾曼第公爵出洋相，而腓力一世居然神奇地沒有出洋相，而他一手開創的那種修理英國王室的最佳辦法，則一直被後代法王發揚光大。

腓力一世接班時，法國王權已經是谷底，威廉一世進佔芒特，卡佩家族眼看就要崩盤。可是上帝居然沒有安排卡佩家的絕路，還給他們一個翻身的機會，所以我們就可以宣告，卡佩家族馬上要觸底反彈了。而腓力一世可以說是卡佩家族隨後近千年波瀾壯闊的大行情的起點。

前面說過，卡佩家有個重要特點就是法王的婚姻不幸福。腓力一世走過這場最大的危機後，覺得應該犒勞自己一下。犒勞的辦法就是，跟父親包辦的王后離婚，迎娶安茹伯爵的老婆。這種事，想想教皇就不會答應吧。腓力一世後來的日子都用來跟教會談判了，而教會多次勸告無果，只好再次動用殺手鐧，宣布將腓力一世開除出教。

以當時腓力一世的地位和權勢，他被破門，也不會有什麼特別的惡果。況且，法王還有法國本土的教會支持呢。開除就開除，一邊對抗一邊繼續跟教廷溝通唄，從一〇九二年到一一〇四年，整整十二年的努力，教廷也累了，而且發現人家早就木已成舟，子女滿堂，算了，婚姻合法，別再鬧了，該幹嘛幹嘛去吧！

在咱們的角度看，腓力一世最後爭取到了屬於自己的幸福，而實際上，他失去的，也挺要緊的，因為他和教廷的矛盾，他錯過了對一個基督教國王來說，很重要的修練，那就是，十字軍東征。

3. 又見十字軍

再講十字軍東征的事，老楊感覺自己都快魔怔了，可是歐洲諸國的歷史，哪一家都不能迴避這檔子破事。這次，咱們總算回到了發源地，從最初的角度看看這幫烏合之眾吧。

先說說十字軍東征前後，歐洲基督教界的事。上個千禧年也就是西元一〇〇〇年，跟最近這個千禧年一樣，充斥著各種古怪的猜想和危險的言論，在基督教內部，也遭遇了很多問題。

《德意志是鐵打的》中，老楊大概介紹過十世紀前後羅馬教廷的情況，那個時代的教廷，一天到晚就是忙兩件事，第一，跟各國國王爭權奪利，不是收拾皇帝國王就是被皇帝國王收拾；第二，內部的腐化墮落。

教眾也不都是傻子，教廷形象越來越難看，肯定會受到一些質疑，直接影響了教會的權威性。所以教會內部漸漸滋長出一些反省的力量。

九一〇年，法國阿基坦公爵威廉在自己的領地上建立了克呂尼修道院，引發了後來著名的「克呂尼改革」運動。克呂尼運動的主要綱領是：教會擺脫世俗政權的干預，實行教士獨身制度，教會史家稱之為教士「擺脫國王和妻子」，創立純潔的教會。從此，西歐各地的封建主紛紛在自己的領地中建立類似的修道院，或者延請克呂尼修道院的修士到自己的領地上恢復最早的，沒有被帶壞的乾淨清廉的修道院。克呂尼運動很快影響了全西歐，後來的近一個世紀，各地出現了近兩千所類似克呂尼的修道院。

十世紀初的克呂尼運動應該說在一定程度重建了教廷的權威和形象，為後來十世紀末教會宣導的「上帝和平與休戰運動」打下了基礎。

什麼是「上帝和平與休戰」呢？說來話長了。大家還記得吧，查理曼帝國分裂，三個兄弟之邦就互相征戰，後來西歐又遭到來自三個方向的三股不同敵人的騷擾。當時西歐諸國，國家普遍贏弱，各國的封建主為了保護家邦和財產，只好自己徵召並裝備騎士組成私人武裝，與外敵對抗。敵人基本平靜後，各國諸侯旗下都有大批好勇鬥狠，閒著發慌的騎士。

誰也不敢想讓這些人卸甲歸田，因為這群爺職業武夫，除了打架什麼也不會幹。怎麼辦，養著吧。這不，各路諸侯也經常征戰嗎，武夫們又派上用場了，互相打唄。如果封建主和諸侯們只是自己互相打打也就算了，問題是，這些騎士們打完了還搶啊，大家都知道，當時當地，最好搶，收益最高的地方就是教堂修道院。十世紀前後的西歐社會，根本沒有什麼法律可以約束騎士的行為，天底下的大事小情，他們都可以用刀和劍來解決的。基督教界損失不小，心裡著急，跳著腳罵了幾次也沒用，只好把上帝搬出來了。

跟「克呂尼運動」一樣，「上帝和平與休戰」這個運動也起源於法國南部。可以理解，法國南部幾乎沒有國王管事，誰說了也不算，肯定最亂，最容易滋生各種「運動」。

「上帝的和平和休戰」簡單地說，就是看在上帝份上，盡量不要打，實在要打，也不要天天打，最好有休息時間，有張有弛才能打得更好嘛；而且以後騎士們幹仗，最好不要對教廷或者平民產業下手，各方應保持克制等等。

託「克呂尼運動」的福，教廷說話最近還是有人聽的，而且克呂尼這一派的神職人員很多都是出身騎士家庭，跟武夫們基本還是能溝通。

騎士的特點就是講道理，有人勸，尤其是上帝勸，他們還都聽話。後來他們就答應，以後盡量不搶或者少搶教廷的東西，而打架的時間也確定了，先是按雙休日休息，最後同意周三到周日都不打架，騎士之間的決鬥也放到周二，將暴力約束得這麼紀律，這就是所謂的騎士風度！

應該說，這個「上帝和平和休戰運動」還是真正降低了打架鬥毆的頻率，前面說過的諾曼第公爵威廉在剛接掌諾曼第公國時，遭遇反叛，也多虧了這項運動，給了他喘息休整的機會，並贏得了最後的勝利。

打架鬥毆的次數雖然是減少了，可休息了幾天再打，動手的強度可又勝了一籌，暴力程度一點沒降低。況且，打架這個事，腦子一熱，旁人很難控制。現在騎士們給教會面子，行動還能受約束，萬一哪天他們不想給面子了，不還要打還要搶嗎？騎士們不能不養，還要保持他們好鬥剽悍的血性，但是又不能讓基督教世界受損失，怎麼辦？好辦，讓他們離開歐洲，打異教徒去！

自從塞爾柱突厥人佔領並控制耶路撒冷，所有去該地朝聖的基督徒都受到不同程度的迫害和虐待。後來，東羅馬的重鎮安條克（現在土耳其的哈塔伊）被突厥人攻陷後，直接切斷了基督徒進入聖地的通路，很多去朝聖還能活著回來的人，回憶這一趟行程，無不一把鼻涕一把眼淚。有個出生在法國亞眠的修士叫彼得的，就是其中之一。

彼得修士據說是早年愛妻亡故，就把自己折磨成苦行僧。苦行僧就是有別人虐待自己最好，如果沒人虐待自己，就自己虐待自己，聽說聖地那邊的穆斯林喜歡虐待基督徒，所以他就顛沛流離，歷經辛苦，翻山涉水地跑過去了。一個髒兮兮瘦骨如柴的苦行僧，造型挺悲慘，居然給他跌跌撞撞進入了聖地。這一趟見聞讓彼得受了極大的刺激，尤其是基督徒在耶路撒冷受到各種非人的待遇。等到彼得跌跌撞撞地趕回法國，他已經將自己的聖地親歷，發表了好幾次公開報導和演說，在西歐各地到處傳播。

當時教廷的老總，烏爾班二世正好也來自法國，而他的前任就是逼德皇亨利四世在雪地裡站了三天道歉認錯的格里高利七世；後來亨利五世殺進羅馬，又扶持了自己的教宗；烏爾班二世上任後，肅清了這些敵對力量，確定了自己的地位，是基督教史上數得著的鐵腕。

大家回憶一下《羅馬帝國睡著了》的內容，東羅馬科穆寧王朝的開國君主阿歷克塞一世剛上任時，內憂外患，眼看著突厥人就要打到眼前，病急亂投醫地到處求助。而因為當時天主教廷和東正教廷的對立，羅馬教皇很希望看到東羅馬有事要幫忙，正好可以獲得談判籌碼，讓東正教乖乖向天主教繳械。

一〇九五年年初，烏爾班二世就開始在義大利號召組織十字軍東征聖地，並隨身帶著修士彼得，讓他現身說法，鼓動教眾。義大利人雖然也義憤填膺也摩拳擦掌，可真要拋家捨業地到千里之外去打架，他們又不願意了。烏爾班二世沒辦法，決定到自己的國家去想辦法。

一〇九五年十一月，烏爾班二世在法國的克萊蒙發表了基督教史上最重要的動員演說，號召全歐洲的基督徒，報復突厥人的惡行，拿回神聖的「留著奶和蜜之地」，將「不忠之人」逐出耶路撒冷。

烏爾班二世的激情動員加上修士彼得的悲情演講，法國人就真被鼓動了。別說法國人容易受忽悠啊，他們也是被逼的，一〇八九—一〇九五這幾年，法國遭遇饑饉，王權衰敗，國家混亂，騎士間私戰頻繁，搶劫殺人放火，上下都不好過。下層民眾有吃飯的要求，中層騎士有土地要求，上層封建主有財富的要求，打架目標一致，所以很容易就被煽動起來了。加上教皇還說了，只要是參加了東征的人，一輩子什麼罪都洗清了，必將沐浴天國神聖的光輝。

騎士和貴族出征，總要告別家小，安頓好家業什麼的，瑣碎很多，底層百姓則是簡單多了。彼得振臂一揮，這些人回家拿了幾張大餅，也不打點行李就跟著出發了。城鎮居民、農民、甚至還有婦女和孩子，組成兩萬人的「大軍」，號稱「十字軍先鋒」浩浩蕩蕩就殺奔耶路撒冷而去。至於這支十字軍的結局和後面的故事，「地主」們就參看《羅馬帝國睡著了》吧。

十字軍東征是在法國發起的，第一次十字軍東征的正規軍中，也以法國的貴族騎士為主，所以，當時的國王腓力一世沒有參加，不能不說，讓他在教界的形象不太好看，也讓法國王室和教廷的關係留下陰影。陰影就陰影吧，中世紀的西歐諸國，哪家的國王甚至皇帝不受教廷擠兌呢，誰家沒有幾個被下了「破門律」的王呢。

第一次十字軍東征，基督教收復聖地，並在當地建立了四個基督教的國家，法王腓力一世不知道會不會因為沒有參與這一項了不得的功績而遺憾，不過，他生了個了不起的胖兒子，應該彌補了他不少遺憾了。

4.了不起的胖子

腓力一世的長子登基後是路易六世，世界史上出名的胖子，史書稱其為「胖子路易」。那個時代各國都不富裕，有權有勢的人的標誌就是長得胖，腓力一世自己就是個胖子，英王威廉一世也胖，他被戰馬掀翻而死，不能全怪戰馬，實屬超載引發的交通事故。

路易是腓力一世拋棄的前妻所生，據說腓力一世拋妻的原因是嫌她太胖！江湖傳聞，路易六世一直受到後媽的謀害，太后長期對路易六世偷偷下毒，被後媽虐待下毒還長這麼胖，不知道怎麼吃的。

胖子路易應該說是卡佩王朝經過平淡低迷的開局後第一個亮點。之前說到，卡佩初期的法王，漫說是整個法國，就是在自己的法蘭西島都說了不算，有大量的城堡主佔據要道，設卡盤剝，根本不把法王放在眼裡。腓力一世在任時，經常很悲催地說，這些城堡主都快把他折磨病了。

路易六世一登基，就預備把這些城堡主折磨病。胖子雖然行動笨拙，爬上戰馬都非常費勁，可他一旦爬上馬，就不把戰馬累死不甘休。他孜孜不倦地堅持對王領裡城堡主的征伐，一次又一次，一年又一年，終於肅清了自己的轄區，至少在法蘭西島內，法王是真正的老大了。

王領安靜了，其他的諸侯還是不服啊。敵人的敵人可以是同盟，路易吸收大量忠於國王的教士、小商人、小市民進入御前會議。以前參議國事，大封建主和大貴族們都結夥欺負國王，現在再遇到這些大傢伙咄咄逼人，自然有人擋在法王前面和他們拌嘴，法王消停多了。

前面說到，亂糟糟的法國是各種運動的土壤，這段時間，又鬧運動了，也就是著名的「城市公社運動」。城市大家都懂，公社到底是什麼？最簡單的解釋，一些子人湊在一起，互相幫助互相拉扯，自己把自己餵飽就叫公社。公社這個概念在咱們國家的回憶是悽慘的，不過，這個概念在中世紀的西歐，還是挺先進的。

十一——十三世紀，西歐商業經濟高速發展，法國整體混亂，但是局部地區尤其是部分城市慢慢地發展發達，漸漸興旺起來。這些城市都是在大封建主的土地上，領主們看著自己的城市發達也高興啊。老牌封建大地主，腦子裡也沒個經濟學概念，不知道這種商業經濟，給於寬鬆的空間和自由才能發展得更好，他們堅持，自己屬地產生的財富都應該屬於自己這個原則，對於這些新興的商業城市壓榨起來毫不手軟。苛捐雜稅沒完沒了，市民還要稀里糊塗地服各種勞役。市民們終於不幹了，覺得自己的城市應該自己作主，自治，選舉自己的政府，自己的官員，大小事市民商量著辦，徹底擺脫這些地主老財們的控制。這個追求城市自治的運動，就是「城市公社運動」。

「城市公社運動」湧現了很多可歌可泣的事蹟。在追求城市自治的道路上，部分封建主還是能通融，市民們花一大筆錢，跟封建主賣斷城市的自治權，地主們收了錢，找地方花銷去，不再找麻煩。如果封建主不能通融，市民們就毫不留情地發動起義，不達目的絕不甘休，有的時候，場面很慘烈。

法國北部重要的商業城市拉昂，這裡是當時法國的毛紡織中心。拉昂地區的老大，是當地的主教高德里，軍旅出身的教士，行為非常乖張偏激，喜歡弄瞎人眼睛。高德里先是收了市民的錢，同意拉昂自治。誰知道，這夥計身為神職人員毫無誠信，三年後，錢用光了，他又反悔了，他下令收回拉昂的自治權，廢除公社。

拉昂的市民都挺悍的，不吃這個虧，他們發動起義，殺掉了拉昂的不少貴族，還把高德里主教抄出來，砍掉了他的腦袋！

砍死主教，多大的事啊！這個高德里背後還站著老大路易六世呢。拉昂市民支付的錢，有一部分進了路易六世的腰包，這次高德里出爾反爾，也是路易六世首肯的，看到高德里被殺，路易六世當然要發兵鎮壓。

基督教徒殺掉了主教，誰心裡不發怵啊，現在看到王軍殺來，更加腿軟。路易六世洗劫了拉昂城，取締了公社，將幾個要犯正法。

這個故事就是著名的「拉昂城市起義」，看完這個故事，大家都認為路易六世肯定是個扼殺「城市公社運動」的劊子手。其實還真不是，路易六世有個稱號叫「公社之父」，這一輪法國「城市公社運動」的發展，是得到路易六世大力支持和扶持的。而路易六世在跟城堡主和大封建主的鬥爭中逐漸佔上風，重要原因是他獲得了這些公社的支持。對拉昂公社的鎮壓，他也很無奈，各級教會主教的鼎立幫扶，是法王能站穩根基的重要條件，拉昂市民砍死了主教，他不管不行啊。在拉昂的市民不屈不撓地又鬥爭了十來年後，路易六世最後還是授予了拉昂的自治權。

路易六世任內一件頂厲害的事，是他居然團結了法國北方的各路諸侯，嚇退了聯手而來的德皇與英王的聯軍！

路易六世清理了王領後，基本就將首都定在巴黎，不再到處亂跑了，開篇說到的，收藏了大量圓明園珍寶的楓丹白露宮就是胖子路易時代開始建設的。但是對卡佩王室來說，有個地方肯定比巴黎意義更重大，那就是東北方的蘭斯。大家還記得吧，法蘭克人發跡的鼻祖克洛維就是在蘭斯大教堂受洗成為基督徒的。蘭斯後來成為歷代法王加冕的城市，地位尊崇。

回憶一下德國歷史啊，這段時間，歐洲時局有一個重要關鍵字就是德皇和教皇的矛盾，教皇一天到晚想著怎麼收拾德皇。雖然卡佩家的法王也偶爾被收拾，大部分都是因為自己私生活的那點小事，跟教皇沒有不共戴天的恩怨。路易六世上台，對教皇相當巴結，在各級宗教大會上，只要教皇說德皇不是個東西，路易六世肯定是捧哏（幫襯之意）的，跟著敲邊鼓。在蘭斯大教堂，經常組織一些針對德皇的宗教會議，主要內容就是說德皇壞話。對當時的德皇亨利五世來說，路易六世和蘭斯教堂都欠收拾。

亨利五世是英王亨利一世的女婿，復習《老大的英帝國》第十三章，亨利一世在威廉二世死後取得了英國王位，還跨海跑到諾曼第，把自己的大哥——當時的諾曼第公爵羅伯特抓去英國終生監禁了。亨利一世對諾曼第的統治基本也是強取豪奪為主，諾曼第部分地區叛亂，向路易六世求助，而亨利為了鎮壓諾曼第就向自己的女婿亨利五世求助。

本來亨利五世就有收拾法國的念頭，岳父又有指令，於是德皇集合大軍，預備進攻蘭斯。當然亨利一世也不閒著，從諾曼第的方向發兵，預備跟德軍兩頭夾擊。

路易六世做了一件讓卡佩家很露臉很拉風的事，他走到聖丹尼大教堂，祈求王室的守護神鄧尼斯主教保佑並宣告自己將力戰來犯的敵人。路易六世舉起了法王的戰旗，號召法國人隨自己出征。沒想到的是，除了他王領內的軍隊，還真有不少平時根本不買帳的諸侯們帶著兵馬加盟，組成了一支浩浩蕩蕩的聯軍。德皇也沒料到看著挺狼狽的法王突然這麼有型，還居然能組織這麼多人，真打起來，心裡沒底，算了，撤退吧。英王看德皇跑了，只好跟法王簽個和約，反正法王也收不走諾曼第，一切照舊吧。就這樣，法國人隨便一抱團，就顯示了強大的威力。

路易六世是法國王權上升期極重要的一位法王，他為卡佩家族帶來了一個運勢的大轉折。很多歷史書說這夥計庸庸碌碌的，就是能吃，他有一番作為，第一是因為有個時常鞭策他的老婆，另一個就是他的首席高參，聖丹尼修道院的院長熙熱，現在關於路易六世的研究，最多的參考是熙熱為他寫的一部《路易六世傳》。

說路易六世庸庸碌碌是不公平的，作為一個胖子，他一點都不懶，一輩子都在征戰。他天天這麼跑，沒達到減肥的效果，四十歲左右，實在找不到一匹能拖動他的戰馬了，只好提前退休。晚年也沒閒著，他臨終安排的最了不起的事就是太子婚事，他為下任法王路易七世選擇了阿基坦的女公爵為王后！

5. 王后的背叛

看看當年法國諸侯的分布圖，最醒目的，肯定中部的阿基坦公國。諾曼第公國收服曼恩伯國和布列塔尼公國後，其領土面積還是不能跟阿基坦相比，法王在巴黎周圍那些個可憐的王領，就顯得更加寒磣了。

阿基坦公國地大物豐，是早年間被羅馬化比較徹底的地區，在法國北部諸侯看來，這裡是個高度文明高度發展的發達地區了。中世紀發達地區的標誌就是文化的繁榮，阿基坦公國最出名的就是出產遊吟詩人。

遊吟詩人顧名思義，就是一個到處走到處唱的詩人，有點像民間賣唱的。《羅蘭之歌》能流傳這麼久後成書，也要感謝這些遊吟詩人們。在中世紀，大家都沒什麼樂子，有賣唱的過來唱一嗓子，聽聽也能打發不少時間。遊吟詩人大部分是唱情歌，極肉麻的那種，估計還有些三俗的內容，不過呢，他們偶爾還會就時局、政治、王室八卦之類的編個小曲唱唱，在那個沒有報紙、電視、廣播和網路的時代，這也是個了解國家大事和小道消息的辦法，所以，中世紀，遊吟詩人算是個體面的職業。

最早的遊吟詩人的代表就是阿基坦公爵，威廉九世，一個遊吟詩人公爵，想像一下肯定是個放蕩不羈風流倜儻的人物。後來這個家族就一直遺傳喜歡遊吟詩人，阿基坦地區是整個歐洲遊吟詩人最受優待的地方。

跟路易七世結婚的阿基坦女公爵叫埃莉諾，威廉九世的孫女。父親死後，十五歲的埃莉諾就成為了這個法國最富庶地區的女當家。因為這個家族的藝術家基因，埃莉諾也一樣的隨性開朗。根據存世的油畫，埃莉諾是個性感的紅髮美女，身材苗條，加上她富甲天下的顯赫地位，還受過非常好的教育，我們不能不說，這樣的女人，誰娶回家去不得不供起來啊。

路易六世處心積慮給兒子安排這個婚事，想的是埃莉諾嫁進門，只要生下繼承人，阿基坦公國就自動成為王領，法王的地盤就非常可觀了。

路易七世沒有他父親那樣的深謀遠慮，路易七世本來是次子，他哥哥是繼承人。路易七世從小就在聖丹尼修道院，被熙熱院長當作未來的神職人員調教，信仰虔誠，一心向主。誰知大王子突然夭折了，路易七世作為後備成為了新的法王，並在十六歲登基那年娶了十五歲的埃莉諾。

路易七世和埃莉諾這兩口子，怎麼看都不搭，路易七世是個從小修行的人，內向安靜，全部的熱情都交給了上帝，哪裡還有其他的感情分給老婆呢。對路易七世來說，娶老婆的目的就是生出未來的法王來，其他一概不考慮。熱情如火的埃莉諾遭遇這麼個冷冰冰的悶蛋，生活的十分鬱悶。結婚七年後，埃莉諾總算是生了，竟然是一位公主，這下該路易七世鬱悶了。

有抒發鬱悶的辦法，教皇又發動十字軍東征了。還記得第一次十字軍東征時，建立的四個十字軍的國家嗎。耶路撒冷公國、安條克公國、的黎波里公國和伊得薩公國。一一四四年，塞爾柱帝國佔領了伊得薩公國，安條克公國眼看成為突厥人下一個目標，教皇急得趕緊組織遠征。路易七世因為剛燒了一座教堂，燒死不少人，急於贖罪，就報名參軍了。

聽說老公要去中東旅遊，埃莉諾高興啊，她在巴黎都快悶壞了，堅決要求同行。她是阿基坦公爵，她有自己的騎士團，再加上後宮那些侍女命婦什麼的，組成一個女子十字軍，也跟著出發了。

就這樣，兩口子遛達到中東去了。這次，是十字軍的第二次東征，這支十字軍中最令人矚目的大佬就是法王夫婦和的德王康拉德三世。

路易七世兩口子進入安條克公國，就跟安條克公爵雷蒙德合兵一處，預備對突厥人反擊。安條克公爵高大英俊，氣宇軒昂，他是王后埃莉諾的親叔叔（老楊要糾正一個錯誤，在英國卷中，老楊寫到雷蒙德公爵是法王路易七世的叔叔，其實他是阿基坦公爵威廉九世的兒子，所以他是埃莉諾的親叔叔）。

雷蒙德公爵比埃莉諾大了七歲，遊吟詩人血統，一樣的熱情活躍，愛好廣泛。沉悶的軍旅生涯，雷蒙德和埃莉諾似乎走得很近。而十字軍裡也開始盛傳王后和王叔的風流韻事。

路易七世聽到這些傳聞已經火冒三丈，而更讓他生氣的是，一些軍事計畫上，埃莉諾總是跟雷蒙德站在一起跟自己作對。路易七世跟埃莉諾大吵一場後，斯文內向的法王做了一件創舉，他趁夜綁架了自己的老婆，離開了雷蒙德的轄地。

第二次十字軍東征因為路易七世奇臭無比的指揮大敗，雷蒙德因此戰死，埃莉諾更加不能原諒法王。當時的教皇覺得有義務調解這場夫妻矛盾，還親自安排了兩口子同房，不久後，埃莉諾又生下一位公主！野史傳聞說這位公主可能是雷蒙德公爵的。

回到巴黎的法王夫婦完全不能調和了。對埃莉諾來說，既然已經紅杏出牆，就不介意再找一個。這時，一個年輕的帥哥進入了她的視線。

「地主」們都知道，這個帥哥當然是安茹伯爵亨利。安茹伯爵是英王亨利一世的外孫，瑪蒂爾達公主先是嫁給德皇亨利五世，成為寡婦後，在亨利一世的安排下，嫁給了當時的安茹伯爵，若弗魯瓦五世。若弗魯瓦出名就是長得帥，造型還特別風騷，因為家族標記是金雀花，所以他喜歡別著一朵花到處招搖。

瑪蒂爾達公主曾經是神聖羅馬帝國的皇后，德皇亨利五世有的時候不在家，她還代攝王事，起點太高，二十三歲守寡後，心態一直不平和。

英王亨利一世看安茹伯爵若弗魯瓦，是怎麼看怎麼順眼，堅持讓女兒二婚嫁過去。瑪蒂爾達從皇后淪為伯爵夫人，落差太大，而且瑪蒂爾達比若弗魯瓦大了十一歲呢。

婚姻不諧也不用天天吵架對吧，兩口子都是聰明人，很快確定了非常冷靜有效率的夫妻關係，由兩口子變成聯軍為權力而戰，瑪蒂爾達到英倫三島去爭取大英王位，若弗魯瓦幫著征服英王在法國的領地，不管有沒有感情，孩子照樣生，兩口子打下的基業，以後都是兒子的。

這對勤奮的父母後來留給兒子亨利的領土包括：諾曼第公國、安茹公國和可能的英國王位，而未來的發展，就看小亨利自己的努力了。（參看《老大的英帝國》十四—十五章）

埃莉諾找到了下家，更加看路易七世不順眼，而忠於路易七世的朝臣們，也看王后不順眼。兩口子長期離心離德，終於在離婚這個事上找到了「心有靈犀」的感覺，那真是，一拍即散。埃莉諾沒生出繼承人，這個理由放在哪個國家都可以休掉王后，埃莉諾離開了王宮，回到阿基坦公國，好在，這個法國最大的公國還是屬於自己的。

六周後，埃莉諾嫁給了安茹伯爵，亨利跟父親一樣，娶了個比自己大十一歲的女人。路易七世在家裡一看地圖，「哎呀」一聲後，開始用力扇自己的耳光。現在亨利伯爵擁有的是諾曼第+安茹+阿基坦三大公國和附近幾個伯國，亨利真要追著路易七世叫「王上」，路易七世都不好意思答應！

正當路易七世鬧心如何轄制手下這麼巨大的一個封臣時，壞消息陸續傳來：先是埃莉諾跟了亨利不久，就生出了兒子，雖然這個兒子幼時夭折，可後來埃莉諾接二連三地給亨利生了四個兒子三個女兒！埃莉諾等於是向全法國宣布，路易七世生不出兒子，完全是自己的原因！

一一五四年，更大的打擊來了，小亨利取得了英國王位，成為了英王！亨利二世之於路易七世，如今是個龐然大物，粗略算一下，亨利擁有的土地至少是法國王領的五倍以上，此時此刻，路易七世該如何自處？

六、腓力大帝

1. 王領大擴張

路易七世對亨利二世，絕對是羨慕嫉妒恨。羨慕他生了一堆兒子，嫉妒他廣闊的疆域，恨他強大的勢力，恨他離奇的好運氣。路易七世嘗試對亨利二世下了兩次手，都被彈回家了。而從亨利二世的角度說，自己還是法國的封臣，如果主動找法王的麻煩，會給自己的封臣不好的榜樣，說不定以後自己的封臣也會這樣對付自己，於是，亨利二世也不隨便啟釁，君臣二人竟然也就相安無事了。

法王路易七世痛定思痛，調整心態，選擇了更智慧的辦法，那就是，先生出兒子來，至少要讓自己先把在生兒子這個事上丟失的面子找回來，萬一生出一個天才，自己這輩子受的氣，兒子都能幫著找補回來。

大家都知道，埃莉諾和亨利二世可不是隨便生了一堆兒子的，其中有騎士之花「獅心王」理查，要生出比理查更牛的兒子，難度還是比較高，然而沒想到的是，路易七世產量不高品質高，費一輩子勁，生出了一個兒子，而這個兒子，就勝過了亨利二世所有的兒子！

老楊寫歷史是很入戲的，寫到哪個國家，就將其看作自己的主場，對人物有種自家人的親切感和認同感。寫英國卷，老楊是獅心王的粉絲，崇拜愛戴他，所以腓力二世成為奸猾下作的卑鄙小人，是個奸角。公平公正地說，無論獅心王在歷史上的形象如何的驚才絕豔，傾國傾城，如果以一個國王的標準來評判，他比法王腓力二世差遠了。

腓力二世是路易七世第三任王后生下的，十四歲就被路易七世加冕為法王，十五歲正式登基。腓力二世的媽媽是來自香檳伯國的公主，腓力少年繼位，他的舅舅，也就是香檳伯爵之流自動自覺把持朝政，以攝政自居。

攝政們低估了腓力二世，像他這樣的小孩，不存在早熟，十五歲就已經熟透了。登基那年，腓力二世大婚，新娘子帶來的嫁妝是巴黎北部的阿圖瓦地區，王領驟然擴大。腓力二世非常有底氣地給英王亨利二世發了個短信，要求他到阿圖瓦開會，年輕的法王獨自與亨利二世和談簽和約，將那些攝政的舅舅和大叔們晾在巴黎傻眼，這等於是通知所有人，腓力二世不需要任何攝政了。

自從腓力二世上台，英國就倒楣了。根據英國歷史我們知道，亨利二世後來生了小兒子約翰，這一些不省心的兒子為了爭權奪利，手足相爭。而這個矛盾最後會越鬧越厲害，很重要的原因就是腓力二世的挑撥離間。

腓力二世對付英國人的思路是祖傳的，清晰明瞭：亨利二世在位的時候，就教唆理查對付老爸；等理查一世登基後，他就挑唆約翰對付大哥；約翰成為英王後，他又挑唆約翰的侄子造反。所有的歷史書都說腓力二世聰明絕頂，都叫他「小狐狸」，一點不假，僅從智商上看，腓力二世肯定是高過這三代英王太多了。

腓力二世跟理查一世一起，參加了十字軍歷史上最華麗的一個陣容，也就是第三次十字軍東征。幾乎是理查進入戰場不久，腓力二世就稱病早早退出了戰團。大家都知道，他可不是臨陣脫逃，他有更高明的謀劃。一回家，他就全力支持約翰爭奪英國王位，以至於理查一世眼看在聖地就要建立不世奇功，最後不得不灰溜溜地跑回家，還被德皇亨利六世綁票，被關了一年。（參看《老大的英帝國》）

雖然腓力二世好像玩弄英國人於股掌，但因為實力相差太遠，他的這些手法，除了讓英國人看上去很狼狽，真沒讓腓力二世佔到什麼大便宜，他所有的努力終於在約翰登基後取得了效果。

約翰簡直就是上帝為腓力二世預備好的凱子，就等著腓力二世來宰他。先是約翰剛上台時，因為名聲太臭，沒人支持，所以就割了不少地給腓力二世，讓他頂自己一把，腓力二世收下這些土地，還笑嘻嘻地跟約翰簽了個和平協定，轉頭就全力支持約翰的侄子亞瑟發難。

一二〇〇年，約翰跟昂古來姆的伊莎貝拉結婚。這個伊莎貝拉是已經許過人家的，是呂濟昂家族的沒過門的媳婦。呂濟昂家族的于格伯爵找到腓力二世告狀，腓力二世一邊忍者偷笑，一邊給約翰發了張傳票，宣他到巴黎打官司。

約翰當然不敢來，腓力二世就以安茹公爵不履行封臣義務之名，要罰沒他在法國所有的土地，判決書一下就強制執行，法王加上呂濟昂家族一起，開始對英王的領地發動攻擊。一二〇四年，腓力二世拿下了諾曼第，接著，王領法蘭西島以西那一大片曼恩、安茹，普瓦圖、布列塔尼全被腓力二世收納了。

腓力二世在戰鬥中發展壯大，實力越來越強，既然連英王都收拾了，一般的北部諸侯也不敢忤逆他了。如果說還有搞不清形勢，跟王上為難的糊塗爵爺，那應該是弗蘭德伯爵。

十年後，一二一四年，失去了大片土地的約翰找了幾個幫手，要找腓力二世決戰。約翰找的幫手，頭一個就是弗蘭德伯爵，而另一個來頭就更大了，是德皇奧托四世。

參看《德意志是鐵打的》第十章，奧托四世是韋爾夫家族上下求索了好幾代終於登基的皇帝，是英王亨利二世的外孫，也就是獅心王理查和約翰的外甥，從小在英國長大。他在德皇爭奪戰中取得勝利，自然是獲得了英國的支持，而一直跟韋爾夫家族爭位的霍亨斯陶芬家族，則一直跟法國關係不錯。不管從哪方面考慮，約翰要找腓力二世報仇，組建「反法聯軍」，奧托四世肯定會義無反顧地加入。

約翰越過海峽登陸，奧托四世與弗蘭德伯爵從東部進軍，從東西兩面夾擊法國。反法同盟的軍力遠遠多於法軍，腓力二世明顯處於劣勢。而憑藉高超的指揮技術和清醒的頭腦，加上這個反法同盟也實在是很菜，七月二十七日，在法國北部里爾市的布汶，法軍取得大勝，弗蘭德伯爵被生擒關押，弗蘭德地區表面上向法王臣服。

布汶會戰大約死了幾千人，這個數字對於以後歐洲發生的大戰來說，實在算不得什麼，可是羅馬滅亡以來，這個規模的死亡，也算是一場惡戰了。死傷不說，布汶戰役對整個歐洲歷史的影響可是巨大的。

首先是奧托四世失去了王位，韋爾夫家族徹底敗給霍亨斯陶芬家族；約翰正式落下「失地王」的大名，引發了英國議會拋出了大憲章；腓力二世因為這一戰讓王室的土地擴大了三倍，再沒有任何法國諸侯敢對法王不敬，法蘭西島主由此時真正成為了法王；而法王最大的收穫是激發了法國人的民族感情，戰鬥中，很多市民都自發組織參與作戰；整個歐洲的權勢均衡因為這一戰發生了轉折，神聖羅馬帝國由此時開始衰退，日益分裂，法國由此時開始迅速上升，將在不久之後，成為西歐霸主。

因為布汶一戰，腓力二世被稱為「奧古斯都」，按照規矩，雖然腓力二世只是國王，不是皇帝，大部分的歷史書還是稱他為腓力大帝！

腓力二世任內，巴黎人口達到五萬人，是法國最大的城市，到一三〇〇年，巴黎人口達到三十萬，幾乎是歐洲最大的城市。腓力二世最後將自己的政府機關永久地留在巴黎，在塞納河中的西堤島上的皇宮辦公，這讓巴黎成為了真正的首都，整個巴黎的城市建設，就是從腓力二世開始的。

從路易七世開始修建的巴黎聖母院此時快要竣工，獲得了腓力二世的大力贊助，這時候法王富裕有錢；用圓石鋪砌了巴黎的主要街道；在巴黎周圍樹起了堅固的圍牆；成立巴黎大學，並給於師生免稅權；還在塞納河邊的城牆外，修建了一座城堡，也就是開篇介紹的羅浮宮。

卡佩前期諸王跟教皇關係都不錯，但也經常有被開除教籍的事發生，腓力二世跟祖輩一樣，也喜歡在自己婚姻家庭問題上，讓教皇操心。

腓力二世的第一次婚姻維持了十三年，伊莎貝拉王后為他生下繼承人後死去。估計是出於形勢和利益考慮，丹麥公主英格堡成為第二任王后。腓力二世不喜歡這位北歐女郎，不久，他就跟英格堡離婚，娶了一位法國南方的小姐，梅蘭的阿涅絲。

教皇一天到晚調解法王的離婚糾紛，都快煩死了，職責所在，不管又不行。老規矩，不准離婚，三婚無效！不聽勸告？開除出教！法王和德皇不同，德國人受了教皇的氣，總要找補回來，法王溫順多了，只要一看到教皇老人家真發火了，一般都會低頭認錯，不管改不改，首先在態度上，就讓教皇很舒服，所以願意幫扶他們。腓力二世這個婚姻困局最後以阿涅絲先死去而終結，教廷很欣慰。

腓力二世任內，將卡佩家的地盤擴大了兩倍還多，而在他晚年時，居然又獲得了一次向南部擴張的大好機會。

2.阿比爾的浩劫

腓力二世晚年的這次機會，來自教皇和十字軍，這次他們討伐的不是異教徒，而是所謂的基督教異端。

寫基督教的各種異端是老楊一件特別鬱悶的事，同樣是信基督，信得五花八門的，真容易讓人暈。可是，基督教內這些個亂七八糟的事，又在很大程度上主導改變著歐洲甚至世界的歷史，對一個寫歷史的人來說，這些事無法迴避。

這次又是誰得罪教皇了？法國南部朗格多克地區諸位爵爺，其中領頭的應該是圖盧茲伯爵。

腓力二世肅清了大部分法國諸侯，敢跟王上作對的諸侯基本是沒有了，但是對法王不賣帳不禮貌的爵爺，還是有幾位，也就是法國南部這幾位爺。

法國南部地中海沿岸地區，大家都知道，世界上最大的葡萄酒產地，法蘭西的精華所在。在中世紀時期，這裡就已經經濟發達，文化繁榮，很多人都說，當時這裡的狀態可以和後來的文藝復興媲美，說這裡是歐洲當年最發達興盛的地區，應該是毫不過分。

文明發達的地方，有一個顯著特點就是思想的多樣性。在當時的法國南部，有一種新的對信仰的思考在蔓延並發展從而形成了一個新的教派，因為是以法國南部的阿比爾城為中心的，所以被稱為阿比爾教派，在法國南部比較重要的一個分支，被叫做清潔派。

這個教派認為，這個世界上，應該有兩個上帝，善的上帝，是無形的，看不見的；而整個物質世界，包括人的肉身，是一個惡的上帝搞出來的，天主教廷和下面各級修道院，腐化墮落，盤剝百姓，他們是惡的上帝的代表；阿比爾派對肉身復活這個事特別不以為然，既然耶穌會被釘上十字架，還會流血，說明他不是那個上帝；肉身是邪惡的，真正的上帝怎麼會有肉身等等諸如此類。關於阿比爾派的這些想法，大家可以參看《達文西密碼》，這本書的內容跟我們這篇故事很有關係。

甭管清潔派的想法靠不靠譜，它在法國南部普及傳播開了，上到領主下到百姓，即使是有些虔誠的天主教徒，對清潔派的部分想法也很認可，比如清潔派的人認為，苦修、清貧、禁欲能更讓人接近上帝，這就讓各修道院奢靡放浪的生活顯得很可恥。

當時的教皇，大家都認識，中世紀最明星的教皇英諾森三世。這位鐵腕決斷的教皇，代表著中世紀教權的巔峰，說起他的名字，整個歐洲大陸會憑空席捲一陣寒風，陰森森的。他的部分事蹟，老楊在英德兩家時都有介紹，而他人生中一個特別重大重要或者說是得意的事蹟，教績，就是對阿比爾派的清剿。

英諾森三世先是連教訓帶嚇唬，讓法國南部的爵爺領主們清理門戶，可這些人都不理會教皇。教廷無奈派出特使，到圖盧茲伯國去恐嚇伯爵，大意就是，你小子不配合教皇清理異端，教廷早晚會開除你出教等等。教皇特使，欽差大人，他肯定不會謙卑小心地說話，雖然圖盧茲伯爵當時忍了，手下的騎士們可忍不了，一劍就把欽差大人送到上帝那去了。

教皇做事果決，絕不留情，聽說特使被殺，馬上下令，組建十字軍，南下法國清理阿比爾派。以法國北部貴族為主的阿比爾十字軍成立了，老楊之前說過，十字軍這幫兄弟，大多數時候，喜歡去經濟發達的地方「聖戰」，法國南部的財富一直讓北部的諸侯們深受刺激，一聽說又可以奉旨打劫，參軍的又擠破頭了。

這次阿比爾十字軍對清潔派的清理，絕對是一場屠殺。最慘的戰鬥發生在地中海沿岸的貝濟耶，剛開始十字軍還是講道理，宣布，天主教徒可以自由離開，但是必須交出異端份子。誰知，貝濟耶的市民聲稱，寧願吃掉自己的孩子也不會這麼做！十字軍被激怒了，於是，開始屠城。不管是異端份子還是天主教徒，婦女老人還是襁褓中的孩子，一律殺光。當時有人問十字軍的首領，說你這麼殺，怎麼分辨出天主教徒和異端份子呢？這個首領給了個很酷很有名的回答：「都殺掉，上帝會分辨他們！」到底這一城這一戰死了多少人，不詳，十字軍自己彙報的就超過兩萬。

這是世界歷史上著名的一場血腥浩劫，前後持續了二十多年。整個法國南部有錢有文化，就是沒有有效的防禦。經濟和文明的發展，讓這裡有一種羅馬時代的頹廢和享樂氛圍，他們支持「異端」在各地蔓延，卻沒想到會遭到教廷如此慘烈的懲罰。十字軍在法國南部幾乎是摧枯拉朽，所向披靡，那些燦爛的文明和幸福富裕的生活，都在這一次征伐中被摧毀、根絕。

出這麼大的事，法王什麼態度？腓力二世是絕頂的聰明人，他在家考慮了好幾天，覺得自己親自插手，多有不當，於是他先表示態度，對南部的「異端活動」深表憂慮，深感氣憤，對於法國北部諸侯組建十字軍南下聖戰，深表支持，並會在巴黎為十字軍助威加油。

待看到十字軍在南部進展的非常順利，腓力二世則派出了太子爺路易，指揮王軍，加入了戰局。太子路易是一員猛將，布汶戰役時，他甚至率部追擊英軍快到倫敦，並一手生擒了弗蘭德伯爵。這次南下聖戰，太子爺的表現也可圈可點，不管「異端」如何，法王父子的想法很明白，那就是抓住一切機會擴大王室的領地，擴大王權。腓力二世去世的時候，卡佩的王領已經向南延伸到了地中海沿岸！

七、完美怪物——聖路易

1.女攝政

腓力二世改變了卡佩家族的傳統，沒有在生前就為太子加冕為王，因為他不需要了。此時此刻，放眼整個法國，已經沒有人敢跟卡佩家族叫板並爭奪王位了，腓力二世駕崩，下一任法王自然是大王子路易，誰敢不服啊。

路易八世驍勇善戰，腓力大帝能成為大帝，太子爺有汗馬功勞，所以路易八世有個外號叫「獅子」。可惜路易八世過於短壽了，僅僅在位三年，全部的工作就是在法國南部對清潔派作戰，最後還將自己的性命賠上了。

一二二六年路易八世駕崩，他的兒子十二歲繼位，路易九世，也就是法國歷史上大名鼎鼎的聖路易，形象最好，受歐洲歷史書評價最高的法王。

路易九世能修成聖路易，影響因素很多，其中很重要的一條，他有個很厲害的媽。

中世紀的法國，經常有些奇女子冒出來，前面說過的埃莉諾王后算一個，而她的外孫女，來自卡斯蒂利亞王國的公主，布朗歇肯定也算一個。

埃莉諾和亨利二世的女兒嫁給西班牙西北部的國家卡斯蒂利亞的國王阿方索八世，生了兩個女兒。當時英國需要一個找個公主跟法蘭西聯姻，太后埃莉諾想到了西班牙這兩個外孫女。埃莉諾以八十的高齡來到卡斯蒂利亞，看了兩個女孩後，選擇了年齡小的那個，十二歲的布朗歇被帶到法國，嫁給了十三歲的太子，路易八世。

布朗歇在法國宮廷裡長大成人的，三十五歲那年，成為法國皇后。路易八世跟老婆一起長大，深知老婆智慧冷靜，信仰虔誠，內心強大，所以臨終前指定，布朗歇成為路易九世和王國的攝政。

布朗歇絕對是下得廚房出得廳堂。在成為太后前，她在後宮相夫教子，誰也沒看出王后是個強勢女人。一接下卡佩家的王朝，她馬上就顯示出不是一般的家庭婦女，殺伐決斷，行事俐落，比一個男性的君主一點不差。

法國有些個心懷不軌叛臣，腓力大帝和獅子路易在時他們還能安分守己，如今看到布朗歇和路易九世孤兒寡母，又都跳出來了，而在他們身後提供大力協助的，可想而知，是英王亨利三世。

路易八世剛剛駕崩時，法國的叛臣們就密謀綁架在奧爾良還沒登基的路易九世。布朗歇帶著兒子返回巴黎途中，正碰上反叛的軍隊。布朗歇向巴黎的市民求助，巴黎人一聽說國王和太后有難，從四面八方趕去奧爾良，在路上，這些普通市民有的拿著武器，有的拿著板磚，有的赤手空拳擋在國王駕前。從奧爾良到巴黎這一路上，全是這些熱血的百姓保護著小法王，讓叛臣們不知所措，只好撤退，而布朗歇帶著路易九世安全回到了巴黎，成功繼位。

沒有巴黎百姓就沒有路易九世了，布朗歇母子一直感念這些普通市民給於他們的幫助，整個路易九世一朝，不論是王后還是國王，對下層民眾都比較關照。而從這件事我們也看出，巴黎的市民，隨時敢拿著板磚上街幹仗，不論跟誰。

布朗歇冷靜睿智地處理了亨利三世支持的幾次法國貴族叛亂。這些人見扳不倒太后，就開始製造輿論，說她壞話。說得最多的就是，法國這樣一個國家，怎麼能讓一個女人管理；一個正常的女人怎麼幹得出這些事呢；這女人這麼牛這麼橫，野心這麼大，搞不好路易八世就是她害死的；而且是私通了姦夫害死的，就為了篡奪大位等等。

好在沒有網路，沒有水軍，否則太后早上起來一開電腦，會發現全是自己的負面新聞，什麼程度的都有。在那個通訊基本靠吼的年代，抹黑對頭也有自己的辦法，那就是，幾乎每天，巴黎的主要大街上，都有人編太后的段子在傳唱，當然，肯定不是歌功頌德。

一邊鎮壓國內的叛亂，一邊還要接下路易八世未竟的事業。一二二九年，十字軍和王軍終於迫使圖盧茲伯爵投降，結束了長達二十年的阿比爾十字軍的戰爭，雖然法國南部繁華已不在，整個朗格多克地區卻是歸入了王領，讓卡佩王室的統治範圍正式到達地中海沿岸。

太后再厲害，國王總是要親政的。而布朗歇太后比較辛苦，一輩子也沒機會退休，一直工作到去世，她也是沒辦法，路易九世總喜歡往外跑啊，而且一跑就是無影無蹤好幾年。

2.聖人的生涯

大家看了這麼久的歐洲史，大約知道這些人辦事的規矩。一個王，八方征伐，開疆闢土，百戰不殆，一般會被稱為「奧古斯都」，咱們稱他為大帝；而在名字前面加個「聖」字，見仁見智，至少有一點可以肯定，那絕對是信仰虔誠到了某種病態程度了。

布朗歇自己是個虔誠的教徒，她教育出來的兒子自然更虔誠。據說路易九世每天要做兩次彌撒，半夜還要起來參加晨禱，每天至少念五十遍《聖母經》；長期齋戒；衣著簡樸；他是聖方濟會（天主教的一個組織）的成員，而這個組織是奉行苦修的，苦修嘛，就是自己給自己找罪受；他還是個大慈善家，捐了很多錢給教會，創辦盲人救濟院；親自探望痲瘋病人；給窮人洗腳，給病人送飯，扶老太太過馬路，送流浪狗回家（後面兩條是老楊自己加的，可以看作是「野史」）。

虔誠到一定的程度，肯定是迷信的，求購並收藏「聖物」也是必須的。路易九世在巴黎的皇宮專門建了個小禮拜堂，就為存放耶穌釘十字架時戴的荊棘冠！而這個小禮拜堂至今還被當作巴黎那些美侖美奐的各色建築中的明珠。

路易九世對天主教徒有多親切，對異教徒就有多殘酷。阿比爾十字軍後，在圖盧茲，建立了後來惡名昭著的宗教裁判所，以各種酷刑對待異教徒，以後的歷史進程中，我們還會提到這個組織。路易九世親自設立了火刑場，專為將異教徒活活燒死。而作為西歐比較醒目的異教徒——猶太人，當然也是路易九世視為眼中釘的敵人，是受他迫害的主要對象之一。

要說路易九世辦的這些事吧，在基督教世界最多能評個信教積極份子，要在名字前面加個「聖」字，估計還差一點，所以，路易九世啟動了教界最頂級的修練——十字軍東征。

要說聖路易的十字軍生涯，豈是「悲催」二字可以形容啊！

卻說，自從第一次十字軍東征，在耶路撒冷建立了基督教國家，這個聖地就在基督教和穆斯林之間幾度易手，你來我往地爭奪不休。在《德意志是鐵打的》中，神聖羅馬帝國的皇帝，世界奇蹟腓特烈二世，被教皇開除出教後，單槍匹馬跑到耶路撒冷，不費一兵一卒，憑著自己獨特魅力，居然讓當時的阿尤布王朝蘇丹將耶路撒冷及朝聖的路上通道拱手相讓，創下了世界公關史上的一個神話。

可惜穆斯林世界，心態開放的蘇丹並不多，阿尤布王朝的繼任蘇丹對這個事耿耿於懷，一二四四年，他們又把聖地搶回來了。

教廷收到消息，自然又是一番哭天搶地，如喪考妣。傳說當時路易九世正好大病初癒，病中他就立誓，如果病好，他就組織十字軍。

一二四八年瘧疾初癒的法王組織一千八百艘船隻浩浩蕩蕩出發了。雖然此時，路易九世已經成婚，親政。但既然有東征這麼大的業務，布朗歇太后只好再次上崗攝政。

阿尤布王朝的統治中心在埃及的開羅，所以，從第五次十字軍東征開始，先打埃及，成為教廷的主要作戰思路。

路易九世的軍隊在埃及登陸，非常順利地佔領了重要港口城市杜姆亞特。就像俄國那萬惡的冬天一樣，埃及也有個上帝賜予的天然防線，也就是尼羅河。尼羅河的特點就是喜歡發洪水，動不動就氾濫成災。十字軍攻陷杜姆亞特後休整，這一休整不要緊，尼羅河非常配合地發大水了。

十字軍是遠征，跨海作戰，本來補給就不富裕，一些人天天在埃及看發大水，一看就看了九個月。十字軍這九個月歇下來，什麼士氣都歇沒了，開羅那邊可沒休息呢。

此時的阿尤布王朝，有一支很剽悍的雇傭軍，全部是來自高加索地區和黑海北部的游牧部落，基本都是突厥的後代，他們被捉到埃及，賣身為奴，成立了被稱為馬穆留克的奴隸軍隊。路易九世在杜姆亞特看大水這段時間，這幫馬穆留克換了個猛人頭目，拜伯爾斯。

大水退後，路易九世重鼓士氣，預備一舉攻陷開羅。機會永遠失去了，馬穆留克切斷了十字軍的補給線，在曼蘇拉城，十字軍大敗，路易九世直接被俘虜了！

這時，我們要隆重介紹本時段另外一位傑出的法國女人，路易九世的老婆，來自普羅旺斯的瑪格麗特王后。路易九世跑這麼遠打仗，把國事交給了老媽，可是對法王來說，還有一個重要工作就是為卡佩王朝生出繼承人來，這個事誰也不好幫他代勞，他只好把老婆帶在身邊。

在杜姆亞特城那些無聊的日子裡，法王這件重要工作頗有成效。路易九世被俘，王后一邊替他鎮守杜姆亞特城，一邊生下了王子約翰。王后產子後，躺在床上，就把城中守將召來，再三囑咐，死守城池，不能投降，如果失去這個最後的籌碼，恐怕路易九世就回不來了。

對馬穆留克來說，擊敗十字軍，抓住法王不算最牛的功績，他們隨後就幹掉了開羅的蘇丹，取得了埃及的政權，這些突厥奴隸建立的馬穆留克王朝隨後統治埃及三百多年。

開羅的新主人好說話，路易九世死了一文不值，活著倒是奇貨可居，經過貿易磋商，路易九世價值五十萬磅圖爾幣（路易九世時一種貨幣單位），允許分兩次付款，先款後貨。路易九世回到巴黎的時候，已經是一二五四年了。

路易九世不回家也不行了，布朗歇太后在六十五歲去世，巴黎不可一日無君啊。回家的路易九世不甘心啊，雖然他聖戰被俘，在基督教的世界不以為恥，反以為榮，讓他混成了歐洲不少人的偶像。可是，這個事無論如何想不通啊，現在埃及那些人都知道路易九世刀子嘴豆腐心了，雖然一直叫囂要殺光異教徒，可其實是給突厥奴隸兵送錢扶貧改善生活的。這口氣不出，路易九世都活不下去了。於是，不管大臣貴族們怎麼勸阻，路易九世鐵了心，又組織了一次十字軍。

一二七〇年，路易九世率領雇傭軍在突尼斯登陸，他預備襲擊當時統治突尼斯的穆斯林王朝。不幸的是，這一次報仇計畫比上一次遠征埃及更慘，登陸後不久，大軍就染上了瘟疫，路易九世自己也沒有倖免，客死異鄉。太子爺腓力趕緊下令撤軍，將路易九世帶回法國安葬。

兩次東征，第一次去送錢，第二次去送死，一點不妨礙路易九世成為蓋世的英雄。法王為天主教神聖而偉大的事業而死，死得比阿爾卑斯山還重，整個基督教世界的信徒們要以他為榜樣，更加虔誠偏執認死理地完成教廷想出來得這些古怪任務。

一二九七年，當時的教皇追認路易九世為聖徒，成為「聖路易」，而在教廷甚至是廣大信眾眼中，路易九世是一個基督教世界的君主典範，都叫他「完美怪物」，這個名字也不知道是褒是貶。

路易九世死後，英國的愛德華王子，也就是後來的長腿愛德華，組織了一次救援，最後也是失敗撤軍，勉強叫第九次十字軍吧。不管路易九世是不是學習榜樣，後來的基督教界國王也都不愛學他了。路易九世之死應該算是十字軍淒美絕唱，他用生命告訴大家，十字軍東征這個事，一點不好玩，又危險又無聊，以後大家就把這個事忘了吧。而比打不贏異教徒更糟糕的是，整個天主教廷的威信一天不如一天。再想挑唆諸如此類的事情，也沒人願意理他了。

給教皇一個面子吧，世界上沒有完美的事，也沒有一無是處的事。非要給這綿延兩百年，前後九次的大折騰總結出一點建設性的益處，還是有兩條，第一，總算是讓勾心鬥角的西歐諸王偶爾團結了一下，避免了部分可能發生的互毆，降低了西歐的暴力水準；第二，東西大融合，為後來的文藝復興打下基礎吧。

八、腓力三世的非主流十字軍

聖路易的聖戰「功績」，讓自己在基督教諸國聖名響亮，聖路易對異教徒像寒冬般的無情，對基督教世界的手足們，還是很溫暖很有愛的。他非常大度地將之前腓力大帝佔領的幾塊英王的小領地還給英國，換得了當時的英王亨利三世熱淚盈眶地宣誓效忠，承認自己是聖路易的封臣，而且認可法王對自家原來那些大領地如諾曼第、安茹之類的佔領。要不怎麼說路易九世是聖徒呢，本來這幾塊地，法王已經實際佔領，英王承認不承認根本不重要，可人家聖路易非要聽到對方的親口承認，他才能安心。

到聖路易這輩，說法王是西歐的大哥級人物，其他國家肯定沒意見了。路易九世在突尼斯駕崩，他帶在身邊的太子腓力三世立即停止聖戰，回家登基，成為腓力三世。

歷史上有很多國王，個人資歷平平，可他夾在兩代著名的國王中間，地位很尷尬，不提都不行。腓力三世是聖路易的兒子，而且還生了個歷史上名號更響的兒子，所以他就算什麼也不幹，歷史書一般也不會漏掉他。

嚴格地說，腓力三世也不算是碌碌無為，跟父親兒子不能比，但他在任也沒蹉跎。透過妻子和女兒的嫁妝彩禮，搞了不少土地，繼續擴張王領，最著名的是，他也組織了一次十字軍！

說到腓力三世的這支十字軍，我們又要復習過去學過的內容了，請同學們翻開課本《羅馬帝國睡著了》中東羅馬的第三十五章，找到一位重要角色，他是安茹伯爵查理斯，以及隨後的西西里晚禱事件。查理斯伯爵是路易九世的弟弟，也就是腓力三世的叔叔。那陣子不是教皇和德皇鷸蚌相爭嗎（參看《德意志是鐵打的》），教皇生怕德皇取得西西里島，將教皇國夾在中間欺負，所以支持法國的安茹伯爵取得了西西里，成為西西里國王。

法國人接手西西里後，作風惡劣，在當地欺男霸女橫徵暴斂，西西里人對法國人非常憎恨，經常有些小規模的局部衝突。

一二八二年三月三十日，西西里人聚集在巴勒莫大教堂門口，參加復活節晚禱。一個法國軍官藉著酒瘋，從人群裡拉出一名當地婦女，耍流氓。該婦女的老公純爺們，掏出刀子就結果了法國軍官。跟法國軍官一起喝酒的法國大兵撲上來想報仇，結果其他的西西里人一擁而上，將這些法國大兵全部幹掉。這個事件還有一個說法是，法國大兵當時公務在身，在人群中搜查當地居民是否攜帶武器參加晚禱，檢查中動作頗不規範，在某個婦女的胸部重點搜查，才引發了此次事件。

不管哪種說法，這是一樁性騷擾引發的慘案。熱血的西西里人覺得既然已經開了殺戒，索性就殺個痛快，接下去的幾個星期，西西里的法國人遭遇了地獄般的滅頂之災，幾千法國人丟了性命。

原來的西西里國王是德皇家裡的，他有個女兒嫁給了西班牙東北部的基督教國家阿拉貢的國王彼得三世，如果教皇辦事公平，這個西西里島最適合的繼承者就應該是彼得三世。藉著西西里晚禱事件的天下大亂，在拜占庭王國（當時的拜占庭實在不算帝國了）的暗中支持下，彼得三世拿回了西西里島，而查理斯伯爵被放逐了。

根據東羅馬的歷史，教皇對查理斯的扶持和佔領西西里，除了遏制德皇，還要對付拜占庭的，如今算盤打散了，查理斯被打跑了，教皇又被氣壞了。在中世紀做一個教皇稍微心態不平和都會被氣出心臟病來。

上篇說過，九次十字軍東征，歐洲兄弟們鼻青臉腫灰頭土臉回家後，教皇再吆喝出遠門打架，西歐諸國就不太願意理他了。但是教皇生氣不能白氣啊，他們總歸是要想出辦法出氣的，而總有傻小子配合他們的。

路易九世是聖徒，他兒子也要對教廷保持配合，而查理斯伯爵又是自己的親叔叔，當時的教皇馬丁四世還開出了優渥的條件，如果腓力三世願意殺進阿拉貢，做掉彼得三世，腓力三世的兒子就可以進位為阿拉貢國王！

一二八四年，腓力三世組建了一支軍隊，號稱是「反阿拉貢十字軍」。唉，雖然教皇剛剛開除了彼得三世的教籍，可阿拉貢實實在在是基督教的國家啊，怎麼也輪到「被聖戰」呢？十字軍攻打基督教的國家或者城市也不是沒發生過的事，十字軍就十字軍吧，聖戰就聖戰吧，只要能打贏，叫什麼都隨陛下高興吧。

陛下沒贏，慘劇再次上演，法王丟了性命！進軍過程中遭遇群發性痢疾，撤退時被阿拉貢軍隊堵截，痛扁……

歷史上，腓力三世有個綽號叫「勇敢者」，這個綽號在後人看來就含著諷刺了。腓力三世這次軍事冒險，被歷史學家形容為卡佩王朝發動的最不正義、最沒必要、最災難的戰爭，勇敢者的「勇敢」更像是「犯傻」，讓處在高速上升期的卡佩家族有點丟人。好在，腓力四世接班了，他的一番雷厲風行、疾風驟雨攪得江湖血光沖天，腓力三世的這支非主流十字軍很快就被人淡忘了。

九、高潮迭起的美男子——腓力四世

腓力也可以叫做菲力浦，這個名字應該是來自希臘，在歐洲好像叫菲力浦的美男子非常多，我們認識好幾個呢。

老楊一直感覺，外形優秀的人，性格方面都不太乖張，因為長得漂亮的人類，成長過程一般都大部分是順利的，周圍的人對他們（不論男女）普遍比較友善，俊男美女，古怪變態的應該是少數。不過，在中世紀的歐洲，出身於各國宮廷的俊男美女不在此類，他們的生長環境普遍險惡，而且深知成人後責任重大，經常會陷入你死我活的高危境地，所以，一定要把自己訓練得心狠手辣一點兒，鐵腕冷酷一點兒。

腓力四世是次子，本來沒有繼承權，加上，三歲時，親媽就死了，他更沒人管沒人理了。一二七六年，大哥死後，腓力四世接班成為太子，一二八五年登基繼位，這時人們才發現，這位十七歲的少年法王，身材高大，容貌俊朗，非常出眾，而作為一個翩翩美少年，他罕見地毫不輕佻，而是沉穩冷靜。

腓力四世精力充沛，一輩子忙了很多事，讓人看得眼花撩亂，而他能忙出這麼多事來，有一個很重要的基礎，那就是他的婚姻。

腓力三世自己喜歡透過聯姻做關係，給兒子安排的婚姻更不能吃虧。腓力四世的王后是那瓦勒王國的女王胡安娜一世，那瓦勒國控制著庇里牛斯山脈大西洋沿岸的土地，而女王家族還是法蘭西香檳伯國的領主。

來自西班牙半島的胡安娜我們還認識一位，也就是後來的「瘋女胡安娜」，嫁得也是一位叫做菲力浦的美男子。那瓦勒的胡安娜女王比「瘋女」幸運多了，她婚後，腓力四世成為那瓦勒的共治國王（後來法國王室跟那瓦勒關係一直糾纏不清），香檳伯國的領地正式歸入了法國王領。腓力四世感念老婆對自己的幫助，兩口子一直感情不錯，王后死去，腓力四世沒有續弦。

擁有來自王后家族的領地和勢力，讓法王更加強勢自信，所以，腓力四世辦了好多驚天動地的大事。

1. 弗蘭德恩怨

還記得法蘭西的立國戰，布汶戰爭吧，腓力二世打退了德皇，將英王約翰打成「失地王」，而當時夥同這兩家向法王發難的，有弗蘭德伯爵。

布汶戰爭如果腓力二世落敗，弗蘭德當然順勢自立，既然敗了，只好維持這種不情不願，隨時準備反水的尷尬關係。

約翰王丟掉了英王在法國境內的大片土地，只有法國西南部的加斯科尼地區還在英王手裡。腓力四世登基後不久，就想把這個地區拿回來。

英法難以避免會有些衝突，而英王是法王的封臣，法王召喚他過來解釋，封臣必須過來見駕。

偏偏當時的英王是長腿愛德華一世，也是個不服軟的。腓力四世召他，他肯定不給面子，打起來是必然的結果，弗蘭德伯爵一看，英法又開打了，他馬上加入英王一邊幫忙。

《老大的英帝國》中介紹過，長腿愛德華一世參加這場戰爭是很被動的，他當時正忙於收服蘇格蘭，腓力四世出兵加斯科尼，他又不能不應戰，打仗還沒錢。蘇格蘭還跟法國勾搭上，蘇格蘭答應每年四個月幫助法軍打英國。

這場戰爭從一二九四年打到一二九七年，愛德華一世停手了，一是他打不起，二是他想優先收拾蘇格蘭這幫「北方禍害」。腓力四世佔領了加斯科尼地區不少地區，他也遭遇了相同的問題，他也有個「北方禍害」——弗蘭德伯國，他也感覺攘外必先安內。英法暫時停手，各自清理門戶去。

弗蘭德伯國大約相當於現在的法國北部、比利時西部，荷蘭西南部這一帶。中世紀初期，這裡的毛紡織業高速發展，經濟也跟著高速發展，成為歐洲的重要商業中心。之所以一直跟英國關係密切，是因為英國不僅是弗蘭德的羊毛原料供應地，還是毛紡織成品很重要的進口國。英國人不僅供原料，還購買成品，這樣的客戶誰不喜歡啊。在法王看來，這個日進斗金的搖錢樹，明明是自家的，可總是便宜了英國人，越想越不平衡，總憋著要拿回來。這次弗蘭德給英國人幫忙，正好讓腓力四世有充分的理由打過去了。

失去了英國的幫忙，弗蘭德獨立難以抵抗王軍。腓力四世獲得了非常短暫的勝利，弗蘭德的市民們組織起來對抗法王，一三〇二年，弗蘭德的民兵戰勝了一支法王派去平亂的騎士團，上千名騎士戰死，當地人清理戰場時，撿到了千副金馬刺，放進當地一個聖母堂供人參觀，這次戰役又被戲謔地稱為「金馬刺之戰」。

腓力四世這下真火了，還以為這些人只會紡羊毛呢，原來這麼悍，不下狠手不行了。不過有個問題要先解決，弗蘭德搞不定，英王又打回來，法軍幾乎撤出了之前佔領的加斯科尼地區。算了，先跟英王和談，專心跟弗蘭德死磕！

一三〇三年，腓力四世和愛德華一世簽訂了停戰和約，作為這個和約的條件，腓力四世將自己的女兒伊莎貝拉嫁給了英國的太子愛德華二世，這兩口大家都認識，男的是出櫃的同性戀，女的外號「法國母狼」。

腓力四世對弗蘭德的征服戰打了整整三年，一三〇五年，他號稱他是打贏了，但是他也沒宣布這個地區以後就是王領了，還是交給以前弗蘭德伯爵的兒子，當地的百姓依然不服法王。我們就算是腓力四世暫時佔領了這裡吧，讓他珍重，這個地區以後還有好多麻煩呢。

2.給教皇搬家

歷史上，西歐諸國出了不少玩教皇玩得很爽的國王和皇帝，而卡佩家之前的國王，對教皇的態度還是禮貌客氣的，到現在為止，他家國王和教皇，好像沒發生過特別激烈的故事。腓力四世上台，他就告訴我們，之前卡佩家那些前輩是沒有實力收拾教皇，一旦有實力，法王玩教皇，能玩得出神入化！

腓力四世上台就跟英國和弗蘭德打仗，加上腓力三世的遠征和聖路易往埃及送了大把銀子，跟其他諸國的國王一樣，腓力四世最鬧心的是，自己雄心萬丈的征伐計畫，總是被金錢制肘。錢不是萬能的，沒有錢是萬萬不能的，尤其對一個國王。

卡佩王朝之前那些列祖列宗，都感覺自己是個大宗主而已，不敢想自己是一個國家的統治者，而到腓力四世，他才真正找到「王」的感覺。既然自己是王，需要錢的時候，最合理有效的辦法，就是在自己的王國裡收稅了。

稅也不能亂收，關鍵是要收得快準狠，最好是不要引發局勢動盪。先找有錢的弱勢群體下手。有錢了還能弱勢嗎？有錢就有權，有權就有錢，這兩件事大部分時候相得益彰，而中世紀的歐洲，有一個群體，不管多麼有錢，他們就是牛不起來。大家都猜到了，又找猶太人麻煩了！西歐諸國，想欺負猶太人根本不用選日子，找理由。錢交出來，走人！猶太人把錢交給法王，而後被驅逐出境了。

當時義大利北方倫巴底王國有不少銀行家在法國開展業務，這些外資金融機構也沒什麼保障，也被腓力四世掠奪了一遍。

這兩個方面的錢加起來，數了數，還是不夠，怎麼辦？還有一些更有錢的人，不過這些人不好惹，真要搞他們的錢，要想個辦法做個規劃。

想錢想瘋了，膽兒太肥了，腓力四世盯上的，居然是天主教會！

根據教廷的規矩，西歐諸國，信眾應該將自己收入的十分之一上繳教廷，維持教廷的運作和神職人員的開支，這就是著名的「什一稅」，巨大的一筆收入啊，所以天主教廷富得流油。老百姓要背著什一稅，教士們卻是不用交的，教士和神職人員不必承擔任何稅賦，光吃不吐，非常強盜。

強盜碰上猛人了，腓力四世下令，對法蘭西國內的教士們徵稅！教皇卜尼法斯八世馬上下詔，說是教士們不需要向任何國王繳稅。腓力四世再下令，所有法蘭西的錢和貨物，沒有經過國王批准，不准出境，尤其不能發到教皇國去！卜尼法斯八世這下沒轍了，法國人不給他錢，他少好多收入呢，算了，只要我的錢不少，你愛收就收吧。

兩邊的樑子一旦結下，總會有其他衝突發生。在對一個叛逆的法國主教的處理上，法王和教皇誰也不肯讓步，終於掀起了教皇的新仇舊恨。卜尼法斯八世召集法國的高級教士到羅馬開會，給腓力四世下了個措辭嚴厲的敕令，可以想像就是威脅法王，要開除他的教籍。

腓力四世一把火燒掉了敕令，並很帥地下詔，以後卡佩家的子孫，只服從於上帝，至於上帝的所謂代理人，一概不認識！教皇的反應容易猜，老辦法，破門律！

既然預備招惹教皇，腓力四世肯定有全套的規劃。他召開了一個三級會議。顧名思義，就是找三個等級的人來開會。當時的法國，第一等級是教士，第二等級是貴族，第三等級是市民。這三個等級可能互相有利益衝突，但是如果非要分派站隊，貴族和市民都對教士不滿。而隨著法國城市的日漸興盛，市民已經是一支不可忽視的政治力量了。

腓力四世就是吃定了這一點，所以他開個三級會議，這三級幾乎代表了所有法國人。法王問，我向教士徵稅，不受教皇轄制有沒有錯？貴族和市民當然替國王叫好，而法國的教士以後還要在法蘭西的土地上混呢，不能把所有人都得罪了吧，於是，法國的教士也願意支持國王反教皇。

請大家記住三級會議這個名詞，以後的法國史，每當有大事發生，這個名詞就會出現。三級會議看著像是個民主協商機制，其實它跟英國的議會是不同的，直白地說，後來的法王一旦發現自己需要錢，需要解決危機，就會把三個等級找來尋求支持。

三級會議收到了法王需要的效果，三個等級的人都寫信給教皇，表達全體法國人共同的心聲，腓力四世趁熱打鐵宣布教皇是篡位來的，發了一支軍隊殺進教皇國，說是要逮捕教皇。

卜尼法斯八世跟腓力四世這一輪鬥法，幾乎完敗。法軍抓住教皇，拿鐵鍊捆住，羞辱了一番。本來是想把他押回巴黎審判，腓力四世想想，這個事恐怕會鬧得太大，既然贏了，就把教皇放了吧。沒想到這老爺子心態太脆弱了，幾天後，他把自己活活氣死了！

法王氣死了舊教皇，有義務立個新教皇，王的好友，波爾多主教成為新的教皇，克雷芒五世。大家還記得，德皇腓特烈二世也曾經收拾教皇收拾得很慘，當時的教皇還被迫搬家到法國的里昂上了幾年班，等腓特烈二世死後才敢回去。腓力四世心想，看來教皇也不是非在羅馬不可嗎，一個在法國境內的教廷，不是更安全更好控制嗎。

克雷芒五世對法王的態度可是非常謙卑的，陛下想怎麼樣都行啊，一三〇九年，教廷搬家了，搬到法國東南部的阿維尼翁。以後近七十年，教廷和教皇都成為法王御用，被他們操縱於股掌，歷史上這批教皇被稱為「阿維尼翁之囚」。

十、聖殿騎士團的悲歌

打仗到底要多少錢？不知道啊，腓力四世也不公開帳目，他搶了猶太人、倫巴底人和教皇，還是說錢不夠，這咋辦呢，腓力四世說，你們不懂朕的心啊，不管是不是為錢，有一些人老讓朕鬧心了，朕能處理了他們不？

腓力四世這次惦記的，是聖殿騎士團！

老楊原來介紹過，中世紀歐洲有很牛的三大騎士團。《德意志是鐵打的》中，我們知道了條頓騎士團，現在我們懷著悲涼的心情，看看聖殿騎士團的故事。

耶路撒冷是伊斯蘭教、猶太教和基督教共同的聖城，三大宗教都認為這個地區是世界的中心，都跟自己的信仰有著非常神奇的聯繫。而這三大宗教在耶路撒冷最看重的地方，也就是老城區的一片，被叫做聖殿山的地方。這裡現在也是耶路撒冷旅遊的精華點，著名的哭牆就在這裡，還有兩個名聲非常顯赫的清真寺，一個是金箔鋪頂的岩石清真寺，一個是阿克薩清真寺。

一〇九九年，第一次十字軍東征取得輝煌的勝利，基督教世界拿回耶路撒冷，洗劫後，在當地成立了所謂的耶路撒冷國家。

基督教雖然取得了聖地，可沒有全取中東啊，耶路撒冷小國小心翼翼地生存在穆斯林環伺中。從西方過來朝聖的基督徒，在進入聖城之前，還是會遭到這些異教徒的屠殺和虐待。

有一些留在聖地的西方騎士，覺得自己有責任保護朝聖者，在一名法國騎士的發起下，九名騎士組建了最初的騎士團。

十字軍回到西方的，都發了大財，留在中東的，如果能搶到土地，也能建立起自己的勢力。這九個到處溜達的騎士，顯然是無錢無產的窮騎士。窮得真可憐啊，這些明明被叫做騎士，可戰馬都配不齊，早年還有兩個人一匹馬出去殺人這種情況。然而，這些騎士組團之時，成員就被要求出家為僧，成為修士，並發誓「守貧、守貞、服從」，心無旁騖，信仰強大，一心認為，自己為保護朝聖者進行的所有戰鬥，都是聖戰，上帝會看見，會賜福給他們，所以他們一不怕苦，二不怕死。都知道，在戰場上，這樣的戰士是最可怕的。

這個窮騎士團得到了耶路撒冷國王的支持，十字軍走後，光桿的國王沒有自己的常備軍，活得挺危險，他決定扶持這個騎士團，讓他們保護自己的小王國，還讓他們駐紮在聖殿山，也就是阿克薩清真寺的一個角上，從此，這個騎士團就叫做聖殿騎士團了。

聖殿騎士團慢慢吸收成員，逐漸壯大，而他們強大的戰力很快也讓穆斯林世界頗為忌憚，不久，這些人和事蹟就傳到了教廷，騎士團受到教皇老人家的大力嘉獎。

基督教世界，被教皇看中就一步登天了。教皇在整個基督教世界為聖殿騎士團宣傳，這幫孩子不容易啊，背井離鄉地幫助我們守護聖殿，人家一不圖錢，二不圖你們報答，大家不能不懂感激啊，該捐什麼就捐點給人家，人家日子艱苦著呢。

教皇這一吆喝，基督教世界的善心就被大大地激發了，頃刻之間，聖殿騎士團在全歐獲得的土地、房產、甚至宮殿和城堡多達幾千處，至於金銀財寶之類的東西那就更多了。教皇免除他們的稅賦，還允許他們在自己的領地上收取什一稅；在戰爭中，騎士們少不了還有些順手牽羊的掠奪，聖殿騎士團以驚人的速度致富，而且發展到富可敵國。

有了錢就能升級裝備，有了光環就能吸引更多的騎士參加，騎士團的規模不斷擴大。既然現在騎士團是教皇一手打造的，那以後就是屬於教廷的聖戰組織，直接聽命於教皇，任何世俗的國王都不能指揮他們。

騎士團統一了服裝，白色的長袍，肩上是鮮紅的十字架，這個形象，代表著冷兵器中世紀最剽悍鐵血，最瀟灑倜儻的武裝。

騎士團的江湖地位日益升高，成員也經過精挑細選，從小就受到嚴苛的訓練，加上現在不差錢，吃得好住得好，營養極好，騎士團的戰士也越來越精良，戰力越來越強，每個騎士基本都能以一當十。

一一七七年，聖殿騎士團最輝煌的時代，當時耶路撒冷的國王鮑德溫四世，帶領著三百多騎士，幾千步兵，外加八十名聖殿騎士，在拉馬拉附近的蒙克薩，攻擊了帶領三萬人馬的穆斯林猛人薩拉丁。最後，薩拉丁帶著不到十分之一的人馬靠著一匹神奇的駱駝逃回了埃及。

這場戰役在西方歷史被大書特書，基本上都是各種神蹟，以至於後人已經不知道到底真實情況是怎麼樣。而十六歲的痲風病人國王鮑德溫四世，以非常少的兵力戰勝了強大的薩拉丁，應該是事實。鮑德溫四世號稱隨身攜帶的「真十字架」之類的東西顯靈助他取勝，我想穆斯林方面恐怕更願意承認，那八十個聖殿騎士之神勇。從這個戰役我們可以看出，聖殿騎士團已經相當於十字軍部隊中的特種戰隊了。

本來聖殿騎士團一門心思打架殺人，現在他們擁有了巨大的財富，他們的日常工作除了訓練祈禱保養武器外，就還需要考慮這些財產怎麼辦了。到底聖殿騎士團有多少錢，算不出來，反正聖殿騎士團是世界銀行的前身，他們一手開創了對金錢的各種管理方式。

騎士們出征前，會把自己的錢財存放在騎士團裡，領取一張條子，回頭如果沒戰死，憑條子取回來，這個應該是早期的存款業務吧；聖殿騎士團在歐洲各地都有自己的分支機構，叫做「聖所」，如果一個騎士從巴黎到維也納去，不用隨身攜帶大包銀子，路上也不安全，於是，他可以將錢存入巴黎的聖所，領個憑證，到維也納的聖所，把自己的錢拿出來，這個應該算是最早的旅行支票了；而最狠的，就是這些聖殿騎士們開始放貸！借錢並收取高額利息，為基督教世界所不恥，猶太人因為幹這個，經常被基督教世界懲罰。教皇對於聖殿騎士團可是網開一面的，聖殿騎士團放貸收利息，日進斗金，教皇聽之任之，偶爾還分一杯羹。

騎士團除了經營銀行業，來錢的路子非常野。江湖傳聞，他們因為駐紮在聖殿山，為了裝修住宅軍營，挖空了聖殿山的地下，因此他們說他們挖出了不少「聖物」。

老楊要是穿越回去，山寨出的「聖物」恐怕賣不出好價格，因為沒辦法證明這個是真品啊。聖殿騎士拿出來的聖物，誰敢懷疑是贗品啊，聖殿騎士是神一般的戰士，他們會賣假貨嗎？前面說到路易九世重金收購的耶穌帶過的荊棘冠，恐怕就是來自騎士團，這種東西，不管騎士團開出什麼價格，我估計都不愁買家。就這一項，騎士團賺錢又賺海了。

十三世紀的歐洲，最有錢的是天主教廷，其次有錢的肯定是聖殿騎士團。而當時的西歐諸王經常有手頭不寬裕，需要找錢的時候，騎士團還責無旁貸地向國王發放貸款，名正言順地收取利息。

不管什麼樣的特種部隊，總是要有一個大型的常規部隊支持的。第三次十字軍東征開始，隨著十字軍越來越沒用，聖殿騎士團也回天無力了。

十三世紀末，聖地失陷，聖殿騎士團幾次戰役均告慘敗，成員折損嚴重，他們要求撤回西歐。因為最早的聖殿騎士團是法國人發起的，成員中法國騎士居多，騎士團在法國的財產也最多，所以他們選擇撤回了法國，這支英勇的職業軍團離開了自己的起源發祥之地，為自己選擇了慘烈的覆亡。

回到腓力四世啊，他到處搞錢，窮凶極惡的。大家可以猜到，他肯定是跟聖殿騎士團借了不少錢的。傳說有一次，腓力四世被一些暴民襲擊，躲進了巴黎的聖殿騎士團聖所，這個西方世界最有權勢的國王當時就看傻了。他之前雖然知道騎士團有錢，沒親眼見，今天身在其中才知道，居然富裕到這個程度！他是欠債的，估計他欠的債永遠也還不完了，看到自己的債主這樣金山銀海的財富，法王的眼珠子都快掉出來了。

前面說過，卡佩家的君主中，腓力四世第一個感覺到自己是王，是君臨天下的主宰。對他來說，聖殿騎士團在法國生活，就是自己的臣子，他們正應該把所有的錢交出來，居然還敢收貸款利息?!越想越不平衡，他決定，把聖殿騎士團的錢弄到自己兜裡去。

把別人的錢弄到自己兜裡恐怕是世界上最難的事之一，尤其是面對聖殿騎士團這樣的組織。之前如果有人打聖殿騎士團的主意，教皇肯定會站出來，號召全基督教世界為騎士團撐腰，如今腓力四世沒有這個顧慮，因為教皇還要聽他的呢。

一三〇七年十月十三日星期五，黑色星期五，後來的西方人，只要碰上十三日星期五就全身上下腦袋痛，活得很不自在，這個古怪毛病就是開始於這一天。腓力四世突然下令，各地同時行動，將法國境內的聖殿騎士團成員全部逮捕，並監控他們的財產，不得隨意轉移出境。

不能沒有任何理由就抓人吧？有啊，而且是基督教世界最嚴重的指控，異端！

什麼是異端啊，我們在歐洲的歷史書上總能看到這個詞，一看這兩個字就知道，跟主流的基督教思想有點衝突的想法或者行為。對那個信仰時代來說，殺人放火還是小事，搞異端那可是極大的罪行。

聖殿騎士團號稱是最虔誠的主的戰士，過去兩百年來，他們前仆後繼，有幾千人為同異教徒作戰，捍衛基督教世界捨棄了性命，懷疑誰也不能懷疑他們啊。

腓力四世有憑有據，其中最重要得一條證據，是說聖殿騎士團神祕的入團儀式。據說，騎士團成員入團時，要對十字架和耶穌像吐口水！這是為何呢？其實這個事，完全可以理解，想想啊，騎士團的成員必須是無所畏懼的，而且作為戰士，他們需要非常穩定的心理素質，如果遭遇異教徒，他們當著騎士團的面侮辱耶穌像，騎士們當時就氣瘋了，這個肯定不行吧。況且基督教不興崇拜偶像，對一個基督像吐口水，不代表你內心對基督的不敬。

但是這個事，看起來還是有點驚世駭俗，真要有人用這個事做文章，可大可小。況且，聖殿騎士團還有其他很多說不清楚的事，比如騎士團的成員是不近女色的，但他們內部有潛規則，實在有需要，不用禁欲，可以找兄弟解決。大家都知道，同性戀肯定是被基督教牴觸批判的。

諸如此類很多事，說不明白，沒有標準，而這個所謂異端罪想要成立，唯一就是需要犯罪嫌疑人自己的供認不諱。被關押不久，包括當時的大團長賈克德・莫萊之類的人就真招了，認罪了！

為什麼認罪，難道他們真有罪？哪個基督徒會承認自己搞異端啊，這是熬不住了，屈打成招。聖殿騎士團成員很驍悍，在戰場上面對異教徒什麼罪都能受，怎麼死都不怕，但面對自己熟悉的同教朋友的嚴刑，他們的心理承受能力恐怕要打個折扣。中世紀的那些個花樣繁多的酷刑，聽著真挺嚇人的，比如，這次對待騎士團，審判者喜歡玩小火燒烤，就是把人用小火慢慢烤死！

就算是聖殿騎士團搞異端，法王也無權審判他們，他們由教皇直接管轄的。而其他西歐各國的國王，大都不認可法王對騎士團的指控，他們對教皇施加壓力，讓他不能見死不救。

教皇克萊芒五世真想救他們啊，雖然他是腓力四世扶持的，還被他挾持到法國上班了，可既然是教皇，總不能毫不作為吧。當時騎士團的成員也指望教皇出面，救自己的性命。而讓他們最後絕望的，正是這個沒用的教皇，他採取的辦法居然是，讓騎士團認罪伏法，他宣布解散騎士團，根據宗教裁判所的規矩，只要承認異端，可以饒其不死！

騎士團團長賈克德・莫萊，被關押了六年，雖然已經認罪，但他一直指望著教皇能主持正義。聽說教皇下詔解散騎士團，七十二歲的老莫萊知道自己錯了，他賭上了騎士團的名聲和榮譽，最後還是讓騎士團毀滅，大錯特錯！於是，他翻供了，他說之前所有的供詞都是其他人瞎編的，他從不承認，而且騎士團也絕對沒有異端之類的罪行！

這個翻供也許正是腓力四世等待的，要知道，如果他們認罪伏法，保住性命，腓力四世後面的計畫還不好實現呢，既然是打劫，當然最好是殺人滅口了。

一三一四年三月，腓力四世下令在塞納河畔處決賈克德・莫萊，其他被捕的騎士團成員，在過去六年的折磨中，已經死得差不多了。莫萊被綁上火刑柱，他要求不要捆綁他的雙手，大火中，他面向巴黎聖母院祈禱。他臨死也為自己的仇人教皇和法王算了一卦，他說，一年之內，這兩人會到上帝面前，接受他的審判和懲罰！

腓力四世才不怕懲罰呢，莫萊一燒著，他就衝進了巴黎的聖殿騎士團聖所，帶著買彩券中了頭獎的心情。進入聖所，他再一次呆住了，他都不敢相信自己的眼睛，曾經那些堆積成山的金銀珠寶全不見了，聖所徒留四壁！

隨後，腓力四世還是發瘋地追尋這些財寶的下落，無果，蒸發了！而就在他逮捕騎士團的當天，停在碼頭的騎士團艦隊也跟著消失！巴黎聖所是聖殿騎士團最大的銀行，收藏的財富根本無法估計，這樣莫名的消失，成了巨大的歷史之謎。

現在普遍的說法是，腓力四世想對騎士團下手，團員們事先是略有消息的，有一些不太出名的騎士團成員，擔負了財產轉移的任務，以騎士團的實力和網絡，在法王眼皮子底下搬運財物，恐怕還是做得到的。第一個說法是還留在法國，某個城堡裡；第二個說法是被當時支持聖殿騎士團的蘇格蘭國王接收了，不過蘇格蘭好像也沒因此發達；第三個說法是併入了醫院騎士團。

第一次十字軍東征，歐洲成立了三大騎士團，聖殿騎士團、條頓騎士團和醫院騎士團。條頓騎士團的故事參看《德意志是鐵打的》。而醫院騎士團撤出中東後，輾轉在馬爾他島成立了自己的騎士團國，後來幾經戰亂流離，他們現在在羅馬城中還有自己的領地，也就是馬爾他騎士團國大廈。這個大廈號稱是個主權國家，跟世界上八十多個國家建交。馬爾他騎士團國現在是聯合國的觀察家，又是世界上最大的慈善機構之一，有名又有錢，是三大騎士團中結局最好的。

腓力四世對聖殿騎士團的屠殺，應該算是西方歷史上最慘的冤案之一，腓力四世因為這件事，讓自己的美男子形象特別血腥邪惡，把名聲搞壞了還沒弄到自己想要的錢，這一輪法王對聖殿騎士團之戰，很難說是誰贏了。

把手上聖殿騎士團的鮮血擦乾淨，腓力四世四十六歲了，在位二十九年，整出這麼多事，演出很用心很努力，讓我們這些看客們眼花撩亂，很值回票價。一三一四年十一月，莫萊被燒死後的第八個月，身體強壯的腓力四世去森林打獵，被野豬驚嚇，落馬摔傷手臂，隨後就因感染死去。在這之前，教皇克萊芒五世已經死掉了。如同莫萊臨死時的預言，他的這兩個仇家，在一年之內，都去上帝那裡接受最後的審判了！

十一、卡佩王朝末代三兄弟

也許真是受到了莫萊的臨終詛咒，腓力四世盛年離奇早逝後，卡佩家的好運氣就真用完了。腓力四世生了三個兒子，一個女兒。前面說過，女兒伊莎貝拉光榮地被稱為「法蘭西母狼」，帶著自己的情人跟自己的老公在英國爭位，鬧得挺難看。

而這三個兒子，先後成為了法王。可想而知，三兄弟都當了國王，肯定不是因為王位的公平分配，而是實在生不出兒子了。老楊之前說過，卡佩的興盛，很大的一個原因是這家超強的生殖能力，連續十二代都生出男性繼承人來。怎麼兄弟三個都生不出兒子來呢？沒辦法，找了三個不著調的王后，這三妯娌忙著跟別人通姦呢。

腓力四世的三個兒子分別叫路易、腓力和查理，娶的都是來自勃艮第的公主。大王子路易娶的是勃艮第公國的公主，瑪格麗特。腓力和查理娶了姐妹倆，來自勃艮第伯國的讓娜和布朗歇。

十四世紀，法國經濟文化都在發展，有羅馬傳承的國家，最大的遺傳基因就是飽暖思淫欲。此時的法國上流社會，到處可見穿著裸露，舉止風流，毫不矜持的貴族小姐。瑪格麗特公主從小養尊處優的，也沒人教她三從四德遵守婦道，所以成人後，作風也頗為大膽潑辣。

這個通姦事件的主謀肯定是瑪格麗特，作為大嫂，她要是稍微收斂點，兩個弟妹斷不敢造次的。卻說三妯娌花天酒地到了一定的程度，就覺得應該找「小王」玩，大嫂瑪格麗特和三弟妹布朗歐同時看中了兩個宮廷侍衛兄弟倆，妯娌三個就藉口要到某個避人耳目的修道院消夏，這兩個宮廷侍衛趁夜溜進王妃們寢宮，行王子之事。

沒有不透風的牆，不久，這兩個宮廷侍衛被抓了現行。這個事發生在一三一四年的四月，腓力四世死於當年十一月，所以，這個事應該是他親自出手清理門風。

兩個姦夫雖然百般辯解，說自己完全被動的，是太子妃用盡手段才讓他倆拋棄忠誠，給王子們戴了綠帽。他們說是被太子妃強姦了都沒用了，對他們的量刑到了極致。後來這哥倆被定性為叛逆罪，刑罰是，先是閹割、接著撥皮、然後切掉腦袋，最後屍體被釘在十字架上示眾。

三個妯娌呢？這三位都是有身分的人，刑罰就不能太重了，而且她們的結局還跟她們老公對這個事的態度很有關係。

太子爺路易當時就休掉了老婆，瑪格麗特被關進修道院監禁。一三一五年，登基後的路易十世越想越恨，派人去修道院將瑪格麗特勒死。隨後續娶了匈牙利公主克萊門絲。沒想到第二年，路易十世就死了。王后生下了遺腹子約翰。

路易十世在位兩年，忙著換老婆，政事管得少，他也沒法管。這幾年隨著卡佩家王權急升，諸侯們都心生不滿。一三一四年，法國糧食欠收，一三一五年又碰上了N年不遇的凍雨和洪災，饑荒瘟疫叛亂接踵而至。路易十世在位時，幫他操持政務的是他的叔叔，瓦盧瓦公爵查理。查理公爵出於自己的某些政治目的考慮，也為了緩和國內的政治壓力，在任最重要的事務就是找了個替罪羊。

替罪羊大名叫德．馬里尼，早年是腓力四世的侍衛長和財務官，是先帝極為倚重的權臣，屬於和珅那一類深受皇帝喜愛的貪官，非常有錢。這位法國和珅據說早期得罪過查理公爵，查理公爵一掌權，就給仇家判了個「巫術罪」，送上絞刑架，而這種絞刑架是專門處決小偷的。「和珅」巨額的家產被充了公，填實了王室的庫房。「嘉慶爺」路易死後，留下一個遺腹子、一片廣袤的領土、和富裕的王室儲蓄。

約翰生下來就是法王，他的二叔，也就路易的大弟弟腓力攝政。約翰也許可以被記錄在「金氏世界紀錄」中，他創下的記錄是，西歐在位最短的國王，五天，懷疑這嬰兒眼睛還沒睜開就駕崩了。

約翰之死是法國歷史著名的謎案，大多數人懷疑約翰是被他二叔腓力害死的，另一種比較善良的說法是，腓力拿了個死嬰換走了約翰，而約翰流落民間自生自滅，很多年後，還有人跳出來自稱是約翰王。

其實約翰並不是路易十世唯一的孩子，瑪格麗特王后曾經生過一個女兒。約翰死後，勃艮第家族覺得，可以讓公主繼位。腓力當然不幹，首先，公主的血統成疑，誰知道是不是王后通姦生的野種；第二，根據法蘭克最早立國時的《撒克利法典》，「女性和母系後裔無權繼承王位」。腓力順利進位成為腓力五世。

腓力五世的妻子讓娜也獲罪，雖然同樣被控通姦，她好像也就是跟著湊了湊熱鬧，必竟姦夫只有兩個，總不見得三個王子妃要共用吧。腓力五世選擇原諒，讓娜被關了一陣子，到腓力五世獲得王位，他叫上讓娜一起塗油加冕，成為國王和王后，後來也挺正常地生活在一起。腓力五世當了六年法王，讓娜幾乎每年都給生孩子，不過，能活到繼位的沒有。

輪到三弟查理了。腓力五世有一堆女兒，可是既然《撒克利法典》是他自己找出來的，所以他那些女兒也都無權繼位了。

新登基的查理四世如何對待通姦的妻子呢?他沒讓布朗歇跟自己一起加冕,他要求離婚。很快,他跟來自盧森堡的讓娜結婚,第二年,讓娜在分娩時死去;又很快,查理四世迎娶了第三任老婆,他著急啊,他沒有弟弟了,他必須生出兒子來,要不然將來大位就要旁落了。

這個事,著急沒用,第三次婚姻的第三年,在位六年的查理四世也崩了,好在王后又懷著遺腹子呢。在所有法國人甚至包括海對岸的英國人的關注中,查理四世的女兒誕生了!出來混,總是要還的,腓力五世和查理四世牴觸女子繼位,如今法國王室剩下一堆的公主,還是要眼巴巴看著王位被別人拿走了。

誰最有資格繼承法國王位?前面提到,路易十世時的權臣,皇叔瓦盧瓦公爵,他一直等著這兄弟三個絕嗣呢。經過他上下活動一番運作,他的長子,也就是上面這三兄弟的堂兄弟腓力成為新法王腓力六世。卡佩家族的直系就此終結,雖然瓦盧瓦公爵也是卡佩家的子弟,但畢竟不是王室這一支了,也算是改朝換代,法蘭西進入了瓦盧瓦王朝。

十二、百年戰爭中的法國

瓦盧瓦王朝統治法國兩百年，其中一百年用來打仗，英法百年戰爭。我們都知道這兩家新仇舊恨不少，主旋律就是打打和和，突然撕破臉，兩邊砸鍋賣鐵拼盡老本打了一個世紀，到底是什麼原因呢？

這還是要從腓力六世繼位說起。卡佩直系絕嗣，腓力六世是查理四世的堂兄，血緣很近。還有一個血緣也很近的，查理四世的妹子「法國母狼」，她的兒子幫著推翻愛德華二世後，接班成為大英歷史上最風華絕代的君主之一——愛德華三世，也就是說，愛德華三世是查理四世的外甥。根據咱家的規矩，娘親舅大，似乎愛德華三世也可以要求法國王位。

之前卡佩家自作孽翻出來《撒克利法典》，女性和女性後裔都不能繼位，所以在卡佩後的王位之爭中，愛德華三世跳起來吆喝了兩嗓子，看法國那邊的老鄉們不賣帳，他也就放棄了。

最要命的是，不是放棄了就可以不受刺激了，英國國王在法國還有自己的幾片領地，還是法王的封臣。腓力六世登基，英王必須過海，跪在法王面前宣誓效忠。愛德華三世做到了，不管他在心裡如何詛咒謾罵腓力六世，他還是畢恭畢敬地履行了一個封臣的職責。看到跪在自己面前的英王，腓力六世痛快了？不，他一點都不痛快，無論哪個法國人成為國王，英國人死抓住不放的那幾塊領地都是鯁在法王喉嚨裡的刺，讓歷代法王寢食難安。

十四世紀的法國，要說最發達富庶的地區，應該是兩片，一片加斯科尼地區，這個地區是主要的葡萄酒產地，而英王愛德華三世是加斯科尼的公爵；另一片則是弗蘭德地區，歐洲羊毛織物中心，根據我們之前的介紹，這個地區雖然表面上接受法國的統治，可因為跟英國聯繫緊密，當地老百姓更願意跟英國親熱些，長期跟法王離心離德。自家的肥肉，每天被別人叼在嘴裡，法王能不氣嗎？

1.節節敗退的腓力六世

腓力六世一繼位，就開始小規模騷擾加斯科尼一帶，不過因為師出無名，也沒佔到什麼便宜。好在，弗蘭德給他機會了。

之前腓力四世在形式上收服了弗蘭德，派出了效忠自己的伯爵統轄該地。這些法國伯爵在弗蘭德日子一點不好過，經常遭遇老百姓起義之類的事件。腓力六世一登基，就收到弗蘭德伯爵的求救信，要求幫著鎮壓起義。

腓力六世大軍一到，弗蘭德的起義軍被圍困在卡塞爾山上，腓力六世的打法比較缺德，他不進攻，一邊圍困，一邊在卡塞爾山周邊放火，山上的起義軍看著自己的家園被燒成白地，更加恨國王了。腓力六世這個同志做事也欠考慮，這弗蘭德明明是法國的領土，哪有自己燒自己的道理呢。

起義軍經過頑強的抵抗，不是法國騎兵的對手。一萬六千名起義軍，在戰鬥中被殺掉了一萬三千人，屍體堆成三座山。其他沒戰死的，只要稍有名聲地位，後來都沒有逃過法王的毒手。透過這一輪血腥清洗，弗蘭德地區又算是勉強歸順了，讓這一地區屈服，腓力六世頗為得意。

為了建立在弗蘭德最徹底的統治，法王命令弗蘭德伯爵清理該地區的英國人。弗蘭德的這些起義，當然是英王在背後支持的，如今看著起義失敗，愛德華三世大怒之下，宣布，停止對弗蘭德的羊毛供應。

弗蘭德的支柱的毛紡織業，幾乎所有的羊毛來自英國，英國的羊毛不過海，弗蘭德人很快就會沒飯吃。對於工廠停工，工人失業，百業蕭條這個狀況，弗蘭德人一點不恨英王，他們認定，罪魁禍首還是法王腓力六世！

弗蘭德的事，已經讓英王法王的關係劍拔弩張，偏偏還有人乘機煽風點火。有個法國人，羅貝爾，他要求得到阿圖瓦的伯爵領地，腓力六世不答應，他懷恨在心，一邊在法國挑唆反動勢力，一邊跑到英國去火上澆油。法王要求英王把羅貝爾交出來，英王拒絕，作為封臣抗旨不尊，腓力六世下令，沒收英王在法國的封地。

愛德華三世可不吃這個虧，法軍向加斯科尼一帶進軍，英軍馬上進攻弗蘭德，愛德華三世送上戰書，這份戰書裡，愛三不僅宣布他要拿回英王失去的法國領土，還要求法國的王位。這是一三三七年底，一般認為，這一年算是百年戰爭正式開打。

要分析開打時的實力對比，英國肯定是弱勢，他家背後還有法國的老牌盟友蘇格蘭隨時添亂。可就是這麼不利的形勢，百年戰爭的大部分時間，英國人都佔著上風。

打仗這個事，跟誰打很重要，在哪裡打更重要。英法兩邊都希望將對方的庭院變成戰場，省得打壞自己家東西，所以，兩邊一宣戰，都忙著拶飭艦隊，搶著控制海峽，然後打上別人家的陸地。

一三四〇年，法國組織兩百艘戰艦預備越過海峽，還沒完全出海呢，就被已經越海而來的英國艦隊火燒赤壁，法艦損失大半，英國海軍藉此控制了英吉利海峽，並順利登陸佔領弗蘭德，以此為據點，在隨後的一百年裡，讓法國大陸哀鴻遍野，支離破碎。（詳見《老大的英帝國》）

海戰後，教皇調解，英國暫時放過了法國，沒有乘勝追擊，六年後，英國軍隊登陸，開始在法國的大地上征伐，迎戰號稱法蘭西驕傲的法國的騎士團。

既然是驕傲，肯定是帶著光榮傳統的。非常傳統，還穿著中世紀的重裝戰甲作戰，他們自我感覺很酷很莊嚴，別人看這些人就是笨重遲緩。裝備落伍，思想也落伍，前面介紹過《羅蘭之歌》，法國的騎士標準和騎士精神，就是愣頭青，打起來不怕死，誰也拉不住，豁上自己的小命就英雄了。

一三四六年，英王馳援自己在法國的盟友，進攻巴黎，可能是佯攻，因為他很快又改主意預備越過索姆河撤退。法國人不幹正經事，這麼著名的索姆河，河上幾乎沒有可以正常使用的橋樑，好不容易過了河，沒來得及跑遠，英軍被阻滯在克雷西的一個小山坡上，面對法國騎士團，展開決戰。

這一戰，英軍大約一萬人，法軍約有三—四萬。在《老大的英帝國》中，老楊從英國老鄉的角度，高度讚揚了英國長弓手躲在樹叢裡給法國騎士團的一通亂箭，這次老楊轉會了，現在是法國這邊的了，我們對英國人的這種戰法表示鄙視。大家都是騎士，騎士對陣正應該揮劍對砍，躲在山上放冷箭真丟人，我們法蘭西騎士明知道衝上去是送死，一步不退，前仆後繼，殺身成仁。

據說腓力六世看著形勢不對，多次下令撤退，騎士們不聽啊，殺紅眼了，迎著漫天的箭矢進攻，屍體一層疊著一層啊。戰鬥結束時，法國戰死一千五百名勳爵，一萬五千多騎兵，而英國那邊，才死了兩百多號人！

好在腓力六世及時逃出來了，愛德華三世也不客氣，繼續北上，取得了重要港口加萊。看過地圖就知道，對英法兩家來說，加萊港是真正的要塞，早年間，這個港口被海盜把持，英國的商船經常吃虧。愛德華三世攻擊無果，便開始圍困，圍城期間，英軍付出了巨大的代價，國內為此怨聲載道，愛德華三世處境很狼狽。好在他堅持住了，十一個月後，因為城內饑荒，不得不開城投降。

英王憋著這十一個月的惡氣，一定要找地方發洩，他預備殺掉城中最尊貴最有地位威望的六個人來洩憤。加萊城中的六個貴人，主動願意付出性命來挽救一城的百姓。到底愛德華三世有沒有殺掉這六個義民，有一種說法是在王后的哀求下，愛德華三世放過了他們，王后給他們金幣做盤纏，讓他們離開了。後來法國的雕塑家羅丹根據這個故事創作了著名的作品——加萊義民，二〇一〇年這組雕塑來到中國上海展覽，標價四百萬歐元。

愛德華三世飽受爭議地圍城一年，產生的價值絕對不止四百萬歐元，後來的兩百多年，加萊一直控制在英國手裡，成為英國進入歐洲大陸的重要據點。

拿下加萊港，英國的優勢太明顯了，下一步，他們會幹什麼？什麼也幹不了，一場無妄之災幫了法國人忙。對，「地主」們都知道，黑死病來了！

黑死病讓歐洲大陸哀鴻遍野，死人無數。愛德華三世為了將瘟疫杜絕在國土之外，以最快的速度撤回本土，並封閉海峽，不管他做了什麼，英國也沒有倖免。

法國更慘，一三四八年，黑死病在法國大陸上的進軍要比英軍更俐落，頃刻之間，三分之一的法國人口被消滅，而其中還包括法王腓力六世。

2. 國王度假　太子遭殃

百年戰爭節節敗退，黑死病滅了半個國家的人，這個局面已經夠讓新接班的法王鬧心了，約翰二世登基後，又有新的敵人跳出來添亂。

還記得剿滅了聖殿騎士團的腓力四世吧，他娶的是位於法國西南的小國那瓦勒王國的女王，這樣算來，後來那瓦勒的國王也是卡佩家族的傳人，如果英國國王可以要求法國王位，那瓦勒國王當然也認為自己有權做法王。從瓦盧瓦王朝伊始，那瓦勒那邊就經常發難，到約翰二世，看著法國王室內憂外患的，那瓦勒的國王查理更加不客氣了。

約翰二世跟那瓦勒的查理鬥得水深火熱，英國那邊一邊看熱鬧，一邊繼續征法行動，再次登陸。黑太子依然一路凱歌，一路劫掠。約翰二世看著英軍深入，搶了不少輜重，覺得可以關門打狗，截住「匪軍」給予痛擊，一三五六年，約翰二世御駕親征，與黑太子在法國中部的普瓦捷相遇。

克雷西戰役過去十年了，約翰二世雖然沒有臥薪嘗膽，這個戰敗之恥他也不敢忘記，兩邊再次狹路相逢，法軍再次佔據優勢，擁兵數萬，黑太子的搶劫武裝只有可憐的八千多人。

約翰二世心想，上次我們的重裝騎兵騎著馬呢，那些英國長弓手只要射翻了馬匹，騎士們就廢了。於是這次，法蘭西騎士下馬，穿著一身厚重的殼，再次撲向英軍。看著法軍這個不得要領的打法，黑太子長歎一聲，讓躲在葡萄樹後面的長弓手發射，悲劇重演。雖然法王剛猛異常，一直身先士卒，可身邊的騎士越來越少，最後，約翰二世不得不帶著幼子投降。黑太子本來只是想在法國打劫財物，沒想到把國王和王子都劫走了。

國王被敵人擄走，這事發生的機率不高，但是咱家卻有一個很類似的故事，也就是著名的「靖康恥」。宋徽宗和宋欽宗父子被金兵擄去，高宗趙構繼位，他怕父兄回家後，他這個皇位就坐不成了，於是壓制主戰派，堅決害死了父兄二人，也害死了岳飛，還讓一個叫秦檜的老頭兒背了千年的黑鍋。

法國王儲查理可比趙構孝順，人家一聽說父親和弟弟被擄，馬上進入巴黎，接管政府，人家不是忙著篡位啊，人家是來張羅贖金的。英國對法王開出的肉價是天文數字，王儲查理清點一下積蓄，發現憑王室現有的財力，要想贖回法王幾乎不可能。

前面說過，法國一開始就有很好的規矩，國王要錢，開個三級會議，看看大家答不答應。三級代表都來了，英法戰爭屢戰屢敗，法國的貴族飽受打擊，垂頭喪氣，一個比一個看著頹廢，他們對著王儲焦急的小臉聳聳肩，「我們損失慘重，以後就不摻和國王陛下的事了啊」。教會呢，「貧僧不問世事，施主好自為之。」貴族和教會都幫不上忙，只好求第三階層，也就是市民階層出面了。

國亂方顯忠良，這時，有個法國歷史上非常重要的人物出現了，他就是艾迪安・馬賽爾。當時的巴黎，呢絨業佔據重要地位，呢絨行業協會，在巴黎勢力很大，艾迪安・馬賽爾就是來自這個協會，而且是當時的巴黎市長。

貴族和教會都不發表意見，以艾迪安・馬賽爾為領導的市民階層就勇於承當了，不過，他們可不是為了給王儲幫忙，他們是乘機要求自己的權利。艾迪安・馬賽爾代表巴黎市民拋出了「法國大憲章」，要求改革，市民直接參政議政，限制王權和貴族，選舉賢能組成「委員會」，監理國事。

雖然英國的大憲章艱難地落地實現了，法國的王室和貴族可沒那麼好說話。艾迪安・馬賽爾認為，王儲不同意，是因為手下那幫佞臣太壞，需要殺一儆百。於是，敲響了聖母院的警鐘，帶著三千多市民衝進了王宮。當時王儲身邊最忠誠的就是來自香檳伯國的領主和王儲自己諾曼第公國的騎兵軍官，巴黎市民在王儲眼皮底下，將這兩位屠殺，鮮血濺了太子爺一身！

隨後，市民掌握了政權，王儲在被軟禁了幾天後，逃出了巴黎。巴黎市民起義成功，對貴族是個衝擊，不管之前法國的貴族如何分裂傾軋，這時候也知道，必須團結一致了，真讓這幫小市民一步登天，貴族就不成為「貴族」了。在所有團結於王儲周圍的人群中，最引人注目的那瓦勒國王查理。他跟瓦盧瓦王室作對的目的是法國王位，要想爭位，首先要有一個王位可以爭吧，如果小市民們成了國家主人，他瞎忙什麼呢？所以，他選擇了與王儲和解，共同鎮壓起義。

巴黎市民在艾迪安•馬賽爾組織下，修建了大量防禦工程，王儲看著不容易攻破，就開始徵召民工，在巴黎周邊構建工事，預備圍困巴黎。

英國戰爭、黑死病、王室和領主為了戰爭的苛捐雜稅、英軍的搶劫，凡此種種，讓法國農村民不聊生，實實在在的「民工荒」。王儲此時還急著拉壯丁，終於把農民逼反了。

一三五八年，法國北部的農民打死了來抓壯丁的王儲士兵，推舉吉約姆•卡勒為首領，發動了起義。當時，法國貴族稱呼農民為「扎克雷」，大意就是鄉巴佬，鄉巴佬造反，這個起義就被命為「扎克雷起義」了。起義口號聽著也嚇人：「殺死所有貴族，一個不留！」

打擊面太大了，老楊一直認為，這個口號是起義失敗的重要原因之一，法國貴族本來鬆散，如今遭遇如此明確的共同敵人，他們自然是緊密團結，共同作戰。英法兩邊本來就糾結，很多英國貴族在法國有土地，也是法國貴族，聽說鄉巴佬要殺掉所有的貴族，這還了得，於是好多英國貴族也跨海來幫忙了。

如此一來，整個法國現在是這樣一個勢力格局，王儲和貴族們結夥，一邊圍困巴黎，一邊鎮壓農民起義。雖然巴黎市民也看不上鄉巴佬，但艾迪安・馬賽爾覺得，農民起義可以利用。當時巴黎被圍，城內早晚坐吃山空，於是艾迪安・馬賽爾跟城外的農民起義軍聯繫，讓他們幫著打通一條糧道。鄉下人老實啊，覺得這幫城裡人也跟貴族作戰，那是革命同志，於是很痛快地完成了他們的要求。誰知，糧道一通，糧食一到手，艾迪安・馬賽爾就跟農民軍切割了，他們撤回了派往農民軍隊的支援，城裡人不跟鄉下佬玩了！

鎮壓農民起義，那瓦勒的查理國王是個骨幹，他也知道，起義軍發展太快，人多勢眾，正面戰鬥不是對手。好在農村人老實，耍奸計，他們不懂。那瓦勒國王約農民起義的首領談判。吉約姆・卡勒學關雲長單刀赴會，被那瓦勒國王當場擒住，給他戴上燒紅的鐵圈，酷刑處死。農民起義，組織結構不科學，一聽說老大沒了，就陷入迷茫，貴族軍隊乘機將他們一舉鎮壓。

扎克雷起義是中世紀歐洲比較大型的農民起義之一，對當時的封建制度是個巨大的衝擊，而貴族和領主們經過這個事，偶爾也會反省自己對農民的態度，直接導致農奴制逐漸解體。二十多年後，英國的瓦特・泰勒也學著發動了一場更大規模的英國農民起義。

農民起義被鎮壓，沒人幫巴黎市民搞糧食了，艾迪安・馬賽爾想出一個昏招，他決定讓那瓦勒的查理來當法王，這樣可以用那瓦勒的軍力對抗王儲。這個事直接激怒了巴黎市民，那瓦勒的查理和瓦盧瓦王朝的查理，誰當法王不一樣啊，巴黎市民起義的目的難道是為了換個查理來當國王嗎？我們爭取的是我們能說話的政府啊。巴黎市民認為遭到了艾迪安・馬賽爾的背叛，王儲領兵攻城，混戰中，艾迪安・馬賽爾死於他的追隨者之手。王儲的軍隊進入巴黎，開始屠殺起義的巴黎市民。

為什麼艾迪安・馬賽爾在歷史上好像並不怎麼出名，可老楊說他是法國歷史的一個很重要的人物呢？因為，他在法國第一個提出了建立一個人民可以參政議政的政府。雖然結局很失敗，下場很悲慘，但是在十四世紀的歐洲，能揣著這種想法的人，是可敬的。

王儲歷經艱辛回到巴黎王宮，忙著重整政事，忙著秋後算帳，忙著殺人殺到手軟。英國的愛德華三世才不管人家有沒有準備好呢，又開進來了。內外交困，只能求饒。一三六〇年，法國和英國簽訂了《布雷丁尼和約》，法國繼續籌集那筆天文數字的贖金贖回約翰二世，並認可英國對加萊和阿基坦地區的佔領，兩國暫時休兵，法國專心搞錢。

一三五六－一三六〇這四年裡，法國人尤其是王儲焦頭爛額、水深火熱，約翰二世在英國監獄，日子卻是很不錯。英國人待若上賓，好吃好喝，所以老約翰根本體會不到法國的艱難。和約簽訂後，小王子被押在英國，約翰二世回國安排籌措自己的贖金，中途聽說小王子逃離英國，他覺得有違騎士之道，自己又跑回英國去，主動要求被羈押，讓法國人繼續為他的贖金寢食難安。因為這個二百五的行為，約翰二世被稱為「好人」，歐洲人的標準我們看不懂啊，這個夥計絕對算得上是禍國殃民了，「好人」不會是諷刺吧？

3. 智者和瘋子

約翰二世被擒，王儲進入巴黎主持大局時，才十八歲。跟英國那個黑太子笑傲江湖的颯爽英姿相比，查理太子那幾年的監國的歲月可以說是狼狽不堪而且艱難無比。黑太子沒機會登基，不知道成為英王會如何，查理太子成為查理五世後，卻是一個很著調很靠譜的法王。

《布雷丁尼和約》雖然屈辱，卻是為法國爭取了休整喘氣的機會。查理五世領導過對市民和農民起義的鎮壓，下過基層，所以知人善用。

查理五世最看中的一名將領叫蓋克蘭，來自布列塔尼一個古老但是沒落的家族。查理五世登基後，那瓦勒國王查理繼續啟釁鬧事，為解決兩邊的恩怨，法王割讓了他自己諾曼第公國的一塊領地。蓋克蘭正式加盟為查理五世的麾下為他效力後，第一時間就解決了那瓦勒國王，讓他歸還了國王的土地，並讓那瓦勒老實了很久。

除了英法戰爭，法國內部不合，法王還面臨一個很頭痛的問題。普瓦提埃戰役後，英法好久沒有大型戰鬥，兩邊有大量的雇傭兵失業。這些人是社會不安定因素，當他們簽合約幫人打架搶劫時，叫雇傭兵，沒有合約，為了自己的生計打架搶劫，那就是職業強盜。雇傭兵出身的職業強盜在法國境內頻頻犯案，誰也拿他們沒辦法。蓋克蘭非常聰明地鼓動他們加入了一個貴族的軍隊，而這個貴族正好徵召人馬去西班牙中部的一個國家爭奪王位，於是，這幫讓查理五世和法國市民無比頭痛的犯罪團夥，被打發到庇里牛斯山那頭去了。

那瓦勒和雇傭兵，是查理五世最鬧心的內部問題，蓋克蘭都解決了，剩下的問題，就是解決英國這個外部問題了。

對付英軍，蓋克蘭的戰鬥思路是「游擊戰」和「焦土政策」。不跟英軍正面交鋒，燒毀糧食房屋，埋伏或是佯退，牽著英軍的鼻子走，讓對方無法找到給養，也無法找到對其有利的作戰地形，無法布下他們的長弓陣。法軍羸弱，這種游擊戰也總不奏效，蓋克蘭本人兩次被英軍俘虜，查理五世堅信他是個人才，每次都花重金將他贖回。

查理五世的錢花值了，一三七〇年，被「游擊戰」拖得筋疲力竭的英軍遭到法軍的重創，乘勝追擊各個擊破的法軍收服了大部分條約割讓的土地。到一三八〇年，英國在法國只佔有五個城池。

一三八〇年的一場戰役，蓋克蘭陣亡。就在這一年，英明的查理五世也駕崩了，加上之前已經死去的愛德華三世和黑太子，英法戰爭的幾個明星人物都下場了，所以，有些歷史書，將一三八〇年定義為英法百年戰爭的第一個階段結束。

開打快半個世紀了，到查理五世法國才稍微取得了一點點優勢。查理五世跟之前的法王不同，他有知識有文化但體弱多病，所以不能親自上陣打架，留在王宮裡，他想清楚了一個國王應該做什麼。不幸的是，好容易出個頭腦清楚的法王，只照看了這個國家十六年，後人稱呼查理五世為「智者」，這個稱呼絕對不含譏諷。

英國的愛德華三世和黑太子前後死了，英國十歲的國王理查二世要面對幫他攝政的叔叔。理查二世的「太子黨」和攝政王的「蘭開斯特黨」黨爭，一片混亂，後來還引發大規模農民起義。客觀地說，法國在這段時間能佔據上風，跟英國內部的混亂很有關係。

上帝安排了這麼好的機會給法國人，法國人卻不接受。跟理查二世一樣的難兄難弟，法王查理六世十二歲接班，查理五世給他留下經驗豐富的顧問團，大部分都是他叔叔。剛開始幾年還挺和諧，比如一登基，查理六世就跟德國方面結盟，並邀請神聖羅馬帝國皇帝造訪巴黎，是當時的一大盛事。整個法國看著挺繁榮昌盛的。

叔叔們都想把持小王為自己爭奪權益，而查理六世也不想做傀儡，親政後，他總想罷黜幾位叔叔，用自己的親信輔政。

一三九二年，查理六世對叔叔們發起行動，在行軍穿過森林時，發起了高燒，神志不清，幾天後，他突然拔出劍來，見誰砍誰，包括自己最親密的近隨，國王瘋了！

攝政叔叔們本來差點被整倒，如今看到國王突然瘋了，很鬆了一口氣，既然國王是個瘋子，再輔佐他就沒有意義了，大家各憑本事上吧，看誰能最後控制法國。

就這樣，英國人本來無力打法國，結果法國人開始自己打自己了。

4. 內戰比外戰還狠

這段時期的法國諸侯，有兩派勢力最大，勃艮第公爵和奧爾良公爵。勃艮第公爵雖然號稱是法王的屬臣，可公國幾乎是自治的；而奧爾良公國雖然擁戴王室，可既然國王瘋了，他們就要求讓查理六世的弟弟，也就是奧爾良公爵路易執掌王位。其他的諸侯知道自己實力不夠單打獨鬥，所以就分別加入這兩個陣營站好，買定離手，賭賭自己的運氣。

查理六世一瘋，兩邊就開打，各有輸贏，難分高下。鑑於法國諸侯都有點或遠或近的親戚關係，自然有家族裡的老人家出面調解，一四〇七年，新接班的勃艮第公爵約翰和奧爾良公爵的路易在巴黎會面，握手言和，承諾以後相親相愛不打架。

三天後，奧爾良公爵路易收到傳召，說是法王找他有事。查理六世瘋得很間歇，偶爾也有清醒的時候，他說他要找奧爾良公爵談事，路易也只好去見駕。上了街的路易發現中計了，冷不防遭遇二十幾人圍攻，都操著斧子等凶器。奧爾良公爵在大街上被砍掉了腦袋。

這不是疑案，因為不久，勃艮第公爵就親口承認，這個事是他安排的。凶手認罪也不能伏法，雖然在整個法國，勃艮第派和奧爾良派分不出誰更有勢力，但是在巴黎，勃艮第派卻是有著絕對優勢的，巴黎最重要最厲害的屠夫協會支持勃艮第派，大家想想，屠夫結夥，誰敢惹他們啊。

奧爾良新公爵查理繼位，這位查理公爵在法國文化史上可是個人物，他算得上是法國歷史上頭幾號的宮廷詩人。詩人有個好老婆，老婆有個好爹，奧爾良公爵的岳父是阿瑪尼亞克伯爵。伯爵主持大局，帶領奧爾良派找勃艮第要說法，打進了巴黎，獲得了控制權。因為阿瑪尼亞克伯爵成為奧爾良派的新領導，所以奧爾良派又被叫做阿瑪尼亞克派，這個名字太長了，我們繼續叫他們奧爾良派吧。

明明英國混亂，法國人大好機會收復河山，可現在他們自己跟自己打得不可開交。天予不取，反受其咎。既然法國人不長進，就把機會讓給英國人吧，於是，英格蘭那邊，亨利五世登基了！

亨利五世從登基就張羅著繼續到英國打架。原來說過，法國諸侯沒有起碼的國家民族觀念，面對即將到來的英軍，不論是勃艮第和奧爾良都沒感覺是自己的家園遭到侵略，他們兩邊都考慮著跟英國結盟，乘機幹掉另一派。

亨利五世最先考慮是奧爾良派，他要求查理六世的女兒為妻，還要求諾曼第和安茹兩片英國祖上的領土做嫁妝。查理六世和奧爾良派都不答應，勃艮第乘機湊上去示好，在勃艮第派號稱「中立」的歡迎下，登基兩年的亨利五世從諾曼第登陸，踏進了法國。

一四一五年，剛經過一場艱苦的攻城戰，傷亡巨大的英軍和法軍主力相遇在阿讓庫爾，這個戰役老楊在《老大的英帝國》中已經詳細描述了，跟英法戰爭前面的局面一樣，名將蓋克蘭已經為法國人制定了克制英軍最完美的戰法，可法國人不理會，還是像打了雞血一樣向英國的長弓陣裡衝，讓英國人非常無奈地射殺他們。歷史再次重演，英國再次以不利的局面和弱勢的兵力取得了勝利，看著地上層層疊疊的法軍屍體，英國長弓手忍不住想問：「法國騎士是不是有集體自殺傾向啊？」

這場戰役法軍的指揮官就是我們的大詩人，奧爾良公爵查理，詩人遭遇戰神，我們忍不住掬一捧同情之淚。好在上帝的安排都有他的美意，查理公爵不僅慘敗而且被俘，押到英國做了二十五年的人質。就是在英國的這二十五年，查理用英文寫下大量優美的詩篇，文學界公認，他的英文詩要比法文詩成就更高。如果不是兵敗被俘，查理的詩才恐怕就浪費在法國內戰外戰那些俗事裡了，而且，很顯然，查理公爵打架奪位的水準，嚴重比不上他寫詩的水準。

阿讓庫爾戰役，讓英國人打開了通向巴黎的道路。奧爾良公爵被俘，奧爾良派遭受重挫，勃艮第派趕緊跳出來，趕在英軍之前進入巴黎，巴黎的老百姓比較牆頭草，又擁戴勃艮第派掌權了。勃艮第派開始在巴黎追殺奧爾良派，奧爾良派只好挾持太子逃出了巴黎。

勃艮第派的約翰掌握了巴黎，雖然跟英國關係曖昧，可也不能看著他們直接佔領了法國吧，約翰覺得，應該跟英王談判，看這場戰爭到底怎麼了局。查理六世雖然還在世，不過瘋得更厲害了，根據對等的原則，跟英王談判，勃艮第公爵肯定是名不正言不順，地位不對等的，於是，約翰給隨著奧爾良派到處流浪的太子查理送了個消息，要求見面協商。

那是一四一九年，流亡太子查理十六歲，會面時，奧爾良派設下埋伏，當場殺掉了約翰，給老公爵報了大仇。

冤冤相報，沒完沒了。約翰的兒子菲力浦接掌了勃艮第派的大旗，並立即和英國正式結盟，要求追殺奧爾良派，替父報仇。

菲力浦最大的心願是報仇，似乎對法國王位還沒這麼上心，亨利五世只好進入巴黎，面會瘋子法王，讓他給個工作計畫。一四二〇年，法國人交出一份更加喪權辱國的《特魯瓦條約》，這個條約其他內容都不重要了，其中有一條宣布了法國的滅亡，那就是，查理六世如果死掉，亨利五世過來接掌法國王位！

5. 貞德——轉折

都知道百年戰爭成就了一個法國女子的大名，其實，在這段時間，還有一個女人在影響著歷史，這個女人就是法國的王后，瘋子查理的老婆，來自德國巴伐利亞的伊莎貝拉王后。

剛嫁入法國時，伊莎貝拉還不太干預國事，亨利六世瘋掉，王后成為大執政，還有一個執政會議給她幫忙，她忙的事就多了。關於國事，她沒什麼天賦，就是會花錢，生活驕奢淫逸，這樣的女人掌權，少不得是要盤剝百姓的。

伊莎貝拉生了一打孩子，四個大兒子早夭，所以她最不喜歡的五兒子查理成為太子。這母子兩關係不好，查理經常批評母后私生活放縱不檢點。

奧爾良派執掌巴黎時，太子跟奧爾良派一起，將伊莎貝拉放逐，還要求她進修道院反省，她恨死了這個兒子，後來勃艮第掌權，王后被放回來，就是在她的「幫助」下，法王簽下了《特魯瓦條約》。

這個條約對伊莎貝拉來說基本無害，因為亨利五世迎娶她的女兒凱薩琳，她雖然不是王后，以後還是英王的丈母娘；而她最恨的兒子查理，就此喪失了繼位權。這個媽做事比較絕，不是查理經常說母后不守婦道嗎，伊莎貝拉就說，查理根本不是查理六世的親兒子，根本無權繼位。

被「罷黜」的太子查理跟奧爾良殘存的武裝藏身在法國中部城市布日，一天天數著日子，不知道未來會怎樣……

一四二〇年，英王亨利五世和法王查理六世相繼駕崩，根據條約，亨利五世和凱薩琳公主生的兒子成為英法兩國國王，這位被委以大任的亨利六世，當時還不滿周歲。

勃艮第派和英國人控制巴黎，查理和奧爾良派把持著布日，瘋子查理一死，布日就宣布太子爺是正牌查理七世，一個巴黎法國，一個布日法國，南北分裂，一場惡戰眼看又要爆發。

獨裁下的民眾容易蠢蠢欲動，如果有兩個政府可以選，民眾也容易蠢蠢欲動。北方控制在英國和勃艮第派手裡，英國人對法國的老百姓不會太仁愛，老百姓一受氣，就有人向布日的查理七世求救。英國在巴黎的攝政王知道，如果不剷除布日這股勢力，法國人是不是接受亨利六世成為新法王的，於是，英軍聯合勃艮第的軍隊，包圍了查理七世所在的奧爾良城。

法國南部將查理七世視為挽救法國的救星，北方有些覺悟的貴族也希望查理七世振奮精神領導一場像樣的反英鬥爭，可查理七世自己沒底，之前對英作戰的屢戰屢敗，加之現在經濟窘迫，無力組織人馬裝備，藏身在希農行宮的查理七世實在是有點過一天算一天的意思，他想，如果上帝保佑法國，就降下奇蹟吧。

奇蹟當然是貞德，一個出生在洛林和香檳邊界地區的小姑娘，家裡有點田產，父親是個村幹部。貞德她們村，雖然處於勃艮第派的勢力範圍，但一直效忠法國王室，英國人和勃艮第派經常到貞德的家鄉劫掠，從小貞德就知道英國人和勃艮第那幫賣國賊是兩個大壞蛋。

十二歲那年，貞德在村後一棵大樹下遇見了上帝派來的大天使，大天使說，上帝讓她帶兵解救法國的危亡，並帶太子去蘭斯加冕為法王（她自己說的）。

從此後，這個村裡的姑娘就有了不一樣的人生追求。她就到處找人託關係，希望能面見太子，並帶兵打仗。三年後，一場奇異的戰役給了貞德機會。

奧爾良被圍期間，法軍一直比較被動，不太進取，難得的主動出擊就是一次。那是一四二九年，英軍趕著三百輛大車，載著武器補給奧爾良，車上最多的，是大量的鯡魚。大家都知道，英國人沒吃過什麼好東西，古往今來，他們就是吃魚和薯條。

補給車隊容易招人襲擊，法國人心想，英國佬就是長弓手厲害嘛，幾個送魚的，不打白不打，打完還能吃一頓全魚宴。於是，法國非常罕見地發動了主動進攻，還是挺重視的，為了這支小補給部隊，法國派了三—四千人，大約是英國送魚部隊的三、四倍！

這就是所謂的「鯡魚戰役」，英法打了幾十年，法國人每次都能以多輸少，沒想到，這次對後勤部隊也沒意外，慘敗而且死傷甚重。

鯡魚戰役一開打，就有人預言了法國的失敗，這個預言就來自貞德。貞德天天找當地駐軍的軍官，要求見王儲，一直被人當瘋子，沒人願意搭理她，她第一次顯示「神蹟」，就是預言了鯡魚戰役的慘敗。後來戰敗的消息傳來，讓不少人覺得這個村姑也許真有點神通，終於，軍官答應帶她去見王儲。

貞德被王儲接見的過程，傳說甚多，比如查理七世穿著侍衛的衣服躲在人群裡，貞德一進門，就準確地走到王儲面前，跪下並抱住王儲的腿；王儲跟貞德私聊了一陣，出來後，說是貞德說出了很多只有查理七世和上帝才知道的祕密等。

不知道哪裡冒出來的小姑娘要帶兵打仗，誰知道是不是間諜或者特務啊。安全為重，查理七世要求對貞德的身分「大起底」，查了祖宗八輩，沒有特務賣國賊或者裡通外國的記錄，行，給你一些人，打去吧。

讓一個十七歲的小姑娘，帶兵去解奧爾良之圍，充分說明，此時的查理七世已經活得非常絕望了，他這個做法，有個中國的俗話形容得最準確：死馬當活馬醫！

一四二九年四月，貞德進入戰場，跟她協同的法軍指揮官制定了戰術，因為屢敗屢戰，法軍認為，先想辦法給奧爾良城內送點兒補給，讓城內先頂住，救援的法軍慢慢尋找進攻英國人的機會。貞德是個爆脾氣，說是這個作戰計畫簡直就是縮頭烏龜，十分沒種，既然來了，等什麼啊，撲上去直接動手！

隨後，貞德舉起法軍的大旗，帶著她的小股部隊，衝鋒在最前面，一次次地對英國軍隊發起正面攻擊。英法兩邊都知道那個打架不要命有點瘋狂的小個子是個十七歲的小村姑，這個畫面對法軍是極大的鼓舞，對英軍是非常威懾，尤其是因為肩部中箭被抬下去後，她一把拔出箭來又回到了戰場，異常剽悍。

不到一個月，圍困奧爾良的英軍開始撤退，貞德神奇地解了奧爾良之圍，將法國從被英國人生吞的邊緣拉了回來。

奧爾良安全了，王儲有了反攻北方的基地，所有人都認為，這時的法軍應該直取巴黎，恢復政府。只有貞德力主放棄巴黎，先進入蘭斯，讓王儲先加冕為法王。蘭斯是敵軍的地盤，攻擊蘭斯的距離幾乎是巴黎的兩倍，攻打蘭斯要比巴黎艱難得多。因為奧爾良的勝利，讓貞德這次說話管用，王儲接受了貞德的建議，北上直取蘭斯。

一四二九年七月十七日，蘭斯被攻克，王儲塗油加冕成為查理七世，鑑於英國那個小嬰兒還沒有過來加冕，所以在道理上，查理七世就應該是江湖上唯一正牌的法國國王。

第二年，戰爭形勢對法國越來越有利，可惜在一場小型戰役中，貞德被勃艮第派俘虜。勃艮第派對同胞還是不錯的，他們優先對查理七世報價，看看法王能不能花筆錢把他的大恩人贖回去，沒想到，查理七世對這件事保持了理性的克制，那就是，既不出錢也不出力，裝作不知道有貞德這麼一個人存在。

貞德的結局參看英國卷吧，因為她被關進了英國的監獄，被英國人審判，所以她的故事就屬於英國歷史的範疇了。

英法戰爭法國徹底勝利後，貞德的母親多次上訪，終於說服教皇重審貞德案，為這個不幸的女子平反，不僅平反，後來還被追封為「聖女」。

貞德死後，法國的抗英大業更加蓬勃旺盛了。敏感到法軍和英軍的時運發生轉移，英國國內的局勢也比較動盪，識時務的勃艮第公爵菲力浦靈活轉移了立場，和查理七世修好，並承諾為國王陛下而戰。而此時，查理七世還獲得了一位高人的援助，這個高人，名叫雅克・科爾。

雅克・科爾是個富商兼銀行家，他加入查理七世的幕僚班子後，帶給法國王室翻天覆地的變化。查理七世任命他為財政部長，這位財長經常貸款給國王，但，重要的不是借錢，他是教會了查理七世搞錢的辦法，那就是長期固定的稅收。

之前說過，法國王室一直沒有建立像樣的王權，國王混得磕磕絆絆的，收稅也收得不理直氣壯。雅克・科爾幫助王室建立了合理而且長期的稅收制度，國王有了固定的進項，遇上打架，就不再到處找雇傭兵打短工，而是為自己培養並飼養了一支常規軍隊，就是這些措施，讓查理七世在後來的對英戰爭和國家統治中，逐漸掌握了優勢和主動。

一四三七年，法軍收復了巴黎，一四五三年，波爾多的英軍投降，宣告著綿延了一百一十六年，世界歷史上時間最長的戰爭終於結束，也宣告英國的勢力和野心徹底退出了法國大陸，雖然，還有一個加萊港控制在英國人手裡。

十三、查理七世和女人

歷經艱難，領導法國人幾乎是絕地反擊取得勝利，抗擊了侵略者，保住了法蘭西國家，按道理，查理七世應該是值得大力表彰的君主。不過，法國戰勝，這麼大的功勞，人們往往先想到的是貞德，十七歲的女英雄帶來的驚天逆轉。而貞德被捕後，查理七世居然見死不救，沒義氣沒良心，讓他形象更加糟糕，應該說，貞德成就了查理七世，也敗壞了查理七世。

查理七世命犯女人，他的一生命運經常因為女人而改變。前面說過，查理七世的媽媽，伊莎貝拉王后宣布查理七世是野種，不能繼承王位，而主動將王位讓給英國人，他因此做了好長時間的流亡太子，潦倒窘迫，如果不是聖女貞德橫空出世，還不知道他的結局是如何悲慘。除了貞德和王太后，查理七世後來又遭遇了一個改變他命運的女人，如果說伊莎貝拉是最狠的女人，貞德是最勇的女人，這次，國王碰上了最美的女人。

法國是浪漫之都，這個名字的建立絕非一日之功，要歷史的累積。「地主」們覺得，法國史應該是粉紅色的回憶，春光旖旎，結果這都混到十五世紀了，法國歷史除了打架還是打架，好歹出個女主角，還是中性打扮比史特龍還剽悍，放在今天，我們要叫「貞哥」。法國歷史什麼時候能有點「顏色」呢？

這就來了，就是從查理七世開始，「法蘭西情婦」成為法國歷史一道亮麗的風景。

一四四三年，查理七世去他的姐夫那裡商議國事，這次的重要會議肯定是沒開出什麼結果來，因為姐夫身邊的一個侍女，一直讓查理七世心神不寧。

這個侍女的芳名叫阿涅絲・索蕾爾，這個名字在法國歷史上的地位，大約等同我們家的西施或者玉環，可以號稱是法國頭號美女。這個尤物出生在地中海岸邊土倫市的一個漁村，都說這個漁村盛產美女，阿涅絲是其中的佼佼者。他的父親為查理七世的姐夫辦事，姐夫偶然遇見阿涅絲，驚為天人，於是召入宮中，成為侍女，而後遇上了查理七世。

又是小舅子，又是國王，他看中了，沒有不給的道理，阿涅絲被送到法王身邊伺候。不用說，阿涅絲肯定專寵後宮的。查理七世不能離婚，法國的王后也不能生於微末，而且，查理七世的老婆及其娘家在英法戰爭中，對查理七世的支持是巨大的，沒有王后家的財力，查理七世早就支持不住了。

查理七世看阿涅絲如珍似寶，除了王后之位，什麼都可以給，包括名份。之前的法王，偶爾有幾個情婦，基本都是不公開的，就算大家都知道，也不明說，而查理七世卻公開了阿涅絲的身分，全法國人都知道，阿涅絲是「法蘭西情婦」。

阿涅絲美貌和智慧並重，她知道，如果僅僅滿足於做個花瓶，她的年華會非常短暫，於是，她開始插手政治。知道透過阿涅絲可以上達天聽，聯繫國王，很多有頭腦有野心的投機家或者政客就圍繞在阿涅絲身邊，她毫不費力就給自己網絡了一個智囊團，有這些人出謀劃策，她就經常左右查理七世的朝政，成為王朝一股異常強大的幕後勢力。

根據我們的經驗，這種後宮干政，而阿涅絲又沒生出兒子來，那麼她最容易得罪的一個權力集團，就是太子黨。

太子叫路易，查理七世流亡期間，出生在布日。可能是幼年看到父親狼狽的生涯，所以從小，路易對權力和王位的渴望就異於常人。一四四一年，十八歲的路易就夥同他人發動過一場叛亂，企圖推翻查理七世。叛亂失敗，查理七世放過了兒子，也沒說剝奪他太子之位，還給他領地，繼續讓他做總督。

一四五〇年，英法戰爭最後的階段，英軍在諾曼第一帶做最後的堅持，法國的戰鬥異常艱苦。查理七世不得不御駕親征，前往諾曼第督戰，讓太子路易留在巴黎監國。

阿涅絲・索蕾爾已經為查理七世生了三個女兒，她多麼希望能生出一個王子來，而查理七世出征諾曼第之前，她再次懷孕。

都知道太子深恨這個妖女，兩人不僅經常爭吵對罵，太子爺甚至預備帶兵找阿涅絲算帳。如今他監國，在皇家度假村裡養胎的阿涅絲很忐忑，她總擔心，查理七世在外征戰有個好歹，她的前途就堪憂了，自己嚇自己幾天睡不好後，她決定，不如到前線去找國王，還是在他身邊比較安全。

正值法國隆冬，天氣寒冷，道路顛簸。阿涅絲在路上動了胎氣，早產下一名男嬰，還沒等阿涅絲高興，侍從就通知她，孩子早產夭折了。受此打擊，阿涅絲一口氣沒緩過來，很快也跟著去了，紅顏薄命，法蘭西第一美人就這樣香消玉殞。

對查理七世的報告中，阿涅絲和小王子的死因當然是長途旅行的顛簸、路上生產缺醫少藥、氣候嚴寒等多重因素。不過這個死因報告這麼多年來都不能被人接受，法王再窮，也不能讓自己的寵妃在路上凍死了吧？

好在人類文明不管怎麼發展，一個這樣的美人都不會被歷史淡忘，二〇〇四年十二月，法國科學家開棺驗屍，根據阿涅絲留下的骸骨，法國人宣布，阿涅絲死於下毒！誰毒死的？歷史謎案。查理七世也懷疑愛妃死於謀殺，他找不到凶手，但是不妨礙他用這個事大做文章。大張旗鼓地抓了主要嫌疑人雅克・科爾。

雅克・科爾被捕的罪名是在太子的唆使下暗殺阿涅絲。這個挺冤，因為都知道，雅克和阿涅絲私下關係非常不錯，而害死阿涅絲，雅克自己也沒什麼好處啊。其實，曾經是法王的大恩人雅克之所以被扳倒，一個重要原因是，他太有錢了，從法王到貴族臣民，很多人都欠他錢，如今要整死債主，欠債的都非常高興。先是貞德，後來是雅克，查理七世對自己的恩人都比較冷血。最後雅克雖然保住了性命，但是所有的財產都被查理七世拿走了。

阿涅絲在宮中幾年，開創了以性感著稱的法蘭西風情。阿涅絲留下很多畫像，一臉端莊，但都露著半邊乳房，在我們家的標準上，直接可以列入春宮畫之列。據說就是她引領了低胸裝的流行，後來的歐洲上流社會，尤其是巴黎，女人的裙子恨不得領口開到肚臍眼。而她將頭髮全部後梳，露出額頭這個造型，也領導了很長時間的巴黎時尚。

阿涅絲死後，查理七世和太子路易的矛盾並無緩解，反而越鬧越凶。查理七世死得很慘，一四六一年，他活活把自己餓死了，可不是因為絕食啊，他的身體從腳開始潰爛，一直向上發展，症狀貌似糖尿病或者梅毒。到最後，他因為下頜的潰爛，根本無法進食，在萬分痛苦中死去，而他希望死前能看到太子，囑咐幾句，太子爺不給他機會，只是在外祈禱著讓自己早日登基。

十四、萬能蜘蛛聚合國土

若干年後，路易十一死去，跟查理七世在另一個世界碰面，查理七世原諒了這個兒子當年所有的背叛和不孝，因為做國王，路易十一的的確確比父王強多了，應該說，他比大多數的法王都強，他是瓦盧瓦王朝最偉大最成功的君主。

路易十一世其貌不揚，矮小瘦弱，尖下巴，駝背，喜歡戴個破帽子，穿得破破爛爛，生活得異常簡樸低調。後來的人叫他「市民式的國王」，比起歐洲史上那些英俊挺拔的騎士國王，路易十一有點兒非主流的猥瑣。然而，根據歷史經驗，玩政治的，如果生活奢靡過於講究，一輩子的追求不過是滿足華服美食等低級欲望；而對生活品質毫無追求的人，如果他不是看破了紅塵，覺得一切皆空，多半則表示他的生活目標超越了這些低級的欲望，他追求的是最高的人生目標。

路易十一幼年時代被藏在一個城堡裡生活幾乎與世隔絕，那正是查理七世朝不保夕的日子，幼時的遭遇使得路易十一的性格陰沉，為人冷酷多疑。一四四〇年，十七歲的路易就被幾個貴族拉著造反，被鎮壓。查理七世沒有降罪，反而讓他主持太子的領地也就是多芬地區。沒幾年，多芬就被打造成了一個獨立王國，行政機構、法律法規、商業發展都顯得和查理七世的統治很不一樣，然而一切還都有條有理。

除了建設自己的領地，路易十一就是變著法子跟父親作對，終於把查理七世惹惱了，發兵攻打多芬地區，父子反目。看到父王動真格的了，路易趕緊跑路，也變成一個流亡太子，他跑到勃艮第公爵府邸藏了五年時間，這五年期間，跟他關係最好的，是勃艮第公國的繼承人查理。

一四六一年，被病痛折磨得死去活來的查理七世屢次表示，他希望臨終時，太子路易能在他身邊，路易一點沒感動，他忙著找了一些子算命師占星師，天天占卜，數著日子看查理七世到底什麼時候死掉。

登基後，路易十一讓貴族和封建主很不爽。他有自己的治國思路，根本不用查理七世留下的老臣。在他自己的親信中選拔賢才，不問出身背景，不論是不是貴族，只要有能力，都可以進入政府部門；大力扶持城市商業，讓城市資產階級對他感恩戴德，願意跟他站在一起，並且給他經濟支持。查理七世在位，已經固定了稅收和常備軍，路易十一完善了這兩大支柱，國王收稅不用再開三級會議，要打架也有自己的人馬。查理七世因為英法戰爭中得諸侯之力甚多，欠著人情，所以在位時，有點看他們臉色，而路易十一接班後的這些動作，其重要原因就是要提升王權，削弱貴族，讓法王能說話算數。貴族當然不會讓國王這麼容易如願，此時，路易十一面對的最有實力的敵人，就是他流亡勃艮第時的好友，剛剛接班成為新勃艮第公爵的查理。其實，這幾代的勃艮第公爵，他們對法國王位沒那麼偏執，他們最想的，就是勃艮第能徹底獨立，完全脫離法蘭西。不打服法王，這個理想是很難實現的，於是，由查理公爵牽頭，成立了一個叫「公益同盟」的團夥，聚集了一些各有目的要找法王麻煩的諸侯，開始造反。

路易十一瘦骨嶙峋，走路都不順溜，別指望他能縱馬出征，他的優勢是腦子好，會耍計策還會用錢。用離間分化的辦法，逐步分拆了「公益聯盟」。查理公爵一氣之下又鼓動自己的親戚，也就是英國國王愛德華四世，一起進攻。路易十一早早預備了一筆退兵費，送給英王。英國國內正鬧玫瑰戰爭呢，對愛德華四世來說，先把住英國的王位顯然比去法國當幫凶更重要，拿了路易十一的錢，英國不給勃艮第幫忙了。

好在，勃艮第公爵雖然幫手多，對頭也多。他家一直忙於爭取洛林地區，《德意志是鐵打的》中，老楊介紹過，洛林地區一直是法德兩國間敏感地帶，對於勃艮第來說，這個地區更是重要，因為如果打通這個地區，則勃艮第屬地和他家的弗蘭德屬地連接成片，勢力則可以倍增，是獨立成為國家的重要基礎。於是，查理公爵一直和洛林地區及瑞士聯邦作戰。敵人的敵人當然是朋友，路易十一對洛林和瑞士聯邦出錢出力，鼓勵他們對查理公爵鬥爭到底，終於在一四七七年，查理公爵死於南錫的一場戰鬥，陳屍冰河，屍骨被野狼吞噬，下場極其悲慘。

查理公爵及其勃艮第公國是諸侯中最反骨，最強悍的一支，他們的失敗，路易十一統一整合法蘭西的大業上最大的障礙沒有了，路易十一繼續有系統有條理地將那些公國領地一個個歸入王屬。一四八一年，到路易十一因為動脈硬化駕崩那一年，法蘭西的版圖基本被勾勒成功，除了布列塔尼這個地區，其他現在看到的法國領土基本都臣服在國王統治之下，貴族勢力被極大消弱，從路易十一這一代起，法國國王的專制統治才算是真正建立。

路易十一頭腦清醒，頗有謀略，在收復這些貴族領地的過程中，浴血奮戰的時候幾乎沒有，他全部靠各種陰謀詭計達到目的；統治效率極高，考慮問題周全，外派幹部時，他給的叮囑是：確保萬無一失；因為做事面面俱到，很周全，有點三頭六臂的意思，所以後人稱他為「萬能蜘蛛」，又因為他將法國的土地完整統一，建立了霸道的王權，所以又被稱為「國土的聚合者」。

十五、那些花兒之一

1.方窗子戴著尖帽子

一轉眼就進入十六世紀了，「地主」們彈指一算，眼看就要進入文藝復興了，開頭說法國的藝術之香無所不在，怎麼看到現在，這法國歷史，不是法國人自己打，就是跟英國人兄弟打，一會兒戰亂，一會兒饑荒，一會兒還黑死病，不但沒有香味，還隱隱有惡臭，到底法蘭西之香在哪裡？

其實這一路走來，沿途一直花開花謝，只是火藥味道太濃了，讓我們一時忘記了感覺暗香浮動。路易十一被稱為是連接中世紀和文藝復興的橋樑，讓我們在這個橋樑上停駐一陣，回顧一下，中世紀以來法國的那些花兒，好好體會一下法蘭西之香。

文化課題包羅萬象，宗教文學哲學都在其中，如果要挨個介紹，需要專門寫本「法國文化史」，老楊只能挑選不能迴避，必須留下記錄的內容。

第一個不能迴避的法國藝術，當然是建築，因為法國帶給全世界建築一個大品牌，那就是：哥德式。

哥德式建築最早起源於十一世紀末期的法國，到十三世紀開始流行歐洲。哥德式建築很好辨認，修長、直線、硬朗，長條窗戶，最標誌的特徵就是尖塔高聳，頭上頂著個又直又尖的帽子，那些尖頂如同豎起的劍尖直刺向天空，看著陰森森的。世界建築最典型的兩種風格拜占庭式和哥德式是很好分辨的，前者戴頂圓帽子，後者戴頂尖帽子。

現在冠以「哥德式」的藝術很多，比如音樂，比如服飾等，最近流行的吸血僵屍似乎也應該屬於這個藝術範疇，特點就是硬朗冰冷，有點黑色有點恐怖或者怪誕。而早先法國這種尖頂的建築並不是被稱為「哥德式建築」，被稱為法國式。「哥德式」在當時的歐洲不算什麼好詞語。哥德族在羅馬時代也是個蠻族，文藝復興後期，那些所謂的正統藝術可能是覺得這個直插如雲的尖帽子也是種怪誕，所以就稱之為「哥德式建築」，現在聽著很酷，當時絕對含著鄙夷。

法國第一著名的哥德式建築就是巴黎聖母院，而從建築學的角度說，哥德風格最經典最成熟的作品是亞眠大教堂。英國人學得比較快，她家著名的西敏寺也就是威斯敏斯特教堂也是這個風格的著名代表。

除了這些教堂建築，中世紀的法國戰爭不斷，所以用於防禦的堡壘要塞也修了不少，為了照顧後面的歷史，留個伏線，老楊特別介紹巴黎東部的一座著名建築，可惜，現在去巴黎旅遊，最多也就是看個遺蹟。

大家還記得艾迪安•馬賽爾這個悲情人物，巴黎的市長，夢想著建立一個市民參政的政府。十四世紀，巴黎市民的起義，查理五世被趕出巴黎，為了防禦，艾迪安•馬賽爾取得巴黎的領導權後，組織修築巴黎的城防，在巴黎的聖安東尼城門，一座巨大的城堡動工直到查理五世末期才完工。八座圓形塔樓組成龐然大物，巍峨屹立，後來的法王又不斷地對其加固，讓它更加雄偉堅固，逐漸成為巴黎的重要標誌之一，這，就是法國歷史著名的場景——巴士底獄。艾迪安一手引導帶領了巴黎市民的起義，啟蒙了他們的鬥爭精神，雖然他的夢想最終沒有實現，而他主持修建的這個建築矗立在巴黎，幫他見證了三百多年後的那場偉大勝利，這算是歷史發展的某種神祕吧。

2.天將降大任於斯人

法國中世紀的文化，第二個必須記錄的是巴黎大學的創立。巴黎大學和義大利的薩萊諾大學、博洛尼亞大學是歐洲最早的三所大學，理所當然被稱為「歐洲大學之母」。

歐洲中世紀，教育基本被教會壟斷，只有教職人員或者預備投身神職工作的人，才有資格接受系統的教育，隨著城市和商業的發展，越來越多的產業需要文化知識，於是一些商人工會或者是行業協會就自己開設學校。「UNIVERSITY」這個詞，最早是「聯合」的意思，也就是說，各種師傅、老師聯合在一起，組合各種學科開設的綜合性教育機構。因為這個起因，中世紀的大學有自己的獨立性，既不屬於教會，也不用看地方臉色，自由研究，自由發展，因此能夠誕生出更多獨立進步的思想和研究成果。

歐洲尤其是北歐的大學或多或少都受點巴黎大學的影響，巴黎大學早期那些創立者，在歐洲學界都有先賢聖人一樣的地位，而巴黎大學的創始人中，最出名的就是阿伯拉爾，這位仁兄在歐洲文化史上絕對是個大腕。不過，根據老楊八卦的歷史觀認為，阿伯拉爾會享有這麼大的名聲，除了他學術成就，更主要的是他有一段驚天地泣鬼神的愛情故事。

阿伯拉爾出生在布列塔尼地區的騎士家庭，因為對神學的癡迷，放棄了騎士的繼承權，到處尋訪名師求教。阿伯拉爾顯然是天才級的小孩，他總是不斷地找到名師，沒幾年後就「幹掉」自己的老師。

中世紀歐洲，神學當道，神學這東西，不比其他學科，它基本沒辦法透過實踐或者實驗來檢測權威，最後的鑑別標準就是「辯論」，你把你的理解說出來，讓對方啞口無言，無可辯駁時，你就算「幹掉」對方了。

「幹掉」好幾個名師，又「PK」掉幾個巴黎的神學權威，阿伯拉爾就出名了，一一一五年，作為當紅的大學者大神學家，阿伯拉爾成為巴黎聖母院主教學校的神學教師。

阿伯拉爾肯定是「麻辣鮮師」，學富五車，才高八斗，思想新銳，言辭大膽，上課還表情豐富，慷慨激昂，最重要的一點，阿伯拉爾還是個帥哥！不，此時他三十六歲了，中世紀的標準，算是有魅力的大叔。阿伯拉爾是偶像級的導師，粉絲加學生從四面八方圍聚在他的講台下，課堂上盛況空前，甚至有人稱他為「巴黎第一教師」。

阿伯拉爾有個同事費爾伯特，也是個教士，收養了自己的侄女，美麗清純的埃洛依絲。費爾伯特看這個侄女奇貨可居，就想培養她一下，讓她有機會嫁入豪門，對自己也是個提升。在那個沒有學校的年代，要想受教育，只能去神學院聽課，而女生是絕對不許去的。

費爾伯特求阿伯拉爾幫忙，能不能私下給自己的侄女開個小灶，誰知，阿伯拉爾「面試」了埃洛依絲後，居然提出搬到費爾伯特家裡居住，正式做埃洛依絲的家庭教師！

這可是個天上掉餡餅的事，以當時阿伯拉爾的聲望，有錢都不一定能請到家裡教書，他居然什麼都不要，主動願意一對一開私塾，費爾伯特那幾天有中獎的感覺。

可能是阿伯拉爾神學教師的身分，而且剛剛羅馬教皇再次頒布和強調了神職人員禁欲之類的規定，所以對於阿伯拉爾跟自己年方十七，正當花季的侄女，孤男寡女共處一室，費爾伯特這個糊塗鬼，一點也沒有警惕。

阿伯拉爾只是信上帝，沒答應要禁欲，他願意搬到費爾伯特家住，顯然就是跟埃洛依絲一見鍾情。而從埃洛依絲角度，把崇拜轉化為愛情而後發展為情欲，一點難度都沒有，費爾伯特專門為侄女求學開闢的書房，不久成了阿伯拉爾和埃洛依絲的伊甸園。

時間長了，費爾伯特終於察覺了，震驚之餘，當然是勃然大怒。他要把阿伯拉爾趕出去！可惜，太遲了，亞當和夏娃在伊甸園裡的重要工作就是造人啊，埃洛依絲懷孕了。

這個事要是被曝光，那可是驚天的醜聞啊，費爾伯特只好任由阿伯拉爾帶著埃洛依絲逃回老家布列塔尼，在自己的妹妹家裡，生下一個男嬰。

阿伯拉爾要求跟埃洛依絲結婚，並正式向費爾伯特提親。阿伯拉爾當時是個低級修士，天主教會慈悲地規定，這個級別要想結婚可以結，結完婚以後就別想在這一行繼續混下去了。阿伯拉爾的求婚被埃洛依絲拒絕了。她說，如果阿伯拉爾跟她結婚，大好的前途就被葬送了，一個天才就被埋沒了，最重要的是，一個哲學家怎麼可能在搖籃和尿布之中找到真理呢？（埃洛依絲沒有信佛教，佛教說：會修行哪裡都是道場，奶孩子換尿布都是修行。）埃洛依絲寧願做阿伯拉爾的情人，不願意做他老婆，是不是她看清楚了，不管什麼時代，情人都比老婆受關注些？

阿伯拉爾負責任，一定要結婚，兩人把孩子丟在老家，回巴黎祕密結婚了。費爾伯特想到自己的長期投資丟進水裡，如今侄女還見不得光，越想越氣，雖然答應了隱瞞這個祕密，可還是忍不住到處說，很快，醜聞傳遍了大街小巷。

埃洛依絲必須避避風頭，阿伯拉爾透過關係，找了個修道院，讓埃洛依絲假扮修女藏身其間。費爾伯特發現侄女失蹤，更加怒不可遏，一天晚上，他雇傭了一些子暴徒，還有一個理髮師，買通阿伯拉爾的僕人進入他的臥室，將他按在床上，閹割了！

遭此大禍，阿伯拉爾有一陣心灰意冷，但作為一個教徒，一個神學家，還有其他方面的追求能讓他重新振作。他建議埃洛依絲正式出家成為一個修女，埃洛依絲答應了，在她宣誓後，阿伯拉爾也遁入空門，在聖丹尼修道院成為一名修士。

欲練神功，揮刀自宮！這個是祕笈。太史公被閹割，就寫成了《史記》，費爾伯特幫著阿伯拉爾斷了塵根，一了百了，讓阿伯拉爾徹底放下了紅塵，全部精力投入了對神學的研究。

阿伯拉爾是個思想家，思想家最基本的素質就是獨立的思想，在聖丹尼其間，他拋出了自己對上帝一些邏輯理解和分析，引起軒然大波，被認為是異端，被迫燒毀自己的手稿，離開聖丹尼修道院。

在某個貴族的幫助下，阿伯拉爾在塞納河畔得到一塊土地，建立了一個簡陋的小教堂，他的學生們聽說他再次出山授課，又從各地聚集在這裡，慢慢形成一個小村落，教堂也擴大了。

教會認為，阿伯拉爾還是在聚眾散布歪理邪說，所以繼續對他打壓，他只好放棄自己一手營造的小天地，再次回老家避禍，進入布列塔尼的一家鄉下隱修院當院長。這個地區民風比較粗鄙，僧侶們也沒受什麼好教育，阿伯拉爾差點丟了性命，輾轉又回到巴黎。

大約十年間，阿伯拉爾沒有跟埃洛依絲聯繫，回到巴黎後，聽說埃洛依絲的修道院關門了，於是安排她進了自己建立的修道院。

在阿伯拉爾被教會迫害期間，為了安慰一個遭受挫折的朋友，阿伯拉爾寫了一本書《我的苦難史》。他深諳安慰人之道，要想讓對方不要哀怨自己的不幸，最好的辦法就是告訴他，自己比他更不幸。是啊，誰能比阿伯拉爾更慘呢，先是肉體被摧殘，然後在精神上被迫害。

這部書被埃洛依絲看到後，心如刀割，十年裡，雖然不和阿伯拉爾聯繫，但對這個人的愛情，從來沒有減少，阿伯拉爾成為修士是為了敬拜上帝，埃洛依絲成為修女是為了敬拜阿伯拉爾，雖然後來埃洛依絲成為修道院院長，仍然堅持，她對阿伯拉爾的愛情超越對上帝之愛，而且願意為這件事「下地獄」。要知道，對一個中世紀的女人來說，「下地獄」不是空口白牙的詛咒發誓，她是真的相信，死後有個慘烈無比的地獄在等她的。

從這時起，兩人恢復了通信，這些信件，有對宗教的理解，有對上帝的敬愛，更重要的，是紀念彼此間苦難無奈的愛情。這些情書後來被結集出版，成為世界愛情史上最盪氣迴腸的篇章，也就是這些書信，讓阿伯拉爾和埃洛依絲成為古往今來歷史上，著名的情侶之一。

阿伯拉爾一直沒有放棄對自己思想的堅持，晚年時，他熱中於教會改革，教皇對他忍無可忍，最後終於透過絕罰，將他驅逐出教。一一四二年，六十三歲的阿伯拉爾想到羅馬去請求赦免，對於一個出家人，被下了破門律，這個懲罰太重了。因為身體羸弱，走到克呂尼地區，他再也走不動了，這個中世紀歐洲的大哲人就在克呂尼修道院溘然長逝。而他堅持的那套理論，以理性邏輯來分析神學，「信仰應建立在理性的基礎之上」被認為是後來歐洲重要的經院哲學的基礎，也被認為是照進中世紀腐朽禁錮的黑夜的一線曙光。

教皇在阿伯拉爾死後赦免了他，克呂尼修道院長非常有愛地將教皇赦令發給了埃洛依絲。二十多年後，埃洛依絲也死去，要求跟阿伯拉爾合葬，幾百年後，兩人被轉移到拉雪茲神父公墓合葬，成為一個重要景點，讓後世人去那裡祈禱一份海枯石爛的愛情。而阿伯拉爾的墓誌銘寫的是：高盧的蘇格拉底。

阿伯拉爾去世後的六十年，當時的法王腓力二世和教皇正式認可「巴黎大學」的成立，成立之初還是個神學院，當時的名字叫「索邦神學院」，不管叫什麼名字，所有人都認為，這所大學的前身，就是阿伯拉爾在塞納河畔開設的學校，所以，他是巴黎大學真正的創始人。而巴黎學院也秉承了阿伯拉爾的治學辦法，就是喜歡辯論，後來的歷史發展中，巴黎大學經常參與各種辯論，不論是時政還是文化還是新思想，都在辯論中點燃了照耀該時代的火花。

十六、莫名其妙的義大利戰爭

1.無事生非的查理八世

講完文化，又要打架了，英國人不打來了，法國人不內訌了，於是，法王決定去欺負別人家。

路易十一死後，他唯一的兒子查理八世繼位。雖然只有一個兒子，路易十一卻有個很能幹的女兒，查理八世的姐姐，安娜公主。因為路易十一死時，查理八世只有十三歲，安娜公主成為攝政。

安娜公主穩定了路易十一死後的局面，除掉了一些不安定的官員，然而她最重要的工作卻是，果斷潑辣地解決了弟弟的婚事，完成了路易十一沒有徹底的國土整合工作。

上篇說過，路易十一聚合國土，最後只剩下布列塔尼還保持獨立，這個地區不搭理法王，一直是英國進攻法國的重要據點，以及各種敵人反對法王的大本營。

十五世紀中葉，布列塔尼的老公爵眼看不行了，他鬧心啊，沒有兒子，只有一個柔弱的小女兒安妮。西歐諸國都知道，控制布列塔尼，是對付法國重要的籌碼和據點，於是，幾乎所有有利益關係的國家都想透過聯姻，獲得這片土地。

安妮接掌布列塔尼公國時才十二歲，宮廷裡輔政的老臣一致認為，嫁給神聖羅馬帝國的皇帝馬克西米利安一世對大家更有利，於是就給他們辦了婚事。皇帝沒有親臨，找了個代理幫著拜了天地。

聽說這個消息，法國氣壞了，攝政的安娜公主馬上發兵布列塔尼，大姑子翻臉，直接搶弟媳婦回家。安妮和代理德皇的婚姻無效，安妮嫁給查理八世，成為法國王后，並將布列塔尼作為嫁妝。

一四九〇年安娜給弟弟辦完婚事，一四九一年，查理八世就親政了。

經過路易十一和安娜的努力，法國政局算基本穩定，工商業蓬勃發展，資本主義手工工廠開始出現並逐漸規模；此時，歐洲人已經開始滿世界亂撞，開闢新航線了。法國地理位置優越，國內水道縱橫交通順暢，有幾個城市成了歐洲重要的商貿中心，應該說，此時法國的社會經濟運行得非常暢順。

查理八世親政時，日子很舒服，法王有權又有錢。跟路易十一不一樣，查理八世給自己定位是騎士國王，對中世紀那些騎士風采，尤其是十字軍之類的故事非常神往，他內心一直隱隱有個願望：再次揮師中東，進入耶路撒冷，完成一個騎士最高級的修練。

正當查理八世在家研究如何復古成一個十字軍騎士時，有人給他送了一封信。信來自義大利的米蘭公國，大意是：北部的米蘭公國和南部的那不勒斯公國鬧了點矛盾，那不勒斯不老實，能不能請法王派兵過來給壯個膽。

當時的義大利，算得上是歐洲最文明最繁華的所在，因為資本主義萌芽和文藝復興都發生在這裡，所以不論是經濟還是文化，義大利半島都顯得比歐洲其他國家更發達更富裕。跟經濟文化不匹配的是政治，義大利半島小國林立，一盤散沙，雖然北部控制在德皇手裡，南部大體控制在西班牙的阿拉貢王國手裡，不過顯然，這兩家的控制力都不太夠。

義大利富裕美麗而鬆散，讓周圍很多人覬覦，查理八世記得路易十一曾經說過，早年卡佩家族征服過那不勒斯，法王應該擁有那不勒斯的繼承權。查理八世再一想，拿下那不勒斯，進而全取義大利，而後就可以以義大利為基地，向耶路撒冷挺進。越想越覺得，這是上帝賜予的好機會，一定要抓住讓自己青史留名。

查理八世不蠢，也不魯莽，入侵義大利，左邊一定會惹毛德國，右邊肯定激怒西班牙，所以必須讓這兩家不能插手，於是，他非常天才地想出一個好辦法，那就是用自己好不容易佔有的土地，去換取打這一仗，和未來不知道能不能到手的土地。

路易十一跟勃艮第公國一番惡鬥，取得了勝利，但不算完勝，因為勃艮第在法德之間，本來算個戰略緩衝帶，所以德皇絕對不會坐視法王在勃艮第得手，到最後法國是和德國瓜分了勃艮第，北部的阿圖瓦地區和東部的弗朗什孔泰地區收歸法國。

查理八世這倒楣孩子，不是自己賺來的不知道心痛，居然大筆一揮就把這兩個地方送給了德皇。而阿拉貢王國呢，那不勒斯現任國王是阿拉貢國王的侄子，傳說叔侄不合，只要法王割地，阿拉貢就不管那不勒斯的事了。法王說：行！土地現在我們富裕啊，法國南部的魯西永地區，拿去吧。

準備工作結束，三萬大軍，穿越阿爾卑斯山口，再借道米蘭公國和教皇國，直接兵臨那不勒斯。這一路南下，法國人幾乎沒有遇到像樣的抵抗，義大利人豐衣足食日子樂和，好長時間不識兵鋒，冷不防這麼多人過來打架，一時難以適應。

一四九五年二月，查理八世拿下那不勒斯城，自立為那不勒斯國王。

法軍這一路如入無人之境兵不血刃取得那不勒斯，讓周圍所有人都慌了。德國和阿拉貢顯然是不幹了，而義大利本土的教皇國和其他公國也感覺到威脅，連最早引狼入室的米蘭公國也感覺不對了。這幾家人倒是很有默契，對看一眼，就結成了同黨，號稱「反法神聖同盟」（反法同盟這個東東以後會經常出現），聯手驅逐法軍。

查理八世發現大事不妙，自己遠征來此，斷不可同時與這麼多敵人廝殺，於是將手上的兵力分拆，一半留守那不勒斯，另一半他帶著北撤。

反法聯軍預備封死法軍的撤退之路，來個甕中捉鼈。查理八世總算成就了一個騎士國王的英名，在義大利帕爾瑪西南的福爾諾沃，面對聯軍三萬大軍的圍堵，只有一萬人的法國軍隊，尤其是來自瑞士的雇傭兵團，浴血苦戰，居然在非常不利的情況下突圍成功，還讓對手付出了巨大的代價。這場福爾諾沃戰役，雙方死傷慘烈，有人稱這一戰是中世紀最後一場血戰。

那不勒斯國王的帽子查理八世戴了不到半年，為這半年，法國人賠血本了。勞民傷財差點折了國王就不說了，還流毒無窮。

法軍進入那不勒斯那幾個月開眼了，南方的大城市，花花世界地中海風情啊，法軍對義大利的女人不客氣，那不勒斯也用自己的辦法報復了入侵者。

話說一四九二年，哥倫布發現了美洲大陸，巴哈馬群島送給這些歐洲人的禮物之一是一種病毒。哥倫布和他的船員回到西班牙，病毒發生變異，開始在西班牙傳播，並很快進入義大利，那不勒斯正是一個高發地帶。這種巴哈馬群島的病毒在歐洲變異，逐漸適應寒冷的氣候，並透過妓女傳播感染，這，就是梅毒。

法軍在那不勒斯染上梅毒，退回法國就將此病毒帶回法國，後來逐步傳向北歐各國，英倫三島、德國、俄國都沒能倖免，梅毒的疫情，大約害死了歐洲上千萬人，而這種病還被光榮地命名為「法國病」！

回國後，因為那不勒斯發生起義，查理八世不能不撤回留守的法軍，這一場折騰結局就是雞飛蛋打。查理八世不認輸，天天念叨著，要報仇，他以為他還年輕，總會有機會的，沒想到一四九八年的一天，他城堡裡的石頭門框脫落，正好砸在腦袋上，二十八歲的法王，就這麼離奇地死掉了。

2.人民之父——路易十二

查理八世突然死亡，沒有子嗣，安妮王后也生過孩子，不過都沒存活，王位只好傳給了堂叔（很多書說是堂兄）奧爾良公爵路易。

奧爾良公爵對我們不算陌生，還記得嗎，英法戰爭時，著名的宮廷詩人，奧爾良公爵查理在阿讓庫爾戰役被英軍俘虜，並作為人質在英國生活了二十五年，後來透過宿仇勃艮第公爵的斡旋，查理才回到法國。詩人一生娶過三個老婆，老當益壯，第三任在公爵五十五歲那年為他生下了繼承人，新的奧爾良公爵也就是我們要說到的法國新王，路易十二。

路易十二治理國家是不錯的，降低賦稅，精簡機構，改革司法系統，保護平民利益，在他任內，法國人不打內戰，周圍的敵人也沒打進來，老百姓情緒穩定，生產生活保持正常，所以，路易十二的外號最好，叫「人民之父」。

老百姓喜歡安定的生活，路易十二不喜歡，作為堂叔，他對查理八世這個侄兒的精神貫徹得非常好。首先是布列塔尼問題，查理八世死時，安妮王后才二十一歲，因為沒有子嗣，所以安妮大可帶走布列塔尼另嫁。路易十二本來跟查理八世的一個姐妹有婚約的，登基後，大局為重，趕緊休掉未婚妻，跟安妮結婚，安妮再次成為法蘭西的王后，再次將布列塔尼留在法國（別研究輩份）。

路易十二跟查理八世一樣熱衷於義大利，他沒想關於十字軍的事，他想的是全取義大利。路易十二聲稱，他應該是米蘭公國的正統繼承人。米蘭公國屬於維斯孔蒂家族，家族絕嗣，女婿斯福爾札乘機奪取了王位，斯福爾札是個雇傭軍首領，早先在義大利各處幫著打架。

斯福爾札人際關係不錯，最有勢力的德皇願意罩他，最剽悍的瑞士雇傭軍願意跟他，路易十二也不孤單，拉了威尼斯人幫忙。

一四九九年夏天，路易十二的軍隊打下了米蘭，屁股沒坐熱呢，斯福爾札在德國整合了一支隊伍又殺回來，將法國軍隊趕走，但隨後法軍又佔領了米蘭，在義大利北部有了一個立足點。

拿下米蘭，路易十二當然是瞄準那不勒斯，完成查理八世未竟的事業。路易十二跟阿拉貢國王商量，聯手進攻那不勒斯，打下來平分。真打下來了，分贓不均，法軍和阿拉貢打起來，法軍戰敗，撤退，那不勒斯從此被西班牙統治了幾個世紀。

退回米蘭，路易十二在義大利四顧蒼茫，哪裡都想去，不知道從哪下手，有個高人指點了他一把。高人叫尤利烏斯二世，是當時的教皇。

一三〇九年，教皇被腓力四世整到阿維尼翁，從此教廷受制於法王，直到一三七七年，因為羅馬城內出現動盪騷亂，而其他外國勢力也經常聲稱不認可阿維尼翁的教皇，所以教皇不得不帶兵回到了羅馬，將教廷又搬回去了，教廷慢慢又恢復了往日的威風。

尤利烏斯二世挑唆路易十二跟威尼斯開戰。攻打米蘭，威尼斯是同盟沒錯，可路易十二此番是為了取得義大利，所有的公國，同盟是暫時的，戰爭是遲早的，既然教皇覺得現在可以動手，就打吧。中計了，法國人一動手，教皇就聯合威尼斯、瑞士、西班牙再次組成反法同盟，教皇還號召全義大利聯合起來驅逐法國。而此時，法國人最為忌憚的對手英國人也加入了反法同盟，並且和神聖羅馬帝國聯手了！

一五一四年，路易十二發現不是義大利的事了，因為英國、德國、瑞士分明是要對法國本土下手了。路易十二還是挺識時務的，趕忙求饒，要求和談。

米蘭放棄給了德國，法國西南的納瓦爾以後就歸阿拉貢統治了，英國獲得一筆賠償，數著票子撤軍。也就是說，再一次，法國人灰頭土臉從義大利撤回。

上帝也沒給路易十二報仇的機會，一五一五年，他也死了。

講述德國歷史時，老楊說過，義大利這個地方，像毒品，容易讓人上癮或者把人整出病，不到義大利心不死，頭破血流誓不休。查理八世和路易十二的遭遇夠教育人了，沒想到，新接班的法王還是預備將這項偉大的事業進行到底！

3. 藝術之都的奠基人——弗朗索瓦一世

這篇的男主角，應該算最受法國人喜愛的國王，弗朗索瓦一世。稍有常識的「地主」應該都認識這個夥計，因為著名畫家讓・克盧埃有一幅《弗朗索瓦一世》是世界名畫。所有的歷史書都說弗朗索瓦一世高大英俊，瀟灑倜儻，看這幅畫像，英俊就見仁見智了，或者就是畫家畫得不好？高大倒是真的，傳聞有兩米高，而他的大鬍子據說是為了遮蓋臉上一個疤痕，後來引領潮流讓絡腮鬍子盛行。

路易十二也沒有後代，好像在很早的時候，他就預感到自己可能不會有兒子了，所以早早就指定了弗朗索瓦接班，並把女兒嫁給他了。大家注意，路易十二的女兒克洛德是安妮王后生的，擁有布列塔尼的繼承權，如果不嫁給弗朗索瓦而嫁給別人，這塊土地又要失去了。早先路易十二為了跟德皇談判，曾應允將克洛德嫁給德皇，差點把法國人嚇病了，上下一起發難，這才讓法王懸崖勒馬，防止了一起惡性事故。克洛德嫁給弗朗索瓦，終於生出繼承人，布列塔尼從此就不會跑了，法國王室，經過三代努力，三次婚姻，才最終完全擁有了這片土地。

弗朗索瓦是昂古來姆伯爵之子，是瓦盧瓦家族後裔但不是正統，所以瓦盧瓦王朝以後就叫昂古來姆支。

弗朗索瓦一世幼時喪父，一直由母親教養，對母親非常信任敬愛，繼位後出去亂跑，都是由母親幫著攝政。為什麼亂跑？不是義大利吃了虧嘛，不找補回來睡不著覺啊。

一五一五年，一繼位，弗朗索瓦一世就開進了義大利。第一戰就讓新法王成就大名。米蘭在瑞士控制下，而瑞士的雇傭軍號稱是當時最令人生畏的武裝，尤其是他們的長矛兵。弗朗索瓦打碎了瑞士兵團的榮譽，法軍用的是火炮！瑞士戰敗後，不僅將米蘭拱手讓出，還跟法國簽訂協定，以後瑞士兵團只為法國作戰。

弗朗索瓦從小就知道巴結教皇，進入米蘭，更加知道要安撫老人家，於是法王又和教皇簽個協定，主要內容就是法王尊重老人家，永不吵架甚至打架。

開局完美，感覺不錯，弗朗索瓦覺得法國的義大利美夢指日就可以實現了。只是，既生瑜何生亮，弗朗索瓦一世是笑傲江湖啊，可他的江湖，到處都是高人，笑得比他還囂張呢。英國那邊是著名的亨利八世，而德國這邊，則是更加威名顯赫的查理五世！

《德意志是鐵打的》中，介紹過這段恩怨，德皇懸空，弗朗索瓦、亨利八世、西班牙的卡洛斯一世都有資格參選，後來卡洛斯一世「財高一籌」，將日不落帝國皇帝的冠冕戴上。從此帝國在歐洲的國土，從三個方向將法蘭西夾在中間，讓弗朗索瓦一世無比鬱悶，跟查理五世成為仇家，人生的主要工作就是找德皇尋晦氣。

法德打架，英國的態度很重要。於是法國和德國同時到英國公關，希望拉亨利八世做盟友。亨利八世和弗朗索瓦一世都屬於當時比較招搖比較自戀又有點得瑟的君主，兩人約好見面談合作，可都不願意輸了排場，於是這兩人演了一場燒錢奢侈的舞台劇。

兩邊指定了見面地點，弗朗索瓦布置了一片營帳，雖然是軍營的格局，可帳篷全用天鵝絨鋪頂。在十五天的會面裡，兩位君主變著法子的炫富，每天的主要工作就是打獵、跳舞、比武、吃喝，除了兩個王憋著比排場，手下的侍衛們也不甘落後，拿出家底來奢侈，生怕給國王丟臉。吃飽喝足銀子花海了，兩位爺什麼正經事也沒辦。但是在比闊這個項目上，亨利八世覺得自己輸了一籌，失了面子，加上查理五世可能出價更高，所以，英國就決定和德國聯盟，法國的招待費都丟在水裡。這就是著名的「金錦營會晤」。

除了英國人拿了好處不幫忙，還有人背叛了法王，讓法國很被動。當時法國的陸軍元帥波旁公爵，本來挺效忠國王的，還是攻打米蘭的頭號功臣，後來因為跟太后鬧矛盾，法王居然要跟他打官司剝奪波旁家的產業，逼他造反，也加入了皇帝的陣營。

兩邊一交手，米蘭就先失去了，一五二五年，在攻打義大利的帕維亞時，弗朗索瓦一世被生擒，送到馬德里。為了獲得自由，弗朗索瓦一世答應了查理五世不平等條約，放棄對義大利的野心，還割讓了勃艮第給德皇。

回到巴黎，弗朗索瓦一世立時反悔，說自己在馬德里飽受折磨被迫同意的條約，一切不算數，而且勃艮第地區堅決追隨法王，願意接受法王的領導，堅決不到神聖羅馬帝國去。

弗朗索瓦一世也喜歡以騎士國王自居，騎士一諾千金，國王金口玉言，就沒見過這麼背信棄義耍無賴的。查理五世氣得嗷嗷叫，對弗朗索瓦一世提出決鬥！顯然皇帝是有點氣昏了，法王沒氣昏，他裝作沒聽見，完全不搭理皇帝的挑戰。

為了聯合更多的盟友對付皇帝，弗朗索瓦跟教皇走得更近了，甚至締結了一門非常重要的親事，法國王子迎娶了義大利美第奇家族的凱薩琳，這段婚姻對後來的法國歷史和文化，影響巨大。

弗朗索瓦以為拉攏了教皇就可以制住皇帝，沒想到查理五世更狠，皇帝的軍隊直接殺進了羅馬，大肆劫掠還羈押了教皇。

拿這個猛人沒辦法啊，弗朗索瓦不得不咬牙冒天下之大不韙。一方面，他跟土耳其結盟，讓土耳其蘇丹幫著從東部攻擊德國；而另一方面，他甚至開始資助當時在德國鬧得非常危險的新教教徒！對一個虔誠的天主教國家來說，弗朗索瓦幹的這兩件事情，讓整個西歐都很震驚，法王也因此遭到鄙視和非議。

這麼巨大的代價也沒有讓弗朗索瓦達到目的，最多就是保全了法國本土沒有被皇帝切去一塊。生命不息，戰鬥不止，直到一五四七年，弗朗索瓦一世跟查理五世的宿世仇怨還是沒有解決，雖然所有人都看出，法國對義大利的要求真的是不可能實現了，可弗朗索瓦一世到死還在堅持，為這事，駕崩時恐怕也閉不上眼。

弗朗索瓦一世本來花錢就大手大腳沒有節制，又喜歡擺闊拗造型，在位三十二年，陸續打了五場戰爭，給國家造成了巨大的損失，法國運轉艱難，弗朗索瓦一世甚至抵押了王位跟銀行家借錢；而為了搞錢，從查理八世開始流行的買官行為更加氾濫，給後來的法國留下禍端。弗朗索瓦一世死後欠下的債務，大約是皇室整年的收入，而可以想像的是，老百姓的生活更加艱難。

這時有人提問了，看弗朗索瓦這三十多年的生涯，無賴窩囊還有點丟人現眼，做國王基本可以相當於昏君，為什麼說他是最受法國人喜愛的法王呢？

忘記前面的事吧，我們來看弗朗索瓦的另一面。

時間已經進入了十六世紀，義大利的文藝復興剛過了鼎盛期。阿爾卑斯山這邊的法國，還一點沒沾染上呢。說到其他國家的文藝復興，可能會牽涉到很多人，思想家、藝術家等等，而說到法國的文藝復興，說一個人就夠了，就是弗朗索瓦一世。法國在文藝復興時遠遠落後於義大利，可是後來，法國稱為世界藝術之都，弗朗索瓦一世是實至名歸的奠基人，可以說，沒有弗朗索瓦一世，法國就沒有如今在世界藝術界的地位。

弗朗索瓦一世是個文藝青年，對新文化新藝術非常敏感。同樣是進入義大利，前兩任法王光想著金錢美女和土地了，查理八世居然還帶著性病回家。弗朗索瓦不一樣，義大利讓他看到的，是文藝復興帶來的絢爛光彩。跟人文藝術高度發達的義大利相比，自己的國家簡直就是蠻荒。年輕的法王下定決心，排除萬難，要迎頭趕上。

首先是請進來，弗朗索瓦向當時很多義大利藝術家發出邀請，請他們到法國生活。他邀請的人物中，最大牌的，當然就是達文西。

一五一六年，六十四歲的達文西來到法國，在號稱「法蘭西花園」的盧瓦河谷，法王將一座著名的城堡送給他居住，而隨著達文西一起進入法國的，是三幅著名的畫作，其中的一幅，就是《蒙娜麗莎》。

弗朗索瓦幼時喪父，接來達文西後，因為對老人家的崇拜，他一直以對待父親的方式對待達文西，讓這位義大利偉人將晚年的智慧之光留在了法國。一五一九年，達文西在弗朗索瓦一世的懷中去世。另類派的歷史學家堅持達文西是同性戀，認為他和法王的關係恐怕有另外的內容，有沒有內容就不研究了，反正現在我們要向這位文藝復興的巨人行禮，必須到法國去，這個，應該是義大利的巨大損失吧。

弗朗索瓦大規模地尋求並收藏藝術品，他甚至雇傭專人，組成正式的機構常駐義大利，就為找好東西。好東西越收越多，就覺得應該找個地方收藏並展覽它們。於是，他決定，將那羅浮宮部分拆除重蓋，使之成為一個巨大的藝術博物館。工程太浩大了，正式開放參觀的時候，已經是一七九三年了，弗朗索瓦一世沒等到這一天。

開頭說過，看其他國家頂級的藝術品要去羅浮宮，而要看圓明園裡那些咱們失去的寶貝，則要去楓丹白露宮。楓丹白露城堡最早修建於十二世紀，而「楓丹白露」這個名字來自綠蔭美泉，經過歷代法王的修葺，成為富麗堂皇的法王狩獵行宮。

一五三〇年，弗朗索瓦一世看著楓丹白露宮這麼好的環境，認為自然環境要搭配人文風景，楓丹白露也可以成為博物館。法王又派人到義大利廣募藝術家和優秀工匠，加上法國本土選出的相關人才，把這些人集中在楓丹白露宮，讓他們協同工作。法義藝術家通力合作的結果，不僅讓楓丹白露成為美侖美奐的藝術聖殿，而因此誕生出了一個非常著名的藝術流派——楓丹白露畫派。

這個畫派的特點就是重視線條的流暢，追求技巧，帶有濃郁的貴族氣質。楓丹白露派名人輩出，當然也產生大量名作，比如本篇開頭說的讓•克盧埃就是這個畫派的代表人物，作為弗朗索瓦一世的宮廷畫師，他描繪法王應該有權威視角，所以《弗朗索瓦一世》成為傳世傑作。另外一幅大家都熟悉的，則是《埃斯特蕾姐妹》，「地主」們可以搜索一下，肯定都見過，不過作者已不可考。

除了改造舊宮殿，弗朗索瓦更喜歡蓋新宮殿。在達文西最後生活的地方，也就是美麗的盧瓦河谷，歷代法王都喜歡在這裡狩獵蓋行宮，城堡林立。在這些設計精巧，美妙絕倫的城堡中，最宏大壯觀氣勢恢宏的香波堡，就出自弗朗索瓦一世之手。弗朗索瓦好大喜功，喜歡擺排場，他要求城堡一定要修得大氣磅礴，霸氣外露，他的目的基本達到，香波堡後來被很多人稱為城堡之王。這城堡體型太大，如果不升到空中，很看了解它的整體格局，弗朗索瓦自己肯定也沒看過全景。一九八一年，香波堡被列為世界文化遺產，要去法國參觀，這裡肯定是重要景點之一。

經過弗朗索瓦一世的努力，法國在文藝復興後期逐步趕上，後人經常說，雖然義大利是一般意義上的文藝復興中心，但要了解文藝復興的成果，必須到法國去。

歷史上歐洲戰爭不斷，一個國王是不是窮兵黷武已經不重要了，倒是因為弗朗索瓦一世，使法國成為現在的世界藝術之都，間接提升了法國的國際地位，這些讓法國人是比較滿意的，所以當現在，法國旅遊成為最有文化最有品味的招牌時，他們當然是油然而生對當年這位藝術家法王的感激之情。

弗朗索瓦一世處在大航海時代，航海家最受王室青睞，最高境界是成為御用海盜。弗朗索瓦一世也不能落後，他贊助的航海家可能沒有同時代的麥哲倫那麼牛，不過收穫也頗豐，他的御用航海家發現了加拿大，幫著法國在北美踩上了重要的一腳。

4.真正的「騎士國王」——亨利二世

講亨利二世的故事，離不開兩個女人，一個美，一個醜。

先說美的這個，到底有多美呢，大家現在可以看見，因為她也是一幅名畫的模特兒。

上篇說到楓丹白露畫派的重要代表，肖像畫的大師讓・克盧埃，我們現在說的這幅名畫的作者，是克盧埃的兒子，弗朗索瓦・克盧埃，我們可以叫他小克盧埃，兒子的成就絕對不在老子之下，現在羅浮宮收藏的名畫《皮埃爾・谷特》肖像，就是出自小克盧埃之手，畫的是鄰居的一個藥劑師。

這幅畫再出名，不過是畫了個老男人，當然不如美女好看，所以小克盧埃的《沐浴的貴婦》更受歡迎，聽這個名字就知道是不僅是個雍容華貴的美女，而且還是個裸女。這個做了名畫模特兒的美女，名字叫戴安娜・普瓦提埃。

跟這個美女同時代的還有一個著名的醜女，也很尊貴，她名叫凱薩琳・美第奇。大家想起來了，這個醜女嫁給了某位法國王子嘛。對，她旺夫，她嫁過去時不過是個王子，過了幾天就升職成為太子，而後成為新的法王。她是亨利二世的王后。一個國王娶了醜老婆，還有個大美女，即將要發生的，肯定是個原配和小三的故事，對，這篇是一個非常平靜無驚無險的原配小三故事。

弗朗索瓦被查理五世生擒，簽訂了屈辱的條約才回家。德皇才不會那麼容易放他，他要求法王將兩個大兒子送去做人質。亨利二世原本不是太子，他跟大哥一起在馬德里被羈押了好幾年。為了拉近教皇的關係，並跟義大利的權貴抱團，弗朗索瓦一世安排了亨利和義大利著名的美第奇家族的聯姻。

美第奇家族出自義大利的佛羅倫斯，該地區的特產就是銀行家，美第奇是其中的大佬。美第奇家族可能不是貴族出身，可他家的財富和權勢比貴族可強多了，尤其展現在文藝復興上，基本可以說，沒有美第奇家族，義大利的文藝復興要遜色很多，因為這個過程中，很多藝術家科學家都是靠美第奇家族援助的。而文藝復興時代重要的藝術品，基本都是這個家族的收藏，開篇說的，義大利的烏菲茲美術館，就是他家開的。因為傲人的財富，美第奇家族可以左右義大利很多事，於是，他家出過三個教皇。

弗朗索瓦跟美第奇家族聯姻，一是因為當時的教皇利奧十世是這個家族的，二就是垂涎美第奇家嫁小姐那巨大的陪嫁，以及該家族在義大利的影響力。但到底不是王室貴族，而美第奇家的這位凱薩琳小姐，長相一般，動作還有點兒笨拙，所以，只能嫁給當時的二王子亨利。

在不是太子的時候，亨利的地位是有點尷尬的，將來不過是個親王，可也陪著太子當了幾年西班牙人質，沒有太子的前途，卻遭了太子的罪。上面有大哥，下面有小弟，夾在中間容易遭到忽略，加上母后克洛德本來就是個柔弱的女人，沒有那麼博大的母愛平均分給這麼多孩子。

之所以要分析亨利的成長經歷，是要為他的愛情找原因，因為他瘋狂愛上的大美女戴安娜・普瓦提埃，比他大了二十歲！

我們家有個朱皇帝明憲宗見深，一直迷戀比自己年長十七歲的萬貴妃，萬貴妃在朱見深幼年就在身邊伺候，老楊認定，朱見深依賴萬貴妃成為習慣，跟萬貴妃是不是美貌或者會保養，應該關係不大了。戴安娜不一樣，亨利二世是在一個聚會場合見到戴安娜，驚為天人，當場墜入情網，這一年亨利二世十四歲，剛迎娶了同樣十四歲的凱薩琳，戴安娜三十四歲。

戴安娜是在查理八世的姐姐，攝政公主安娜身邊長大的，安娜自己是才女，身邊的侍女也都博覽群書，談吐優雅，後來戴安娜又成為弗朗索瓦一世王后克洛德的陪伴，野史記錄，弗朗索瓦一世一生情人無數，戴安娜曾與他春宵幾度。

弗朗索瓦一世離不開女人，認為國王的情婦完全可以合法化規格化，設置了一個「官方情婦」的頭銜。到亨利二世，既然看上了戴安娜，就毫無障礙地公開帶在身邊了。美第奇王后安靜鎮定地獨自住在後宮，看著那個叫戴安娜的女人，非常傲慢地穿梭在朝堂。

法王專寵的情婦的地位也吸引了大批的投機者追隨，戴安娜自己也是個文化人，不可避免地開始干預朝政，亨利二世也沒覺得有何不妥，慢慢地，國王身邊的閣僚之類的，都來自戴安娜的集團，到最後，亨利二世簽署國王文件，甚至加上了戴安娜的名字！

有這麼個阿姨在身邊幫忙，亨利二世雖然只幹了十二年國王，倒也辦成了兩件大事。

第一件大事，亨利二世花錢贖回了加萊，終於可以宣布徹底驅逐了英國人，法國的領土都回家了。第二件大事就是上帝幫他，查理五世死了，神聖羅馬帝國和西班牙分在兩個國王手裡，讓法國有機會各自斡旋，亨利二世也終於肯放下義大利，將延續了四代君主的義大利戰爭結束。

義大利一放下，亨利二世真輕鬆啊，正好他把兩個閨女各自嫁給了西班牙國王和薩伏依公爵（薩伏依公國統治著法國東南和義大利西北），預備大辦婚宴，洗滌一下六十多年義大利戰爭屢敗屢戰帶來的陰風晦氣。

那個時代的慶祝活動，重頭戲肯定是比武。亨利二世自詡也是個真正的騎士，不願意在看台上吶喊助威，他也全副披掛下場參戰。法王很神勇，一下場就打斷了蘇格蘭衛隊長的長矛，他不許人家下場換兵器，要血戰到底，結果這柄斷矛就刺進了亨利二世的眼睛並從後耳穿出！折磨了十幾天後，法王駕崩。因為亨利二世實實在在是死於騎士比武，所以他是最貨真價實的「騎士國王」。

亨利二世去世，凱薩琳王后就成為歷史上著名的美第奇太后。亨利二世對老婆一點感情也沒有，無奈只有老婆生的兒子才是王室的繼承人，所以，他必須偶爾到美第奇那裡去盡義務，王后毫無怨言地生了十個孩子，存活了七個，其中有四個兒子。

「地主」們馬上問了，美第奇太后第一件事就是整死戴安娜吧？法國人也這麼想，所以二〇〇八年，法國人又撬開了戴安娜的棺槨，研究她的骸骨，結果發現，她死於黃金！有相同案例啊，紅樓夢裡有個叫尤二姐的小三，就是被大老婆王熙鳳逼迫，吞金而死啊，難道戴安娜也是吞金自殺的？

當然不是，美第奇太后不是王熙鳳，這位後來歐洲最有勢力的女人不會那麼沒有心胸，她只是將戴安娜逐出了宮，讓她在亨利二世專為她建造的城堡中終老。至於後來驗屍發現她死於黃金，推測是因為她喝黃金液駐顏，最後中毒而死，也不知道誰給她開的糊塗方子，又貴又害人！

亨利二世並不是戀母，他看到戴安娜的時候，三十五歲的美女依然是一副青春的容顏，據說她從小堅持晨起用冷水沐浴，而後騎馬兩個小時，每天喝牛肉清湯，總之，她的駐顏有術都成了神話了。再保持美貌也沒用了，現在情勢逆轉，戴安娜這裡成了冷宮，她瞧不上的黃臉婆凱薩琳那裡，成為了全歐洲最炙手可熱的地方。

十七、又見末代三兄弟

這篇開始，先見一個老熟人，古往今來最大的神棍，預言家諾查丹瑪斯，最著名的「天書」《百詩集》的作者，這部書洩露的可都是「天機」。

老諾大師正是亨利二世這個時代的法國人，在德國卷我們介紹過他的神通，他成功地預言了瑞典雄獅的死亡，這個夥計預言國王之死好像挺準的，因為他很早就預言過亨利二世之死：幼獅戰勝老獅，比武場上角逐，插入金盔毀目，兩戰之一慘死。這個要不是後世杜撰，或者是翻譯時有意附會，這位師傅可真是活神仙。

傳說美第奇王后聽說了老諾的神通，便召他進宮看相，現場有美第奇生的四個王子，老諾當時就預言，其中三個會成為法王。他這麼說會讓美第奇王后高興嗎？肯定有點憂鬱，如果能順利生出繼承人，何至於兄死弟及，卡佩當時也是三兄弟依次臨朝，而後，王朝終結，難道，歷史要重演？最討厭的是，這麼重要的事，老諾師傅語焉不詳。

1. 弗朗索瓦二世的一年

長子弗朗索瓦二世，從登基到死亡正好一年，還沒找到法王的感覺，而且，當時法國的形勢，他也很難找到法王的感覺。

其實這位弗朗索瓦二世我們也認識，最熟悉的是他老婆，瑪麗·斯圖加特，後來蘇格蘭的女王，跟英女王伊麗莎白一世較了一輩子勁，最後橫死英國（參看《老大的英帝國》）。這個有點笨的蘇格蘭女人一生的不幸恐怕就是源於嫁給了短命鬼，如果弗朗索瓦二世能堅持活幾年，恐怕瑪麗的結局會好些。瑪麗的野心從結婚就有，因為比丈夫年長，她幾乎把持了法王的一切。可惜的是，她把持了法王，她也控制不到法國，因為法國當時被控制在吉斯兄弟手裡。

吉斯兄弟一個是吉斯公爵，一位是洛林的紅衣主教，他們還是瑪麗王后的叔叔們，亨利二世雖然是拿錢贖回了加萊，前提是先發兵攻打讓加萊投降了，此戰的功臣就是吉斯公爵。吉斯家同時掌控軍界和宗教界，權傾朝野就不難了。尤其是弗朗索瓦二世登基，透過王后，他們更加可以掌控一切。

說到這裡，老楊必須插播之前一直沒有記錄的一段歷史，那就是法國遭遇新教。英國卷和德國卷，都詳細描述了新教的出現和成長，帶給這兩國的變化和影響，可以說，從十五世紀到十七世紀，整個西歐社會頭等大事，就是如何對待發展壯大的新教勢力。

法國是個傳統的天主教國家，法王一直很聰明。新教和羅馬教皇作對時，法王基本是看熱鬧的，弗朗索瓦一世為了對付查理五世，還暗地裡支持過德國的新教勢力。後來發現新教開始席捲自己的國家，而且愈演愈烈時，才開始鐵腕控制。最反對新教的先鋒就是巴黎大學，也就是索邦神學院，他們帶頭處死了不少人，而後亨利二世更是個很極端的反新教法王，他下令成立了火焰法庭，這個法庭的功能就是焚燒新教徒和他們的反動書籍。

馬丁·路德的新教教義在西歐各國傳播，每個國家根據自己的傳統和理解衍生出新的內容，最後演化出本國獨有的教義。特別強大的，就在新教內部開宗立派，成為重要的分支，比如，法國的新教後來就叫加爾文派，源自法國宗教改革鬥爭的重要人物——加爾文。

我們不探討加爾文派的教義到底有什麼自己的特色了，法國新教最革命性的時刻就是加爾文出版了他的《基督教原理》，給了新教一個百科全書似的注釋，他不僅用拉丁文寫出這部書，還自己翻譯成法文，傳遍法國後，影響很大。

新教這個東西應該是應時而生的，它有一條很重要的教義就是要改變天主教及教廷一統江山，禁錮思想，限制自由的狀況，教義更符合當時新興的資產階級的發展要求，所以，跟德國一樣，不論主流社會如何打壓迫害新教，還是有很多新派的法國貴族成為新教徒，並與天主教派展開鬥爭。

當時的法國新教還不叫「加爾文派」，他們叫「胡格諾派」，法國波旁家族的孔代親王是公認的胡格諾派領袖，說起這家算是皇親國戚。天主教派的首腦就是吉斯兄弟，如此一來，這兩邊的鬥爭就有了政治意義，清君側，打倒權臣。

一五六〇年，在孔代親王指使下，幾個「胡格諾派」的積極份子，預備組織一場重大行動，他們計畫劫持當時還不到十六歲的法王弗朗索瓦二世，讓國王擺脫吉斯兄弟的控制，最好還能讓國王下令對這兩兄弟實現審判。

誰知道行動中有叛徒，把這個綁架團夥出賣，吉斯兄弟動作神速逮捕了所有的參與者。孔代親王因為叛國罪被判死刑，後來得以逃脫，其他的人犯就沒這麼幸運，被各種酷刑處死。為了殺一儆百，威懾同類，吉斯兄弟特地安排酷刑處決活動持續了一個月，每天晚飯後，國王和兄弟們就被吉斯帶到城堡上，居高臨下參觀殺人，花樣繁多的殺人表演。因為當時少年國王在昂布瓦茲堡裡，所以這次慘案被稱為「昂布瓦茲密謀」。

2. 查理九世是嚇死的

老大死了，老二接上吧，誰上都不忙，國家大事都由吉斯兄弟安排。面對吉斯兄弟專權，兒子被架空，到底美第奇太后是怎麼想的呢？

這個一直很淡定的女人比較奇怪，她叔叔是羅馬教皇，按道理她應該是非常虔誠的天主教徒，而就是在宗教這個問題上，看出了這個女人的智慧，那就是不必拘泥也不用偏執，一切以王權為重，哪邊對自己的權勢地位有利，她就支持哪邊。如今吉斯兄弟勢大，所以太后更願意扶持與之抗衡的力量。

一五六二年，吉斯公爵出差返回巴黎，經過香檳省瓦西鎮的一個穀倉，當時正好有一群新教徒在裡面舉行宗教活動，祈禱聲、歌聲還有吉斯公爵聽來非常胡言亂語的聲音讓他頓時心煩意亂並火冒三丈，他下令立即驅散這群人。打斷人家宗教儀式，教徒們當然不幹，於是跟吉斯公爵帶的人馬衝突。吉斯公爵是正規軍隊，一動手，新教那邊近三百號男女老幼就灰飛煙滅了。

「瓦西慘案」一傳出，新教徒自然要報復，因為新王繼位，孔代親王獲得了赦免，所以再次成為首領，組織這場對天主教正式的戰爭，也就是著名的「胡格諾戰爭」。

一五六二年—一五九三年，三十多年，打了八次也停了八次，每次都以各種條約停戰，基本可以說，每次的條約都是在逐步放寬對新教的限制。所以不管這場戰爭對法國造成多大的破壞，至少新教在戰鬥中逐漸站穩了腳跟。

查理九世本來就身體不好，神經也不太健全，這樣的內戰讓他每天鴨梨（壓力）很大。好在有美第奇太后堅強地扶持，母子倆還到法國各地巡視、參觀，了解戰爭動向。

美第奇太后在戰爭中起了很重要的作用，她一直嘗試在天主教和新教之間做一個平衡的籌碼，不過她有時是在滅火，有時是火上澆油。

為了控制和加壓吉斯兄弟，美第奇太后扶持當時的海軍上將科利尼。科利尼是個胡格諾派的，在戰爭第一階段，因為科利尼的勢力，新教獲得了比較有利的條件。科利尼總在宮廷裡走動，幾乎是查理九世最近密的閣臣，而科利尼經常鼓勵查理九世，拿出一個國王的威風，不要總是長不大，什麼事都要諮詢母后。查理九世顯然是很受教，漸漸地，跟太后說話就露出了端倪。

美第奇太后年輕時抓不住老公，年老後不想再抓不住兒子，而且她很享受垂簾聽政的狀態，如果誰不許她坐在簾子後面，她就會很想殺人。

一五七二年，戰爭已經打過三場，雙方損失都很大，吉斯公爵和孔代親王都戰死，但是胡格諾的軍隊步步進逼，幾乎抵近了塞納河。太后再次出面求和，為了安撫兩派，擺了個和局，讓自己最小的女兒瑪格麗特嫁給納瓦爾的國王亨利。

納瓦爾的亨利是孔代親王之後胡格諾派的領袖，也出自波旁家族，算算背景，他是卡佩王朝聖路易的後代。亨利預備迎娶的小公主瑪格麗特則是美第奇太后存活於世的孩子中最小的一個，這個公主是歐洲歷史的大明星之一，大家應該都認識，我們喜歡叫她「瑪戈皇后」（好多「女地主」就等這一段呢，不過這段故事要到後面去說）。

一五七二年八月十八日，公主大婚，也算是胡格諾派的一場勝利，所以許多教徒聚集巴黎，為納瓦爾國王亨利歡呼。八月二十二日夜晚，科利尼從羅浮宮出來，遇上刺客，好在他只受了輕傷。來參加婚禮的胡格諾派還沒離開呢，聽說科利尼遇刺，都很激憤，聲稱要報仇。

查理九世現在非常倚重科利尼，聽說他遇刺，也發飆，張羅著要嚴懲凶手。這時，太后走過來陰沉地說：人是我殺的，你要嚴懲凶手，難道是讓老媽償命?!查理九世傻眼沒招了，作為一個柔弱的男人，傀儡的君主，他不敢反抗老媽，更不敢想像沒有老媽的日子怎麼應對。

太后看出了兒子的懦弱，跟他擺事實講道理：現在的局勢，兩個選擇，要麼把老媽和動手的吉斯公爵（新接班的）交出去，平息胡格諾派的怒火；要麼乘胡格諾派重要人物都聚集在巴黎的大好機會，一舉將他們剿滅。

查理九世經過痛苦地思索，最後選擇了老媽，傳說憂憤之下，他差點對自己的老媽使用暴力，但是最終，他緩緩地下旨：殺！務必乾淨徹底！他想，既然橫豎要動手，就不如殺乾淨一了百了，防止以後有人知道這內幕，他落下惡名。

八月二十四日，吉斯公爵的人馬首先進入了科利尼的寓所，老將軍一聽動靜就知道大勢已去，非常淡定地接受了死亡。當晚，那些因為婚禮入住羅浮宮的胡格諾派貴族全部遭到屠殺，巴黎市內的教徒當然也沒有倖免，幾天後，暴力向全國蔓延，沒有防備的新教徒們都冷不丁地遭了毒手，屠殺持續了幾個月。這就是歐洲歷史上著名的「聖巴托羅繆之夜」。

到底這次殺了多少人，歷史資料也沒有權威的資料，有的說幾千人，有的說幾萬人，還有人說超過十萬，不用深究了。總之，經過這個事件，胡格諾派不再相信任何王室的偽善條件，而天主教陣營既然撕破了臉，索性也就不再尋求和解之道，雙方不死不休吧。

死這麼多人，新郎官獲得了倖免，倒不是因為太后怕閨女守寡啊，是亨利靈活懂變通，看著形勢不對，馬上同意了放棄新教，皈依天主教。後來他設法逃出了巴黎，回到胡格諾派的陣營，宣布在巴黎的投降是情勢所逼，他還是胡格諾派的信徒。

經過這麼多事，本來不太健康的查理九世就更加神經質了，可憐得了精神病並沒有讓他更精神，一五七四年，二十四歲得查理九世死於肺結核，他這樣柔弱的人做了那樣重大的決定，然後又看到超出他想像的血腥結果，弱小的心靈飽受摧殘，所以，他是被嚇死的。

3. 異裝無罪 偽娘有理

查理九世的死去，有可能會讓美第奇太后有點小慶幸，野史甚至傳說，查理九世是死於太后下毒，因為所有兒子中，她最愛老三亨利，最希望他能黃袍加身。野史還說，美第奇太后對亨利之愛絕對不是母愛那麼簡單，兩人可能有亂倫的關係。就算亂倫，估計也尺度有限，因為亨利三世是個公開的同性戀。

亨利三世是美第奇所有孩子都最漂亮的，小時候就很正太，被老媽教壞了，沒事就喜歡扮女人玩，扮得粉面桃腮啊，要是參加超級女生的比賽，絕對沒有評委能認出來。他有時候打扮到街上瞎逛，巴黎市民都猜，搞不好法國現在是個女王啊。

男人要扮女人，比女人扮女人花錢多，異裝癖相當燒錢。亨利三世又喜歡帥哥，招募了很多男寵陪在身邊，還都要打扮，膏澤脂香、酒池肉林，非常壯觀。國家正在戰中，王室也不富裕，換個兒子這麼瘋，太后肯定要教育一番，亨利三世不一樣，這個小寶貝天生就該過這種生活，就要讓他自由自在快樂成長。

小王子的生活也不完美，聖巴托羅繆之夜後，外國新教徒輪番譴責法王的暴力行徑。當時波蘭正好要選舉新國王，他家的新教就要求查理九世懲罰聖巴托羅繆之夜的凶手，查理九世口頭答應，波蘭則尊王弟亨利為新的波蘭國王。

亨利一點不想去波蘭做勞什子國王，但查理九世催他快走，據說赴任前，美第奇太后說：只管去，不會在那裡待很久的。不到八個月，查理九世暴死，亨利也不好好辦理交接手續，把一國家的人丟在那裡，自己跑回來登基成為法王。

宗教戰爭愈演愈烈，兩邊都有背後支持的力量，勢力還挺均衡，有些新教佔了優勢的地區就開始直接鬧獨立了。聖巴托羅繆之夜顯然是天主教陣營理虧些，胡格諾派叫囂著要報仇也很有號召力。而此時吉斯家族的當家也是亨利，他是不怕事大的，讓胡格諾派隨時放馬過來報仇，他會帶領天主教徒戰鬥到底。

在那場大屠殺中，吉斯家是總指揮，雖然三王子亨利當時也參與了，最多算個幫忙的同夥，如今亨利三世已經坐上朝堂了，怎麼吉斯家族還以老大自居啊，眼裡有沒有主子啊。

為了讓形勢緩和點，也為了讓天下知道，誰才是真正的法蘭西老大，亨利三世在一五七六年頒布了一個《博利厄敕令》，敕令主要內容是譴責屠殺，為死者昭雪，允許新教徒在各地舉行儀式，允許新教徒入閣參政，而在新教當政的幾個省，允許他們有自己的司法機構等。

這個敕令一下，天主教陣營可是翻天了。國王是無間道啊，他什麼時候混到胡格諾派那邊去了呢？吉斯家先翻臉了，他們自己聯繫西班牙，獲得資助，自行組織軍隊，還搞了個「天主教神聖同盟」，不聽國王的號令，直接對胡格諾派作戰。

戰爭再次開始，算一下，這是第五場了。一五七六年—一五八四年打了三場，又和了三次，互相妥協了不少條約，而就在一五八四年，戰局起了戲劇性變化。

亨利三世不跟王后上床，他顯然是生不出兒子了，所以他的弟弟是第一繼承人，沒想到，這一年，這倒楣太子死掉了。這下麻煩了，因為根據之前排好的繼位順序，亨利三世死後，王位要傳給那瓦勒的亨利！

不管天主教怎麼強大，胡格諾派的首領成為法王，那結局簡直讓吉斯家族不可想像啊，這樣以來，吉斯家的鬥爭有了新意義，不僅要幹掉胡格諾派，還要取消亨利的繼位權。

吉斯家的亨利和納瓦爾的亨利打得激烈，法王亨利在忙什麼？他在選擇，基本上，他也選出結果了，那就是，不能再讓吉斯家這麼囂張了，法王暗地裡開始跟納瓦爾的亨利交通消息，希望雙方建立某種新型夥伴關係。

法王的態度讓吉斯家知道了，吉斯家覺得，關於王位的事，要快刀斬亂麻。巴黎人民畢竟是天主教派的死忠，一聽說吉斯家要辦大事，巴黎城內就非常配合地變成了戰場，一五八八年五月十二日，巴黎全城行動，主要街道都架設了街壘，並包圍皇宮，迎接吉斯家的亨利進城。

這一天是法國歷史上的「街壘日」，亨利三世被嚇壞了，他倉皇逃出了巴黎。

雖然佔領了巴黎，吉斯家的亨利也不敢篡位，他們邀請亨利三世回來。不要跑嘛，有錯就改還是好國王，收回以前的錯誤決定，讓吉斯家攝政，亨利三世還是可以繼續在王宮裡裝女人玩。

亨利三世看似柔弱，還有點娘，其實是個狠角，他當時幾乎答應了吉斯的所有條件。幾個月後，有一天吉斯公爵正預備去上班，有宮中侍衛通知他去寢宮見駕，國王召見攝政，很正常，吉斯家的亨利哼著曲就去了。一進門，十來個人撲上來，刀光劍影啊，還沒看清狀況，吉斯公爵亨利就倒在血泊中。亨利三世衝出來，踢了屍體一腳，仰天狂笑！

美第奇太后腦子比較清楚，看著吉斯公爵的屍體，對兒子說，兒啊，你闖大禍了！

吉斯之死又點燃了巴黎人的怒火，巴黎大學首先宣布解除國民對法王的效忠，並授權他們可以跟國王開戰。而天主教的軍隊也重新集結，預備報仇。

沒辦法了，找妹夫幫忙吧。亨利三世正式跟納瓦爾的亨利結盟，而且恢復之前取消他的王位繼承權，胡格諾的軍隊現在願意為國王而戰。

戰場上的廝殺投入長見效慢，面對面的暗殺效率最高。一五八九年七月三十日，一個修士要面見法王，因為胡格諾派如今佔據優勢，天主教那邊每天過來投誠的人不少，有個修士要求面見法王，還說有重要情報，亨利三世以為又能拉攏一個天主教僧侶，很高興，下令召見。誰知這個修士是個法國荊軻，玩了一個翻版的圖窮匕見，在法王面前跪下，然後掏出刀子，一刀捅進了亨利三世的腹部。王宮的保安工作真是太差了，殺個國王跟玩似的！

一五八九年，亨利三世死了，就在這一年的年初，美第奇太后也見了上帝。這一場混戰，左一個亨利，右一個亨利的，讓人看得頭暈，歷史上稱為「三亨利之戰」。如今三亨利死了兩個，局面清爽多了，就看剩下的亨利如何應對了。

十八、亨利大王

1.巴黎值得一場彌撒

先說個八卦，去年，法國的科學家終於確認一枚在歐洲私人收藏界輾轉了很多年，並曾以三萬法郎拍賣的頭顱，屬於亨利四世。亨利四世的腦袋怎麼到處跑呢？因為法王的墓地被大革命破壞，這些骨頭就被當作收藏品到處賣了。在沒有DNA的樣本的情況下，如何確認一個頭骨屬於一位四百年前的國王，這要感謝文藝復興後，那些以人體骨骼為基礎的肖像油畫，要是法國人畫國王用中國畫的大寫意手法，亨利四世的腦袋就只好繼續到處流浪了。法國人確定後，預備明年給這個頭顱辦個盛大葬禮，讓他再次下葬，因為法國人都認為，亨利四世，算得上法國歷史最偉大的君主。

亨利三世為了取得亨利的支持，承諾確認他的王儲地位，可亨利三世這樣突然死掉，亨利正領大軍在外，巴黎被天主教聯盟控制，要想登基，真是難上加難。天主教那邊拒不接受亨利，他們自己扶持了波旁的紅衣主教為所謂的查理十世，說這個是正牌法王。

兩派軍隊繼續惡戰，亨利的胡格諾派人馬包圍了巴黎。別人打架，圍城的目的就是讓城內彈盡糧窮，無力再戰。亨利不敢啊，他是未來的法王，城內是他未來的子民，讓巴黎的老百姓餓死，他恐怕就更沒機會登基了，所以圍久了，他還要往裡送糧食，只要糧食不斷，巴黎就一直攻不破。

兩派打這麼多年，除了教派之爭，還夾雜了權力之爭，所以現在亨利的陣營也有大批的天主教徒，面對眼前這個幾乎無解的困局，手下的天主教將領出了主意，其實這個題最好的解法就是亨利再次成為天主教徒。巴黎城內的主教們也基本同意，只要亨利再次皈依，他們願意奉他為主。

這也不算難為人，聖巴托羅繆之夜，亨利為了保命，已經皈依過一次。這種事嘛，只要發生了一次，就可以考慮第二次。所以亨利權衡了一下，說了一句名言：巴黎，值得一場彌撒。

彌撒是天主教的儀式，原來說過，新教教義有個重要內容就是廢除天主教這些個繁文縟節，亨利願意在巴黎做彌撒，當然是天主教徒的身分，換言之，他再次改變了信仰。

領袖背叛，很多胡格諾教徒轉不過彎來，很憤怒，很失望。但是隨亨利征戰多年，看盡了這三十多年內戰悲涼的教徒，則開明多了。再打下去，法蘭西就完了，老百姓真不能活了，退一步海闊天空吧。

一五九三年，聖丹尼大教堂，布日大主教舉行儀式，亨利四世正式皈依天主教，這次是誠心的，而且是真的。

一五九四年，亨利帶兵進入巴黎，巴黎的天主教市民們在街上擁擠著參觀這位傳奇的人物，過了一會兒，人群中開始高呼「國王萬歲」！整個街道加入了這個歡呼，無論如何，國王現在是天主教徒了，是不是可以說，這場宗教內戰可以不用再打了？

沒這麼簡單，就算亨利成為天主教徒，願意效忠他的，還是只有原來胡格諾派的五個城市，其他各地，還被天主教聯盟掌握，其中包括法王歷代的加冕之地——蘭斯。亨利沒辦法，可憐兮兮地在博斯的沙特爾大教堂戴上了法王的王冠，勉強登基成為亨利四世，他來自波旁家族，所以他的王朝就成為波旁王朝。辦完法王的手續，亨利四世繼續對頑固的天主教聯盟軍隊作戰。

一五九八年，在戰鬥中取得優勢的亨利四世頒布了著名的《南特赦令》。大意是：正式宣布天主教為國教，但是法國全境享受宗教自由，想信新教也沒人管你，胡格諾教徒和天主教徒都能考公務員進政府上班等等。總而言之，核心意思就是一條：宗教寬容，信仰自由！這個敕令一出，雖然各地還是有不服的，但基本可以宣布，胡格諾戰爭，終於結束了！

2. 波旁王朝最堅實的奠基

胡格諾戰爭打了三十六年，看起來比百年戰爭時間短，可是其造成的危害，絕對不在英法百年戰爭之下。大家想啊，英國人來法國打仗，總要組織準備一下，打了一陣也要回去補給一下，所以雖然持續的時間長，真正的激戰並不多。宗教戰爭不一樣，有人的地方就有教徒，只要是教徒就跟戰爭有關，而且全是法國自己的同胞，再加上周邊下注買馬各種幫忙的，基本上這三十六年，說是只有八場戰爭，小規模的破壞數不勝數。

據說亨利四世正式接手後，看著帳本上的累累債務，看著工業農業的一片蕭條，看著百姓的生活窘迫，看著國土的支離破碎，說：如果要面對這一切，深受這種苦難，還是死來得更容易！

他不能死，苦戰這麼多年，吃了多少苦，受了多少辱，終於等到這一天，自己一定要帶領法蘭西重新站起來。首先是要重建社會秩序，亨利四世將以前的國王議政會議細分了一下，將國務和財政管理分成兩個部門，再細分出諸如外交軍事等各種分支；向各地派出了徵稅官員；有了錢後又重金收買反對派，終於穩定了戰後的國家秩序。

亨利四世人不錯，從他兩次改宗教就知道為人隨和，這樣的主子，身邊一定會吸引一些賢臣。幫助亨利力挽這個幾乎破產國家的，就是名臣蘇利公爵。

蘇利是公爵的屬地，可蘇利公爵這個名號太響了，所以歷史書就都叫他蘇利了。此人少年時就追隨亨利四世，後來自然入閣成為重臣，因為他最擅長的事就是理財，入閣不久就成為法國的財長。

整個法蘭西饑寒交迫，蘇利認為：耕地和牧場是哺育法蘭西的雙乳。於是政府就大力扶持農牧業，多次頒布保護農業農田牧場林業之類的法律法規。

蘇利重農業，而亨利四世更注重製造業和商業，里昂的絲綢、巴黎的玻璃、陶瓷、掛毯等都形成了很出名的產業，法國分別同德意志新教同盟，英國甚至是西班牙都簽訂了商貿協定，又在北美的魁北克建立了殖民地，到處做生意。

以農業為本扶持商業，亨利的這個復興規劃，當然還要包括基礎設施的建設。道路和橋樑狀況都得到了明顯的改善，現在巴黎有兩個地標性的景點就是出自亨利四世之手，一個是橫跨塞納河的巴黎新橋，雖然叫新橋，不過是現在塞納河上最古老的橋了；第二個就是巴黎的浮日廣場。

亨利四世曾說過，他要達到的治國理想是：每個法國農戶，周末時，鍋裡能有一隻雞！能對改善民生提出這麼明確的工作目標，亨利四世真值得好多人學習。

在位二十一年，亨利四世表現不錯，經濟復甦，國家恢復穩定，國土重新統一，一切向好，國運蒸蒸日上。奠定了後來法蘭西成為歐洲之霸最重要的基礎，亨利四世後的一百年，是法國歷史上最輝煌的時代。

很多歷史書誇大了亨利四世的建設成就，說他任內清償了法國所有債務，這個恐怕有點誇張美化了，而會這樣的美化他，也是因為大家公認他是非常負責稱職的國君，可以說，他是法蘭西的千古一帝，所以有些法國人根據歐洲的傳統，叫他亨利大帝，可惜他不是皇帝，只能叫亨利大王。國內的宗教戰爭平息了，周圍還是強敵環伺，看過《德意志是鐵打的》「地主」知道，時間進入十七世紀，眼看著歐洲一場大戰又要開打，法國即將再次陷入戰爭，到底當時法國在歐洲是個什麼環境呢？

法國是個天主教國家沒錯，因為亨利四世這個尷尬的立場，他肯定是跟新教徒在一起混更舒服。胡格諾戰爭中，西班牙和奧地利是支持天主教聯盟的，英國和德意志的新教聯盟則是胡格諾派的朋友。胡格諾派一直能跟天主教聯盟死磕，後來還略佔上風，跟英國在海上幹掉了西班牙（一五八八年英西海戰），成為大洋霸主很有關係。另外還有一股勢力，也就是法國東北部頭頂的尼德蘭地區，包括現在的荷蘭、比利時、盧森堡。

尼德蘭地區在十五世紀初是屬於西班牙控制，有個西班牙總督在管事，十五世紀末，西班牙這種死封建統治嚴重制約該地區工商業發展，而西班牙人又不問青紅皂白只管鎮壓提意見的群眾，逼得尼德蘭造反。當時的胡格諾派也和英國人一起，對尼德蘭的革命給予了支持和幫助。尼德蘭革命使該地區分裂，北部成立了世界上第一個資產階級共和國——荷蘭，而南部比利時這一片，繼續留在西班牙管轄下，繼續篤信天主教傳統派。這樣一來，荷蘭就成為法國的朋友，比利時自然就是敵人。

左邊是神聖羅馬帝國、右邊是西班牙、頭頂是比利時，亨利四世覺得日子很憋屈，看著國家發展稍微穩當點，他也顧不上老百姓鍋裡有沒有雞的事了，他預備找哈布斯堡家族幹一仗。

可以想像，這一仗打下來，又是一場巨大的勞民傷財，不知道會讓亨利四世之前的努力浪費掉多少，好在上帝保全了他的名聲，沒給他機會讓他犯傻。一六一〇年五月，預備出征的亨利四世御駕離開羅浮宮，去探望蘇利。在一條狹窄的街道上，前面的馬車突然撞車，堵塞交通，亨利四世正坐在自己的鑾駕上等待交警過來處理呢，突然竄出來一個人，跳上馬車，連續兩刀刺死了國王！

刺客當場被擒，關於這個人背景和行刺原因，歷史書都說得很模糊很曖昧，甚至很狗血。說是這個刺客，患有一種奇特的生理疾病，叫做「弒君症」，一輩子就想殺國王過癮，後來終於得手了。一個刺客「被生病」能掩蓋不少事。不過這麼容易又讓一個平頭百姓殺掉了法王，證明法國的治安經過亨利大王這麼多年的建設一點沒好轉。而且法王這麼大一個幹部，上街不封路，也不召警車開道，最後導致殺身之禍，也很令人唏噓。

3. 瑪戈王后

自從老楊的世界史陸續出版，吸引了一些之前完全不看歷史書的「地主」，遭遇了一些很無奈的疑問。比如，年輕的小「女地主」們拒絕認可梅林是個猥瑣無賴的長鬍子老頭，她們認定梅林是英國電視劇《MERLIN》裡面那個和亞瑟王有點小曖昧的白淨帥哥，亨利八世也應該是《都鐸》裡面那個英挺俊朗還有點冷酷霸道的國王。以此類推，著名的瑪戈皇后當然就應該是伊莎貝拉・阿加妮的樣子。在這部電影《瑪戈皇后》中，三十九歲的伊莎貝拉・阿加妮演繹了什麼是性感的極致，那就是清純。即使是亂髮素顏，一臉驚恐也依然美得不可方物，不論各種野史傳說如何，這部電影是最好的佐證，瑪戈皇后就是法國歷史上最美的王后。

電影《瑪戈皇后》改編自大仲馬的小說，原來老楊說過，大仲馬的小說基本上都能找到歷史原型，所以，老楊就根據這部電影，胡說點瓦盧瓦宮廷的野史緋聞。

瑪戈是美第奇太后的小女兒，太后其貌不揚，還挺講究。她進入法國宮廷後，大力提倡「細腰」運動，所謂「楚王好細腰，宮中多餓死」。法國宮廷裡的女人，用各種辦法勒住肚子，節食瘦腰，據說也餓死了不少人。美第奇太后自己一點不瘦，好像腰也不細，她對這件事這麼上心，恐怕是作為一個不受老公待見的怨婦的無事生非。

美第奇太后本來安排瑪戈嫁西班牙或者葡萄牙的王室，後來看到宗教鬥爭火燒眉毛，才決定將女兒嫁給納瓦爾的亨利。電影裡，巴黎人叫亨利四世為鄉巴佬，這個也是有根據的。且不說夾在法國和西班牙之間的納瓦爾是個鄉下小國，傳說亨利四世出生，他父親就用大蒜塗抹他的嘴唇，灌了他一口葡萄酒，算是受洗了。從此以後，亨利同學嗜食大蒜，江湖上還傳說，亨利同學有點狐臭，腳臭尤其厲害，加上吃完大蒜的氣味，再帥的帥哥也讓人退避三舍了。

從之前的法國歷史看，亂戰分裂，王權一直搖搖晃晃，沒什麼時間做精神文明建設。十六世紀的法國宮廷，我們已經不能用任何道德標準來要求了，尤其是異裝癖亨利三世上台後，法國王宮更加亂套。在這種環境下，別指望瑪戈會是個淑女。

電影裡，瑪戈和自己的三個兄弟有點亂倫之情，這事不好說，瑪戈大名叫「瑪格麗特」，「瑪戈」這個名字據說是她二哥查理九世給她的。給自己妹妹一個暱稱，恐怕不能算是亂倫的證據。至於亨利三世，他就更不可能了。

瑪戈婚前公開的相好是吉斯家的亨利，瑪戈也多次表達想嫁入吉斯家的願望，這個理想是很難實現的。美第奇太后一直忙於限制吉斯家專權，怎麼可能再給他家一個駙馬之位呢。

美第奇太后選定納瓦爾的亨利做女婿後，納瓦爾的太后，也就是亨利的媽不同意，在胡格諾派貴族的壓力下，不得不點頭，很不情願地到巴黎商議婚事彩禮嫁妝等事宜。瑪戈的未來婆婆在巴黎突然就死了，說是病死的，大部分人認定，是美第奇太后毒殺的，至於原因，可想而知。

亨利和瑪戈是標準的政治聯姻，婆婆之死更讓這個事增加了悲劇色彩。婚禮時，因為亨利的宗教信仰，有些儀式他拒絕配合，整個婚禮充滿著不和諧。而婚禮上，主教問瑪戈，願不願意嫁給亨利為妻，瑪戈拒不回答，被查理九世按住她的頭這一幕，有些歷史書也有記載。

瑪戈有自己的相好，亨利也有自己的情婦，這個婚姻反而可以為政治而政治，沒有其他。在聖巴托羅繆之夜，瑪戈捨命保護了亨利和他的幾個隨從讓人很意外。她明明不愛這個人，對這樁婚姻也充滿厭倦，為什麼寧可跟自己的家族作對呢？根據電影，我們就相信，那是因為瑪戈天性良善，對於這樣的屠殺，她起了一個天主教徒的悲憫之心，忘掉了這些宗教差別吧。

法國宗教內亂這段，英國那邊伊麗莎白一世女王在位，英國卷裡介紹過，早先，大家還都考慮要讓女王成個家，法王亨利三世曾是候選人之一，不過後來，女王更青睞亨利三世的弟弟，阿朗松公爵，這位阿朗松公爵，就是美第奇太后唯一沒有成為法王的兒子。阿朗松公爵對新教同情，還幫助過荷蘭的獨立鬥爭，所以亨利四世被囚期間，阿朗松公爵經常跟他一起。

看著查理九世活不了幾天，當時的亨利三世在波蘭，巴黎有些新教徒就策劃讓阿朗松公爵登基，畢竟，他對新教是寬容的，而這個事情的幾個主要操作者中，就有一個叫德・拉莫爾的，他是瑪戈這段時間的情人。

阿朗松公爵最後沒有登基，說明行動失敗。拉莫爾被抓住後，酷刑折磨致死，據說臨死前，他還向瑪戈表達愛意。瑪戈帶走了拉莫爾的頭顱，防腐處理後，用一個寶石棺材將其下葬。

瑪戈再次保護亨利四世度過危機，最後還逃出巴黎，瑪戈被亨利三世軟禁幾年後，也投奔他而去。在納瓦爾的波堡，這兩夫妻總算在一起生活了三年多。這三年多也不算正常，基本上，你找你的情人，我找我的情人，各玩各的，難得碰面也是吵架，瑪戈後來又回到了巴黎。

可憐瑪戈，回到巴黎，亨利三世猜忌嫌棄她，回到納瓦爾，亨利四世也不接受她，她只好到自己的封地阿讓。後來她想發動政變來爭取自己的地位，結果被亨利三世剿滅，一同被絞殺的，還有瑪戈在阿讓的情人，一個騎兵軍官。這個事之後，瑪戈就被亨利三世關在一個城堡裡，在這個城堡裡，瑪戈度過了十八年。

從一五九二年開始，亨利四世就和瑪戈討論離婚的事。沒有感情，也沒有子嗣，離婚難以避免。瑪戈同意離婚，可她想要保住法國王后之名，估計是這個事不好通融，足足鬧了七年亨利四世才恢復了自由，瑪戈保留了王后的名號，她將永遠是瑪戈王后。

亨利四世的私生活一點不比瑪戈清爽，出名的就是好賭又好色。他一直有個固定的情婦叫加布里埃爾・埃斯特蕾。這個美女大家也見過，回憶一下弗朗索瓦一世時代，老楊曾經提到過，楓丹白露畫派的重要畫作——《埃斯特蕾姐妹》，這個畫作中，右邊的手拿一枚戒指的裸女就是加布里埃爾。

了解這個背景，大家就能看懂這幅油畫了。左邊的裸女是加布里埃爾的妹妹，她捏著姐姐的乳頭，應該是暗指加布里埃爾已經懷孕，手上拿著戒指，預示著國王已經預備跟她結婚，後面的背景，宮女在縫衣，可以理解為即將來臨的婚禮或者是即將出生的太子做準備。

亨利四世跟瑪戈離婚後，就想娶加布里埃爾為后，這個女人跟了他很多年，孩子也生了好幾個，都是私生子，沒有繼承權。他正式迎娶加布里埃爾，則她當時肚子裡的孩子就可能是未來王儲了。加布里埃爾沒等到那一天，她死了，死狀甚慘，口吐白沫，抽搐而死。加布里埃爾也算是著名的美女，沒聽說有羊癲瘋之類的病史，她這樣的暴死，當然是謀殺，凶手呢？不想她成為法國王后的人太多了，都有嫌疑。

沒有愛情了，就可以考慮現實問題了，蘇利幫助亨利四世選擇了美第奇家的瑪麗，凱薩琳太后的遠房侄女，法國宮廷再次迎來了一位美第奇家族的王后以及來自佛羅倫斯充裕的陪嫁。

感謝歐洲歷史上的畫家們，亨利四世和瑪麗・美第奇的婚禮盛況我們也能看見，當時著名的德國畫家魯本斯將現場留在畫布上了，畫名叫《瑪麗・美第奇與亨利四世的婚禮》，和上面這幅《埃斯特蕾姐妹》一起，都收藏在羅浮宮。

瑪麗・美第奇很爭氣，雖然亨利四世也不太喜歡她，她還是在第二年順利生下了太子。

亨利四世的前妻，瑪戈在那個幽暗陰森的城堡逐年老去，容顏衰退，每天忙著寫一本回憶錄。後來因為欠債，生活艱難，瑪戈和亨利四世和解，回到巴黎，亨利四世幫她解決了財政危機。晚年的瑪戈生活挺充實，扶持藝術家，支持文化事業，和瑪麗王后的孩子關係都不錯，據說後來的路易十三世跟瑪戈的關係比跟自己親媽還好。

瑪戈和瑪麗和好，有點同病相憐的意思，瑪戈是法律意義上的前妻，瑪麗實質意義上也相當於

「前妻」，因為亨利四世瘋狂地愛上了另一個女人。

亨利四世看上了孔代親王的妻子，算起來，這一任孔代親王是亨利四世的侄子。五十多歲的亨利四世不顧老臉對年輕的侄媳婦糾纏不休，讓孔代家族很無奈，最後，孔代親王只好帶著老婆夏洛特跑到了西屬尼德蘭也就是比利時去避難。比利時屬於西班牙的，亨利四世跟西班牙不對盤，所以孔代選擇跑到那裡。

亨利四世將愛情進行到底，不好追到比利時去勾搭別人老婆，就逼當地把人交出來，人家不搭理他，他於是決定出兵開戰。野史雖然這麼說，我們也不能因此認為亨利大王是個被女人搞昏頭的糊塗蟲，女人不過是個導火索，他看法國這幾年建設得不錯，有點實力，就存了稱霸歐洲的野心，想跟左鄰右舍開戰，也是可以理解的。

亨利四世死後第五年，瑪戈王后也在巴黎死去了，死前那幾年，瑪戈依然過著放浪形骸的生活，跟不少出身低微的人有過露水情緣，將她的「欲女」形象維持到了最後。

瑪戈王后一生很悲劇，仔細回顧一下，她好像真沒有害人或者陰謀詭計之類的行為，比她那個精於用毒的媽善良多了，她一次次地救了亨利四世，最後還能同意離婚，讓瑪麗為波旁生下繼承人，應該說，對整個波旁王朝，她是有功勳的。

不管作家或者文藝作品對瑪戈如何美化，說她的美貌「不屬於人間」，但從存世的油畫看，瑪戈算不得天姿國色，美第奇太后自己就相貌平庸，她生出天仙的機率能有多少呢？所以，跟德國的茜茜公主一樣，我們自動遮罩歷史事實，在上面這段紛亂血腥的歷史裡，我們唯一深深記住的，就是伊莎貝拉・阿加妮那純藍澄澈的雙眸。

十九、權臣＋外戚的時代——路易十三

1. 太后和她的義大利親隨

美第奇家的女人，都是來法國當太后的，而且天生都會玩權術。亨利四世遇刺，路易十三繼位時才八歲，又一位美第奇攝政太后出現了。

太后來自義大利，天主教徒，所以她一主政，政策就向哈布斯堡王室傾斜。不僅給路易十三娶了西班牙的公主，還把自家的公主嫁進西班牙，親上加親，確定了自己的立場。

瑪麗太后從義大利帶來不少人，她跟自己的奶姐（一個奶媽餵養的）最好，這個奶姐能支配瑪麗很多事。奶姐嫁給了太后的義大利侍從孔契尼，從此孔契尼也一步登天，不僅買了個侯爵的身分，還當上了元帥和首席大臣。

本來亨利四世駕崩，從來就不安分的貴族大臣們，就欺負孤兒寡母，看著義大利人現在呼風喚雨，小人得志，就更加生氣。

法國的貴族們又發揚傳統，回到各自的封地，興兵作亂，要求法王召開一個三級會議，這些封建貴族可以乘機在會上要求權力，擠兌太后並控制國王。

一六一四年，太后不得不召開三級會議，滿足貴族的要求，讓貴族始料不及的是，他們原本以為可以控制會議，誰知第三等級的市民代表對這些封建貴族地主老財們不滿，他們願意支持路易十三和太后。法國貴族演了一齣搬起石頭砸自己腳的戲，懊惱非常，同時，大家一致認為，三級會議這個東西很危險，掌控不好容易自己害自己，所以，此後的一百多年，三級會議就不再召開了。

小國王總是要長大的，路易十三其實並不滿意母后的安排，對於孔契尼在朝中作威作福，也很看不上，而且，隨著小國王長大，他身邊也會慢慢出現一些出主意的人。

有個叫呂伊納的貴族得到了國王的垂青，到底是小孩啊，呂伊納最厲害的就是會訓練猛禽，用於狩獵，估計這個事讓路易十三很崇拜，所以慢慢地呂伊納就開始幫著策劃別的事了。

呂伊納告訴國王，要想親政，就要扳倒太后，要扳倒太后，首先要解決孔契尼兩口子。

一六一七年，十六歲的路易十三啟動了親政的大業，第一個重要的決定是：殺掉孔契尼！他做到了，孔契尼在大街上身中三槍而死，他死後，巴黎全城歡呼，都說國王英明，孔契尼的屍體後來還被巴黎市民分拆了。孔契尼的老婆被定罪為女巫，太后避禍布魯爾。

路易十三基本上算個孝子，他想親政，並不想整死老媽，所以，他找了個人在巴黎和布魯爾之間調解，讓老媽回到巴黎來，母子和解。

來往於巴黎和布魯爾，給國王母子傳話，還要安撫兩邊的情緒，是個挺考人的任務。路易十三派去的這個調解員勝任得很不錯，後來，太后就真的回到了巴黎。看上去母子和好，其實從此法國宮廷，王黨和后黨抗爭的局面就形成了。

后黨勢力還是挺大的，孔契尼死後，他們的核心人物就是路易十三的弟弟，奧爾良公爵，路易十三的老婆暗地裡也跟婆婆一夥，太后遭此打擊後，就計畫著罷黜路易十三，讓奧爾良公爵成為法王。

王黨的陣營核心當然就是呂伊納，呂伊納玩陰謀詭計可以，辦正經事水準一般，路易十三漸漸地有點看不上他，正好一六二一年，他死掉了，路易十三不得不給自己物色另外更有實力更有用的幫手，這時，他突然想到，那個幫著調解糾紛，最後終於將太后勸回巴黎的同志不錯啊，可堪大用，讓他過來試試吧，就這樣，一個叫黎塞留的主教進入了法王的皇家內閣。

2.史上最成功的政治家

略懂歐洲歷史的人，說到紅衣主教，腦海裡一般會浮現嚴厲、冷酷、果斷、機心還權勢喧天這樣的形象，而這個形象的確立，應該說，跟歐洲歷史上最出名的紅衣主教黎塞留很有關係。

如果從成功學的角度來看，黎塞留的人生算是非常高分的，前半生，他經營自己，後半生，他經營國家，都獲得了他需要的成功，根據中國儒家同學的人生目標，了卻君王天下事，他顯然是做到了，至於有沒有贏得生前身後名，則沒有明確標準了。老楊看來，老黎是個無比成功的人，但不見得是個受人愛戴或者崇敬的人。

一五八五年，黎塞留生於巴黎，父親參加了宗教戰爭，是亨利三世親信之一，後來又跟了亨利四世，五歲時，黎塞留的父親就死了，靠著王室的贊助，還清了債務，還讀了軍事學和神學的雙學位，黎塞留在一六〇六年被任命為法國最小的教區的主教。

看起來起步不算太好，挺暗淡，不過黎塞留善於抓住每個機會讓自己出頭。一六一四年，法國的三級會議上，他積極主動的發言，措辭激烈，立場鮮明，非常忠誠地站在王室一邊，為法王爭取權益。三級會議王室取得了優勢，黎塞留自然就留在國王和太后的腦子裡了。

千萬不要小看黎塞留在三級會議的發言，他這樣的表現自己正是一種刻意的人生經營，之前他讀神學博士時，就託人找關係把自己的論文遞給亨利四世，希望能被國王注意，可惜亨利四世對一個神學生的論文沒興趣。

太后覺得這年輕人不錯，就讓他到孔契尼身邊當個祕書，孔契尼是個張狂的人，在他身邊的人都有點小人得志雞犬升天的優越感，只有黎塞留一直很低調，謹小慎微，不亂說亂動，所以，孔契尼倒台，親信都受株連，黎塞留得以保全，後來還能被國王路易十三看上，成為調解帝后矛盾的聯絡員，並藉此入宮，入閣，成為路易十三的重要閣僚。

孔契尼剛倒台時，黎塞留覺得國王不待見自己，非常聰明地跑到教皇在法國的屬地去公關，再次成功，一六二二年，黎塞留成為紅衣主教，隨後就打造了一個紅衣主教的經典形象，成為後來所有紅衣主教的代言人。

一六二四年，黎塞留成為首相。據說，老黎入宮前，寫了本神書，這部神書拿到現在，還是可以給剛上班的職場新人當指南用，這部書的名叫《自用宮廷行止守則及警言》。老黎自己給自己訂了入宮的標準，老楊給翻譯成入職指南大意如下：一，如果要讓老闆注意自己，就要經常在君主經過的地方溜達，當然也不能總溜達，要麼顯得太閒，要麼就會顯得太故意；二，不管什麼事，不管有多急，老闆生氣的時候，最好不要去找他；三，公司裡不管是奸人善人，高層還是在野的都不要得罪，都要保持友善，因為不知道哪朵雲彩有雨；四，任何事，不要隨便評論，不要隨便說話，防止禍從口出；五，聽到有用的語錄或者典故，回家記下來，總有一天能派上用場。怎麼樣，實用吧？很多人說這個書應該不是老黎寫的，可是看老黎入宮後的表現，太像他寫的了！

這部入職指南讓老黎在相位上幹了十八年，這十八年，黎塞留幹了不少事，主教身體虛弱，心理強大，事業心驚人，路易十三評價他，說他一天做的事，相當於別人一個星期做的。

其實，這十八年的歲月，老黎幹的事，最重要的就是三件：一，收拾並壓制了胡格諾派；二，收拾並壓制了不聽話的大貴族；三，收拾並壓制了哈布斯堡王朝。

亨利四世頒布《南特赦令》後，胡格諾派算是站穩腳跟了，畢竟法國是天主教的國家，胡格諾派總覺得他們得到的不夠，加上之前的戰爭，他們的軍事力量還在，軍事要塞也在，在胡格諾派很多領地，他們幾乎能自治。黎塞留先發起了對胡格諾派的鬥爭。

一六二七年，黎塞留親自帶兵包圍了胡格諾派的重要軍事據點，這個據點在英國的支持下，死守不降，黎塞留打退英國的救援，大約包圍了一年，最後是饑餓摧毀了胡格諾派這個大本營。

黎塞留為人鐵腕無情，加上他還是紅衣主教，所有人都認為，拿下胡格諾派，他恐怕會領導一場血腥清洗，沒想到，他非常智慧地讓路易十三給予大赦，參加戰鬥的胡格諾派戰士，沒事就回家吧，不找你們算帳，回去後，還可以繼續信新教，愛信什麼繼續信，國王和主教都不干涉，唯一的要求就是解除武裝，所在地的政治特權也不再享受，除了港口的防禦工事，其他的工事都拆了吧。

黎塞留對胡格諾派的大度和開明，讓整個基督教世界都很意外，而就是這件事，黎塞留向我們展示了一個真正政治家的智慧，國家安定當然是要超越宗教分歧的。

國內大貴族的反叛，就更加頻繁了，路易十三親政前，那些動亂份子被太后求爺爺告奶奶，使大把銀子安撫住，路易十三親政跟太后翻臉後，太后成了這些反叛頭目了，主要成員還包括路易十三的弟弟，奧爾良公爵加斯東，和路易十三的老婆，奧地利的公主安妮。

從一六一九年開始，后黨及支持者就開始發動叛亂，被一一鎮壓。而黎塞留成為首相後，每次一鎮壓完叛亂，就有幾個貴族被關押甚至被砍頭，后黨漸漸認識到，黎塞留才是最危險的敵人，要想對付法王，首先要卸掉黎塞留這隻臂膀。

一六三〇年十一月十一日，因為路易十三那陣子對黎塞留的一些做法多有不滿，偶爾家裡聊天就表露出來，王后安妮和太后瑪麗認為，黎塞留不行了，可以乘機讓國王罷黜他了，於是，太后到路易十三面前控訴，說首相是個奸險小人，辜負國王的信任等等。老媽一把鼻涕一把淚，言之鑿鑿的，路易十三的臉色也一陣陰沉一陣憂慮，太后感覺，今天這個事可能是有門了。黎塞留在巴黎甚至整個歐洲都有自己的密探網絡，太后這齣表演也瞞不過他。雖然這夥計平時泰山崩於前不改其色，這次也有點慌，他直入王宮見駕，滿臉熱淚表示自己的忠誠。太后看到這個情況，增加了表演的力道，直接開始哀號，有點潑婦的架勢。路易十三實在看不下去，轉身離開，隨後召見黎塞留，安撫他，讓他安心本職工作，不要受影響，王上看好他。

黎塞留長鬆一口氣後開始反擊，太后被流放，王弟領了個通報批評留校察看，那些跟太后押寶的大臣都被關押。因為這個事件的起因，完全是因為太后和王后沒搞清楚狀況，看清楚形勢，是愚蠢的行為，所以這一天被稱為「愚人日」。關鍵時刻路易十三能站穩立場，堅定對黎塞留支持和信任，可見這個平時病懨懨，沒什麼主見的君主，心裡還是很清楚的，良臣一般都是賢君造就的。

王弟屢教不改，後來又夥同貴族造反，都被黎塞留鎮壓，就在老黎去世的那一年，他還鎮壓了他過去的親信主導的叛亂，處死了親信，把王弟奧爾良公爵貶為庶民。

黎塞留的首相任期，恰逢驚動了整個歐洲的三十年戰爭爆發，一六一八年，神聖羅馬帝國派出的天主教欽差到捷克的布拉格出差，被英雄的捷克新教徒從窗戶丟出去，三十年戰爭就開始了。

戰爭過程老楊在《德意志是鐵打的》中記錄了，戰爭分了幾個階段，先是波西米亞獨立戰爭，失敗；丹麥加入戰鬥，失敗；瑞典雄獅威風八面，席捲德意志全境，最後遭遇華倫斯坦，再次失敗。按說，不管三十年戰爭起因如何，法國是一定不會置身其外的，原來說過，法蘭西如今國土東邊是奧地利、西南邊是西班牙、北部是比利時、南部義大利北部城邦，全都屬於哈布斯堡家族，而從波旁王朝一開始，法王就夢想著，能擁有自然的疆界：西南方的邊界應該是庇里牛斯山，東部當然是推進到萊茵河，把哈布斯堡王朝打發到庇里牛斯山那邊去做一個小國，將土耳其等趕出歐洲，法國周圍成立一圈中立的小國。

基本上，就是一個法國稱霸歐洲的計畫，這個計畫第一件大事，就是先要按住歐洲大陸上最橫的哈布斯堡王朝。從亨利四世傳下來的外交主旨就是，與西班牙奧地利為敵。為了打擊哈布斯堡王朝，法國這個天主教國家就必須和新教的國家聯手作戰。

三十年戰爭的前半截，法國著急使不上勁，路易十三和黎塞留這對君臣忙著平亂呢，但他們對德意志的戰場還是很關心的，丹麥和瑞典的出兵都得到了法國經濟上和精神上的大力支持。

一六三五年，看著哈布斯堡家族連贏三場，越來越囂張，黎塞留覺得，再不出兵不行了。於是，法王派了個人跑到比利時的布魯塞爾，大聲宣讀了一份戰書，法國人正式加入戰團，從幕後走到台前，表演了一場好戲。

法國先對西班牙宣戰，誰知奧地利和西班牙同時行動，分南北兩路夾擊法國，好在法國的艦隊在海上大勝西班牙的艦隊，先遏制了西班牙的力量；在德意志的戰場，法軍和瑞典軍隊聯手，步步進逼，一六四八年，神聖羅馬帝國皇帝終於承認無力再戰，西班牙接著就後院起火，遭遇起義，也不好再打，哈布斯堡家族求和。

黎塞留最後沒有看到法國的勝利，他死於一六四二年的疾病，雖然沒有等到大結局，不過在他彌留的時候，法國的優勢和戰爭的結果已經非常明顯，老黎應該是走得沒有遺憾了。

老黎終結他政治生涯的文章《政治遺囑》裡說，他一生的目的，第一是讓國王崇高，意思是王權高於一切，他平息了內亂，讓法國國王空前強大，他做到了；第二是讓國王榮耀，意思是，要讓法王在整個歐洲成為老大，打贏三十年戰爭，這個目的幾乎也實現了。除了這些功績，老黎改革了法國的行政制度，在各省派設總督，總督對國王負責，管理各省所有事務，等於是加強了國王對地方的約束，強化了王權；為了便於控制地方，他還在各地設立了驛站。鼓勵海外貿易和殖民地，致力於將法國產品推向國際市場；黎塞留建立了最早的出版檢查制度，還創辦了法國歷史上第一份報刊《法蘭西報》；而現在象徵法蘭西榮譽，匯聚群英的世界著名學術機構——法蘭西學院也是黎塞留建立的。老黎同志真是忙了不少事，不論從效率還是結果來說，老黎絕對算得上是古往今來最成功的政治家。

這樣一個能人，應該全是褒揚吧，為什麼還有人對老黎頗有微辭呢？老黎是個成功的政客，政客有個特點，古語叫「一將功成萬骨枯」，他們不太會關心底層百姓的要求和生死，老黎有句名言：老百姓如果太舒服，就不容易安分。所以他一直沒讓老百姓太舒服，苛捐雜稅，刮地三尺的，逼得農民和市民還發動了好幾場起義。

人無完人，我想黎塞留主教這樣的人也不會在意後人的評價，因為他似乎已經看到，他的努力，讓一個繁華錦繡的法蘭西帝國慢慢升起。

老黎死後的半年，路易十三也死了。老黎太火，大家經常忽略他頭上還有個法王。其實，有黎塞留這樣的重臣，路易十三做國王的態度是非常睿智的。路易十三多愁善感，每日裡悶悶不樂，喜歡打獵和兵器，最喜歡的是音樂，他的肺結核眼看快不行了，還自己給自己寫了首喪曲，供大家在喪禮演唱。應該說，他給後世法國人留下的印象算不錯，中國人尤其喜歡他，他總是出現在咱家比較高端的酒席上，這位法王，是聯絡友情，打通關節，饋贈上級之佳品。老楊說的是法國最好的人頭馬干邑——路易十三，全世界最尊貴的白蘭地，一瓶值不少銀子。最讓法國人想不通的是，這麼奢侈的物品，法國也沒生產出多少來，怎麼中國隨處可見呢?可以普及到村主任那一級的幹部。

路易十三跟安妮公主結婚很多年都沒孩子，以為生不出來了，後來路易太子降生時，全國歡呼，如同陰霾已久的天空突然出現一輪紅日，小路易像太陽一樣閃亮降生在法蘭西，帶著明媚的光輝，他是真正的太陽王！

二十、太陽王——路易十四

1.巴黎人民的街壘情結

黎塞留和路易十三相繼離世，路易十四四歲登基，當然又是太后攝政。好在黎塞留老同志有遠見有計劃，沒死就給自己培養接班人了。

法國和西班牙兩個天主教國家廝打，教皇認為很不妥，所以派了一個使節來調解兩邊的糾紛。這調解糾紛最容易顯示一個人的水準，當初黎塞留就是在這個項目上獲得認可，然後成就大業的。這個叫馬薩林的義大利人給黎塞留印象不錯，就勾引他跳槽，把他留在法國，留在身邊，黎塞留彌留之際，拉著路易十三推薦了馬薩林，這個義大利人就接替老黎成為法國的首相，隨後，還要扶持四歲的幼主。

馬薩林的面臨的第一件大事是徹底了斷三十年戰爭。一六四八年，簽訂了《威斯特伐利亞和約》，法國是最大的贏家，拿回了念念不忘的阿爾薩斯和洛林地區，並因為哈布斯堡王朝的削弱，成為西歐的新霸主。

三十年戰爭，輸家贏家都不好過，雖然法國加入得晚，撐到最後也是筋疲力盡無以為繼了。為了維持這場戰爭，從黎塞留到馬薩林都要瘋狂地徵稅，壓榨百姓。

戰爭打完後，馬薩林回家一算，財政缺口太大了，要搞錢啊，稅已經收不起了，外省那些稅估計收到下個世紀去了，怎麼辦?哦，法官們日子很舒服，平時又沒什麼事，對，停發各級法院法官四年的俸祿。一聽說有四年拿不到薪資，巴黎高等法院立即翻臉，人家是高等法院，又不是進城的民工，他們討要薪水有更高級的辦法。

他們拋出了二十七條所謂的建議，要求國王召回派往各地橫徵暴斂中飽私囊的監督官、財政改革，以後關於收稅之類的事沒有高等法院同意不行；沒有定罪，不能隨便抓人等，有點要給國王上規矩的意思。

馬薩林和太后才不信這個邪呢，高等法院了不起啊，法官我們可以隨便抓。這幾個法官一抓，捅簍子了，一六四八年八月二十七日那天，兩個小時的時間裡，巴黎的市民在街上堆出了一千兩百個街壘，而且用投石機打馬薩林他們家窗戶！這個畫面太熟悉了，巴黎的同志們在自己街道上做這種戰鬥工事，熟門熟路，工具手藝都常備無患。投石機法語叫「福隆德」，所以這個投石黨運動，又叫福隆德運動。

巴黎人尚武好鬥，發起飆來不計後果，馬薩林知道這些人的厲害，趕緊帶著太后和路易十四，逃出了巴黎。

馬薩林和太后將宮廷搬到聖日耳曼，召集孔代親王帶兵攻打巴黎。這時的孔代親王叫路易二世，當年亨利三世死纏爛打的美女，就是他媽媽。路易二世號稱是最偉大的孔代，參加三十年戰爭戰功顯赫，是現在法國貴族的頭目。

太后召他收復巴黎，其實他心裡並不願意，馬薩林繼承了黎塞留的思路，提升王權，遏制貴族，讓以孔代為首的這些人很不愉快。剛開始不情願，後來不得不做了，其他的法國貴族還都非常痛快地跟上幫忙，什麼讓他們改變了主意？查理一世上了斷頭台！

一六四九年一月三十日，英國國王查理一世被砍掉了腦袋！這個事震驚了整個西歐各國的宮廷。對孔代和其他貴族來說，他們的權勢和王權是共生的，如果巴黎市民真是崛起到可以幹掉國王，對貴族們真不是什麼好事，之前是敷衍太后，現在是為了自己的未來，打架就動真格的了。

三個月後，高等法院妥協，王軍入城。

可憐路易十四回到家，還沒坐穩喝口水，街上又鬧了！這次是孔代親王引起的。他自恃有功，就想推倒馬薩林取而代之，陰謀敗露，被太后逮捕。太后一抓人，街上就又砌街壘又丟石頭。孔代親王的王妃帶著他的支持者起兵造反。太后無奈將孔代釋放，他跑到西班牙，借了一支軍隊打回來，太后帶著國王只好再次逃離巴黎。

孔代親王的人馬雖然很能打，卻不夠團結，被馬薩林成功分化導致失敗。這就是第二次投石黨運動。孔代最後投降法王，願意再次效忠王上，說話算數，後來表現不錯。

路易十四再回到巴黎，已經成年了，兩次逃跑的經歷，讓他對巴黎很厭倦，對一個國王的權威更加看重並要求。

一六六一年三月，馬薩林死去，跟他師傅一樣，他正好也執政十八年。臨終時，他囑咐路易十四，不要再找新的首相，國王要自己掌控一切，獨攬大權，首相會讓國王失去部分權力。路易十四接受了這個建議，親政後他宣布，朕是自己的首相！

2.朕即國家

因為沒有首相幫忙，路易十四事必躬親非常忙碌，他恐怕是法國歷史上最勤政辛苦的國王。

路易十四親政後的第一件大事，就是下令修建凡爾賽宮！大家可能奇怪，一個勤政的國王怎麼一開始就不幹正經事，一上台就大興土木呢？路易十四他是被刺激了，被和珅刺激的！

又穿越了？沒有，法國版和珅，大名叫富凱。富凱在馬薩林時代是財政總監，算是首相的左右手。馬薩林自己搞了不少錢，他臨死的時候，怕國王追查他的財產來源，就一臉真誠地說是要把財產轉贈給路易十四，路易十四心想，我一個國王要你的遺產算個什麼啊，況且你個老頭也不容易，你那點錢還是自己留著吧。路易十四肯定沒想到，馬薩林的遺產是個驚人的數字。

馬薩林能搞這麼多錢，肯定是自己的財官幫忙，所以富凱不僅是一根繩上的螞蚱，他完全可以搞得更多。路易十四親政後，出於跟小國王拉近關係的考慮，富凱就邀請國王去家裡作客。

在羅馬卷，老楊講過一個相同的請國王到家中作客的故事，教訓是，招待國王，要吃好喝好，但絕對不能炫富。路易十四到了富凱家，嚇了一跳，這夥計太有錢了，他家住在沃堡，豪華氣派富麗堂皇，裝飾著各種昂貴工藝品，其奢侈絕對勝過巴黎任何一座王宮，尤其是推平三個村莊建出的花園，光噴泉就有兩百多個！富凱家族的標誌是松鼠，所以到處有松鼠圖案和雕像，路易十四注意到，松鼠雕像下用拉丁文刻了一句話：何處高枝我不攀？

富凱這一通招搖，以為是在拍馬屁，誰知，路易十四尥蹶子踹了他一腳。路易十四二十三歲，還年輕呢，年輕人的心性，我堂堂一個國王，生活品質還不如你？回到巴黎，看到自己那幾座宮殿城堡，越看越寒酸，越看越生氣，越生氣就越恨富凱，你小子這麼得瑟，貪污的也是我的錢，我要把我自己的錢拿回來，修一座無法超越的宮殿。

路易十四離開沃堡時，一副酒足飯飽的樣子，富凱以為這次迎駕功德圓滿。幾天後，國王說是要考察布列塔尼，讓富凱陪著，一路上對他還挺親熱，突然有一天，開完一個國務會議，路易十四突然下令逮捕富凱。罪名很明顯，貪贓枉法唄。富凱的案子審了三年，路易十四不理周圍人的求情，判他終生監禁，一六八〇年，這個倒楣鬼死在獄中。

富凱跌倒，路易吃飽。富凱的萬貫家財都被國王接收了。正好因為兩次投石黨人的回憶，讓路易十四很不喜歡巴黎，所以他下令，在巴黎郊區，原來路易十三打獵歇腳的一個小行宮基礎上，開始修建凡爾賽宮。路易十四存心要建出一座全歐洲最華美的宮殿，投入的費用驚人。一六八二年，法國宮廷遷入凡爾賽宮，一七一〇年，全部工程完工。路易十四的目的達到了，凡爾賽宮公認是歐洲最大、最雄偉、最華麗的宮殿，無與倫比，成為後來很多王宮的樣板，一直被模仿，從未被超越！

法王這麼花錢，讓新上任的財長很心痛，新財長就是接替富凱的柯爾伯。柯爾伯原來是馬薩林的親信，安排柯爾伯給富凱做助手，其實是監視他，富凱倒台，柯爾伯就接手成為財政總監。柯爾伯成為財長這幾年，法國的經濟高速成長，而且終於讓長期負債累累的法國財政實現了收支平衡。怎麼做到的呢?重商主義。

柯爾伯自己是商人出身，對商業感覺比較準確。他認定一件事，一切以賺錢為中心，法國生產的東西大量賣出去，外國的銀子流回法國來，這個就是最完美的經濟形態。

要想賣東西，首先要有東西。開辦手工工廠，皇家協辦，政府貸款，專做高檔奢侈品，絲絨水晶之類的，賣給其他國家的王室，他深知這些東西最容易暴利；既然是高檔產品，一定要保障品質，所有行業都制定了相應的規範；有了東西，就要找市場，國內市場，取消關稅，疏通道路，實現物流通暢，海外市場，建立東印度和西印度公司，努力拓展殖民地，為此還頒布法律，公開允許販賣黑奴；只准法國的東西賣出去，最好不要讓外國的東西賣進來賺法國人的錢，對外國商品和進港的船隻都課以重稅。

這幾項措施下來，法國真是做到了日進斗金，國庫的金銀快速成長，法蘭西空前繁榮。柯爾伯的名字，也就成了重商主義的代名詞。

柯爾伯為法國帶來經濟復興，讓其他國家很羨慕，而且，他的這幾項措施也很容易學啊，於是全歐洲進入商業競爭和對殖民地的爭奪，這是後話了。

有這麼個能人幫自己賺錢，路易十四花錢花得很爽，柯爾伯知道賺這些家當不容易，經常勸阻國王的鋪張浪費，不過，他自己也知道，路易十四不會聽的。

從小被貴族轄制，路易十四一親政就堅定信念，要讓自己成為最有權力的國王，誰也不能忤逆。他聽說巴黎最高法院開會討論他頒布的敕令，還穿著獵裝的國王提著鞭子就衝進了法院，說：「先生們，以後不要再開這種會議了！」為什麼？因為朕即是國家！不久後，他又衝進最高法院，銷毀了法院投石黨運動時所有的文件。國王在高等法院耍威風，大家都不敢反抗，主要法官已經被他流的流，抓的抓了，巴黎最不安分的高等法院因此老實了很長時間。

就這樣，路易十四出了幼時的一口惡氣，建立了非常專制的王權，誰也不敢反抗他，甚至明知道他在做蠢事，也不敢反對他，只好看著他一步步將法蘭西帶上輝煌，旋即又帶向沒落。

3.王的戰爭

路易十四一輩子搞了四場戰爭，人生的大部分光陰和法蘭西的大部分錢財都耗在其中。

第一場，法蘭西對陣西班牙，理由是，討嫁妝！法國在三十年戰爭後繼續收拾西班牙，都取得了勝利。西班牙的和談條件之一，就是將公主瑪麗嫁給法王。瑪麗公主是西班牙的長公主，如果她唯一的弟弟沒生兒子就死了，她將是西班牙的女王。

婚姻條件，西班牙割了幾塊地，包括原來割出去的魯永區，還給公主五十萬金埃居（當時的貨幣）陪嫁，而這筆錢也算是買斷了瑪麗的王位繼承權。

地拿到了，瑪麗也成為王后了，這五十萬遲遲不見，路易十四也不催，他有他自己的打算。

瑪麗公主的弟弟四歲的查理繼位後，姐夫路易十四跳出來討要這筆陪嫁銀子。既然小舅子拿不出來，那好辦，西屬尼德蘭——比利時盧森堡一帶，法國早就想要，拿來抵吧。一六六七年，路易十四御駕親征，佔領了尼德蘭的若干城池，還順帶佔領了弗朗什－孔泰（當時隸屬西尼德蘭）一帶。第二年，英國荷蘭加上瑞典覺得路易十四這樣發展下去危險，組成了反法同盟，逼得法王簽訂條約，將弗朗什－孔泰歸還。這一場戰爭被稱為王后遺產戰爭。

雖然歸還了弗朗什－孔泰，路易十四打下的其他要塞都沒還，這些要塞，正好是通向荷蘭的大門，於是，路易十四預備找荷蘭打一架。

荷蘭和英國瑞典聯手抑制了王后遺產戰爭的戰果，讓路易十四很光火。根據法王所謂自然疆界的野心，南部尼德蘭要吃掉，荷蘭也可以吃下去。為了預備這場戰爭，路易十四收買了英國和瑞典，拆散了這個三角同盟。一六七二年，路易十四入侵荷蘭。

越過默茲河，再越過萊茵河，法軍一路順利是因為法王麾下許多優秀將領，包括投石黨運動造反的孔代親王。這次，路易十四惹的人更多了，西班牙、勃蘭登堡、丹麥和奧地利都不幹了，又結成「反法同盟」，路易十四一個單挑一群。

面對法王的入侵，本來正鬧內亂，無政府狀態的荷蘭空前團結，他們重新擁戴奧蘭治家族的威廉成為執政官，威廉為了驅趕法軍，掘開了阿姆斯特丹的海堤，水淹七軍，法軍被迫撤退。

一六七九年，這場亂戰再次議和，顯然是法軍單打獨鬥還佔了上風，所以，根據和約，路易十四拿到了他魂牽夢縈的弗朗什—孔泰地區。

過了幾年，路易十四又把目光放在斯特拉斯堡。這個地點很熟，斯特拉斯堡誓言，將查理曼帝國分成了德國法國和義大利。斯特拉斯堡一直屬於神聖羅馬帝國，接受新教後，這裡成為一個自由市。自由市最容易招人惦記。

一六八一年，路易十四將斯特拉斯堡據為己有。他選擇這個時候出兵是有原因的，因為當時的神聖羅馬帝國皇帝正被土耳其人纏住呢。沒想到皇帝拉同盟的速度極快，西班牙、荷蘭、瑞典再次加入，德意志幾個實力雄厚的諸侯國也加入了這個大聯盟，最要命的是，荷蘭的執政威廉突然變成了英國國王威廉三世，這樣一來，英國毫不猶豫也成了同盟。

路易十四真是了得，這麼艱難的戰鬥，他居然堅持了十年，最後，他當然是輸了，又是條約，將之前佔的土地還回去，但是，斯特拉斯堡可以留下。路易十四在戰前就幾乎完全取得了斯特拉斯堡，這十年戰爭下來，賠了那麼多好地，甚至包括北美的幾塊殖民地，也不過是留下這個地方，損失極大，而且非常丟臉。

輸得不甘心啊，這些人總是結夥對付我呢，我人緣這麼差嗎?!路易十四納悶啊。他要再試一次，他不服!

一七〇〇年，西班牙國王，路易十四的小舅子查理死掉了，查理死前，就提名路易十四的孫子菲力浦接班，條件是，西班牙和法國不能合併。查理之所以會讓自己的外甥孫子接班，主要原因是路易十四過去撒錢的結果，按道理，哈布斯堡家族也有繼位的資格。菲力浦登基成為西班牙國王後，路易十四就蠢蠢欲動，歐洲馬上感覺到，這個夥計似乎把西班牙也看成自己的產業了，為了防止兩國合併，這幫子宿敵們又打起來。

十三年的鏖戰，最後大家都打不動了。同盟國家一致同意，菲力浦繼續當西班牙國王吧，西班牙以後就屬於波旁家族了，不過法西不要合併啊。

大家以為法國贏了?不，輸慘了!戰爭之前，菲力浦已經是西班牙國王了，如果不是路易十四瞎折騰，這場戰事完全可以不發生。而為了獲得這個本來就屬於自己的王位，法國搭上的東西可多了：南美的殖民地全讓給英國，英國還取得了直布羅陀，北美紐芬蘭哈德遜灣開放給英國人隨便用；法國割地給荷蘭奧地利；義大利的大部分，西屬尼德蘭這些以前西班牙的地方，歸還哈布斯堡家族，法軍從洛林撤出。

這場戰爭打完，法國稱霸歐洲的夢想暫時被打碎，取而代之的，是英國依仗自己龐大的海外殖民地，日益強大，終於成就日不落帝國。

四場戰爭，路易十四打贏了前兩場，後兩場算是輸了，大家看出來了，後兩場戰爭，幾乎全西歐都與路易十四為敵，尤其是神聖羅馬帝國，本來新教諸侯和哈布斯堡家族不合，怎麼也聯手作戰了呢？因為，路易十四出了一個昏招。

路易十四是個虔誠的天主教徒，又是個異常專制的君主。他認為，國內只能有一個宗教，一六八五年，他頒布了一個《楓丹白露敕令》，完全推翻他爺爺亨利四世頒布的《南特赦令》，收回所有對新教的寬容，以後在法國，只有天主教才合法。為了躲避迫害，法國的新教徒都逃亡其他國家，原來說過，新教徒一般都是些新新人類，有技術有手藝有產業還有錢，這些人將他們的財產技術帶到其他國家，路易十四自己都不知道是多大的損失。而他看得見的損失非常明顯，那就是德意志新教的諸侯們一致視路易十四為敵，願意加入盟軍教訓他。

跟全歐洲打了四場，柯爾伯給法國攢下的家當賠光了，其實柯爾伯在一六八三年死後，法國的經濟就一年不如一年，路易十四不僅把國家折騰散了，連自己都折騰散了，一七一五年，七十七歲的路易十四駕崩，在位七十二年，是法國歷史上在位時間最長的國王。

4.路易十四光鮮亮麗的生活

現在法國帶給我們的諸多關鍵字中，應該有奢華、時尚、美食這三樣，而這三詞成為法國風尚，都來自路易十四。

前面已經說過很多關於法國的時尚，比如亨利二世的情婦引導了露額妝和低胸裝的潮流，美第奇太后則宣導了束腰。美第奇太后來自高度發達的義大利，她的東西都挺高級的，不過因為她外型受限，好東西也穿不出個樣子來。她帶了一個新鮮東西——高跟鞋。估計太后自己穿得不好看，她代言高跟鞋，沒引起巴黎女人的跟風，沒想到後來這種高跟鞋居然是被路易十四發揚光大了。

路易十四長得很好，個子很矮，一百六十公分左右。為了讓自己有個高高在上的威嚴，他就給自己特製了高跟鞋，每天穿著，也不嫌累，感覺好極了，引發好多巴黎矮子效仿。由此看出高跟鞋最早是個功能性的產品，純粹用於增高，那時候路易十四不知道有內增高這種技術，他踩著那麼高的跟跌跌撞撞，滿朝文武都替他捏一把汗。

另一種美第奇引入法國被路易十四推廣成功的產品就是香水。都知道法國人愛香水，為什麼？老楊聽說的原因是中世紀時，法國人不愛洗澡。作為一個天主教國家，偶爾有些愚昧的迷信認識，對自己的身體看得比較嚴重，能不洗盡量就不沾水了。

不洗澡總是有味道的，尤其是來自發達國家——義大利的王后們，對法王的體味總是難以容忍，於是就將香水香精這些東西帶入法國。像香水這樣高科技的東西，中世紀的歐洲人肯定發明不出來，應該來自波斯或者埃及那些國家，十字軍東征幫助了這些物品的流通。香水進入法國後，因為有市場所以在當地生根發芽，慢慢成為法國人的明星工業。

路易十四就非常喜歡香水，到了癡狂的程度。養了大量的香水師，用國家津貼，每天研究給國王製造不同的香氛。路易十四自己每天香飄萬里地出現在朝堂上，就覺得朝臣們氣味不好，所以要求他們跟自己一樣，每天噴一身香水再出門。在法國上朝議事，不戴個防毒面具，估計能被香味薰暈過去。按他們這種用香水的頻率，香水工業產量必須規模化，所以就有了法國香水現在的江湖地位了。

路易十四生活非常奢侈，奢侈到不怕麻煩的程度，而且，這個夥計出名的饕餮之徒，非常好吃，於是，凡爾賽宮的飲宴就成了風景了。

話說法國人出身蠻夷，到中世紀都挺土鼈的，感謝文藝復興，感謝義大利，讓高盧老鄉開了眼，尤其是美第奇太后這些來自義大利豪門的王后，嫁到鄉下怕吃不慣，娘家肯定陪嫁了一個廚師團隊。在義大利廚師團的啟蒙下，法國人漸漸知道食物多樣化和精緻化。肉除了薰著吃，還可以煮肉丸子或者燉肉湯，當然要優選沒有瘦肉精的豬肉。

法國人聰明，師傅領進門，修行立即高一等，先是跟風義大利菜，然後根據自己的口味和特產創出了屬於法國自己風格的菜系。

烹飪學會了，接著就惡補用餐的禮儀。美第奇嫁入法國時，這幫子高盧人還不會用刀叉呢，吃飯一律用手抓。到了路易十四，吃飯的排場就嚇人了，起、坐、喝湯、敬酒、吃麵包都有明確的禮儀規範，而且每次用餐，伺候的傭人滿屋子都是。因為規矩多，需要用的人自然也多，總之是把簡單的事情搞複雜，一餐飯吃下來，傭人們肯定筋疲力盡，吃的人也不見得輕鬆。路易十四崇尚奢華，不怕麻煩，他提升了用餐的規格和檔次，可他自己卻不遵守，他說用刀叉吃飯娘娘腔（用香水穿高跟鞋不算娘娘腔？），所以當他的客人都小心謹慎切割食品時，他一律用手抓著據案大嚼，反正也沒人敢說他。

路易十四之後，法國美食漸漸坐穩了西餐的頭把交椅，現在說到法國菜，不僅是代表精美精良精選的食材，更代表著高檔的用餐環境，考究的餐具，正規的著裝要求及花哨的用餐禮儀，當然還要搭配完美的法國紅酒。全世界學做西餐最好的學校就是法國的藍帶廚師學校，西餐最權威的評級標準則是大名鼎鼎的《米其林飲食指南》，被這個法國輪胎公司評為三星的餐廳，口袋裡沒有大把的閒錢，或者是吃完不能公款報銷的，老楊勸你別進去，有點燒錢。所有的歷史書喜歡極細緻描繪路易十四時代宴客的排場，不過老楊認為，路易十四如果見識過滿漢全席的排場，恐怕又會受刺激，按他這種不服輸的脾氣，不知道會不會拆了凡爾賽按紫禁城的標準蓋一座，或者要求以後吃飯至少一百零九道菜（要比大清多一道）。

跟路易十四同時在位的，是我們家的康熙爺，巧的是這二位還都屬於在職時間很長的老幹部。路易十四時代，中國和法國消費立場正好相反，法國人瞧我們中國都是高檔奢侈品，尤其是青花瓷，在上流社會之搶手啊。他們那時候是不好來中國，怕他們有移民傾向，大清拒簽。否則法國女人也是帶著大筆的現金，要求北京的商店封店讓他們選，就跟現在中國人在巴黎買LV或者GUCCI一樣。雖然法國女人不能來北京消費，康熙爺放了路易十四的傳教士進入中國。

路易十四是最忙的法王，凡事親歷親為，他還能空出時間找樂子，參加演出。另一項被他推廣並提升的項目就是芭蕾舞。他不是普通票友這麼簡單了，這門最早起源於義大利文藝復興的腳尖舞，到路易十四手裡才規範化專業化，他還專門為芭蕾舞開辦了學校。現在還通用的芭蕾舞的標準腳位、手位都是當時確定的。路易十四親自上台演出，據說國王有非常完美的腿，就是有點短。大約是一六五三年，在一次大型演出上，路易十四COSPLAY成太陽神出場，造型富麗，姿容華美，驚豔了全場，從此他就被稱為太陽王了，為了配合自己這個太陽神的身分，路易十四更加按神的標準享樂花錢。

食色性也，愛吃的男人，好色的居多（一家之言啊）。像路易十四這樣的人，情婦肯定是常換常新的。

前面說過，法王弗朗索瓦一世非常人性地設立了「皇家情婦」這麼個職位，行政級別不詳，應該僅次於王后。大家想啊，現在隨便當個廳級幹部，就可以包兩位數以上的情婦，堂堂一個法王，非逼得人家一夫一妻不合適。況且他們的婚姻大多是政治聯姻，上床也是為了政治目的，挺讓人同情的。現在允許合法養個小三在身邊，一次只准一個，而且小三再受寵，也撼動不了王后的地位，生的孩子也別想王位，這個安排就非常科學又合理，證明在男女關係方面，法國人就是有創新意識。

路易十四娶了西班牙的瑪麗公主，瑪麗公主不僅陪嫁豐富，也帶來好東西，豐富了法國文化。西班牙的航海家不是最早在南美溜達嘛，發現了可可，西班牙人造出了巧克力。瑪麗公主來到法國，送給夫君的其中一個禮物就是精美的巧克力，很快這種奇特香郁的食品就風靡了法國，成為上流社會的奢侈品。雖然現在比利時的巧克力被認為是最有名，但法國有幾個牌子一直雄踞在高端巧克力市場。

瑪麗王后生了三男三女六個孩子，不過，她知道，路易十四的心從來不在她身上。

路易十四的弟弟奧爾良公爵娶了英國的公主亨利埃塔，法王很快跟弟媳婦看對了眼。這一代的奧爾良公爵很娘氣性向可疑，對哥哥跟老婆的頻繁來往也不以為忤。路易十四跟弟媳婦鬼混中還不忘發掘新人，他突然發現弟媳的侍女路易絲・拉瓦莉埃頗有姿色，英國公主深明大義，就把她送給法王。

拉瓦莉埃給法王生了五個孩子。這個可憐的姑娘不知道皇家小三這個位置，靠的不僅是模樣，還有頭腦，沒幾年，她就發現法王又有新人了。

路易十四聽說，蒙特斯潘侯爵夫人和她的姐妹號稱是法國最美的女人，親眼一見，果然名不虛傳。拉瓦莉埃文靜內向，可能還有點因為出身的自卑，可憐兮兮；蒙特斯潘夫人正相反，她是高貴冶豔的。宮廷舞會上，她與法王配合得相得益彰，路易在她的衣香鬢影中又失了魂魄。

蒙特斯潘夫人成為法王新寵，根據拉瓦莉埃的性格，她不會發動一場女人戰爭爭回自己的位置，而是默然退避，選擇在修道院孤獨終老。

侯爵聽說自己的老婆上了法王的床，無奈又哀怨，換了一身黑衣喪服，面見法王，酸溜溜地說：「以後俺是見不到俺婆娘了。」這個傻老爺們，沒一點忠君愛國的思想，國王看上你老婆，應該萬分榮幸才是，怎麼能叫板呢。國王沒饒他，將其放逐並軟禁。

蒙特斯潘比拉瓦莉埃精明多了，她知道防患於未然，一邊給路易十四生了六個孩子，一邊還把自己保養得美美的，專寵後宮十幾年。而她最狠最了不起的是：她居然讓路易十四封了她兩個兒子為公爵！這兩個可是私生子啊。

路易十四對這兩個兒子寵愛有加，蒙特斯潘當然也知道要全力教養，問題是，她活動太多，她要經常陪法王應酬娛樂休閒。這些活動她不跟著不行，一步跟不上，說不定就有其他人跟上了，於是，她左挑右撿，挑了一個家庭女教師幫她陪著孩子，這個家教相貌中等、老實本分、知書達理，一看就能教好孩子。

這是世界史上最傳奇的烏鴉變鳳凰的故事，它啟發了後來很多作家按這個事編愛情小說。這個家庭教師，後來的人叫她曼特儂夫人。

曼特儂的父親在宗教戰爭中失利，被關押，曼特儂降生在監獄裡。後來隨全家流放到法屬西印度群島，母親亡故後，在巴黎的叔叔家存身，寄人籬下，這樣的經歷，讓她對人情世故了然於心。

十六歲那年，她嫁給了當時著名的詩人，斯卡隆。斯卡隆在那個時代頗有文名，寫小說和詩歌算得是個人物，不過造型就很猥瑣，脾氣暴躁，還是個瘸子。斯卡隆比曼特儂大了二十五歲，對小妻子也沒什麼憐惜，這次婚姻對曼特儂來說是個悲劇。

好在，這個悲劇也不光只給人眼淚，斯卡隆才華橫溢，出口成章的，曼特儂耳濡目染，居然在他身邊修練成一個才女。

蒙特斯潘夫人找家教，當然首先要求不能太漂亮，還要信仰虔誠，安分守己。路易十四初見曼特儂，看她一身黑衣，臉色暗淡，愁眉苦臉很不爽，當時就跟蒙特斯潘說，他非常不喜歡這個新家教。這就對了嘛，蒙特斯潘要的就是這個效果啊。

曼特儂對兩個王子傾注了很多心血，比他們的親媽還負責，路易十四看在眼裡，有點感動，作為獎勵，賜給她曼特儂城堡，並封她為女侯爵，從此，大家就叫她曼特儂夫人了。

不知道從什麼時候開始，路易十四很願意讓曼特儂留在身邊，聽她說話。這個女人智慧淵博，經常有讓國王很驚訝的見識和想法。對路易十四來說，美女太多了，可能跟自己說話分享心事心得的女人就太難找了，曼特儂為人安靜內斂，相比之下，蒙特斯潘過於驕傲跋扈，宮裡的人都說曼特儂夫人是個好人。

蒙特斯潘慢慢也老了，姿色不再，路易十四雖然視曼特儂為紅顏知己，可對青春美色還有要求，於是一個不到二十歲的女子又來到國王身邊。

蒙特斯潘看到自己失寵，跟其他昏頭的後宮女子一樣，開始玩蠱毒，他們的稱呼是「黑彌撒」。

說巴黎有個巫婆，用嬰兒的內臟做藥，這種藥讓男人吃下去，這個男人就會對她死心塌地，哪也不去了。女巫案鬧得沸沸揚揚，蒙特斯潘很快就被人供出來。路易十四想到自己吃了這麼多年嬰兒內臟，五內翻滾，怒不可遏。念她伺候自己這麼多年，放她一馬，沒有處死，算是打入冷宮了吧。

經過這件事，路易十四體會到紅顏禍水的危害，越發看曼特儂善良懂事，與世無爭。一六八三年，瑪麗王后去世，路易十四完全可以在歐洲另尋一位公主，可他毅然跟曼特儂結了婚，雖然，這個王后只能是「地下式」。

說是地下夫妻，估計很多人都知道，只要不公開，不用向一個出身卑微家庭教師行君臣之禮，貴族們也沒覺得什麼不適。應該說，路易十四此後的很多決策和想法，多少都受到曼特儂的影響，漸漸地，這個沒有名份的王后也掌控了凡爾賽宮，因為很多人發現，原來喧囂奢華的凡爾賽宮，因為這個樸素女教師的入住，突然比原來安靜了很多。

曼特儂陪伴路易十四度過了最後三十年的歲月，國王沒再找另外的情婦，這種靈魂之交是真正牢不可破的愛情，什麼樣的春藥都產生不了這個效果。曼特儂比國王年長三歲，路易十四死後的第四年也去世，安葬在她一手創立的少女教育院裡。

路易十四的故事太多了，挖掘不完，但是有一件事肯定是大家很想知道的，那就是傳說中的鐵面人。

鐵面人的故事被大家知道也是源於大仲馬，他的《三個火槍手》系列小說共三部，第一部是《三個火槍手》、第二部是《二十年後》、第三部叫《布拉熱諾納子爵》，這三部戲說歷史的小說，講的就是路易十三——路易十四這段歷史。看大仲馬的書，最大的樂趣就是猜，到底哪段故事是他編的，哪段故事是確有其事，據說真實的居多。

最後一部《布拉熱諾納子爵》中，就講述了著名的鐵面人的故事。路易十四時代，巴士底獄裡關了一位神祕的犯人，他高大挺拔，舉止優雅，戴著一個天鵝絨的面罩（小說中變成鐵面罩），被關在一個乾淨考究的牢房裡。獄卒對他很客氣，犯人享用的衣食都很精緻，只有一條，只要摘下面罩，立即殺無赦。

當時是真有這樣一個犯人的，後來巴士底獄被攻克，巴黎市民看到了這座牢房，據說還看到了當時的記錄，只知道有這麼一位蒙面犯人，姓名來歷一概成謎。

大仲馬的小說裡，鐵面人是路易十四的孿生兄弟，假冒哥哥登上王位，後來被火槍手達爾尼昂識破，一夜之間，就將假貨挫敗，給他帶上面具，終生囚禁。這個說法沒有證據，根據路易十四的性格，他把王位王權看得如此要緊，一個長得跟他一模一樣的孿生兄弟，而且還試圖篡位，沒道理留著他，還好吃好喝地養活著，他完全可以神不知鬼不覺祕密做掉。

到底鐵面人是誰，說法真是五花八門。有一個看上去很靠譜的，關乎路易十四的身世。說路易十四根本不是路易十三的兒子。前面說過，路易十三和安妮結婚二十三年才生了路易，兩口子關係還一直不好，安妮還跟婆婆一起反老公。

年輕時生不出，突然老蚌生珠這個事應該也是有的，可根據很多資料，路易十三似乎對女人沒興趣。波旁家族的國王都有情婦吧，路易十三沒找過，而且最喜歡看描寫同性戀的戲劇。黎塞留看著國王這個情況，知道如果王上無子，則王弟奧爾良公爵就是下任法王了，奧爾良公爵一直和太后一起叛亂，跟黎塞留有過節啊。於是黎塞留跟路易十三商量，如果你實在不願意，就找其他人跟王后同床，生出孩子算陛下的。

路易十三覺得這辦法可行，黎塞留就操作了一下，為保障王統，從幾位先王的私生子裡挑吧。王后成功懷孕產子，那個代工的就被打發到美國去了。路易十四臨朝，他回來討要好處，路易十四自然不認，但又覺得此事可疑，所以將他戴上頭罩，好吃好喝養老送終。這個解釋唯一站不住腳的是年紀，這夥計一七〇三年才死，一七〇三年，路易十四都六十五了，這如果是他親爹，是多老一個老頭啊。又被推翻了。

路易十四的身世之謎又派生了一個說法，說是當時的警察頭目，路易十三死後驗屍，當時的醫生不知怎麼就認定路易十四不是路易十三生的，於是告訴了警察頭目，於是警察頭目被關了。這也不合理，殺掉不是更好嗎？

還有說，鐵面人是富凱，死在獄中的是富凱的僕人，是他的替身，真的富凱戴著假面具活在巴士底獄。富凱的刑罰是法王親自指使的，擺明要整死他，何必這麼善待他呢？

更驚人的說法是，英國國王查理一世！說這傢伙在倫敦被咔嚓的也是個替身，真身跑到法國，法王把他保護起來，只要保住性命，別的也不敢想了，所以牢裡最安全。

根據伏爾泰的介紹，這位假面人被關在巴士底獄期間，歐洲各國並沒有什麼政要失蹤或者消失，所以猜其他國家的人就更不靠邊了。

要羅列假面人的假想身分，又是長篇論文，有騙稿費之嫌，所以就此打住。了解這個，不過是給大家看電影時了解個大概吧，因為這種經典的題材，是會被不斷翻拍的。

二十一、我不想長大之路易十五

路易十四在位七十二年，對後世兒孫十分不公平，以至於他熬死了兒子，又熬死孫子，到他熬不住的時候，只能讓曾孫子繼位了，跟十四一樣，十五接班的時候，也只有五歲！

因為疾病，路易十五幾乎是艱難保護下來的繼位獨苗，路易十四臨終時，可能是反省了自己的一生，他告誡當時還聽不懂話的路易十五：少蓋房子少打仗，跟鄰居好好相處。

本來如果路易十五沒了，則路易十四的侄兒奧爾良公爵可以繼位，所以他看著路易十五很不爽。原來僅僅是讓他主持攝政會議，結果他找到機會就獨攬大權成為攝政王。路易十四後法國財政艱難，不是頭腦非常清楚的人，根本無法力挽狂瀾。奧爾良公爵野心大水準低，心裡著急，就容易遇上神棍上當受騙。

1.泡沫的創始人——約翰・勞

在《老大的英帝國》中老楊介紹過英國的「南海泡泡」和荷蘭的「鬱金香泡泡」，早期的金融領域出現過三次巨大的泡沫，另外一次就是在法國，而這三起「泡沫」中，至少有兩起跟這篇的主人翁約翰・勞有關。

約翰一六七一年出生在蘇格蘭，家裡從事金融業務，他很小就在父親的會計師事務所學習，對數字有天生的敏感。

老楊自己數學學不好，對數學天才無比敬畏，數學的低級高手跟街坊四鄰鬥地主或者打麻將可以贏回買菜錢；中級高手可以去澳門或者拉斯維加斯算牌致富；高級高手則可以玩轉一個國家的經濟，輕易就富可敵國。物理學家要搞垮一個國家，還要費勁造原子彈，還要防備自己別給輻射弄死；數學家要搞垮一個國家，一點體力都不用。

約翰是數學天才，又在工作中有目的地培養自己金融方面的知識，差不多的時候，蘇格蘭這個林子忒小，約翰飛進了倫敦。

跟其他的數學天才小書呆子不一樣，約翰性格外向能言善道，高高大大的還挺招人喜歡。在倫敦謀生很容易，他不用正經找工作，他靠賭博就可以衣食無憂。約翰是個生性放蕩的人，有錢有閒肯定招惹女人，為了一個女人，他跟別人決鬥，直接要了情敵的命。

殺人償命，約翰被逮捕，倫敦的司法機關效率低下，一天又一天，案子也整不出個結果，約翰可不會坐以待斃，他找到機會越獄，跑到了荷蘭。

荷蘭真是適合約翰修練的地方，因為那裡有最新銳的阿姆斯特丹銀行。作為地球上第一個資本主義國家，荷蘭的經濟發展在當時是有很多先進性的，這裡擴展了約翰的眼光，也啟發了他的思路，他也明確了他的人生目標。當然，他在荷蘭的生計也是靠賭博維持。

一七〇五年，約翰寫了《論貨幣與貿易——兼向國家供應貨幣的建議》一書，開始宣導發行紙幣的事。在蘇格蘭，沒人理他，而在英格蘭，他的官司還沒了結，只好，他又回到歐洲大陸。終於有一天，千里馬遇上了伯樂，約翰遇上了法國攝政奧爾良公爵。

奧爾良公爵接手的法國，除了龐大臃腫毫無效率的官僚體系，就是驚人的負債，法國全年的收入，一半以上用來還利息都不夠，新的債務還在不斷產生。

約翰・勞和奧爾良公爵傳說是在賭桌上認識的，約翰的賭技出神入化的，口才還天花亂墜，他把他想了好幾年的東西，拿到奧爾良公爵面前一通忽悠，公爵越聽越覺得實用，能解決問題，於是，就答應拿法國當政策試點了。

一七一六年，公爵支持約翰・勞成立了法蘭西第一家私人銀行——通用銀行，這個銀行的工作就是發行紙幣。約翰・勞的思路是這樣的，現在法國一片蕭條，到處缺錢，可如果有大量的錢進入市場，有些蕭條的行業可以重新啟動，刺激法國經濟，增加就業，發展貿易，慢慢地，市面上對貨幣的需求會越來越大，這樣就是一個很旺盛的良性循環了。

講一個簡單的故事，大家就明白這個道理了，一遊人到小鎮遊玩，想訂一房間，他交了一千元上樓看房，店老闆趕緊把這一千元給屠戶，支付他欠的肉錢；屠戶拿了一千元馬上去了養豬場還了豬錢；豬農還了飼料款；飼料商去付清了召妓的欠款；妓女趕緊去小店還了房錢；這一千元又回到了店老闆手裡。這時遊客下樓，說房間不滿意拿回一千元走人，但似乎全鎮的問題都解決了。

紙幣這東西，最早在中國的宋朝就出現了，到明朝用的還比較廣泛。一張紙變成錢，除了印刷精美嚴格防偽外，最重要的是有擔保物。也就是說，總要對應一種價值穩定的東西，比如黃金白銀。約翰・勞的想法是，現在貨幣不過是我們的一個刺激工具，只要使用的人暫時沒有兌換要求，它就可以跟黃金白銀沒什麼關係，先印著，先用著。

約翰・勞的紙幣一面世就收到了很好的效果，之前因為攝政王對經濟無力，只好在貨幣上想辦法，降低金銀幣的成色等等，讓金銀幣的價值反而不穩定，紙幣一出來，攜帶便利，支付從容，關鍵是價值穩定了，於是，很快被大家接受了。市面上突然出現這麼多錢，肯定是可以刺激工商業發展的，法國經濟真的開始復甦了，當年公債就下降了百分之二十一點五。

第一步奏效，約翰・勞馬上啟動第二步，大力發展海外貿易。一七一七年八月約翰・勞成立了一家叫「密西西比」的公司，獲得了北美路易斯安那密西西比河流域的貿易特許權。公司成立後，以每股五百利弗爾（貨幣單位）的價格發行股票。

這個操作流程是這樣的，要買密西西比的股票，你就要先去買國債（也可以叫國庫券），國債換股票，這樣一來，法國政府就得到了錢，而密西西比公司攥了一把國債，約翰・勞拿這些國債也不找法國政府要，甚至可以銷毀，法國政府每年付給他四百萬利弗爾的利息。

當時的國庫券嚴重貶值，五百元利弗爾可能就值一百六十元左右，但是約翰・勞說，五百面值的國庫券就可以換五百的股票，而且每年至少能收益兩百利弗爾。大家算啊，一百六十元的東西，換了五百元的東西，到年底變成七百元，也就是說，一百六十元到年底變成七百元，這個投資收益，太驚人了吧。

真有這樣的好事?!法國人信，因為之前通用銀行的信譽一直很好，而且據約翰・勞先生說法，密西西比河流域，遍地金銀，你隨便拿把小刀、小鏡子或者一瓶酒，就能跟印第安人換一坨金子，因為他們太多了，拿著沒用。

這下法國瘋了，密西西比公司的股票遭到瘋搶，股價節節攀升，貴族們為了買到股票，託朋友找關係走後門的無所不用其極。傳說有個貴婦為了買股票，天天在路上等約翰・勞的馬車，終於有一天看到了，她就下令讓僕人把馬車撞樹上，製造一起交通事故，等約翰・勞下車詢問，趕緊撲上去要求申購！不久，密西西比公司兼併東印度公司成為印度公司，通用銀行也成為皇家銀行，以後這裡印鈔票，就是以法蘭西的信用作擔保了。

印度公司一邊發行新股票，一邊舊的股票猛漲，吸引周圍國家都來投機，所謂的國際熱錢，巴黎的房價也是跟著暴漲，尤其是證交所那條街，隨便一個小鋪子日進斗金。現在，要滿足這個流通量，又需要大量的貨幣，皇家銀行就開足馬力印吧。於是，公司股價越來越高，紙幣也就隨著越印越多，光一七一九年五個月的時間，銀行大約就印了近十億的紙幣！

五百利弗爾一股的股票，最高時漲到了一萬八千利弗爾，黑市更是過了兩萬。伴隨著股價驚人的升幅，約翰・勞也步步高升成為法國的財長。當時法國議會有些略微懂事的提出了自己的疑慮，說這樣發行紙幣會不會出事啊，攝政王不管啊，他只看見，政府的債務正在快速清償，他現在有大把錢花銷，而且沒錢用還能隨時印出來，世界上真有這樣的天堂啊。

攝政王不懂經濟學，約翰・勞是懂的，現在收手，也還有救。可能眼前的一切已經超出他的預期，他沒想到他的理想和思想這麼容易就變成了現實，他如今在法國，如同上帝，一般人到了這個程度，你再指望他冷靜控制，幾乎是不可能了。

拐點出現了。首先是孔代親王要買新股，買不到，生氣了，拋售了股票，然後就說要把手上的紙幣全換成鑄幣。他有多少紙幣呢，開了三架馬車去的。這樣的擠兌要了約翰・勞的命，因為銀行只有五億利弗爾的金銀庫存，可市面上有超過三十億利弗爾的鈔票，這要都來兌，誰兌得出來啊？

所以，攝政王制止了孔代親王的行為。但是這個事就引起了很多高智商貴族的警惕，他們開始感覺到，其中很有貓膩，於是他們就開始私下偷偷將股票拋售，紙幣再兌成鑄幣，或者買成金銀製品，偷偷運出國外。

直接引發股災的是來自路易斯安那礦工的消息，那裡並沒有找到黃金！這樣一來，印度公司就啟動了崩盤的進程，雖然其間約翰・勞和攝政王聯手幾次托住了股價，攝政王甚至不惜利用各種行政命令想保全印度公司，一七二一年九月，股價還是回到了五百利弗爾的發行價，當然，此後還在一路下跌。

這個所謂「密西西比泡沫」不斷膨脹的階段，刺激的鄰居都想效仿，學得最快的就是英格蘭，他們照著玩了一次「南海泡沫」，所以說，英格蘭的那幕金融悲劇也是約翰・勞間接造成的。

一七二一年救市無望後，法國政府宣布恢復流通鑄幣，幾個月後，印度公司徹底關門，密西西比泡沫碎了！

這樣的一場股災，對法國的影響是可以想像的，天文數字的財政虧空就不說了，幾乎所有的國民都被捲入其中，血本無歸，法國人從此時開始，有很長的一段時間不相信銀行，不相信紙幣。在十八—十九世紀，歐洲經濟快速發展的時期，法國人一朝被蛇咬，十年怕草繩，所以一直不敢參與其中。因為鑄幣的缺乏，通縮和經濟蕭條一直讓法國政府無力應對，王室深陷債務不可自拔，只能刻薄百姓，惡性循環幾輪後，會出現大革命之類的事就不奇怪了。

約翰・勞最後靠假護照逃離法國，在威尼斯潦倒終老。墓碑上刻著：著名的蘇格蘭人，數學天下無雙，他用簡單的算數，讓法蘭西徹底破產。其實，這傢伙不算壞人，他在法國賺的錢都用於在法國的投資了，他是真心看好他營造的法國前景的。後來離開法國時，這個曾經點石成金的財神爺幾乎身無分文。好在他賭術仍在，後來的日子裡，還是可以養活自己。

2. 昏君多半是妖女培養的

密西西比泡沫破碎後不久，奧爾良公爵死了，他不死也不知道該怎麼辦。路易十五成年了，還成了親，但拒絕親政，他沒玩夠呢。他的私人教師，當時已經七十三歲的弗勒里紅衣主教不得不接下首相的位置，幫這個不懂事的國王處理國事。

弗勒里老爺子工作很有成效，都說他治國的這一段，是大革命前，法蘭西的最後一段平靜歲月。老爺子年齡大了，不愛折騰，上任就先穩定了貨幣，規範了徵稅系統，然後就是跟歐洲各國搞好關係，能不打架盡量不打。十六年的時間裡，歐洲又感覺法國恢復了榮光和精神。然而，不管弗勒里願不願意，讓法國不打仗，是很困難的。

路易十五在位的第一場戰事，波蘭王位戰爭。又是這個，歐洲的戰爭多半跟王位之爭有關。這次起因要從路易十五的婚事說起（也多半是聯姻引發的）。路易十五娶了波蘭廢王的公主，為幫遜位的岳父拿回波蘭王位，路易十五跟奧地利和俄國打了一場，這場架也算有收穫，雖然岳父還是沒成為國王，但法國輾轉收回了洛林。

一七四四年，弗勒里去世，路易十五三十四歲了，他必須親政了。那一剎那他好像是突然長大了，他雄心萬丈地說，他要學曾祖父路易十四，不用首相，事必躬親！

他學曾祖父真學像了，尤其在狩獵和泡妞方面，都成專家了，至於路易十四的勤政，他就真學不到了。

路易十五治國，離不開一個女人，他的情婦，龐巴度夫人。龐巴度夫人閨名讓娜，出生在一個財政職員家裡，嫁了個貴族，進入巴黎上流社會。

讓娜不僅天生麗質，聰慧伶俐，而且有非常出眾的學識、談吐、氣質。這樣的女人在當時的巴黎，很容易就成為沙龍的女主人或者女主角。讓娜的沙龍是巴黎沙龍中的明星，吸引了當時很多名士。有位常客，叫伏爾泰。伏爾泰一見讓娜就為之傾倒，寫了很多文字把她誇成仙女，說她是「巴黎最美的女人」。

路易十五一天到晚考慮的事，不是打獵就是泡妞，聽到讓娜的豔名，他當然就留了心。法王要勾搭一位貴婦，在當時應該很容易，況且，路易十五據說還長得非常英俊，一七四五年，讓娜就成了路易十五的官方情婦，被稱為龐巴度侯爵夫人進入了凡爾賽宮。

龐巴度夫人最聰明的地方就在於，她不滿足上國王的床就算了，她要徹底拴住國王的心，讓路易十五離不開的。跟所有之前有心機的皇家情婦一樣，龐巴度夫人身邊也很快圍滿了投機者，當然這中間也有真正的人才。龐巴度夫人的這些門客中，最重要的是警察機關和郵政部門的頭目。

那個時代也沒個隱私保護，郵政部長如果想要看看私人信件，還是能做到的，加上龐巴度夫人廣布耳目，巴黎甚至全國上下的有關動靜，她都能第一時間知道。根據第一手資料，她的幕僚會給她策劃方案，她再轉賣給路易十五，很快，路易十五就發現，這個女人相當於一個首相的功能了。滿朝文武漸漸發現法王對龐巴度夫人言聽計從，於是有事都先跑去找她商量通融，漸漸的，龐巴度夫人的房間成了辦事衙門，很多政策政令人事調配，包括打仗的計畫都從這裡傳出來。

龐巴度夫人最牛的事，就是將法國推進了七年戰爭，傳說，她力主參戰的原因，是怕自己年長色衰拴不住法王，只要國家投入戰鬥，法王就沒心情找新的小妞，還要天天到她這裡來尋求對策。

法國投入七年戰爭，要從奧地利王位戰爭說起。請大家參看《德意志是鐵打的》，哈布斯堡王朝家族絕嗣，瑪麗亞•泰瑞莎成為奧地利女王，她的老公成了神聖羅馬帝國皇帝。引發了當時一場奧地利王位戰爭，戰爭的結果是，普魯士發展壯大。

在這場戰爭中，法國一直是支持普魯士的，因為跟哈布斯堡家族是宿敵，支持敵人的對手很正常。這架打完之後，奧地利那邊就派了個人，女王和女人好溝通，奧地利的使節成功打動了龐巴度夫人，這個情婦的耳邊風下，法國答應，下次打架，跟奧地利一夥。

前面我們多次說過了法國的海外殖民地，這裡已經成為法國財政的主要進項，對法國來說，保住舊的殖民地，並爭取新的地盤，非常重要。存了這個想法，勢必遭遇最大的對手——英格蘭。現在的歐洲，在殖民地商業這一項上，尤其是美洲和印度兩個地區，英法算是平分秋色，但雙方都知道，這些利益，只能獨霸，不可分享。

在歐洲大陸，法國一手促成了普魯士崛起，也很有些後悔。要知道，法國自認現在是歐洲老大，普魯士壯大得這麼神速，破壞了西歐的權力均衡，法國人很不爽。

如此算來，法國進入七年戰爭是最忙的，因為他既要在陸上遏制普魯士，還要在海上對付英格蘭，這幾乎是這兩個地區最強的武裝。

在龐巴度夫人為首的主戰派慫恿下，法國一個猛子就扎下了水。

七年戰爭分別在英國卷和德國卷裡描述過了，英國人非常聰明地讓普魯士在路上牽制法軍，他家則坐收了海上的漁利。英國艦隊幾乎摧毀了法國艦隊，沒有了海軍的支持，殖民地的法軍自然無力禦敵，所以，在殖民地的各種戰事，慢慢也都失利了。

一七六〇年，加拿大的蒙特婁和魁北克被英國人佔領，隨後，法國在印度的總督又投降了英軍，將法國在印度的商業據點拱手送上。

海上打不過，陸地上沙皇突然又倒戈跟普魯士一個戰壕，法國打不動了。一七六三年，七年戰爭簽訂了《巴黎和約》，加拿大、俄亥俄、密西西比河左岸的整個路易斯安那及塞內加爾全部讓給英國，至於印度呢，幾個商業據點可以還給法國，這幾個商業據點挺賺錢的，法國人就感覺也沒輸光了老本。然而路易十五自己感覺不到，因為這個和約，法國幾乎放棄了所有海上的爭奪，也放棄了成為世界經濟強國的野心，這個西歐霸主，慢慢地成為歐洲二等國家。

打不過英國了，但是有機會遏制他給他添堵也不錯。正好，地中海上有個島子，叫科西嘉島，這個島上的人相當驍悍，狂放不馴，從羅馬開始，各種人都統治過他們，他們從來不服，要獨立。此時他們隸屬義大利的熱那亞公國，也是天天鬧，鬧得熱那亞頭昏腦脹，算了，把這邪神打發了吧，正好，法國人失去了北美殖民地，就想在地中海佔一塊，以後就是法屬科西嘉島了。

科西嘉島絕對是燙手的山芋啊，放在誰手裡誰都燙得叫喚。反正都知道科西嘉島即將成為歷史的焦點，所以關於它怎麼折騰法國人的故事，我們以後再說吧。

七年戰爭期間，龐巴度夫人的目的達到了，她的閨房成為戰鬥指揮部，傳說前線將士經常收到國王情婦用眉筆批注過的作戰計畫。龐巴度夫人的權勢也空前的強大。

龐巴度夫人不僅會玩權術，更會花錢。路易十五在她身上花錢花海了，這兩口子奢侈生活留下的名言就是：我死後，哪管洪水滔天。一語成讖，果然就洪水滔天了。

然而，龐巴度夫人還不能算是個單純的妖妃，她對法國的文化藝術的推動作用還是很顯著的。當時流行於法國進而全歐洲的洛可可風格，就來自她的喜愛和推廣，比如法式家具上那些細膩繁瑣的雕花，像芭蕾舞者一樣的椅腳。老楊跟人上課時，是這樣解釋洛可可藝術的：一看就想到小婦人的閨房，帶點甜膩膩的香味，透著曖昧，那個就肯定是洛可可風格。洛可可風格的藝術就像是龐巴度夫人本人，所以她又被稱為洛可可女王。

龐巴度夫人主持擴建或者重新裝修了很多建築，最有名的就是現在法國總統上班的愛麗舍宮。資助了《百科全書》的出版，扶持和幫助了很多當時的文人。

一七六四年龐巴度夫人因為肺炎去世。作為情婦，她贏了，路易十五一直很依賴她，凡事找她商量成為習慣。龐巴度夫人去世後，路易十五才感覺到，自己好長時間沒有靈欲合一地風流快活過了。

法王要找女人，身邊自然有拉皮條的弄臣，他們也知道，對法王現在這個年紀這個狀態，一般的女人束手無策，所以幫他找來了巴黎一個名妓杜巴利夫人。主流的歷史書喜歡迴避杜巴利的背景身分，把她當作普通的法王情婦處理，生怕一仔細研究，歷史書就寫成了豔情小說。實際上，路易十五和杜巴利夫人的故事，真是豔情小說的範疇，作為一個專業人士，杜巴利小姐憑藉專業素養讓年近六十的路易十五恢復了青春，作為回報，杜巴利小姐也可以摻和朝政了，對路易十五來說，只要自己不操心，這國家誰管都行。

杜巴利夫人對法國的危害恐怕也不在龐巴度夫人之下。龐巴度夫人有點智慧，有些事辦得還靠譜，比如她晚年慧眼提拔了外交大臣舒瓦瑟爾，他在戰後勵精圖治，重建法國艦隊，立志要找英國報仇雪恨。最值得稱道的，是他建立了一支非常精銳的炮兵部隊，後來就是這支部隊，讓拿破崙縱橫歐洲。可惜，這樣一個人物不見容於國王情婦，他被杜巴利整下台了。

一七七四年，路易十五死於天花，怕傳染，棺槨密封在黑夜偷偷下葬。路易十五有個外號叫「受愛戴者」，回顧他一生，真沒什麼值得愛戴的地方。

二十二、那些花兒之二

路易十五下課，所有人知道，法國歷史最宏大壯麗的篇章要來了，每到這種關頭，我們一定要駐足休息，看看路旁的花草，清點歷史的遺珠。

1.我思故我在

恐怕很少人不知道，這句名言出自笛卡爾。這一直被當作極端主觀唯心主義的名言，意思是說：因為我在思考，所以我的存在是真實的。唯物主義認為，你首先是存在才會思考，不是因為你思考才存在的。對於這兩種爭論，老楊只能無奈地在腦門上劃三條黑線，因為我實在想不通，搞不清思考和存在的順序，會對生活造成什麼影響，我燉雞湯炒雞蛋的時候，幹嘛要考慮這個世界是先有雞還是先有蛋呢？

如果所有人都像老楊這麼愚昧，世界就不會進步了，所以，隔三差五歷史上就會冒出笛卡爾這種人。

笛卡爾出生在瓦盧瓦王朝向波旁王朝過渡時代的法國土倫，超級天才都是體弱多病的。因為家境優越，他大部分時間，居然可以在床上讀書。學完了基礎的傳統課程，笛卡爾困惑了，他發現他學這麼多東西，幾乎沒用，讓他質疑，只有數學還多少有點意思。算了，書讀著沒勁兒了，出去遛達，到各國遊歷去。事實證明行萬里路是比讀萬卷書有用。

一六一九年十一月十日的夜晚，笛卡爾連續作了三個奇特的夢。第一個夢是：自己被狂風從學校捲到風吹不到的地方；第二個夢是：得到了打開自然寶庫的鑰匙；第三個夢是：背誦奧生尼的詩句「我應該沿著哪條人生之路走下去？」。笛卡爾這麼聰明的人，自己會解夢，都說這一天是笛卡爾一生中思想上的轉捩點，從這天開始，笛卡爾明確了人生規劃——他要創立前人沒有的學說和學科。

老楊說過，歐洲的天才沒法分專業，他們什麼都專。笛卡爾，到底算他是數學家還是物理學家還是哲學家還是天文學家等等，不知道，反正這些個領域的歷史書上，都有他的大名。

一定要分個順序的話，最牛叉的應該是數學。笛卡爾之前，代數和幾何是各自獨立的。那時候代數算新型學科，從希臘羅馬流傳下來的數學研究，都是針對圖形的。笛卡爾考慮，怎麼能把代數和幾何融合到一起把數學搞得更艱深呢。

某天笛卡爾生病臥床，他這樣的人再病腦子也不閒著，繼續思考。要想把代數和幾何結合，就是要將圖形與方程對應，怎麼實現？牆角的蜘蛛網給了他啟示（數學家普遍不會收拾屋子），他想到，圖形上的每個點，都可以透過一組數字確定的。

下面的事他就豁然開朗了，牆角如果是個原點，源於牆角的三條牆線就能確定蜘蛛的每個位置。哦，懂了，這就是我們經常用到的座標系，而笛卡爾成功地組合了代數和幾何的這門神奇的功課，就是解析幾何。

老楊學不懂是自己愚鈍，絕對不敢詆毀這門學科的偉大，解析幾何讓數學產生了更多更難的學科，函數、變數以及後來的微積分。應該說，笛卡爾的研究是數學研究上的一個轉捩點。

笛卡爾在別的方面的研究和成就，就不一一列舉了，跟解析幾何一樣的深奧枯燥，一六三七年他發表了最有名的著作《正確思維和發現科學真理的方法論》，通常稱為《方法論》。

《方法論》提出了處理問題的四個方法：①懷疑一切；②把難的問題分成若干小問題；③按問題的難易程度排序，先解決容易的；④全部問題解決後總和檢驗，看整個問題解決了沒有。

方法論這四條一直到上個世紀，都被歐洲人認為是解決問題的金科玉律，應該說，它是西方近代的科學技術飛速發展的重要基礎，直到一九六〇年，人們才發現，這種方式解決不了所有的問題，比如研究人體機能，你搞清楚了每個臟器的作用，還是搞不清人體工作的原理，還要研究臟器之間存在著的聯繫和互動才行，於是後來又出現了系統工程。

笛卡爾終生未婚，不知道有沒有談戀愛，不過有個緋聞故事是關於他的。傳說因為法國鬧疫情，笛卡爾就到了瑞典，認識了當時的瑞典的公主，克莉斯汀，笛卡爾成為公主的數學老師，笛卡爾將直角座標系傾力相傳。時間長了，師生產生了愛情，還鬧得上下皆知。國王大怒，要殺掉笛卡爾，克莉斯汀以自己的性命相脅，國王饒了笛卡爾，將他趕回法國。

回國後的笛卡爾不斷地給克莉斯汀寫信，都被國王截留。寫了十三封信後，笛卡爾肺炎死去。最後一封信落在國王手裡，只有一個公式：$R=A(1-\sin\Theta)$，國王找了很多人研究，也不知道這是個什麼密碼。國王就把信交給了公主，公主用這個公式在座標上畫出了一個心形，這個公式就是著名的「心形線」，後來好多書呆子用它當情書用。

這樣的情書，算得上是終極浪漫。可是，計算一下笛卡爾的死亡時間和他應瑞典女王克莉斯汀邀請去瑞典的時間，這個帶著無上智慧的浪漫故事應該不是笛卡爾搞的。幾百年來，大家認定是他，那就他吧。我們也樂於看到一個學術界的巨匠有如此浪漫細膩的心思。

黑格爾說笛卡爾是「現代哲學之父」，也是近代資產階級哲學的奠基人，他帶給法國乃至歐洲歷史一個革命性的思路就是「理性」，以後故事裡，我們會看到，他宣導的「理性主義」如何改變法國歷史。

2. 喜劇大師莫里哀

法國有兩個有名莫里哀，一個是十七世紀的著名劇作家，另一個是二十世紀的著名輕音樂家——保羅莫里哀，保羅莫里哀樂團現在是世界三大輕音樂團之一，我們經常會看到他們的演出消息。下面要說的，是路易十四王朝的那一個。

說到莫里哀，要提到之前說過的一個地方，黎塞留幫法王路易十四建立的法蘭西研究院，叫這個名字可能是不準確的，因為這個研究院最早的性質很像文聯＋廣電總局這樣的單位，或者還加上法語研究機構，基本上就是為法國的文學作品提供某種規範或者是制度，制定一些法國八股文之類的規矩。所以，這個機構看起來是一種對文化的保護和推廣，其實還含著一點禁錮和監督。

十七世紀的法國，是古典主義文學的時代，所謂古典主義，重點在「典」，尊重傳統尊重規則，學院的作派，規規矩矩不要出格。法國那時流行戲劇，所以法蘭西學院對劇本創作提出了規則。

當時戲劇劇本要求按「三一律」來布置結構，也就是說，在一個地點、一天內發生的一個故事從開頭直到末尾維持整部戲。這個聽起來就很難，完全要求故事情節的生動和對白的精彩，很考劇作家的功夫。而莫里哀就是崛起於這種規則下的喜劇作家，「三一律」最偉大的作品就是《偽君子》。

五幕劇，一個場景，一天時間發生的故事，還有不少人物，各有性格。整個故事發生在巴黎一個貴族奧爾岡的家裡。先是奧爾岡的老媽指責家裡所有人都不上進不靠譜，比起塔杜夫，差得太遠。奧爾岡的女兒和侍女都不服，認為塔杜夫是個偽君子。奧爾岡回來，把塔杜夫誇成聖人，而這個聖人是他在教堂認識，為他的虔誠和聖潔所折服，所以請到家裡來住的一個教士。

奧爾岡把塔杜夫待若上賓，實在不知道怎麼表達敬仰，就說要把女兒嫁給他。女兒有自己的愛人，堅持不從。而塔杜夫就是個騙子，他吃飽喝足後就想勾搭奧爾岡的老婆。所有人告訴奧爾岡塔杜夫是個壞人，他不信，他最後要把家產都給他！

收到家產後，塔杜夫露出了本色，要趕奧爾岡一家出門，好在有個英明的王爺早知道了塔杜夫的底細，所以公正裁判，逮捕了騙子，還了奧爾岡家產。

這部是歐洲著名的喜劇，在沒有特技和惡搞的年代，喜劇全憑台詞。老楊看的是中譯本，只能努力去試想，這些語言能幽默到什麼程度。不能不承認，單就塔杜夫的屢次為自己辯解那種偽善的裝模作樣的語言，就很有趣。

同時，大家也發現，這個戲裡雖然說了塔杜夫是個騙子，可他的行為和說話的方式，是跟當時的教士們完全一致，要不然也不會騙了奧爾岡，因此，我們可以認定，莫里哀這樣寫，就有諷刺教會的意思。

莫里哀出生於公務員家庭，他本來可以子承父業成為國王侍從，可是他願意跟朋友組成劇團，到處流浪，這種民間采風的經歷，也是他後來劇本更貼近大眾審美的原因。

一六五八年，莫里哀在巴黎遇見了知音——路易十四。他進入巴黎的第一部喜劇《可笑的女才子》就遭到了貴族拍磚和抵制。因為這個戲，明顯是諷刺了上流社會青年貴族男女假模假式，裝十三的行為。路易十四支持他，並且將國王的劇場給他演出。有了這些條件，莫里哀進入他創作的巔峰，成為巴黎戲劇界的紅人。

《偽君子》上映時引起轟動，刺激了教會，下令禁演。莫里哀這時也算個大腕了，他也知道他的戲是路易十四離不開的消遣，所以他寫信給路易十四，說要是禁演，他以後就不寫了。路易十四還真怕，趕緊安撫他，並允許《偽君子》公映。

一六六九年，《偽君子》一口氣演了二十八場，搶購門票的情景，據說有幾個人差點被擠窒息了。

莫里哀一生創作了三十多部喜劇，多半是嘲諷貴族、教士、資產階級或者是上流社會，對下層的百姓有著明顯的偏愛和同情。他有個跟白居易一樣的習慣，寫完一個作品就讀給女僕聽。他這位女僕是個有天賦的戲劇評論家，感覺非常準確。莫里哀開始只是讓她聽懂，看她的反應，後來發現，女僕反應冷淡的作品，觀眾也反應不佳；女僕聽完激動的劇本，觀眾反應也會很好。有一天他拿了別人寫的劇本讀，聽到一半女僕就說：這不是你寫的！證明，女僕不是麻木地聽，是真正聽懂了。後來，這個女僕成為莫里哀私家御用的隨身評論員。

莫里哀死於一六七三年，他帶病親自主演最後一部戲《無病呻吟》，劇中他要演一個沒病裝病的人，其實當時莫里哀已經病入膏肓，他在台上的本色演出讓大家對他的演技大聲叫好，下台後不久，莫里哀咯血而死。

教會一直抵制他，詆毀他，後來是在路易十四的堅持下，莫里哀才被葬在教會的墓園。後來傳說，莫里哀的墓地找不到了，懷疑是被教會偷偷挖走了。不過法蘭西研究院在大廳為他立了一尊石像，底座上刻著：他的榮譽什麼也不缺少，我們的榮譽卻少了他。

莫里哀是大師級的劇作家，一流的導演，甚至也是一流的演員，他還培養了大批優秀的演員，他要是活在今天，地位不可想像。不過在那個時代，如果不是劇團維持得艱難，他也不至於帶病上台，辛勞而終。

西方戲劇界將莫里哀與莎士比亞並列，說他是老莎之後，成就最高的劇作家，而且他把歐洲十七世紀的戲劇直接提升到了近現代戲劇的水準。

路易十四時代有三位成就很高的戲劇家，除莫里哀外，另兩位是高乃依和讓拉辛。這個時代還有一位著名的寓言詩人拉封丹，他在《伊索寓言》等基礎上改寫再創造，我們現在熟悉的《狼和小羊》、《狐狸和烏鴉》都來自他的《寓言詩》一書。有一句俗語說，如果法國人只會背一首詩，這首詩肯定是拉封丹的寓言詩。

二十三、啟蒙時代F4

什麼是啟蒙運動，法語中，「啟蒙」這個詞是光明的意思，所謂啟蒙運動就是在黑暗中發現光明，或者自動地點亮火種。

歐洲從封建社會升級進化到資本主義社會，是個挺艱苦挺漫長的過程，至少發生過兩場重大的涉及各領域的變革才逐步實現。第一個是文藝復興，第二個就是啟蒙運動。

文藝復興起源於十四—十六世紀的義大利，首先是文藝領域的創新而後擴大到宗教、科技等各領域。這個時候的人們，已經開始清醒，天主教教會宣揚的一切，到底是不是值得懷疑的？普通人是不是也應該有自己的尊嚴和價值？死後的世界不能確定，活著是不是可以讓自己感覺好一點？人有追求幸福的權利。

文藝復興只是個小小的覺醒，作為當時剛剛萌芽的資本主義，意識還不是很清楚，目標也不是太明確。只能是反對教會束縛，然後到古希臘和古羅馬的文化中去尋找他們認為可以對抗封建專制統治的東西，於是，這次運動的最大成就表現在藝術方面。

而到十七世紀就不一樣了，自然科學高速發展，人的視野也逐漸開闊，最重要的是資本主義長大了，成熟了，他們知道自己需要什麼並且應該怎麼做了，而且，作為他們行動的支持，自然就形成了系統的配合資本主義發展的思想體系，進而他們想到要建立全新的政治制度和社會形態。

啟蒙運動最早出現在英國，他家是君主立憲制的國家，很有想像空間，不過後來，整個運動的中心搬到了法國，而且也讓整個運動的高潮在這裡發生。

為什麼是法國？當然是法國，第一，大家還記得，路易十四頒布了《楓丹白露令》推翻了《南特赦令》，席捲歐洲的宗教改革，只有在法國，天主教幾乎是完勝，教會權力依然非常強大，對法國人的禁錮依然很頑固；第二，經過太陽王的輝煌，雖然路易十五是個昏君，可法王的王權在歐洲國家仍然是最強悍的。原來的巴黎高等法院還可以時常對國王的命令做個評估，路易十四提著鞭子鬧了幾場後，連巴黎高等法院這個最不馴的單位都老實了。路易十五時代，奧爾良公爵為了獲得攝政王的資格，對高等法院又放開了一些權力，但對王權的高高在上沒什麼影響。法王這麼牛，他身邊的貴族們當然也牛，整個法國社會，等級制度異常森嚴；第三，法國雖然一直在戰爭中，國庫時窮時富，可家裡的工商業還是有不同程度的發展，在法國社會階層中，第三等級，也就是政治地位最低的那個階層，空前壯大了，有錢有人，可就是沒權，還要看那兩個階層的臉色。第四，法國出了笛卡爾，他提出的「理性主義」，一直被認為是啟蒙思想的根源。

講完了背景，讓我們懷著最大的敬意，請出改變了歐洲甚至世界的這幾個神一般的大師，第一位，當然是孟德斯鳩。

孟德斯鳩出生在一六八九年，正好一百年後，法國人革命了。老孟出生很好，二十七歲，他就世襲了他家波爾多法院院長的職務，而且還是男爵。

老孟在當時算憤青吧，吃著路易十四的俸祿，他還總說人家不好。一七二一年，他化名寫了一部《波斯人信札》，透過兩個在法國遊歷的波斯人寫出的信件，描繪了一下法國當時的社會現狀，基本上都是陰暗面，遣詞行文也含著諷刺，尤其對大老闆路易十四，抨擊得尤為嚴重。這樣的書，在哪個社會都容易受歡迎。

這本書的成功堅定了老孟要把憤青的事業進行到底，他賣掉了法院院長的頭銜，開始遊歷。那段時間法王應該很憎恨英國，因為好些人去英國轉了一圈回來後，就更加把法國看得一無是處。

英國的君主立憲制給老孟很好地上了一課，英國的遊學經歷，讓老孟從一個只會披露、揭發、牢騷滿腹的憤青真正成為了對現狀不滿能挖出根源，提出對策的真正的思想家。

一七四八年，老孟二十年心血凝成的巨著《論法的精神》出版，震撼了世界，前後共印發了二十二版。

全書六卷三十一章，以法律為中心，遍涉政治、經濟、宗教、歷史、地理等領域，內容極為豐富，可以說是一部資產階級法學的百科全書。

本書中，老孟仔細研究了三種政體，專制、君主立憲、共和的優劣。在老孟看來，共和制無疑是最好的，可是共和制的基礎是「道德」，很難實現；而專制肯定是搞不成的，那是「恐怖」的；只有君主立憲制，透過貴族和民選的議員們幫助君主管理國家，以全體成員的「榮譽感」為基礎，這個是最靠譜最實用的。

為了保障君主立憲制的公正公平，老孟提出，國家的權力應該分成三個部分，立法權、行政權和司法權，這三種權力一定要掌握在不同的集團手裡，互相牽制互相制約，絕對不能合併。三權分立說是本書的精髓，因為大家都知道，這個東西，到現在為止仍然被主要資本主義國家奉為國家組織機構的基本原則。再次申明，社會主義國家不需要這個。

本書還有一個很重要的理論，就是「地理環境說」，它認為地理環境，氣候、土壤等，對人民的性格，處事方法有影響，所以立法應考慮這些因素。這個說法，有人質疑，不過「一方水土養一方人」，地域形成的文化和傳統各不相同，老孟這個說法其實也挺在理。

老孟這本著作對西方國家的影響很全面，且不說他關於法制和政體的這些論述，有一個跟咱們很相關的內容，那就是，在這本書裡，老孟同志根據道聽塗說的流言蜚語，將我們的大清王朝形容得頗為黑暗。

《論法的精神》中，老孟將中國視為專制的典型，形容大清皇帝的統治是恐怖的。他還說，中國人挺奸詐，尤其是做生意，喜歡騙人。老孟大叔平生就沒見過幾個中國人，跟他說中國壞話的，都是在中國轉了一圈沒賺到油水的。老孟作為一個哲學家不客觀啊，你說你沒經過實地調查研究，怎麼能瞎說呢。老孟寫書的時候，是咱們乾隆爺當家的時代，乾隆爺文治武功、瀟灑倜儻的，比他家那個昏君路易十五肯定強多了去。

咱們認為他瞎說，歐洲也可不這麼看，這本書出來之前，歐洲人對我們上邦大國還多少有點崇敬，看了這本書之後，他們都感覺，不僅是在道德還是在開化程度上，我們都輸了一籌，漸漸對大清就產生些許的不敬。他這個說法後來還影響了不少歐洲哲學家，比如康德什麼的，沒事就喜歡拿中國當反面典型樹，鑑於他們都死了，咱們也不跟他們計較了。

一七五五年，六十六歲的孟德斯鳩死在旅途中，跟很多其他的歐洲思想家一樣，不管活的時候，他們如何懷疑上帝或者質疑信仰，死的時候，都很卑微地承認上帝是偉大的。

孟德斯鳩五歲的時候，伏爾泰出生了。老楊經常用伏爾泰來對抗周圍人強行灌輸給我的養生論，伏爾泰這個老夥計，一出生就半死不活，一輩子病病歪歪，人生大部分時間都是躺著，他站著費勁啊，而且消化不良，瘦得像麻稈，奇蹟是，在十八世紀，就這麼個病秧子藥罐子，他活了八十四歲！

伏爾泰是筆名，他本名老長了。跟孟德斯鳩一樣，出生在一個法律工作者家庭，中產階級，生活水準小康。要不是經濟條件不錯，就這個身體，早玩完了。

跟韓寒同學一樣，伏爾泰中學之後就開始文學創作了，他一進文壇，就預備給自己打造一個意見領袖的形象，寫了很多諷刺教會和宮廷的詩，有點極端還有點刻薄。某天，當時的攝政王為了節約開支，賣掉了皇室馬廄一半的駿馬，伏爾泰聽說後評論：賣掉馬有什麼用，最明智的辦法是裁掉朝廷裡半數的蠢驢。就這麼個口沒遮攔的人，二次被投入巴士底獄，這期間，他啟用了「伏爾泰」這個筆名。第三次又犯事，他實在不願意再到巴士底獄去觀光了，就逃到了英國。

伏爾泰也去朝聖了，他跑去英國了，又被洗腦了。有個著名的故事，說伏爾泰在英國街上，穿著打扮有點突兀，英國混混看他是個瘦弱的法國人，就想欺負他，正要揍他，他說：「我投生在法國而沒有投生在英國，已經夠不幸的了，你們還打我？」把英國混混直接逗樂了，放了他一馬。從後來伏爾泰傳世的名言來看，這夥計口才應該是了得。

回到法國，伏爾泰也開始以筆為武器，展開對宗教神權和專制王權的鬥爭。特別要交代一下，孟德斯鳩賣掉法官之位賺了不少錢，所以寫些禁書也不影響生活。伏爾泰日子更好過，這夥計有投機天才，他找了個數學家，研究了當時的法國發行的一種彩券，並發現了漏洞，因此賺了好大一筆錢。後來他用這筆錢炒股，據說又賺了三倍的利潤。都說伏爾泰是個高產的作家，其實他在金融投資方面的天才絕對不輸於文采，他最多的時候擁有二十多個莊園，有一千多個僕人。

伏爾泰從英國回到法國的第一部作品就是《哲學通信》，是他遊歷英國的感悟和心得，向法國人詳細介紹了牛頓、培根等大腕及他們的思想。這部書被評價很高，說它是投向舊制度的第一顆炮彈，甚至說它是啟蒙運動開始的標誌。

這本書又導致他被驅逐出巴黎，他跑到了法國東部，住進了西雷城堡，而且一住就是十五年。西雷城堡不屬於伏爾泰，他的主人是夏特萊伯爵。夏特萊伯爵不是伏爾泰的粉絲，他老婆是，而且都知道夏特萊夫人跟伏爾泰絕對不是普通的朋友關係。夏特萊兩口子年齡差異大，夏特萊夫人生完幾個孩子後，基本跟老公就保持了純潔的友誼。夏特萊伯爵夠意思，看見老婆的情人遇難，主動貢獻自己的城堡給伏爾泰和老婆同居，這是一種什麼精神啊！

十五年後，夏特萊夫人去世，伏爾泰去了普魯士，《德意志是鐵打的》裡有伏爾泰在普魯士的故事。跟腓特烈二世鬧翻後，他又回到了巴黎。在普魯士的五年時間裡，伏爾泰寫成了《路易十四時代》一書，記錄並讚美了路易十四的功績，這本書明確反映了伏爾泰的政治思想，那就是，開明君主制，君主是不能廢的，要寄希望於碰上一個思想開明，公正正義的好君主。

伏爾泰的兩部哲理小說《老實人》、《天真漢》也頗有影響，另外他還創作了五十多部劇本，還曾經將咱們那部經典的《趙氏孤兒》拿去改寫，整了一部《中國孤兒》，在當時挺暢銷，不知道有沒有支付陳凱歌導演改編的有關費用，而陳導演選擇這個題材，恐怕也是考慮到歐美人對該故事的略知一二，方便打入國際市場。

「我可能不同意你的觀點，但是我誓死捍衛你說話的權力」，這句暴紅的語錄就是出自伏爾泰。一般認為，伏爾泰是啟蒙時代最重要的哲學家，最牛的稱號是「歐洲的良心」。臨終前他到法蘭西學院講話，穿著俄國女沙皇葉卡特琳娜二世送的裘皮大衣，路上他的粉絲們紛紛爬上車，在大衣上撕下一塊留作紀念，據說是沒有哪一位戰爭勝利的統帥會在巴黎受到這樣熱烈的歡迎。這種歡迎方式不值得提倡，可憐伏爾泰最後像個丐幫幫主一樣進了法蘭西學院。

一七九一年，伏爾泰的骸骨被遷入先賢祠，路上有十完人送葬，道路兩旁觀禮的人數超過六十萬。

不論是孟德斯鳩還是伏爾泰，他們都是《百科全書》派的支持者。所謂百科全書派，就是編撰《百科全書》時，形成的一個思想團體，有點激進，他們的中心人物就是狄德羅。

狄德羅算是孟德斯鳩和伏爾泰下一輩，生於十八世紀初。一七四五年，法國出版商想將英國的百科全書譯成法文，找狄德羅接這個活。狄德羅看完覺得，這個大英百科全書有點落伍啊，很多東西都沒有及時更新，他乾脆說，別翻了，我們自己編一部新的吧。於是，法國的《百科全書》工程就開始了。

從一七五一年到一七七二年，法國的《百科全書》共出版了二十八卷，全書共三十五卷。基本收錄了人類需要掌握的所有知識，無論是自然科學，還是人文科學，這部《百科全書》代表著十八世紀文明的最高水準。為編撰這套書，集合了當時最傑出的人才、最先進的思想和最清晰的頭腦，而這二十八卷書可以說基本囊括了十八世紀法國啟蒙思想的全部精神。

狄德羅和《百科全書》派是唯物主義和無神論的，他們認為迷信和愚昧無知是人類的大敵，自然就是各種元素組成的，沒有什麼超自然精神實體存在。

在宗教思想方面，《百科全書》派要比孟德斯鳩這些早期的同事激進多了，可在政治方面，依然沒有突破，狄德羅也主張開明君主制，從來沒想過要推翻君主制度。這恐怕跟他的出身和生活條件有關，狄德羅也是個有錢人，而且是個很講究的有錢人。

傳說有一天，有個朋友送給狄德羅一件精美的睡袍，他穿上後感覺挺美，在屋裡來回亂轉。這一轉，他發現問題了，跟這件華麗精緻的睡袍相比，自己的地毯又舊又粗，家具款式落伍，連鏡子都顯得很暗淡。於是，狄德羅就一點點地換家具，換裝修，終於有一天，他覺得，他住的屋子能搭配他的睡袍了，心滿意足了。可回過頭一想，不對啊，我這一通忙，都是區區一件睡袍鬧的，怎麼我的生活就被一件睡袍轄制了呢？

這個故事，大家一點都不陌生，老楊經常看到女孩子因為買了一雙襪子而要買搭配的鞋，為了這雙鞋再搭個包，進而再搭配一身衣服。後來覺得老公搭配不上，只好換一個。這種為了配套引發的折騰，被後來的美國經濟學家起了個名字叫「狄德羅效應」，說的主要是過度消費的美國人。

孟德斯鳩、伏爾泰、狄德羅三位，共同點可能很多，而最大的相似點就是，他們都很富裕，從來不用煩惱生計，他們也沒機會跟下層普通工作人民來往，相反，他們更多地是跟各國君主有交情，所以，他們的思想體系中，對「君主」這個稱號還是懷著傳統的恭敬，他們也很難想到要為人民爭取政治權利的事，真能想出這個的，必須是一位來自底層的窮人兄弟，下一位出場的，是盧梭。

讓・雅克・盧梭生於一七一二年的日內瓦，雖說是生在瑞士，不過因為他成就在法國，我們就經常稀里糊塗當他是法國人。母親生他死於產褥熱，沒媽的孩子開始了悲慘的生涯。

盧梭先是投靠了舅舅，做個小學徒，後來父親再婚，盧梭就出走，過著近乎流浪的生活。當時有些富裕的貴族，處於某種善心，願意幫助或者扶持一些貧苦的年輕人，十四歲的盧梭被送到法國昂西小城一位夫人那裡。（法國昂西現在以國際動畫節出名）

這位夫人就是華倫夫人，如果讀過盧梭的《懺悔錄》，對這位夫人應該不陌生，盧梭給了這個女人很多讚譽之詞。可以說，是華倫夫人一手造就了盧梭。

少年的盧梭看著不像有出息，甚至有人告訴華倫夫人，這孩子雖然不算弱智，也看不出什麼天賦，能在小教堂當個神父就很了不得了。華倫夫人沒有放棄，她努力尋找盧梭身上的特長和優勢。終於，華倫夫人發現，盧梭可能是有音樂天賦的，於是就著手培養。

盧梭兒時就喜歡讀書，也讀了不少，而真正系統地受教育，是在華倫夫人身邊才開始的。盧梭開始叫華倫夫人為「媽媽」，二十歲後，母子關係發生了變化，華倫夫人向自己一手帶大的孩子張開了懷抱，盧梭成為華倫夫人的情人。

寫了幾篇關於音樂的論文後，盧梭開始闖巴黎了。他的音樂理論作品，得到了不少行家的高度稱讚，但是出版後，銷量卻很差，讓他很受打擊。

在巴黎，盧梭認識了狄德羅，並加入了狄德羅的工作，在《百科全書》中負責音樂部分的編撰。兩人結下了深厚的友情。狄德羅宗教觀點激進，早晚會闖禍，終於有一天，被捕進了監獄。

盧梭四處奔走想把好友撈出來，可惜他也沒有背景靠山，只能徒勞無功，他所能做的，就是經常去探監。

有一天，去探監的路上，盧梭發現了一則徵文啟事，題目是《藝術和科學的進步是否對改良風氣有益》。盧梭看到這個題目，就覺得靈感如泉湧，見到狄德羅，他就說起這件事，狄德羅當然是鼓勵他寫下自己的靈感，拿去投稿。

盧梭撰文《論藝術與科學》應徵，獲得頭名，估計還有點獎金。最重要的是，巴黎開始注意這個年輕人。

不久，盧梭寫成了一部喜劇大獲成功，當時的路易十五要召見他，被他拒絕了。巴黎的浮華和喧囂讓他很厭倦，他決定隱居，主要的生活來源是靠抄樂譜。而就是在隱居的這六年裡，盧梭創作了好幾部傳世名著。

一七六一年，《愛彌兒》出版。都知道這是一本關於如何教育小孩子的書，可是一問世，就被當作異端邪說，還馬上被禁了。盧梭在這本書裡強調要尊重孩子的天性，讓其自然發展的教育理念，估計教會和政府覺得，這樣子教小孩，能把全法國的孩子都廢了，所以下令禁毀該書。

法國待不住，回瑞士去，瑞士又宣布他寫的是禁書，只好又跑去英國。在英國跟朋友們處得不好，於是又偷偷地回了法國。就在這段時間，盧梭的《懺悔錄》開始在民間傳閱，並流行。盧梭一直遭到迫害，甚至專門有人寫書來攻擊他的人品揭發他某些不願被人知道的故事。鑑於別人爆料都是醜化自己，盧梭乾脆親自寫一部自傳詳細講述自己的生平，因為當時的處境，自傳寫得頗為心酸傷感。但是，該書文學價值非常高。本來在文學史上，自傳成為曠世名著的非常少，《懺悔錄》絕對是其中的佼佼者，都說這部作品啟發了十九世紀的法國文學。

我們現在說啟蒙思想呢，到底盧梭的思想是什麼呢？這就要提到他另一部作品《社會契約論》。書一開篇就說「人是生而平等的」，「主權者代表公共意志，這個意志必須有益於全社會；

由主權者授權的行政官員來實現這一意志；最後，必須有形成這一意志的公民群體。」也就是說，政府的行為必須代表全體公民的意志。如果政府不能代表全體公民的意志，那麼這個契約就毀壞，則人民可以改變政府，甚至透過暴力手段。

盧梭提出了一種全新的建立政府、監督政府的方式，後來的法國大革命，這部書幾乎就是聖經。而這部書也被認為是西方民主制度的基石，所以，在啟蒙時代這四傑中，盧梭似乎比前面三個地位高。

盧梭不是聖人，性格略有缺陷，人緣也似乎不好。他跟狄德羅後來產生了矛盾，最出名的，就是跟伏爾泰的不和。

盧梭生在日內瓦，成名在法國，伏爾泰生在法國，後來很長時間都在日內瓦。不知道是不是文人相輕，兩人一直有芥蒂。盧梭想改善關係，將自己寫的《論人類不平等的起源》送給伏爾泰閱讀，這篇文章是另一次的徵文，雖然這次沒有獲獎，但這篇文章在思想史上是有重要地位的。其實文章的思想跟伏爾泰的思想沒有本質的衝突，可伏爾泰讀完後，評價得非常刻薄。從此兩人就正式結怨。

伏爾泰後來擠兌盧梭毫不留情，甚至還說日內瓦大劇院著火是盧梭幹的，因為他反對建大劇院，後來又說他的《社會契約論》反社會，在揭發盧梭的私生活不道德的人中，就有伏爾泰。

兩人在觀念上到底有什麼對峙呢？伏爾泰認為應該透過教育緩慢而和平地改變人性，轉變後的人性自然能制定出更好的制度；盧梭認為，首先要將不好的舊制度剷除推翻，不惜使用激烈的行動，然後在心靈的引導下去建立新的制度。

盧梭和伏爾泰的爭鬥後來發展得越來越幼稚，兩個才華橫溢的知識份子都不惜人身攻擊對方。而最糾結的是，一七七八同一年裡，這兩位前後腳去世，因為在人間分不出勝負，兩人到天堂繼續鬥嘴去了。

也不能怪伏爾泰揭盧梭的老底，盧梭在私生活方面是不怎麼樣。他寫了一本舉世聞名的兒童教育書，可他自己一點不喜歡小孩，他把自己的五個孩子都丟進孤兒院了，雖然他後來解釋是生活壓力太大，養不起。而他跟一個女僕同居了三十三年，卻因為人家出身低微沒有文化不肯正式迎娶。這個女人毫無怨言給他生了五個永遠見不到也不知去向的孩子。看到盧梭這個行為方式，就不奇怪他能有在當時看來驚世駭俗的思想。

伏爾泰和盧梭是最代表法國的大思想家，是兩顆同樣閃亮的明星，有人說，這兩人加在一起，就代表著全部的法蘭西精神。

終於介紹完這四位大拿了，有點枯燥，有點晦澀，然而總算是講完了。其實除了這四位，啟蒙時代還有幾位名家，需要特別提及的，是劇作家博馬舍，莫札特那部著名的歌劇《費加羅的婚禮》就是改編自博馬舍的同名戲劇。

二十四、鎖匠國王路易十六

路易十五跟波蘭王后生了八個女兒兩個兒子，活到成年的是太子和六個女兒。都說路易十五是好爸爸，喜歡孩子特別是那幾個女兒。路易十五本人活得不著調，兒女們也難得幸福。女兒大部分進了修道院，傳聞是因為路易十五安排嫁妝手頭不寬裕。而金尊玉貴的太子爺，生活就更加悲慘。

太子經常說的話是：「如果我不幸成為國王……」可見他對國王生涯很排斥。路易十五也不待見這唯一的兒子，理由是，這娃不抽不喝不嫖不賭，打獵不去，美女不泡，毫無乃父之風，將來肯定沒有出息。

上帝滿足了太子的祈禱，他死在路易十五駕崩前，躲過了這悲劇的王位，而將自己的親生兒子送上了絕路。太子為人低調樸素，跟凡爾賽宮的奢華格格不入，如果他能撐到繼位，法國的歷史可能就不一樣了。

路易十六來了。

波旁家遺傳肥胖，十六胖呼呼的很遲鈍。其實他遲鈍跟體型真沒關係，他就是個反應很慢有點磨嘰的人，缺乏自信，畏畏縮縮，杜巴利夫人入宮後，十六被爺爺喧囂的生活嚇壞了，經常把自己關在房間裡，深宅。

我們家大明有個皇帝叫朱由校，也就是明熹宗，這夥計做皇帝的水準我們就不評價了，反正大明不久就散夥了。朱由校是中國歷史上著名的木匠，打造家具的手藝那真是神乎其技，引領著家具業在當時的潮流和技術革新。在建築方面也甚有天賦，他如果不是皇帝，大明可能好多了，他自己恐怕也幸福多了。

路易十六跟朱由校是哥倆，他倆如果聯手出去接工程，那是絕代雙驕。路易十六在泥瓦活方面深有造詣，最牛的是製鎖。在對鎖的研究和開發領域，路易十六可以算宗師，他製鎖不是為了銷售也不考慮實用，純為消遣，所以每一把都精工細作，件件稱得上是精品或者工藝品。

朱由校當皇帝，大小事就交給魏忠賢，好壞都有他頂著，我們絕對不會埋怨一個木匠葬送了國家。路易十六不一樣，玩歸玩，他還是有點責任心的，對祖父留下的爛攤子，他很想做點什麼，可惜，他是個沒有主見容易受外界影響的人，內心有點小善良，但更多的是脆弱，於是在一些他自己都想不明白的狀態中，一步步走向了毀滅。

路易十六是個蔫巴人，這樣一個國王入主絢麗閃亮的凡爾賽宮，有點不搭，有點浪費。好在，他娶了一個很配凡爾賽宮的老婆。

奧地利女王泰瑞莎有十六個孩子，最小的女兒叫瑪麗•安托瓦內特，公認乖巧可人，美麗開朗。作為神聖羅馬帝國的小公主，都知道她長大至少是一國之后，所以從小對她的教育就非常嚴謹規範。教歸教，架不住人家不學啊，老師和家長又不好揍她。不學無術之外，性格還無法無天，最小的孩子，自然受寵，在皇帝兩口子看來，小女兒不上進沒什麼追求，將來肯定也不懂朝政，不會摻和政治，就是一個糊糊塗塗的王后而後糊糊塗塗的太后，錦衣玉食生孩子，一輩子簡單快樂就過去了唄。

瑪麗不到十五歲就跟路易十六成婚到了巴黎，這個地方果然比維也納好玩啊，地方又大又漂亮，龐巴度夫人留下的洛可可風格的裝飾，讓她非常喜歡，她大力推廣並改良得更誇張。瑪麗在奧地利真沒學到什麼規矩，進入凡爾賽宮，她也從來不知道一個太子妃和王后應該是什麼樣的，在對她所有的評價中，「輕浮」兩個字是最常出現的。

傳說路易十六在夫妻生活方面略有不足，恐怕這也是他自閉玩鎖的原因之一。他對這個如花似玉的老婆是很遷就的，甚至到了縱容的地步。瑪麗想要的東西，他變著法子滿足她。

凡爾賽宮旁邊有個小特里亞農宮，是路易十五送給杜巴利夫人的。後來路易十六當作禮物送給了瑪麗。這個玩具真好，瑪麗的時間，就都消耗在這個小宮殿裡了。世界各地的奇珍異寶奇花異草不用說，瑪麗喜歡玩農莊，在宮裡開闢出一個小村莊。她可不是為了玩偷菜啊，她更有品味，她養一堆奶牛，扮擠奶女工玩。據估計，為了打造自己的這個小樂園，瑪麗砸進了大約合八十萬法郎，這在十八世紀的法國，絕對是相當大的一筆錢了，當時一個普通工匠的四口之家，一年的生活費一千多法郎也就夠了。

王后在凡爾賽玩開心農場，自然是要加很多好友，她的閨密可沒這麼閒情逸致，陪伴王后的目的不過是給自己或者家族獲取利益，有什麼要緊呢，只要開口，王后願意讓這些夥伴們愉快。

國王沉默寡言，也不喜歡開 party 泡夜店，王后只好自己玩。瑪麗不顧規矩到處遛達，參加各種假面舞會。在一次舞會上，瑪麗被瑞典伯爵費爾森迷住了。伯爵風度翩翩，能言善道，騎上馬能縱橫疆場，下了馬舞技超群，路易十六跟他比，那真是一個鎖匠和伯爵的區別。王后墜入愛河，瑪麗這麼放肆且頭腦簡單的人，這種關係她也不懂掩飾，費爾森就經常出入在王后的私人小天地。

瑪麗對錢沒概念，國庫裡的錢就是自己的錢，想買什麼都可以隨便用。衣服鞋子首飾永遠不夠，賭博的手氣永遠不好，慢慢地，大家都知道路易十六找了個「赤字夫人」，中國話叫：「敗家娘們」，是導致國庫空虛的罪魁禍首。

一七八五年發生了一件事，讓瑪麗的形象更加跌入谷底。說有個德拉莫特伯爵夫人，是個混跡於上流社會的女騙子，她自稱和王后是閨密，騙了不少人。

斯特拉斯堡的紅衣主教羅昂，早年曾在維也納做大使，態度不謹慎，得罪過奧地利女王，於是女王囑咐自己的閨女也就是瑪麗王后，這傢伙永不錄用。羅昂鬱鬱不得志，到處託人幫忙想跟國王和王后修復關係。

巴黎某個珠寶商做了一條項鍊，鑲了六百多顆鑽石，兩千八百克拉，大約價值一百六十萬法郎（法國大革命後，法國開始用法郎做貨幣，老楊提前用了）。法國王室一直揮霍無度，從杜巴利夫人到瑪麗王后都是看見鑽石眼睛放光的主兒，可這條巨無霸的鑽石項鍊，卻一直沒有進宮。

某天，女騙子德拉莫特夫人就跟羅昂說，其實王后很喜歡那條項鍊，但是最近手頭緊，你去跟珠寶商說，先拿走項鍊，回頭分期支付款項。都知道王后喜歡買珠寶，都知道她經常手頭緊，羅昂根本都不懷疑這中間有問題，真的跑去找珠寶商，代表王后拿走了項鍊。他是紅衣主教，他說話人家還是相信的。

羅昂把項鍊交給女騙子，德拉莫特夫人當然沒有給王后，她將鑽石項鍊拆分出售了。珠寶商遲遲沒有等到第一期款項，就直接到王宮去要錢，這個事才算穿幫了。

女騙子被判鞭刑並監禁，後來跑到英國，據說還寫了部回憶錄。羅昂主教雖然也是受害者，無罪釋放，但也被逐出了宮廷。

誰也沒想到，整個事件最大的受害者反而是國王兩口子，其實瑪麗很早就看過這項鍊，以她的脾氣，知道有這麼個東西怎麼會不買呢？她不喜歡，認為款式粗魯，華而不實，所以一直沒搭理巴黎那個珠寶商。整個事件，她真一點都不知情。可法國人把這帳算她頭上，要不是她奢侈出名能有這事嗎？一百六十萬的項鍊啊，這女人花了法國多少錢啊！

很多歷史學家都說，「項鍊醜聞」是路易十六和瑪麗最後被推翻的重要起因，這個事之後，老百姓對這兩個人失去了最後的尊敬和信任，後來下手時，一點都沒留情。

瑪麗王后有個人人皆知的故事，她在自己的小農莊花天酒地時，有個侍從說法國的老百姓已經吃不上麵包了，王后粲然一笑說：「他們可以吃蛋糕啊！」，雷得侍從們風中凌亂。不過，從瑪麗在大革命中的表現看，她不至於這麼傻，故事恐怕有點杜撰，抑或是她沒心沒肺隨口開了個玩笑，但關於老百姓吃不上麵包，倒是事實。

二十五、法國大革命

1. 財長走馬燈

大致介紹了路易十六兩口子，並不是說這兩口的人品導致他們被砍頭，玩鎖和花錢不見得會禍國殃民，但如果國家本來就千瘡百孔，那麼一點點百姓的埋怨都可能引發滅頂之災。到底路易十六接手了一個什麼樣的法國呢？

路易十六一上班，首先就遭遇了天災。一七七四年—一七八八年天災連連的，年景總是不好，農業欠收，小麥價格上漲，很多城市因為得不到充足的糧食供應，開始有人騷亂暴動。

隨後，又是人禍。七年戰爭，法國吃了大虧，丟了北美的殖民地，一直想報仇，於是，義無反顧地栽進了北美獨立戰爭的渾水。

一七七四年，也就是路易十六登基那年，英國在北美的十三個殖民地張羅著要獨立，美國人分析了一下，以他們當時的實力跟宗主國叫板，肯定死得很慘，於是，有個膽子特別大的人就想到歐洲去找人幫忙。

你要問那段時間，誰是世界上膽子最大的人，很多人會答應你：富蘭克林。這傢伙居然在下雨天找閃電玩，而且還沒給劈死。膽子大，運氣好，所以他自告奮勇去歐洲拉援兵。富蘭克林找對了人，英國的殖民地鬧獨立，法國人樂死了，肯定要幫忙啊。

正在法國預備幫忙還沒正式出手時，有個法國貴族叫拉法耶特的坐不住了，他用自己的錢買了一條軍艦，招募了一支軍隊，躲過英國人的圍堵，航行兩個月，在北美登陸。第二天，他見到了一個叫喬治・華盛頓的人，兩人結為密友，隨後，法國盟軍陸續大規模登陸。客觀地說，是北美十三州的軍隊幫著法軍完成了北美獨立戰爭。後來拉法耶特成為美國人心目中有特殊交情的法國人，第一次世界大戰美軍登陸時，大喊：拉法耶特，我們來了！

一七八三年，英國人終於在凡爾賽簽訂和約，同意了北美的獨立。不管美國人現在如何自吹自擂他們在獨立戰爭中的表現，基本可以說，沒有來自歐洲尤其的法國的支持，殖民地的農民軍根本是以卵擊石，為了支援這一仗，法國人花掉了十五億！

路易十六知道財政問題很致命，他登基後那十來年，到處找能人，看能不能幫國庫搞到錢。路易十六的財長有著名的四大金剛。

第一位接下這爛攤子的，叫杜爾哥，簡稱杜哥。杜哥是《百科全書》的編撰之一，也是啟蒙運動那一夥的，所以一上台就說要改革。

杜哥是重農主義的，自從密西西比泡泡破滅後，法國好多人對商業金融這些事排斥，就覺得種地養豬發展農業最安全。杜哥的思路包括：穀物貿易自由化，制止糧食投機。本來法國有強徵農民修築道路的傳統，杜哥要求以後不許這樣欺壓農民了，改收普遍的財產稅，用以養護道路。保障宗教寬容；控制封建莊園的擴張；最狠的一條，跟神職人員徵稅！

原來說過，法國社會有三個等級，第一等級神職人員，這些人佔有大量的土地和資源，不但從來不交稅，他們還可以對自己的地盤徵稅；第二等級是貴族，這時候的貴族分兩種，老牌的傳統貴族，被稱為「佩劍貴族」，他們佔有大量的土地，也享受很多權力，另一種是在十六—十七世紀中，很多人花錢買官職，也獲得貴族身分，比如各級法院法官，他們就成為所謂的「穿袍貴族」；第三等級則是從富有的資產階級到叫花子，大約佔法國人口九十％以上，他們幾乎可以說是承擔了絕大部分的徭役，卻沒有任何政治上的地位。

杜哥的政策一出來，第三等級當然叫好，教會和貴族絕對不幹啊。法令要到高等法院註冊才能實行，杜哥的條令發到法院，法官們拒不受理。

路易十六本來是很支持杜哥的，可他心裡能量太低了，壓力一大，就自動退卻。滿朝文武都是第一第二等級的，他們在朝上聯合擠兌杜哥，路易十六就扛不住了，算了，杜哥下課，別把人都得罪光了啊。

一七七七年，內克接了杜哥的位置給路易十六找錢。內克是來自瑞士的銀行家，金融奇才。他有個在歷史上比他還有名的閨女，江湖人稱斯塔爾夫人，這個女人後來讓拿破崙頭痛得要命。

內克不喜歡土裡刨食。農業有用嗎？法國整年不是凍就是旱再不就是冰雹，農業什麼時候能有效益啊。最實在的還是商業，自由市場經濟，重商主義才是王道。

商業這東西，首先要市道太平吧。法國忙著在美國打仗呢，內克的首要任務是保障對戰爭的供應源源不絕。內克是玩金融的，講究的是流通，沒錢就借唄，付利息，以後慢慢還。

內克有路子啊，真的借到不少錢，緩解了國庫壓力。但是他心裡也有數，借總是要還的，還是要在法國開源節流。開源暫時辦不好，節流是可以的，路易十六的宮廷和朝臣們，該壓縮的費用是要壓縮一下了啊。

其實措施挺溫和的，沒傷筋動骨，法王周圍哪些人又不幹了，又針對內克說三道四。內克有點性格，對老子嘰嘰歪歪是吧，老子不幹了！撂挑子了。

瑪麗王后力薦卡隆接替內克。卡隆學過法律買了個律師職位，不過巴黎的律師都挺恨他，因為早年間他幫路易十五收拾過布列塔尼的法院。

知道自己不受歡迎，卡隆上任還是小心謹慎的，可是，到最後，他不得不承認，要解決法國的財政問題而又不得罪特權階層，這就是個不可能的任務。而實際上，只要想動特權階層，他的財政總監就幹不下去了。

卡隆提出，全國的國民平等分擔賦稅；取消教會、貴族各種免稅；廢除阻礙自由貿易發展的內部關稅壁壘和法規。

卡隆知道這幾條很難通過並實施，就建議國王重新召開三級會議，希望透過第三等級的支持，迫使特權階級放棄一點利益。

前面說過，三級會議這東西一百多年都沒開了，在法王看來，三級會議就是自己對王國失去完全控制的標誌，所以路易十六也不願意開。卡隆於是又建議，那就把特權階層組織起來開個會，他們如果願意為國家大局犧牲一點，所有的問題都解決了。

一七八七年，所謂的「顯貴會議」召開，別指望「顯貴」能有什麼愛國心大局觀了，卡隆這幾條被他們罵死了，而且，一致認為，卡隆這個沒用的東西出這種餿主意挑唆國王，實屬罪大惡極，國王趕緊炒他魷魚！

路易十六再次屈服，好吧，馬上讓卡隆走。王后說，沒事，讓圖盧茲的大主教布里埃納來接班。

布里埃納本來也是開顯貴會議的，也是反對卡隆方案的人之一，如今他接下這燙手的山芋，不得不承認，只有卡隆的辦法才能解決問題，所以他將卡隆的方案柔化處理了一下。不管怎麼處理，顯貴們肯定是要承擔一點稅賦責任了。

顯貴會議繼續不同意，布里埃納就把方案遞到了高等法院，希望獲得他們的支持。高等法院在路易十四那朝後一直像霜打的茄子。不過，巴黎的高等法院一直視限制王權為己任，從沒動搖過。趁著這個機會，他們又向法王發難了，他們說，要開徵新的稅，必須通過三級會議。

法王看高等法院又來勁了，覺得不能慣壞這些人啊，抓幾個，流放。誰知大規模暴動馬上就開始了。巴黎市民支持法官，這次沒在街上砌街壘，他們爬上屋頂，向員警丟瓦片，巴黎的人民在使用暴力方面一直是靈活機動、因地制宜的。

沒辦法了，布里埃納只好同意在一七八九年五月一日召開三級會議，隨後，他辭職走人了。這活太難了，誰愛幹誰幹去吧！

有能人呢，內克又回來了，而且是帶著大把銀子回來的。不知道又從哪裡借來一筆錢，解決了法國的燃眉之急，內克的形象空前高大。有錢說話管用，他提出，開三級會議的時候，第三等級的代表一票算兩票，另兩個等級，一票就是一票。這樣等於增強了第三等級對抗一、二等級的力量，讓第三等級一片歡呼啊。

好了，所有的事就等開會再說吧。

2.從凡爾賽宮到網球場

說好了一七八九年五月開會，從一七八八年開始，情況就越來越差。各地都歉收，物價飛漲。英國的工業革命發展蓬勃，他家價廉物美的工業品進入法國，直接衝擊了法國本土工業，工廠關門，工人失業，而麵包的價格卻天天上漲，終於讓老百姓支持不住了。農民起義已經在很多地方蔓延。

在巴黎，從一七八九年初開始，一本小冊子就瘋狂轉發流行著，名字叫《第三等級是什麼》。是一個叫西哀士的修道院長寫的。小冊子中心的一句話是：第三等級是什麼，是一切！他的地位是什麼？什麼都不是！他們要做什麼，取得地位！

西哀士是個神職人員，按道理屬於第一等級，他發的這個冊子，簡直可以說是第三等級的鬥爭動員，於是，西哀士就成了那段時間第三等級的代表，而像他這樣，明明屬於一、二等級，卻公開支持第三等級的人出現了不少。讓第三等級取得相應的政治地位，能夠參與國事，成為這次會議他們的主要目標。

結果，西哀士被選為巴黎第三等級的代表出席會議，成為革命早期的領袖之一。後來西哀士的生涯證明，這個夥計頭腦清楚，心明眼亮，是絕頂高明的政治家。

終於開會了。會址選在凡爾賽宮的遊樂廳。選在這裡開會，其實是挺笨的。本來第三等級就憎恨特權階層的腐化和墮落，凡爾賽宮金碧輝煌，正是王室鋪張浪費的標誌。而且巴黎市民動輒喜歡上街丟石頭砸窗戶，在巴黎附近開會，一個不留神就又陷入戰場。可是國王和貴族們想不到這些，讓他們長途跋涉去外地開會，沒有五星級酒店，晚上又沒地方跳舞，他們才不幹呢。

會議是透過冗長的儀式開始的，這個儀式包含著一、二等級對第三等級的輕視和刻薄，路易十六當然也表示了對第三等級的不耐煩。在會議廳落座，第三等級已經吃了不少白眼。儘管如此，第三等級還是揣著美好的願望，他們都指望內克財長拋出他的財務改革方案，為第三等級爭取利益。

結果，他們失望了，內克的主要工作是站起來念帳單，比裏腳布還長的帳單子，這夥計念到一半累得不行，叫助手幫忙念完的。隨後，就是對第三等級的教育，讓他們大局為重，不要鬧事。法王需要全體臣民忠誠幫助，克服眼前的困難。

第三等級知道了，這個會議，他們是達不到目的了。他們只好提出，三個等級共同審查代表資格，也就是說，第三等級要求了解一二等級的代表構成，什麼人，怎麼選出來的。一、二等級當然不答應，你們以為自己是誰啊，給你們臉了是吧？

代表資格的事，扯皮一個月，這一個月的時間啊，第三等級這些代表，原本不認識，現在都混熟了，而且找到了戰友的感覺。這時貴族等級提出，他們將獨立成立一個議會，這樣一來，三個等級就是三個議會，那麼大家爭取的取消政治特權的事就永遠做不成了。第三等級一不做二不休，我們也成立議會，而且我們的是唯一代表法國的「國民議會」，第一、第二等級的人自己考慮，要不要加入進來。

第三等級代表著法國九十六%以上的人口，他們當然感覺自己是真正的國民代表。第一等級的教士們比較識時務，考慮幾天後，投票通過，加入這個「國民議會」。

看到第一等級投降，第二等級急了，找路易十六，趕緊地，想辦法制止這麼無法無天的事啊。路易十六能想到什麼好辦法啊，他自己是個鎖匠，覺得鎖就是最管用的。他說第三等級的那個會議廳要裝修，直接把門鎖了，不讓人進去了！

巴黎這麼大，找幾百人開會的地方不容易嗎？凡爾賽宮不遠處有個網球場，第三等級到那裡集合，「國民議會」繼續討論事務。

進入網球場開會，五百七十七名第三等級的代表和少數第一等級代表感到了一陣悲壯，他們決定，先宣誓，這個著名的網球場宣言就是：不制定和通過憲法，絕不散會！

幾天後，看著這些人真的不散，法王派人過來交涉了，當時開會的一個代表對法王的來使說：去告訴你的主子，人民的意志讓我們來到這裡，只有刺刀才能讓我們離開！

話說到這個份上，已經很危險了，路易十六權衡了一下，下令，一、二等級跟第三等級合併開會，宣布成立「制憲會議」，想整憲法你們就整吧。到現在為止，一切都好，沒打架沒流血也沒人上街，第三等級達到了自己的第一目的。

3.巴士底獄的華麗勝利

到底怎麼就動手了呢？王后不幹了唄。

從小時候看，瑪麗王后真是個大大咧咧沒什麼頭腦算計的人，都以為她除了吃喝玩樂一概不懂，沒想到，隨著年齡越來越大，估計夜店是玩不動了，她就開始玩政治了。

國王和貴族們同意了第三等級制憲，心裡當然是不情願的，瑪麗王后更是火大，制定憲法了，以後法國就是君主立憲制的國家，她和國王以後怎麼混啊。於是，他們集合了軍隊找了一票外籍雇傭軍在巴黎城外集結預備著。

制憲會議讓國王解散城外的軍隊，路易十六拒不接受，並且解除了內克的職務，巴黎人的情緒又被刺激了。一個年輕的律師跳上一張桌子，對巴黎人發表了一場演說，他提醒巴黎人民，經過了一七八八年那麼困難的冬天，沒想到一七八九年大家還是吃不飽，物價飛漲，失業加劇，麵包房都沒有麵包，而法王全然不顧大家的死活，還要發動軍隊大屠殺。

演講的直接後果就是，巴黎人又上街了，不過，這次，他們不丟瓦片和半截磚了，他們需要武器，他們要預備和真正的軍隊戰鬥！

第三等級的部分代表成立了一個委員會，還組織了一個裝備簡陋的民團。民團的任務不僅準備對抗城外的軍隊，還要控制巴黎城內的秩序，防止壞分子的打砸搶燒。

第一個要解決的就是武器，在巴黎各相關單位轉了一圈，搶到了一批武器包括火炮。槍炮有了，沒有彈藥啊，最後收到的消息是，巴士底獄有，而且巴士底獄據說是關了很多受迫害的政治犯。

原來說過，巴士底獄是城外的防禦堡壘，隨著巴黎市區的擴大，巴士底獄就跑進城裡了。當初建的時候也沒考慮過景觀規劃，也沒想過要跟巴黎的風景配套，所以它又高又笨，灰頭土腦，加上厚實的城牆，一圈八個巨大的塔樓，從三十多米的高處俯瞰巴黎，異常猙獰，相當影響市容。

一七八九年，七月十四日，世界歷史上最激動人心的一天。巴黎的市民高喊：到巴士底獄去！撲向了所謂「法國封建主義的象徵」。

駐守巴士底獄的八十二名法國士兵和三十二名瑞士士兵估計眩暈了好一陣子，誰能想到一座監獄，也沒關幾個人突然成了焦點呢？守軍的頭目慌亂之下也只好開火反擊，雙方就算開戰了。

那八個塔樓布了大炮，巴黎市民也有大炮啊，推來布上，一通亂轟。民兵嘛，打仗也沒個章法，犧牲了九十八個人的生命，總算拿下了巴士底獄。守軍頭目被群毆，砍死後腦袋被剁下來示眾。

攻陷巴士底獄，第一是要找彈藥，發現沒多少；第二是釋放政治犯，發現也沒多少，七個犯人，有一個還是正經壞蛋。實際意義並不重要，關鍵是象徵意義。它振奮了民眾的精神也算鍛鍊了民團隊伍，大家還都初步了解了大炮的使用辦法。

後來，巴士底獄在民眾的要求下被夷為平地。這個怪獸從此消失在巴黎，讓後人對這場華美的革命只能想像。據說當時夷平巴士底獄的革命黨人用巴士底獄的材料做紀念品販賣，還賺了不少小錢。

4. 人權宣言

巴士底獄的勝利傳遍全國，法國各地都仿效巴黎成立自治政府，把法王派來的督察官之類的趕走，不交稅了，也不服從任何人了，一切都亂套了。革命和騷亂一般都是共生的，尤其是還有大量的失業者和流浪漢，他們全國一串聯，更加亂上加亂。

管事的沒了，聽說還有外國軍隊在邊境隨時要打進來，犯罪份子盜搶嚴重，各地的農民為了自己的身家安全，都搞到了武器，還組成小規模的民團。槍在手，就不會安份了，原來欺負人的大地主和貴族們，如今正躲在城堡裡惴惴不安呢，趕緊衝進去，那些借契地契賣身契什麼的一概燒掉。

巴黎的制憲會議裡，還是以有地有產的人為主啊，聽說自己的家園和土地都被農民端了，急了。先別說憲法的事了，先想想怎麼平息這個混亂恐慌的狀況吧。

八月四日晚，巴黎不眠夜，議會一致認為，鎮壓肯定不行，如今真正的敵人正陳兵邊境，這當口鎮壓老百姓，還不知道便宜了誰呢。不能打，就哄吧，切實滿足一點底層百姓的需求，讓他們看到一點前景，可能他們就不鬧了。

這真是悲壯的一夜啊，許多貴族站起來表示願意放棄特權，免除農民的徭役，改良某些不合理不公平的做法。這些貴族想到自己居然能夠為了國家民族犧牲自己的利益，不僅油然而生對自己的自豪感，決議帶著激情通過的時候，貴族們擁抱著痛哭失聲，不是傷心的啊，人家是自己把自己感動哭了。

八月四日的決議雖然是在衝動中完成的，後來很多貴族冷靜後也略有後悔，細節上頗多計較。不過，大部分還都算是落實了，至少，封建制度基本上算是廢除了。誰又能想到，法國貴族們死守不放幾百年根深柢固的舊制度，會在他們像嗑藥一樣high了一晚後，被放棄和打碎了呢。

接著，立憲工作繼續進行，八月二十六日，在整合制憲會議各大腕的草案精華後，憲法的序言，人類發展史上最令人激動的文獻——《人權宣言》誕生了！

《人權宣言》共十七條，中心內容都是名言：人是生來而且永遠自由平等的；自由權、財產權、安全和反壓迫是天賦人權不可剝奪；法律是「公意」的展現；人民有言論、信仰、自由的權利、私有財產不可侵犯等等。

《人權宣言》在人類社會發展史上的地位就不用囉嗦了，雖然還是有基於當時環境下的局限性，但它的進步性也是空前和偉大的了。

國民議會忙了這麼多事，法國像一鍋煮滾的熱粥，法王路易十六忙什麼去了？路易十六喜歡寫日記，沒什麼文采，多半是流水帳。七月十四日，巴黎市民攻陷巴士底獄那天，這位爺的日記是：

十四日，星期二，無事！

這種蔫巴性格讓他的近侍都很著急，沒事你妹啊，革命了知道不?!路易十六這才著急了，根據他一向的辦事風格，有壓力就低頭唄。

行，朕承認國民會議，認可在網球場宣誓中表現積極的巴伊同學擔任巴黎市長，北美獨立戰爭的英雄拉法耶特是國民自衛隊的司令，把內克召回來重新上班。在市政廳，路易十六戴上了帶有新的法國標誌帽徽的帽子，三種顏色，象徵巴黎的紅色、藍色和象徵波旁王朝的白色。

國王合作，深明大義，起義人民很欣慰。可有很多老牌貴族他們選擇了流亡國外。

隨著《人權宣言》的出臺，路易十六越想越覺得憂憤難平，加上還有瑪麗王后一直在耳旁吹風。要說王后在這段時間表現得可圈可點，整個凡爾賽宮只有她一個人堅持不屈服，跟娘家保持聯絡，尋求支援。

十月一日，路易十六在凡爾賽宮宴請來自弗蘭德的軍官，弗蘭德的軍團可是國王的死忠。軍爺們喝高了有點衝動，把剛戴上的三色帽摘下來丟在地上狠踩，又把象徵波旁的白色帽戴上。

兩天後，巴黎就知道了宴會的事。而且其中特別的細節是，瑪麗王后竟然要戴上黑色的帽徽——象徵哈布斯堡王朝，這個外國的女人，到底懷著什麼樣的心腸?

十月五日，一群來自中央菜市場的婦女一早八點就聚集在市政廳門前，她們要麵包，要食物。對於巴黎市的食物短缺，物價飛漲，早就不是老爺們關心的事了，巴黎的婦女承擔了這方面的抗議責任。老爺們爭取政治地位去了，婦女的作用就是爭取食物，但這次的聚會，事情發生了變化。

婦女們衝進市政廳，還拿著武器，她們要求去凡爾賽找國王，尤其是來自奧地利那個奢侈的外國女人，讓她過來看看巴黎婦女過著什麼樣的日子。

攻陷巴士底獄時的一個活躍份子自告奮勇充當了嚮導，主動要求帶著各位大姐大嫂到凡爾賽去，天空還下著雨，這個婦女隊伍有六—七千人。據說這些人很多也不是自願，被逼著來的，政治鬥爭沒有婦孺之分，大家都是工具都是武器。

婦女是先頭部隊，後來國民衛隊的士兵也要求跟著一起去，他們要找國王算算，他請客吃飯還要侮辱民族徽章的罪。這樣一來，進軍凡爾賽的隊伍又多了兩萬男同事。

下午五點，婦女隊伍走到了凡爾賽宮門前，渾身濕透，樣子挺狼狽。路易十六很客氣，婦女們就是要點麵包糧食嘛，國王承諾，把凡爾賽所有的糧食都運到巴黎去。

婦女是來要糧食的，後面跟的國民衛隊可不是，他們要求國王接受已經擬定的憲政法令，而且必須將宮廷遷到巴黎去，因為國王和王后應該活在巴黎人民的監督之下。

路易十六可以讓步，沒問題，可是這些人從巴黎過來，累得人仰馬翻，毫無耐心，找到個機會，有些人就衝進了凡爾賽宮，遭遇宮廷衛隊阻擋，幾個人被殺，國民衛隊此時乘機衝進來佔領了王宮，國王和王后被俘。

沒有什麼商量了，走吧，下午一點，法王宮廷，起駕前往巴黎。從凡爾賽回到巴黎這一路真熱鬧，麵包有了，國王有了，一切都有了。士兵們把麵包挑在刺刀上舉著，後面跟著一車車的小麥和麵粉，國王的車駕看起來也毫無派頭，那些憎恨瑪麗王后的士兵們，會冷不防地對王后的馬車車頂開槍，一路嚇得瑪麗心驚肉跳。

這是又一場偉大的勝利，宮廷搬到巴黎了，國王以後就被國民議會控制了，一切一切，居然來的如此輕鬆，如此容易。也許，就是因為到現在為止，一切都太簡單，才會發生後面的故事。

5. 跑不掉的法王

法王回到巴黎，整個巴黎的局勢進入了一段相對平靜的時期。法國的第一部憲法，正在被制憲會議商討定奪中。

看著平靜，其實一點不平靜，整個法國的局勢還是很混亂，逃亡在外的貴族們站穩腳之後，各自聯絡幫手，預備殺回來恢復河山。王后的娘家奧地利和普魯士都感覺，法國這麼鬧，對他們這些君主國家是個惡劣的榜樣，如果不幫著法王鎮壓這場大逆不道的造反，後果會不堪設想。流亡貴族和普奧的軍隊就都做好了進入法國的準備。

憲法就要誕生，一旦通過，則大勢去矣，一個君主立憲制的國王就跟廢物一樣了。路易十六不能想像這個結局，想到外面有人接應，他終於下定決心逃跑。這夥計就是遲鈍，其實之前很多人勸他跑，他有很多跑的機會他都不跑。

一七九一年六月二十日，法王一家十一口趁午夜時分出逃。其實之前王后將珠寶首飾之類的往外國運，已經引起了宮女的警覺，本來計畫安排他們乘小馬車分別走，路易十六不幹，於是十一個人，擠在一輛巨大的重型馬車上跑路，非常引人注目。

在離國境線不遠的瓦雷納，路易十六被人認出，警鐘響徹全鎮，所有人都趕來將國王的車駕團團團住，逃跑計畫徹底破產。

其實法國的民眾對路易十六還是有感情的，他們恨瑪麗王后而已，即使是從凡爾賽宮逼他們回到巴黎，一路上對國王都很客氣。國王居然要逃跑，民眾一時還不能接受，大部分人都認為，路易十六肯定是外國反動勢力派特務來綁架了。誰知，路易十六自己不爭氣，你說你逃跑就逃跑，還要整臨別贈言，留下一封信，強烈譴責亂臣賊子忤逆不忠，還說自己寧死也不能同意君主立憲這個事，他要投向境外的反法軍隊，打回巴黎來，收拾亂黨！

行了，叛逃還要勾結外國勢力打自己的國家，這個肯定有罪了，先關起來吧。

路易十六逃跑未遂這個事，整個改變了大革命的走向。本來大部分人都覺得君主立憲很好的，現在路易十六這個德行，讓大家失望，就覺得，法王不要了，直接共和算了，因而引發了共和派的崛起，同時，也引發了所有革命都不可避免的問題，也就是革命黨的分裂、內訌，當然，都是為了奪權。

整個法國大革命，最紅的社團就是雅各賓派。法國人跟英國人學了新玩意，搞政治俱樂部。三級會議期間，為了爭取自己的權利，來自布列塔尼的代表就聚在一起，團結就是力量，讓他們在會議中挺出鋒頭的，漸漸的，吸引了別的地區過來加入。後來他們遷入巴黎，吸收的人就更多了，法國大革命幾乎所有的明星是這裡培養出來的。

雅各賓派發展得太快規模也太大了，成員自然品種流雜了。在雅各賓派內，就有立憲派和共和派兩個明顯分化的派別。在如何對待被抓回來的國王這個問題上，分歧加大了。

立憲派的意思呢，路易十六一回來就道歉了，認罪態度不錯，國王嘛，該原諒還是要原諒，原諒了就讓他回宮，戴上王冠繼續上班。共和派當然不幹，這傢伙已經叛國了哦，還讓他當國王？吵翻了，立憲派說，我們走，不在這裡混了。他們跑到斐楊修道院去集會了，以後就叫斐楊派，這一派的頭目包括教士西哀士和現在的國民衛隊司令拉法耶特。

斐楊派姿態強硬。有部分激進的派系上街要求罷黜國王，拉法耶特毫不猶豫帶兵上街，當場打死五十個人。拉法耶特的英雄形象從此蒙塵。

立憲派贏了，他們說，國王是被挾持的，以後不要追究了，大家趕緊把憲法搞出來吧。

一七九一年九月，法蘭西歷史上的第一部憲法誕生了，正式宣告君主立憲制國家成立。一切貴族和世襲的頭銜都取消了，國家主權屬於國民，實行三權分立制度；立法權交給立法議會，立法議會每兩年通過選舉產生，成年男子都有選舉權，最高行政權還是屬於國王等等。

憲法有了，制憲會議的工作就算完成了，隨後，立法議會也根據憲法被選舉出來，正式上班。最初的革命理想基本都實現了，這個法國大革命就算完美勝利了吧？當然不是，一般開頭太容易的事，往往蘊藏著很多危機。

6. 斷頭台誰主沉浮

立法議會開始工作了。國王坐上面，左邊是激進派，右邊是保守派，中間坐著溫和派。據說這就是左翼右翼這兩個政治稱謂的來歷。

保守派就是斐楊派，現在他們是多數黨，他們算是主事的；激進派都是雅各賓派的，但是他們內部也有分化，有一部分相對溫和一點的，被叫做吉倫特派；還有一派特別激進，一開會就喜歡找高凳子坐，被稱為山岳派。至於中間的溫和派嘛，也可以叫他們騎牆派，哪頭風大就往哪頭倒。

此時的法國局勢依然惡劣，因為糧食之類的問題根本沒解決，貨幣貶值，物價高漲，到處都有人投機倒把，到處都有人囤積居奇，自然更多的農民在造反在起義，麵包店和食品店之類的經常被襲擊，東南部都成搶劫樂園了。而有一批教士因為特權被剝奪，還組織了一些虔誠的天主教民眾造反。

國內的事比不上國外的事鬧心，奧地利皇帝和普魯士國王已經號召全歐洲組織對法國的盟軍，流亡在外的貴族，比如孔代親王已經跨上戰馬，摩拳擦掌。

立法議會也不示弱，他們也透過法令隔空喊話：流亡的法國貴族趕緊回國；反叛的教士馬上投降，並宣誓效忠憲法；至於反法的國家，你們最好不要插手我國內政！

法令也頒了，狠話也喊過了，對方不聽啊。這時立法議會又吵翻了，吵的內容是，如何面對即將而來的戰爭。執政的斐楊派分了兩派，大部分主和，小部分主戰。和的人怕打不過還丟失了革命成果，主戰派以拉法耶特為首，認為不打，革命成果不鞏固，斐楊派的地位不穩定。吉倫特派堅定主戰，這一派大部分是自由商人，對「輸出」很敏感，既要輸出革命也要輸出法國的商品；最反戰的是山岳派，山岳派的想法很簡單，攘外必先安內，法國的最重要的問題根本就不是邊境上的軍隊，而是在內部，在宮廷，戰爭只會幫助法王毀掉革命。最強硬反戰人士大名叫做羅伯斯比爾，還有兩個他的革命戰友，一個叫丹東，一個叫馬拉。

羅伯斯比爾說對了，法王巴不得打起來。外國那些軍隊是進來幫他恢復王權的，而以法軍現在這個混亂的狀況，只要開打，肯定是一場糊塗。路易十六用他立憲君主的權力，罷免了主和的斐楊派內閣，任命吉倫特派組成新的內閣，然後，法王非常愉快地向奧地利宣戰，史上非常罕見地，一個國王這麼急切而且渴望地讓另一個國家的軍隊來攻打自己的國家。

一般寫歷史都是以年為單位，一七九二—一七九三年這一年的法國，每個月都出大事。如果路易十六能認真負責地寫日記，他應該是這樣記錄的：

一七九二年四月二十日，今天懷著激動的心情對奧地利宣戰了，王后瑪麗很高興，為了表達高興的心情，專門跑出去買了幾個名牌的包包，朕再三提醒瑪麗，現在消費一定要低調；

五月，法國的軍隊指揮官大部分都是貴族，他們比朕還希望奧地利能夠取勝。王后每天忙於將法軍的作戰計畫轉發給她的奧地利親戚，顯然，神聖羅馬帝國的弗朗茨二世皇帝對他的姑姑姑父的處境非常關心，奧地利和普魯士的軍隊進展得很順利，朕和王后願意為他們的每一場勝利喝采；

六月，吉倫特派說，朕和王后應該對戰敗負有責任，讓朕同意解散現在的王室軍隊，並從各郡徵調後備軍。朕絕對不同意這種做法。吉倫特派開始不好控制了，朕於是罷免了這個內閣，讓斐楊派的人回來組閣，雖然朕現在是立憲君主，好在還有炒他們魷魚的權力！

六月二十日，真是驚心動魄的一天，巴黎街上的無褲漢們又瘋了，他們居然到王宮來威脅朕，聽侍從說，宮外聚了三萬人呢！這些逆賊在桌上放了張椅子，讓朕坐上去。何其大膽，這是要批鬥朕嗎？朕龍體肥胖，坐那麼高掉下來，他們就是弒君啊！這些巴黎小市民，雖然穿不起緊身馬褲，現在都帶著頂紅帽子，他們可沒有小紅帽善良，這紅帽子就是逆賊的標誌。好在朕聰明，隨手抓了一頂紅帽子戴上了。朕皇威尚存，如今戴了逆賊的帽子，他們連話都說不出來了，當時就散了。倒是嚇得朕一身冷汗。

（當時的巴黎，貴族們穿緊身馬褲加長襪，平民穿不起，只穿普通長褲，貴族所以嘲笑他們為「無褲漢」。小紅帽在當時是最激進的革命派的標誌。路易十六肥胖，被「小紅帽」一嚇，汗如雨下。旁邊的無褲漢遞來一杯水，法王接來一飲而盡。無褲漢們很感動，放了他一馬。——老楊給路易十六日記加的批語。）

七月，雅各賓派的羅伯斯比爾煽動很多人參了軍，各地來的義勇軍，聽說有一萬多人呢。馬賽組織的義勇軍一路唱著歌進了巴黎，現在巴黎人到處都在唱了，說是叫《馬賽曲》，荒腔走板的，朕和王后都覺得聽了心臟很不舒服。

（一個叫魯熱·德利爾的寫了一首《萊茵軍歌》，馬賽的義勇軍趕赴巴黎時，一路高唱，進入巴黎後，所有的義勇軍都覺得這歌鼓舞士氣，振奮精神，開始傳唱。因為是馬賽人帶來的，所以叫《馬賽曲》，後來成為法國的國歌。）

七月二十五日，普魯士的布倫瑞克公爵說，如果朕和王后受到傷害，他必將巴黎夷為平地。公爵分明是好心，不過這個時候說，搞不好會害了朕一家子。

路易十六的日記節選到此，估計後來他也沒心思寫了，他猜對了，布倫瑞克的威脅，把本來就很上火的巴黎人徹底點著了。

八月十日，一群人來到市政廳，就說原來的巴黎政府辦事不力要葬送國家，馬上關門歇菜，組成巴黎全新的自治政府——巴黎公社，首腦就是羅伯斯比爾。巴黎公社領導國民衛隊，第一件事就是進入王宮，把裡通外國的法王王后揪出來，押送丹普爾監獄。

國王沒了，作為君主立憲制的斐楊派當然也就跟著倒台，吉倫特派再次把持了政權。把持政權其實也沒什麼用，現在最嚇人的組織還是羅伯斯比爾的巴黎公社和他們隨時可以煽動的無褲漢。

九月，普奧聯軍佔領了凡爾登，巴黎的東北門戶被打開了，巴黎危殆。在巴黎公社號召下，無褲漢們結合了六萬大軍，預備迎敵。

社會一動盪，謠言就橫生。從大革命開始，巴黎就是各種謠言的集散地。普奧大軍壓境，巴黎人更是陷入一種惶恐加熱血的古怪情緒，心理變態的人很多。這段時間傳得最盛的消息就是，不僅國王裡通外國，那些因為反對共和反對憲法而關在監獄裡的反動派，也跟外國的敵人勾結，預備裡應外合，毀滅巴黎。

九月五日，一些帶著武器的民眾衝進了各監獄，不問青紅皂白開始殺人，監獄裡東倒西歪全是慘不忍睹的屍體，很多還是被虐殺的。據說殺人的殺得興起，居然還給婦女準備了座位，歡迎閒著沒事的去圍觀。大約一千兩百多人被殺，血流成河。被史書稱為「九月屠殺」。由這個畫面，我們基本可以認定，巴黎人失控了。

好在這種瘋狂也可以用在戰場上，九月二十日，在凡爾登以南的瓦爾密，這些毫無戰鬥經驗的無褲漢居然擊潰了歐洲最驍勇善戰的武裝——普魯士的軍隊！不是普魯士打不贏啊，實在是霸道的怕碰上不要命的，面對普軍的炮火，無褲漢用劍挑著自己的帽子，喊著口號一步不退，讓普軍在心理上很受傷。畢竟這場戰爭，普魯士名不正言不順的，士兵哪有法國人那種搏命的士氣啊，乾脆撤退得了。

第二天，巴黎新的國民公會開幕。這個國民公會雖然是倉促選出來的，在當時那個情況下，也只有靠他們主持大局了。九月二十二日，通過決議，廢除王權，正式成立共和國。這個共和國史稱法蘭西第一共和國，大家都知道，後來還有好幾個共和國呢。

國民公會內又有派系，吉倫特派、山岳派、中間派，其實中間派人數最多，可這些人什麼事也幹不了，所以基本上就是吉倫特派和山岳派扯皮，吉倫特派人多一點，暫時佔上風。

現在的巴黎，民眾滿腔熱血在心口翻滾。吉倫特派以商人為主，還有些彬彬有禮的知識份子，他們最怕亂，就想著趕緊恢復秩序，讓巴黎人恢復理性。山岳派不一樣啊，山岳派跟巴黎人的情緒是一致的，或者說，巴黎人這麼high，就是他們煽動的。山岳派認為，這個時候，不能安靜不能平靜，要保持鬥志，戰鬥到底，革命尚未成功，所有人還須玩命。

這兩邊第一個面臨的分歧，拿路易十六這倒楣孩子怎麼辦？吉倫特派主張，國王還是要留著，殺了他，跟他有千絲萬縷的歐洲王室都要打過來了；山岳派認為，路易十六已經是叛國賊了，必須咔嚓掉！

要不怎麼說路易十六是倒楣孩子呢。他不是喜歡玩鎖嗎，巴黎有個鎖匠經常在宮裡跟國王一起研究鎖，是路易十六學術上的知音。路易十六在杜伊勒宮裡有個祕密的櫥櫃，藏得密實，最高級的是配置了路易十六凝畢生功力打的一把絕世好鎖，找到這個櫃子，也打不開這把鎖。國王的鎖匠知音自告奮勇來解決問題，看來他技高一籌，真的打開了國王的鎖。櫥櫃裡是路易十六絕對不敢示人的信件，他跟普奧和其他國家的通信，邀請他們來攻打法國，還提供法軍的情報。

這可是人贓俱獲了，吉倫特派也啞口無言了。國民公會投票，三百六十一人同意死刑，二十六人覺得可以緩刑，三百三十四人反對，非常微弱的優勢，路易十六玩完了。

袋。

一七九三年一月二十一日，現在的巴黎協和廣場，三十九歲的路易十六被乾淨俐落地切掉了腦袋。

路易十六被切腦袋這個事，還啟發了一個真理，人啊，一定要學門手藝，咱們耶穌基督還可以靠做木匠謀生呢。

話說早年間法國判死刑處決起來挺囉嗦的，要不就車裂，五馬分屍，要不就絞死，都要死半天才能死乾淨。也就是大革命那幾年，才使用斷頭台這東西。一刀切下來，直接切掉腦袋，又快又俐落，現場還容易清理。當時的鍘刀砍了幾個人後就捲刃了，還多虧了路易十六腦子好，想到將刀片改成三角形，解決了困擾劊子手的大問題。因為一直不知道自己這項工藝革新好不好用，所以路易十六非常負責任地親自試用了一次。技不壓身啊，你都不知道你的某項技能會在什麼時候幫你大忙。斷頭台可以被認為是當時最有用的發明，因為後來的日子，這種儀器的使用頻率太高了。

路易十六是史上著名的邋遢鬼，根據他的日記，這個容易出汗的胖子在二十六年裡洗過四十三次澡，平均一年不到兩次。也不能怪他，那年月，不愛洗澡是法國人的通病。就是不知道行刑前，路易十六有沒有洗個澡，要不然劊子手也挺受罪的。據說在路易十六被關押監禁的日子裡，沒條件玩鎖，十六發狠讀了幾本書，看完伏爾泰和盧梭的書，法王哭了說：「朕的王朝就是被這兩個人毀掉的！」這哥們至少是死了一個明白。

7. 恐怖主義發祥地

此時必須要給羅伯斯比爾寫小傳記了，因為後面的故事，他是男一號。羅伯斯比爾出生於法國北部的阿拉斯，家中的長子，六歲時母親在生第五個孩子後去世，而這第五個孩子不久也死了，父親隨後離家出走死在外地，他被外祖母和姑媽撫養長大，家庭的不完整，也許是他後來性格偏激的根源之一。

十二歲那年，當地神父獎勵了羅伯斯比爾一筆獎學金，他進入巴黎路易大學的中學學習。品學兼優，是尖子生。路易十六登基後，跟瑪麗王后經過他的學校，他被選出來站在路邊給國王朗誦拉丁文詩歌。小羅讀得很投入，可國王的車駕完全沒有停留，從他身邊一閃而過，還將泥水濺在他唯一的新衣服上。

取得法學學位後，小羅回到了家鄉，成為一名法官。深受啟蒙運動影響，又是個虔誠的盧梭信徒，所以在執法時，公平公正富有同情心，在當地口碑很好。

三級會議期間，小羅被選為代表。他加入了雅各賓俱樂部，在一七九〇年甚至被選為主席，他還是山岳派主要領導。一七九〇年，斐楊派離開了雅各賓俱樂部，一七九二年，又因為分歧，吉倫特派也從雅各賓俱樂部分離出去，這樣一來，雅各賓俱樂部就成了山岳派一家的天下。巴黎公社成立後，羅伯斯比爾有意無意地煽動巴黎人的動盪不安，尤其是九月屠殺，他似乎也是幕後主導之一，基本可以說，如果巴黎此時像個蓋達組織大本營，羅伯斯比爾可以算得上是大頭目，尤其是在討論路易十六的刑罰時，小羅頻頻發言，表情激動，像是跟國王有私人恩怨，看得出，他的理性也正一點點消失。早年的小羅根本沒這麼猛，他反對奴隸制，反對新聞審查，甚至還反對死刑呢。

國民公會斬了路易十六，讓全歐洲都震驚了。本來像英國荷蘭這些國家，他們對於法國大革命還是挺寬容的，可國王被殺，這個事性質就變了。而當政的吉倫特派此時正興致勃勃蠢蠢欲動想攻擊歐洲其他的國家，輸出法國的革命，並繼續擴張法國所謂的「自然疆界」。當時的法軍已經向尼德蘭附近進發，預備拿下荷蘭了。

英國、荷蘭、西班牙、撒丁王國加上原來的普奧，一致認為，必須聯手收拾無法無天的法國亂黨，一七九三年年初，歐洲歷史上最執著的打架同夥，反法同盟成立了，這個是第一次，以後還有漫長的歲月要這麼結夥同行呢。

大家已經感覺到了，大革命到現在，混亂依舊，除了殺掉國王，其他所有的問題都沒解決，如今整個歐洲都撲向法國，內憂外患的法蘭西在崩潰的邊緣，而吉倫特派和雅各賓派忙著搶奪領導權，還沒吵清楚到底誰該出來主持大局。

到六月份，兩派的鬥爭決出了結果，雅各賓派集合八萬大軍聚集在國民公會附近，讓吉倫特派投降。吉倫特派也沒想到，原來的革命同事這麼大規模的動手，甚至還布置了一百多門大炮。面對這麼大的場面，吉倫特派非常無奈地交出了權力，部分骨幹被捕，雅各賓派掌握了政權。

雅各賓派接管了戰火飄搖中的法國，內部的反叛和外國的反法同盟一樣的激烈，第一件事幹什麼呢？雅各賓派還是挺規矩的，他們覺得，自己掌權了，首先應該搗鼓出一部憲法來。效率很高，「雅各賓憲法」真的就給弄出來了，公認比一七九一年的憲法更進步，更符合資本主義發展，然而，它沒有機會實施。

眼下法國，最要緊的事，不管是平亂還是抗敵，都需要一支軍隊，到哪裡去徵兵呢？雅各賓派決定，先土改，讓農民們舒服了高興了，就會幫著政府去打仗了。國有資產被分割成小塊出售，流亡在外那些貴族的土地，拿來切塊，分給農民；農村公社的土地平均分配，無償廢除所有的封建義務和權利。法國農民從來沒見過這麼慷慨的饋贈，感激之餘，紛紛報名參軍，到當年夏天，雅各賓派擁有了一支超過六十萬人的軍隊。

雅各賓派是戰時政府，一切以平亂為最高目的。所有的政策都為戰爭服務，難免就有些嚴苛。這時，又出了一件大事。

七月十三日，羅伯斯比爾的戰友，雅各賓派主要領導之一，巴黎最著名的報紙《人民之友》創始人和編輯馬拉被刺死在浴缸裡。

在雅各賓派一步步走上權力巔峰的道路上，馬拉是起了重要作用的，他的演講和文章刺激了多次巴黎人的運動，包括「九月屠殺」在內的多次大規模屠殺行動，都有馬拉的煽動起作用。幾萬人圍攻國民公會，吉倫特派被迫交出政權，也是馬拉的演講推動的。馬拉堅持暴力革命，從來不介意殺人，恨他的人應該是不少。

吉倫特派在野後，就想找馬拉報仇。這時，有個來自諾曼第的二十五歲小姐，夏洛特・科黛出現了，年輕女孩子摻和政治，很容易狂熱。她支持吉倫特派主張，反對暴力運動，一說讓她去刺殺馬拉，她就油然而生一種使命感。

馬拉有皮膚病，總是要泡在水裡，所以經常在浴缸裡辦公。科黛說自己是革命黨，有份重要名單要交給馬拉，雖然馬拉的太太極力阻擋一個年輕小姐去看自己的老公洗澡，可人家既然是鐵心殺人，她是死乞白賴要進去的。沒費什麼事，一刀就捅在馬拉心臟。

馬拉的好朋友，著名畫家雅克・路易・大衛聽說馬拉遇刺，第一時間趕到現場，這個畫家做事比較離譜，也不說先把朋友的屍體蓋上，讓死者瞑目，居然對這屍體就開始畫畫。大家都知道，他的這幅殺人現場「照片」就是名畫《馬拉之死》，現存於比利時布魯塞爾博物館。

馬拉死了，雅各賓意識到自己的戰時救國政策還是過於懷柔了，非常時期非常行為，法國史上最血腥的恐怖時代就這樣開始了。

首先是經濟管制。之前的吉倫特派是主張自由市場經濟的，物價由市場決定。雅各賓派將主要物品的價格全部統一，其他商品限制最高價格，建立統一機構徵糧並嚴厲打擊投機倒把。因為價格控制，直接導致了黑市交易盛行，加上政府為了保證軍隊供應，對普通百姓的生活水準並不在意，巴黎還實行了麵包限量供應之類的，這些都讓民眾對雅各賓政府心生怨懟。

然後是文化管制。雅各賓派是激進派嘛，激進派就覺得要跟舊世界徹底切斷。舊世界的中心就是宗教，所以要去基督教化，要破四舊。哪個是四舊啊？第一就是曆法，當時的曆法是一五八二年，格里高利教皇在凱撒儒略曆的基礎上制定的，也就是我們現在說的陽曆。雅各賓政府宣布，不能用了，以後用「共和曆」，具體什麼情況不說了，不過以後一月、二月、三月不能用了，顯得沒文化，起個風花雪月的名字吧，一月叫雪月，二月叫雨月，三月叫風月，還有熱月、霧月、花月、芽月之類的。

聽著是很好啊，可陽曆用了這麼久，一時難以適應啊。最離譜連時間都變了，每天十小時，每小時一百分鐘，每分鐘一百秒！太折磨人了，巴黎人本來就有點瘋了，被這個新曆法一攪和，估計能瘋得更厲害。

最糟的是，雅各賓派先瘋了。周圍都是敵人，總有人對自己的政策嘰嘰歪歪，怎麼辦？國民公會通過一項決議：對一切陰謀份子採取恐怖行動！這句話是名言，因為它為後來的社會創造了一個使用頻率很高的辭彙：恐怖主義。

巴黎是第一個被恐怖主義血洗的城市。路易十六死了，瑪麗王后還活著呢，上斷頭台去找路易十六吧。瑪麗王后維持了最後的儀態，據說臨刑前踩了劊子手的腳，她還非常禮貌地道歉，而後從容赴死。

吉倫特派那幾個大佬，更該殺了。吉倫特派的首腦慷慨赴死，他們很多人都是高聲唱著歌走上斷頭台的。這一輪對吉倫特派的清洗中，最引人注目的是羅蘭夫人的死。

羅蘭夫人是吉倫特派大佬羅蘭的夫人，羅蘭比羅蘭夫人大二十歲，不論是頭腦還是學識，都比不上自己的老婆。因為不能直接從政，羅蘭夫人成為羅蘭背後的重要幕僚。而羅蘭夫人本人也成為巴黎著名的沙龍女王，早年間羅伯斯比爾也在羅蘭夫人身邊轉呢。因為羅蘭夫人沙龍的影響力，一般認為，羅蘭夫人是吉倫特派的靈魂人物。

在雅各賓派抓捕吉倫特派時，很多吉倫特派的人物都選擇了逃跑，羅蘭夫人幫助羅蘭逃出了巴黎，而她自己淡定地在家裡等待抓捕。

羅蘭夫人在斷頭台上跟她在沙龍裡一樣優雅高貴，臨終時，她說了一句震動過無數人的名言：自由啊！多少罪惡假汝之名！而她另一句名言現在也經常被使用：認識的人越多，我越羨慕狗。不得不說，這一段時間的法國歷史中，法國的女人讓我們留下了深刻的印象。

羅蘭夫人死後不久，在遠離巴黎的一片樹林裡，羅蘭先生將拐杖插進了自己的胸口。正如羅蘭夫人臨死說的：我死了，恐怕我丈夫也活不下去。

要感謝斷頭台的發明，這一段雅各賓派殺人太多了，有人說兩萬也有人說四萬，不管幾萬，如果沒有稱手的工具，真會把劊子手累死。在南特，雅各賓人發明了更好的殺人辦法，把要殺的人趕到一艘船上，船底鑿幾個洞，到了盧瓦爾河中心，一次可殺掉一船人。去法國旅遊，建議不要吃盧瓦爾河裡的魚蝦。

恐怖主義挺見效的，國內的叛亂基本被壓制，法軍擊退了反法同盟，甚至開始反擊並拿下了比利時。共和國的危機已經解決了，還要不要繼續這種高壓的恐怖統治，雅各賓派內部也分化了。有一些更激進的認為要恐怖到底，殺光為止；而老羅（三十八歲了）的老戰友丹東則覺得政策應該溫和下來。而作為國民公會主席的老羅是中間派，夾在中間左右搖擺。

激進派跟底層民眾不錯，他們可以煽動老百姓鬧事；丹東這邊和資產階級不錯，也經常挾持著資產階級跟老羅叫板。夾在中間的老羅不耐煩了，而且對老羅來說，這兩邊都不著調，別煩了，全殺掉！

殺到這個程度，老羅身邊已經沒有朋友，好在他的敵人也暫時不敢惹他，他幾乎可以獨裁了。此時的老羅，不知道神智是不是還清楚，他又想出一個事來。

一七九四年六月，老羅搞了個最高主宰節，要求大家從此信仰一個叫「最高主宰」的東西。可能是個神，也可能是老羅自己，反正是崇拜一個子虛烏有的東西。剛剛不准信基督了，現在又弄出來一個新的神，還大張旗鼓地組織了一場「拜神」活動，老羅在活動中演出得很投入，不管是議員還是百姓都相信，這位最高首腦腦子已經燒壞了。

看到大家對「最高主宰」很冷淡，老羅又起了殺心，就是他組織「最高主宰節」的這個月，他又殺了一千多人，這一千多人裡，貴族教士已經不多了，倒是普通民眾陷入其中。

全巴黎人人自危，都覺得朝不保夕，套用一句最流行的話：不知道斷頭台和明天，哪一個會先來。終於有人清醒過來了，只要老羅不死，大家都可能死，自己想要不死，就要讓老羅先死！

8. 督政府——一切為了孵化巨星

一七九四年七月二十六日，老羅敏感到國民公會有一股對他很不滿的力量，於是他發表了一通威嚇言論，「我依然相信陰謀存在」。這話太嚇人了，很明顯，他還要殺人啊。

第二天，國民公會開會現場就真的出現了「陰謀」，老羅親信的發言被打斷，有人高喊要打倒暴君，而老羅幾次想上台申辯，都被阻攔，隨後，大會通過，逮捕羅伯斯比爾和他的親信。

巴黎公社還是老羅的擁躉，聽說領導被抓，趕緊動手，趁國民大會還沒反應過來，又把老羅救了。此時的老羅如果夠威夠利，就應該果斷地再組織一次巴黎公社的起義，推翻他已經不能控制國民公會，然而老羅突然遲鈍遲疑了。

上篇說到，老羅主持國民公會是中間派，為了讓自己權力清淨，他殺掉了左右兩派的頭目。而左派是最激進最好鬥的，此時此刻，如果左派還在，恐怕會毫不猶豫地跳起來幫老羅奪回統治，然而沒有了。

老羅失去了激進派，國民公會卻掌握著軍隊，老羅一讓開，國民公會裡原本很低調安逸的幾個政客就跳出來了，最醒目的是一位來自普羅旺斯的貴族，風流倜儻，有女人無數的巴拉斯。

巴拉斯和軍隊撲向了市政廳，老羅知道大勢已去，預備一槍打爆自己的腦袋，不知道是不是槍法不好，沒打爆，把下頷打破了（另一說是進入市政廳的小兵打的），老羅又被國名公會逮捕。

七月二十八日，不用審判不用羈押，老羅和他的同黨，遊街一圈，上斷頭台。老羅之前殺那麼多人，很多革命黨面對死亡都非常灑脫豪放，所以他也想保留最後的尊嚴，在斷頭台上還談笑風生的。不過看客可沒人為他喝采，他也不知道，在他的腦袋飛上天空那一霎那，現場爆發了轟鳴的掌聲和歡呼，持續了十來分鐘。

老羅一生未婚，生活簡樸，傳說他喜歡一襲白衣加上一頭白色假髮，有輕微潔癖。而他在政治上表現出來的果決，也可以歸入潔癖。他自己不貪不佔，被稱為「不可腐蝕的人」，所以他看不上別人生活腐化墮落，比如他的老戰友丹東。有潔癖的人，洗東西都比較徹底，所以他的政治清洗才如此的不通情理。歷史上對羅伯斯比爾的評價很多面，說暴君、瘋子、英雄、殉道者的什麼都有，但是有一點必須承認，他的恐怖統治的確在當時那個形勢下保住了法國大革命的成果，保住了法蘭西第一共和國。

根據共和曆，七月就是所謂的「熱月」，推翻老羅的這場政變，被稱為「熱月政變」。國民公會裡所有參與扳倒老羅的人，並不是一個團夥，也沒有共同的政治主張，他們會聯繫在一起，純粹是出於共同的對老羅的恐懼，怕自己成為下一個斷頭台上的死鬼，所以，當這些人取得了政權，我們只能叫他們熱月黨人。

熱月黨人內部什麼派系的都有，清點下來，右派也就是溫和派，主張停止恐怖統治的佔了大多數，後來沒被整死的吉倫特派又回到國民公會，這樣一來，主張緩和國內形勢，恢復資本主義自由經濟的人又佔了大多數。

熱月政變後的法國，真是熱鬧。雅各賓派恐怖統治時代，主張嚴肅謹慎，反對奢侈浪費，誰享樂誰有罪。大家都要看無褲漢的臉色，他們的衣著打扮，簡樸的生活才是主流，法國人尤其是貴族一直咬著牙過著收斂低調的日子。

雅各賓派倒台，被憋屈了這麼久，突然一放鬆，巴黎人像餓久的人突然看到食物一樣，陷入一種瘋狂的帶有補償式的享樂狀態。舞會、沙龍，所有的驕奢淫逸變本加厲地回歸到巴黎人的生活中。

有個西班牙銀行家的女兒叫特蕾絲亞・卡巴呂斯成為這段時間的「沙龍聖母」，大家還記得，大革命時代的沙龍女王羅蘭夫人主打知性牌，她的沙龍成為革命者交流思想的聖地。卡巴呂斯的沙龍完全不一樣，因為沙龍的女主人輾轉在男人中間，做過許多高層的情婦，所以每個男人上門都有見識一下的意思，卡巴呂斯本人是個絕頂美女，氣質風騷，喜歡穿復古的希臘式連衣裙，非常透明，因此，卡巴呂斯的沙龍走的是香豔路線，是巴黎最受歡迎的聚會場所。而她身上肉隱肉現的連衣裙，自然也就引領了巴黎服裝的潮流。

老男人去找卡巴呂斯了，年輕的男子呢？那些貴族的子弟們，找出了自己很久不穿的奇裝異服，露著胸口，披散著長髮，拎著一根短棍，走上大街，佔領街道，抓捕雅各賓派的餘黨，搗毀許多革命的紀念物。

這是一段被突然釋放的狂歡，源於熱月黨人剛執政時的寬容和放鬆。然而不久，熱月黨人就發現，寬容的統治根本無法建立自己的統治秩序。

熱月黨人關閉了雅各賓俱樂部，取消了產品的限價，市場馬上就陷入了一片混亂，投機倒把、追求暴利，大資產階級乘機發國難財。大革命時發行的貨幣崩潰，老百姓生活愈發艱難無著。為了麵包，民眾發動了兩次起義，都被熱月黨人無情鎮壓。

恐怖統治危機重重，寬容的統治又壓制不了局面，共和制的政府似乎解決不了法國的這道題了。這時，有一些人感覺他們的機會來了，他們就是沉寂已久的王黨份子。

路易十六兩口子被鍘，他們的孩子呢？其實路易十六一死，流亡境外的法國貴族就宣布太子成為路易十七，路易十七從懂事時就知道自己是囚徒，這個悲催的小孩活了十歲，死在監獄裡。一聽說路易十七死了，流亡在義大利的路易十六的弟弟普羅旺斯公爵就自稱為路易十八，國內的反動勢力和國外的復辟份子們都擁他為主，預備打回來恢復波旁家的王朝。

一七九五年六月，在英國人的支持下，王黨份子在法國西部海岸的基伯隆半島登陸。熱月黨人是革命起家的，在革命中發了財，要是王黨份子復辟成功，或者是境外的反法同盟取得勝利，他們的下場就很悲慘了，所以，在對待王黨份子和反法同盟的事情上，是絕對不能留情的。

基伯隆戰役，法軍大勝，王黨份子全被處決。這一戰讓熱月黨人也變得心狠手辣了，不論是鎮壓起義，撲滅復辟還是對抗反法同盟，有一支剽悍的軍隊才是最重要的。

一七九五年，國民公會公布了新的憲法（每夥人上台都要換一部憲法）。根據這部一七九五年的憲法，成立了立法的兩院，元老院和五百人院，而行政權則有五個人組成督政府，督政府主席每年換一次，這五個人輪流做。

既然是新的兩院，就要重新選舉吧。熱月黨人很怕王黨份子藉選舉翻身，所以他們就規定，新的立法機構裡，必須有三分之二是以前國民公會的成員。這樣一來，王黨份子永遠拿不到多數，在政治上也就沒有勢力。王黨們氣不過，就開始糾集一些人預備搞武裝暴動。

國民公會的軍隊都在邊境，巴黎支持他們的人數很少，能用的軍隊也不過幾千人。而王黨用各種辦法集合了四萬多人。當時巴黎防務的總司令巴拉斯臨危受命，解決這個生死一線的危局。巴拉斯馬上想到了一個人，一個正在巴黎落魄的年輕人，穿著件破大衣，每天晃悠悠地無所事事，這個年輕人個子不高，說話帶著濃重的義大利口音，他名叫波拿巴。

波拿巴臨危受命很興奮，他只有一個要求，就是巴拉斯不能干涉他的決策。巴拉斯一輩子最高明的事恐怕就是對這個小個子的發掘與信任，他配合小個子部署了杜伊勒宮，等待王黨份子來進攻。

誰也沒想到，小個子的平亂辦法是在巴黎使用火炮！兩萬多王黨份子正預備衝進杜伊勒宮推翻國民公會，宮內轟鳴著發出了炮彈。一個小時的炮轟，王黨份子宣布投降，因為實在想不到，世界上還有人敢這麼玩，這麼狠。

小個子再次名動巴黎，為自己炸出了一條金光大道，而他的伯樂，巴拉斯當然也順利上位，進入督政府，成為法國政界的大拿。

督政府對法國的狀況基本也是無力的，督政府和新憲法，走的都是中間路線，不要太民主，也不要王黨，這種騎牆派最容易兩頭不到岸，兩頭得罪人。這時，法國政界出了一個很前衛的明星人物。

弗朗索瓦・巴貝夫，他組織了一個平等派。主張：生產資料和生活資料一律公有；公社中集體工作，產品交公共倉庫，每個人都平等地從倉庫中領取同樣的生活必需品。看出來了吧，這個夥計做的這個叫「共產主義」，他還主張暴力革命取得政權。實在太前衛太高端了，可以想像是會被拍滅的。巴貝夫被捕處死，也許他對當時的法國是沒什麼影響的，但他留下的這套共產主義思想肯定會在以後的某天成為人們的一種重要嘗試。

督政府的統治很動盪，很飄搖，不論是王黨份子還是雅各賓派的餘黨，找到機會就捲土重來，為了在兩院選舉中保證這兩派都不要得勢，督政府唯一能藉助的就是軍隊的力量，而將軍們被麻煩多了就不耐煩了，既然這個督政府什麼事都需要軍隊解決，那就該成立個軍政府嘛！

二十六、拿破崙

終於等到這一篇了，終於等到這個人了。根據老楊的分析啊，歷史人物跟演藝明星一樣，分兩類，同性喜歡的一般是實力派，異性喜歡的多半是偶像派，如果同性異性都喜歡，那就珍貴了，那是鳳梨派。我們即將要請出來的拿破崙陛下，絕對是又熱又甜的鳳梨派，麥當勞剛出爐的那種，而且兩百年來一直都是。

1.從科西嘉到巴黎

地中海上有個科西嘉島，是地中海的第四大島嶼，與義大利、法國隔海相望。跟其他的地中海島嶼一樣，這裡先後被迦太基人、羅馬人統治過，後來就一直被義大利的各城邦小國佔據。因而這個島上，不論是生活習慣還是語言，都是義大利的。

大約十五世紀開始，科西嘉島就控制在熱那亞手裡，他們還控制不好。小島孤懸海上，走一趟須行船，諸多不便，熱那亞人也不見得有耐心經常走動表示關心，基本上就是一出事就嚴加鎮壓。本來島民性格上就缺乏約束，又被暴政壓制久了，就容易形成很偏激的性格。科西嘉人好勇鬥狠，有糾紛喜歡私了，仇殺在島上頗為盛行。

科西嘉人一直反抗熱那亞的統治，想獨立，一七五五年，島上有個叫保利的，居然號稱要建立一個科西嘉共和國。他還真付諸行動頒布了憲法還組建了海軍。熱那亞人搞不定了，正好有個冤大頭，也就是法蘭西想接手，熱那亞趕緊收了一筆錢，把這個燙手的山芋丟掉了。

法國人接手第一件事就是先推平這個科西嘉共和國，保利領導了一場挺艱苦的反法鬥爭，結果是，保利逃亡，科西嘉正式落在法國人手裡。

大約就是保利失敗的這一年，一七六九年八月十五日，拿破崙・波拿巴出生了，在一個叫阿雅克修的小城，拿破崙這個名字的意思是「荒野雄獅」。

拿破崙的祖上算是科西嘉的貴族，他父親也參加過保利的獨立戰爭。法國取得科西嘉島後，比較安撫當地的名流。拿破崙的母親生了五男三女八個孩子，有八個孩子的父親就不能要態度了，拿破崙的父親接受了法國人的招安，法國政府確認波拿巴家族的貴族地位，還允許他家的兩個兒子一個女兒去法國進入貴族學校就讀，大兒子可以成為神職人員，二兒子將是未來的軍官。

拿破崙進入布里埃納軍校就讀。他是孤僻的，這是貴族學校，他的同學都是法國貴族。拿破崙一直說科西嘉方言，類似義大利北部的口音，法語說得不好。北方的法國人一般都看不起南方的，更何況是義大利那頭的，所以，拿破崙在這裡飽受歧視，

面對同學的嘲笑，拿破崙心裡滿滿得全是仇恨，他恨法國人，他恨法國人佔領了他的科西嘉家園，他恨他們佔了他的家園還要取笑他，我們可以相信，這時，他視整個法蘭西為敵。

十六歲，拿破崙在巴黎軍官學校成為少尉，他不得不輟學提前服役，因為父親去世，作為一個義大利人的兒子，他對家庭有不可推卸的責任，他要賺錢養家。這個小個子的少尉被分配在瓦朗斯

的某個軍團。

薪水微薄，年輕人沒辦法跟其他軍官一樣花天酒地，他對那些事也不是太有興趣。唯一的休閒活動就是讀書了，在戰友們談笑和喧嘩中，拿破崙給自己打造了一方寧靜，寧靜並不孤獨，孟德斯鳩、伏爾泰、盧梭一個個透過書本跟他交流。除了啟蒙思想的重要讀物，拿破崙涉獵很廣，炮兵的原理、攻堅戰法、各國的歷史、憲法、法律、風俗、天文、地理、氣象，幾乎無所不讀，而我們仔細分析，這些功課如果一定要分類，基本都可以歸入，帝王之學。

對，此時的拿破崙是野心勃勃的。不過，如果此時老楊穿越回去告訴他，他將君臨法蘭西，他恐怕會當場嚇吐血。他此時最大的理想和野心是，回到科西嘉島，重新領導一場獨立戰爭，脫離法國的統治。

一七八九年，法國大革命爆發，拿破崙認為這是個絕好的機會，他帶著象徵革命的帽子回到了科西嘉島，找到流亡歸來的保利，跟他宣講自己對解放科西嘉的諸多想法，而保利似乎很難跟這個熱血青年保持同步。

從此後，科西嘉成為拿破崙最重要的事業，為了科西嘉的事業，拿破崙加入了雅各賓俱樂部，以為能透過這支激進的革命力量達到目的。在科西嘉島上，波拿巴的家族和保利為了爭奪這個小島的領導權，反目成仇。

這時，要提到拿破崙的大弟弟呂西安，恐怕在整個家族，各方面能力能夠和拿破崙匹配的，就是這個弟弟，精明能幹，還跟拿破崙一樣的堅持固執。

呂西安是個天才政治家也是個親法派，在波拿巴家族與保利集團鬥得激烈時，他向國民公會告發，說是保利預備將科西嘉出賣給英國，保利的確流亡英國很多年，還一直認定英國的體制可以移植到科西嘉島，所以這樣的指控，看起來沒有冤枉。

國民公會已經確認了科西嘉島是法國新劃定的八十三個省份中的一個，很重視，下令逮捕保利，並派軍隊過去執行。

保利在科西嘉島根基太深了，呂西安的控告，讓波拿巴家族得罪了一島的人，他們包圍了阿雅克修的拿破崙的家。

這個島已經容不下這個家族了，一七九三年，拿破崙一家包括他的母親幾乎是一無所有離開了科西嘉島。本來想解放家鄉，現在卻被家鄉的父老鄉親放逐，拿破崙離開的心情五味雜陳，如今既然沒有家了，就只好處處是家了，或許，有一天，他還能以勝利者的姿態回來？

全家在馬賽暫且存身，生活得很拮据。現在是一等中尉的拿破崙，長期駐地在尼斯，為了生計，他也只能跑來跑去找機會。好在不久，家境有了一點兒轉機，拿破崙的大哥，約瑟夫，這個一表人才還一事無成的人，居然娶到了馬賽一個絲綢商的女兒，找了個軍需官的工作，總算是基本解決了家中的溫飽問題，而拿破崙也情竇初開，看中了自己嫂嫂的妹妹——德西蕾。

一七九三年，法國遭遇了第一次反法同盟的打擊，因為法國南部一直是保皇黨的地盤，土倫城內的王黨份子居然將法國在地中海的艦隊三十多艘戰艦以及土倫要塞拱手送給了英國人，到當年九月底，土倫城內來自各國的聯軍有一萬四千多人。為了穩固這個進攻法國的大本營，聯軍在土倫周邊構建了大批防禦工事。

國民公會要求奪回土倫這個要塞，拿破崙被派到土倫指揮炮兵。這裡要特別提到一點，拿破崙是個雅各賓派的革命黨，而且是個上面有人的雅各賓派，巴黎有個人非常欣賞他，一直支持他，這個人是羅伯斯比爾的弟弟。

土倫的指揮官也就是拿破崙的上司一直很外行，對土倫的軍事行動毫無進展。拿破崙這時提出了自己的戰法，也就是集合最強的火力，打擊一個點，切斷土倫的聯軍跟海上英國艦隊的聯繫，城內的聯軍沒有退路沒有支援只能投降。

戰役的發展跟拿破崙預想的一樣，密集的火炮打掉了英軍一個堅固的工事，讓英國的艦隊暴露在法軍的火力中，艦隊被迫撤退，而土倫的聯軍軍隊怕被艦隊丟下，也趕緊上船逃離，法軍收復了土倫。

這次戰役，拿破崙在坐騎中彈後，徒步隨步兵衝鋒，小腿肚子被英軍的長矛刺中。這是他第一次負傷，當然，後來的生涯他不用這樣衝鋒，所以也沒再負傷。

土倫炮戰是拿破崙的成名戰，整個巴黎都知道了這顆新星，國民公會給予他破格地提升，一七九四年，二十五歲，他成為炮兵准將。

拿破崙准將被派回尼斯，負責構築法國南部的防線，此時已經有不少人願意追隨他，他將自己的弟弟路易帶在身邊做副官。

剛剛升騰的事業遭遇了意外，羅伯斯比爾倒台了，他的弟弟，也就是最支持拿破崙的人也跟著一起被砍頭。熱月黨人到處搜捕雅各賓派的黨羽，拿破崙也是其中之一，惴惴不安地等待幾天後，終於有人來將他帶走，關進了監獄。

好在熱月黨人剛開始也不是亂殺人，拿破崙名聲在外，他們恐怕是覺得，這個人早晚還是有用，所以沒幾天他就被釋放了。回到巴黎後，熱月黨人居然要將他調入步兵，為的是將他與他之前的炮兵部隊的舊部隔離，防止他們有陰謀。

拿破崙一直以炮兵為自豪，讓他加入步兵，他還不如不幹，怎麼辦？歇著吧，在巴黎等機會。又回到了落魄的時光，沒有錢，沒事幹。偶爾他會去上流社會的聚會，那時的人不都在聚會嗎，所有人看到土倫戰役的英雄，垂頭喪氣，面黃肌瘦，一副灰頭土腦的樣子，恐怕當時很多人都覺得這夥計應該是沒什麼前途了。

2. 小個子凱撒

留在巴黎，機會總是有的。熱月黨人和王黨份子終於撕破臉，要在巴黎展開一場惡戰了。此前所有的巴黎市民起義，幾乎都獲得了成功，只要能組織到幾萬人上街，包圍皇宮或者是議會總部，都能達到目的，這一次，保王黨也糾集了幾萬人，他們預備圍攻國民公會的總部——杜伊勒宮，推倒熱月黨人的政府。

巴黎的防務此時由巴拉斯負責，後來的歷史對巴拉斯做評價，除了他出神入化的泡妞功夫，就是他慧眼識才重新扶持起了拿破崙。

前面說過這段戰事了，拿破崙的成功在於，他快了王黨份子一步，在郊區拉回了四十門大炮，並連夜部署在杜伊勒宮。

炮戰之後，督政府上台，巴拉斯成為國家元首之一，而拿破崙就接他的班負責巴黎的防務。此番東山再起，能屈能伸，讓更多的人對他刮目相看，也吸引了更多的人來追隨他。

有權了，有地位了，有點錢了，還有自己的人馬了，拿破崙看上去變化也不大，作為一個科西嘉人，他對家族的重視很像中國的潮州人，他還是習慣於把所有的收入交給他母親，而幾個弟弟也都給安排了很好的職位，只有呂西安，這個跟他一樣強的弟弟，他似乎對大哥的成就總有些酸溜溜的不服。

現在的拿破崙急於成個家，科西嘉人嘛，有個家心裡才能安定。拿破崙一直催促德西蕾嫁給他，還求大哥約瑟夫幫著說合，可不知為什麼，德西蕾就是下不了決心跟他結婚，就這樣，她錯過了成為歐洲最有地位的女人的機會。

有一天，拿破崙的辦公室來了個面龐新秀，姿態優雅的小男孩，他彬彬有禮地請求拿破崙，能不能歸還他母親的一把寶劍，因為那是他死去的父親留下的。

小男孩叫歐仁，現在的瑞典、挪威、比利時、盧森堡等王室，都算是他的後代。不過他當時可不知道這些，他只知道，他媽媽看上了這個叫拿破崙的矮個男人，他過來要這把寶劍，就是要讓媽媽有機會接觸這個男人。

拿破崙成為巴黎防務司令後，禁止民眾私藏武器，所以他還真的繳了這把寶劍。可能是歐仁和拿破崙就是有某種奇怪的緣分，拿破崙當時就歸還了寶劍，幾天後，歐仁的媽媽親自過來感謝拿破崙將軍。

原來這就是著名的約瑟芬，拿破崙是聽說過這個女人的，在巴黎，她的名聲並不好，就在不久前，她要求某個政治要員娶她，而這個要員因為老婆懷孕拒絕了她，鬧得風風雨雨的，如今，這個女人是公開的巴拉斯的情婦，是巴拉斯很多情婦之一。

對一個巴黎女人來說，恐怕這些傳聞還給她增加性感，約瑟芬出生在西印度群島的法國殖民地，生長在熱帶的甘蔗園裡。跟巴黎本地的美女相比，她棕色的肌膚帶著特殊的加勒比海風情，讓無數的法國男人暈菜。她原來的丈夫是保王黨，被雅各賓派殺頭，本來她也是被判了死刑的，挽救她性命的，就是她的美貌。出獄後，雖然熱月黨人後來歸還了她的地產和家當，不過因為她那個花花公子的前夫，財產本來也不多，她和兩個孩子的生活，大約也只能靠她不斷地委身不同的男人來維持。

拿破崙第一次見到約瑟夫就拜倒在她裙下，雖然這個女人至少比他大了六歲。此時的拿破崙也不是很富裕，可巴黎上流社會都在傳說這個小個子的前途，約瑟芬需要找個依靠，或者說，是長期飯票。

巴拉斯很有大佬的胸襟的，在跟拿破崙分享了約瑟芬一陣後，他決定退出，女人他太多了，可像拿破崙這樣，每次都能幫他解決危機的「武器」可不多，他支持拿破崙娶了這個女人。為了給自己曾經的女人一個交代，巴拉斯任命拿破崙為義大利方面軍的總司令，讓他指揮法軍攻打義大利。

一七九六年，在對付反法同盟的戰鬥中非常順利的督政府預備主動出擊，徹底了結聯軍對法國的威脅。督政府的第一目標是土地遼闊還管不住的神聖羅馬帝國，兩支遠征軍，一支越過萊茵河進入德意志南部，另一支則進入義大利北部，拿破崙就成為這支義大利遠征軍的司令。

因為馬上要出征，拿破崙向約瑟芬求婚，約瑟芬雖然是答應了，不過在她心裡，對拿破崙還暫時沒產生什麼深厚的愛情，反正這傢伙一結婚就出征了，還不知道什麼時候能回家呢，自己的生活沒什麼影響的。

跟約瑟芬婚禮後的第二天，拿破崙就帶兵出發了。不管是約瑟芬還是巴拉斯都沒想到，這個小個子從翻越阿爾卑斯山開始，就一步步將自己打造成了凱撒。

剛到尼斯的軍營，拿破崙接手的是一支懈怠簡陋的軍隊，整個法國社會動盪，物價混亂，物品匱乏，軍隊經常得不到正常的補給，也沒有保障。拿破崙上任的第一件事本來是嚴肅軍紀，禁止士兵作奸犯科，可是大兵實在太窮太苦了，要是不偶爾偷雞摸狗，詐騙搶劫，這日子真過不動啊。尤其是，即將面對翻越阿爾卑斯山，去跟強大的奧地利軍隊動手，法國士兵更是覺得前途忐忑。針對這個情況，拿破崙換了個思路，他跟士兵們說，只要翻越這道雪峰，就是繁花似錦的義大利平原，那裡糧滿囤，穀滿倉，雞鴨成群，牛羊遍地，還有成堆的好姑娘。

這種動員是最管用的，法軍穿過積雪的山口，溫暖而富饒的義大利向他們張開了懷抱，果然如司令說的，這地方真適合打仗。

法軍是整齊劃一的正規部隊，對方是奧地利和撒丁王國的聯軍，基本上都是雇傭軍，語言都不能統一呢，加上拿破崙對義大利戰爭早有準備，對義大利的風土人情，地理環境瞭若指掌，第一戰就分出了高低。

督政府的戰爭除了報仇還要輸出革命，法軍在義大利宣傳大革命思想，告訴義大利人，要幫他們建立沒有王權壓迫，眾生平等的共和國，總而言之，法國人在義大利取得了軍事和政治的雙豐收，在拿破崙的主導下，一七九七年十月，奧地利妥協的《康波福米奧和約》簽訂，奧地利承認萊茵河沿岸部分地區是法國的地盤，義大利那些被法國征服的國家成立共和國，按法蘭西第一共和國的款式組建，作為感謝，拿破崙肢解了威尼斯共和國送給奧地利。

奧地利低頭，第一次反法同盟就算正式瓦解，全歐洲都震驚了。而更驚的，反而是巴黎的督政府。拿破崙現在幾乎是義大利之主，教皇不僅向法國納了一筆巨款，還把教皇國收藏的珍寶獻出來，全法國都歡呼拿破崙的名字，他的畫像進了很多貴族的客廳。

拿破崙在義大利節節推進時，督政府也嘗試過牽制他，不過自從拿破崙進了義大利，基本就不受督政府控制了，而他陸續不斷地把金銀、珍寶、藝術品送到巴黎，督政府收了人家這些東西，也不好意思對他太嚴肅。自從一七九三年，羅浮宮被革命群眾開闢成博物館，正好就收納拿破崙打包回來的這些東西。拿破崙的軍隊在義大利的劫掠也讓當地頗有微詞，軍隊解決了溫飽後，拿破崙也想過要做點道德建設，然而他的手下都成了慣匪，管也管不好了。

一七九七年十二月，拿破崙凱旋巴黎，督政府雖然心存不安，還是為他舉辦了大型的慶祝活動，這位法蘭西英雄受到了巴黎山呼海嘯地歡迎。

反法同盟其他國家都歇菜了，只有英國還在硬挺，而督政府出於不可告人的目的，就張羅著安排新出爐的義大利戰神跨海遠征英格蘭，徹底收拾這個宿敵。

拿破崙頭腦清楚多了，他研究了一下英法海軍的對比以及英國沿海的工事情況後，認為打上英格蘭還不到時候，但是英國人一定要收拾，有更好的辦法，就是吃掉印度。要吃掉印度，就先佔領埃及，切斷英國和印度的聯繫。

督政府高興啊，不管拿破崙這個招好不好，至少，這個危險的傢伙又可以離開巴黎了，要不然督政府每天盯著他，還要計算他可能會做的動作，太折磨人了。

從十字軍時代開始，佔領埃及就是法國人的一個美夢。此時的埃及奉土耳其為宗主，國內實際權力掌握在馬穆留克手裡，他們原是來自高加索和黑海的奴隸兵，號稱是世界上最驍勇善戰的騎兵兵團。

一七九八年五月，拿破崙和他的艦隊、遠征軍包括一百六十七名各種學者專家從土倫啟航，航向埃及。

拿破崙自己是個愛學習有文化的統帥，面對即將要征服的歷史悠久的神祕國度，他除了軍事上的計畫，還有科學文化上的考慮，後來的結果證明，遠征埃及，最大的價值就在這一百六十七位學者身上了。

出海第一戰很順利，因為拿破崙的第一計畫是拿下馬爾他島。還記得吧，這個島居住著十字軍時代三大騎士團中碩果僅存的醫院騎士團，面對法國三百多艘戰艦，和那個剛取得了義大利的小個子，騎士團也沒脾氣，法國佔領了這個島。拿破崙花了幾天的時間，在島上整飭秩序，重建了政府和經濟。

拿破崙要遠征埃及，英國人不知道嗎？當時還真不知道，都以為法國人是要在英倫三島找地方登陸，後來得到消息，英國趕緊派出了拿破崙的宿敵納爾遜率領一個小型的艦隊去追擊法軍。

在《老大的英帝國》中介紹過，納爾遜的問題就出在，在海上，他比拿破崙高得太多了，讓他這樣一個海戰天才去茫茫地中海追擊一個炮兵司令，是很容易找不到的，因為納爾遜都到了埃及尼羅河口了，拿破崙同學還不知道在哪裡晃悠，於是納爾遜只好掉頭回去找。

拿破崙的艦隊能順利穿越地中海在埃及登陸，不能不說是運氣太好了，而納爾遜又非常倒楣地遭遇了幾場風暴和逆風，否則，拿破崙的埃及之行恐怕在海上就有了結果。

法軍一登陸就要面對馬穆留克的頑強抵抗。拿破崙打仗，知己知彼，他了解過埃及的文化，所以這次的戰前動員跟義大利不一樣，他再三強調軍紀，再三強調不要侮辱對手的宗教。登陸後，這個夥計的戰法就是一邊進攻一邊滿嘴謊言，說自己是幫助土耳其政府收拾馬穆留克的，說法國人其實是很喜歡穆斯林的，自己前一陣還收拾了教皇，因為這老頭經常挑唆基督教跟伊斯蘭兄弟們幹仗等等。

沙漠氣候惡劣，法軍根本不知道世界上還有這麼不適合人類生存的地方，拿破崙再天才，他事先也不知道沙漠作戰是需要很多準備的，饒是千辛萬苦，法軍在埃及還都取得了輝煌的勝利，尤其是在金字塔下的第一戰，馬穆留克的騎兵和埃及古老的法老們都被拿破崙的大炮炸得魂飛魄散，當然，法老們的魂魄早就不知道跑哪裡去了。拿破崙進入開羅，成為埃及之主。

一切從納爾遜終於找到法國艦隊開始變壞，以英國海軍的實力，一旦法軍的艦隊被他們鎖定，下場肯定是覆滅。好在納爾遜還給拿破崙留了兩艘快船，否則拿破崙就真要考慮在埃及當地辦個戶口了。

拿破崙入侵埃及前，專門派人去土耳其斡旋，但在法國艦隊被納爾遜全部打掉後，土耳其對法國宣戰了，這說明斡旋肯定是沒有產生效果。土耳其也不單幹，他還聯合了俄國當然還有英國，成立了第二次反法同盟。

土耳其一宣戰，之前拿破崙那些來幫助埃及人反抗馬穆留克之類的說法就不攻自破了，伊斯蘭世界又宣稱要發起對法國人的聖戰，開羅的老百姓發動起義，土耳其的兵馬也開進了埃及。

法軍依然在取勝，可拿破崙擔心退路，更擔心巴黎的情況。海上的商人帶來了他需要的消息，不出他所料，他辛苦打下的義大利又失去了，面對再次從歐洲各地集合而來的敵人，督政府扛不住了。

拿破崙決定，他要回巴黎去，他認定了，督政府這幫玩意，除了坑爹把妹扯蛋什麼也幹不成，要挽救法國，要解決危機，他要回去，他要取得最高的領導權，全盤領導法國對抗歐洲的所有敵人。

一七九九年八月，拿破崙拋棄了他疲憊不堪的軍隊，帶著幾個親隨，祕密啟航，兩個月後在法國南部登陸，回到巴黎。

拿破崙遠征埃及之戰看起來似乎是失敗的，至少他的戰略目的沒有達到，如果一定要在軍事上總結一點收穫，那就是他應該是學會了如何在沙漠打仗。但實際上，從整個歷史發展上看，這次遠征卻是非常有價值的，一個傳統而神祕的古老國家對歐洲打開了大門，法國人經過大革命洗練後的思想和精神像一陣清風吹拂了這片舊得發霉的土地，讓東西兩種文明開始在埃及逐漸融合，奠定了現代埃及的基礎。拿破崙帶去的學者的工作，使研究埃及學成為一個專門的學科，極大提升了埃及的文化科學水準。更值得一提的是，在埃及期間，拿破崙非常詳細而清晰地提出過開鑿蘇伊士運河的思路和辦法，所以說，這次失敗的軍事行動，在人文方面的建樹其實是很偉大的。

3. 不是法王，是皇帝

把自己的軍團留下，自己跑到巴黎爭權，從這時起，拿破崙已經不是一個軍事統帥而是個政治家了。

從義大利到埃及，拿破崙的遠征之路並不好過。因為他總能收到約瑟芬跟其他人有染的消息。在埃及炙熱乾燥的沙漠，約瑟芬在巴黎的行為讓他心煩意亂。好在當時有個軍官，讓老婆女扮男裝偷偷上了船，一起來到埃及。

統帥情急之下也沒得挑選，他更不敢對穆斯林的本地婦女下手，只好就把這個小軍官的老婆勾搭上手，還把小軍官打發回家出差了。他以為他也找個小三，能平復約瑟芬帶給他的羞辱，可結果是讓他更痛苦，因為這個女人天天跟他混，卻一直不見懷孕，科西嘉人對子嗣異常看重，拿破崙想生個兒子都快想瘋了。

約瑟芬之前生過兩個孩子，跟了拿破崙就沒動靜了，這個軍官的老婆也不結果，拿破崙私下不得不懷疑，問題在自己身上，搞不好，自己就絕後了。可憐這個震攝了全歐洲的男人也不好意思找個男科醫院檢查一下。

兒子的事再考慮，現在最重要是考慮巴黎的事。

雖然有點像敗逃，巴黎的人民並不介意，他們依然上街熱烈地歡迎拿破崙回家。金字塔前的勝利被傳成了神話，而他居然能從英國艦隊的密集的遊弋中，渡過地中海回到法國，正說明這個小個子是幸運的，而且是蒙神保佑的。

回到巴黎，拿破崙不可避免要碰上幾個政壇的重要人物，第一位就是西哀士。還記得吧，就是這個教士寫的《第三等級是什麼》的小冊子，點燃了巴黎；另一位是個主教，叫塔列朗。塔列朗從小就摔成瘸子，幼時的殘疾讓他成為一個表面很和善內心很陰暗的人。大家想啊，這兩位都是天主教的神職人員，法國大革命這段時間裡，斐楊派、保皇黨、吉倫特、雅各賓、熱月黨幾度風雨幾度春秋，一茬茬地，死了多少人垮了多少人啊，而這兩位作為神職人員能在革命的驚濤駭浪中屹立不倒，尤其是最終還能穩坐在共和國的政界高層，他們擁有多麼神奇的生存智慧和政治手段啊。拿破崙剛從軍人過渡到政客，這兩個老狐狸正好能帶他快速入門。

作為督政府的外長，塔列朗很早就看好拿破崙的前景，並主動與之結交。而西哀士作為剛當選的督政府主席，看著法國現在飄搖不定，覺得有必要重建制度，修改憲法，以鞏固他代表的自由資產階級的利益，因此他很需要有人拎著刀，幫自己清除異己，達到目的。在塔列朗的牽線搭橋下，西哀士決定和拿破崙結盟，辦大事。

一七九九年十一月九日，共和曆的霧月。大家都知道，這個著名的「霧月政變」造就了拿破崙的大業，可能很多人不知道，「霧月政變」並不是聽上去那麼漂亮，政變過程，拿破崙非常狼狽，而且險些失敗。

拿破崙將推翻督政府和兩院的事分了兩天來做，第一天，他想辦法將原本在兩個地方開會的元老院和五百人院湊到了一起，而當時督政府的五個執政，被他恐嚇或者利誘，都覺得再堅持下去凶多吉少，自動散了。五人中最聰明的是巴拉斯，拿破崙讓塔列朗拎著一袋子金幣勸他提前退休，結果他錢都不要，一看到塔列朗來訪就自動簽字下課。塔列朗據說是把金幣中飽私囊了。拿破崙是巴拉斯發掘的，他非常清楚小子個會幹出什麼事來。

第一天的事挺順利，可沒有直接解散兩院，結果一夜之間，很多議員就感覺到了這個事情不對。第二天，拿破崙衝進元老院，讓他們解散，老貴族們膽子小，當時就從了。可五百人院，人種就複雜多了，拿破崙進入五百人院要求解散時，遭到了議員們的圍毆和謾罵。拿破崙雖然身經百戰，可被一些穿長袍的人圍在中間拳打腳踢掐脖子還是第一次，他這才知道議會大廳也是戰場幹仗也是要出人命的。

拿破崙被議員圍毆，而挑唆拿破崙辦事的幕後策劃西哀士並不出面，他已做好了準備，如果拿破崙失手，他就第一時間撒丫子溜，讓小子個承擔全部的後果。

拿破崙還是運氣好啊，他還有個幫手，他最有才的弟弟呂西安。因為拿破崙的戰績和名聲，呂西安剛剛做了這個月五百人院的議長。他喝止了議員，讓拿破崙乘機跑了出去。門外有支軍隊，巴黎衛隊。

巴黎衛隊不是拿破崙的軍隊，他自己的軍隊在埃及呢。所以，看著拿破崙丟盔棄甲地跑出來，門外的士兵也不準備衝進去報仇，拿破崙叫喚了半天，沒人搭理他。

這時，呂西安走了出來，他以議長的名義下令，讓巴黎衛隊進場逮捕叛亂份子。巴黎衛隊的士兵們都是些共和標兵，他們聽到議會裡叫拿破崙為暴君，說他是下一個克倫威爾，所以都覺得支持他政變是不對的。這時呂西安拔出劍來，頂在拿破崙的心口上說：我發誓，如果有一天他妨礙法蘭西的自由，我會親手了結我的親哥哥。

總算說服了巴黎衛隊進入議院，五百人院的議員們四散逃跑，好多人是喊著「共和萬歲」跳窗戶跑的。

兩院解散，大功告成，當夜，一些比較隨和不添亂的議員們投票，廢除督政府，拿破崙、西哀士、迪科成為臨時執政，並從兩院選出五十人起草新的憲法，現在的法國的政府，被稱為執政府。

西哀士本來是找拿破崙當槍使，預備用完就扔掉，此時就給拿破崙安排了個閒置，許以高薪，想養著他。西哀士看人不準，能夠使用拿破崙的，恐怕只有他自己，他沒費勁就架空了西哀士，獨自接下了制定憲法這個工作。

法國大革命，先後出了三部憲法，法國政壇隨便找個人就是憲法專家，而拿破崙同學早就潛心研究過各國的法律，更是個行家，而且他非常清楚自己需要什麼，所以，他口授別人記錄，九十五條新憲法條款頃刻之間就出爐了。

這部一七九九年憲法是軍政府的法律，拿破崙成為第一執政，絕對老大，任期十年，其他的條款也都是為專制統治服務。也就是說，拿破崙現在領導的，是一個獨裁統治的共和國。

新首腦的工作非常俐落，行政、經濟、意識型態，三件大事一氣呵成。行政方面重新界定了行政區域，讓他們更適應中央集權的統治；經濟方面，改革稅收制度，各地的徵稅權力全部收歸中央，這個辦法讓督政府時代虧空的國庫很快就得到了充實；一八〇〇年，拿破崙還建立了法蘭西銀行，重建了證券制度。意識型態就是宗教，拿破崙跟羅馬教廷簽訂了《教務專約》，法國承認天主教是法國人大多數人的宗教，允許法國人信新教，只要不犯法，允許宗教活動，為了感謝拿破崙的宗教寬容，教皇答應，之前沒收的教會財物不要了，法國終於實現了難得的宗教和平。

執政府以很高的效率穩定了霧月政變後的法國形勢，而在這一輪的內政管理中，拿破崙最值得稱道的工作就是制定了一部民法法典，也就是著名的《拿破崙法典》。這是資本主義國家最早的一部民法典，語言簡潔、邏輯嚴謹，強調和鞏固了資本主義國家的形態，確認了法國大革命的成果。這部法典隨著拿破崙的征戰傳遍歐洲，為後來歐洲掙脫封建主義的束縛，陸續建立資本主義國家起了巨大的推動作用，而後歐洲國家的民法大部分都以此為藍本。即使是現在的法國民法，其大體框架還是這部《拿破崙臨死時說，他一生最不朽的功績就是《拿破崙法典》。

拿破崙這麼好整以暇地整理國家，第二次反法同盟去哪裡了？被打跑了唄。霧月政變後，拿破崙就對聯軍求和，人家不答應，逼得拿破崙再次頂風冒雪翻越了阿爾卑斯山口，二次出征義大利。義大利北部的風水很旺拿破崙，他一過去就能贏。奧地利首先放棄，同意萊茵河左岸都歸法國，德意志南部靠近法國的那些聯邦也歸法國說了算，義大利北部的共和國繼續存在。

看著奧地利不玩了，俄國就有點猶豫，拿破崙乘機一把拉住沙皇，要求以後結盟。沙皇權衡了一下，答應了，於是歐洲大陸上那幾個敵人都退出了。剩下的英國孤掌難鳴，國內反戰情緒高漲，估計自己單獨對戰拿破崙也沒有勝算，和談吧。就這樣，一八〇二年，第二次反法同盟也散夥了。

內政外戰，可圈可點，拿破崙獲得了大多數法國人的認可，第二次反法同盟結束這一年，拿破崙要求人民選他終生執政，民眾很愉快地答應了。

管理執政府的這幾年，拿破崙遭遇了兩次暗殺，第一次是在去歌劇院的路上遭遇了炸彈，炸死了街上二十多人，拿破崙和約瑟芬倖免；第二次則是一八〇三年，英國人指使流亡的保王黨人偷偷登陸，潛入巴黎刺殺拿破崙。整個計畫一早就被法國的情報人員掌握，所以一直等所有參與者進入法國，一併逮捕，有個波旁家族的倒楣公爵被認為是復辟的主謀，法軍越境到德意志抓他回來，槍決了。

這兩次暗殺雖然都是保王黨人所為，不過拿破崙卻乘機清洗了雅各賓派的殘渣餘孽。而第二次謀殺後，讓拿破崙有了個新想法。波旁家族這樣前仆後繼地要復辟，歐洲各國哭著喊著要幫著他們復辟，如果法國有了國王，他們還復辟什麼呢？像拿破崙這樣的天才，他的家族難道不應該世代領導法國對抗這些敵人嗎？

拿破崙要當法王，不！國王是個陳腐的概念，代表舊的時代，是被大革命推翻的東西，不能再用了，法國的最高首腦應該是皇帝！

民主時代了，不能說稱帝就稱帝啊，至少要徵求公民的意見吧？同意拿破崙・波拿巴同學做法蘭西皇帝的舉手！太意外了，大革命十五年，不就是推翻王權，推翻獨裁嗎？可是在一八〇四年的投票中，僅僅只有兩千多人投了反對票，三百萬法國人同意拿破崙成為皇帝！當年他們要求殺死路易十六時有多激動，此時擁護拿破崙就有多狂熱。那些倖存於世，參加過最早攻陷巴士底獄的老革命們目瞪口呆。

4.君臨歐洲

法蘭西歷史上第一次有皇帝登基，一定要慎重隆重。拿破崙專門邀請了當時的教皇來塗油加冕。一八〇四年十二月二日，教皇塗完了油，正預備給戴上皇冠，拿破崙一把搶過來，自己戴上了，隨後又親自給約瑟芬戴上了皇后的冠冕，教皇舉著手，表情很僵硬。

現在的拿破崙應該叫拿破崙一世，這個皇帝一點不知道自己金尊玉貴，應該養尊處優。如今他是絕對老大，他想幹什麼都行，遺憾的是，這位老大一天到晚想的，不過就是打架而已。

一八〇五年，第三次反法同盟又開始了。英國人的刺殺拿破崙計畫失敗，惱羞成怒；俄國人換了個沙皇，亞歷山大主政了，這夥計面對拿破崙覺得「鴨梨山大」，還是跟英國人聯手安全；奧地利呢，拿破崙稱帝了，神聖羅馬帝國的皇帝貶值了，最恨的是，拿破崙還跑到義大利，給自己做了一頂義大利國王的王冠。

對拿破崙來說，陸上戰爭跟誰打，他都不怵，想到英國，就有點不淡定，英吉利海峽看著像天塹一樣了。

本來正忙於渡海登陸的事，這邊聽說反法聯盟又組團了，只好先解決陸上的問題。在拿破崙看來，他收拾奧地利手到擒來，所以第一目標，大軍直奔維也納，這次，他預備給神聖羅馬帝國的皇帝徹底上一課。

第一戰完美無比，法軍透過急行軍，包圍了猝不及防的奧軍主力，三萬多奧軍並裝備投降，法軍佔領了烏爾姆要塞，法國士兵很得意地說，他們是靠長跑取得了勝利。隨後大軍繼續向維也納進發。

陸上戰役的成功總要搭配一件海上的失敗，行軍的陸上，拿破崙收到了悲慘的消息，特拉法加海戰，法國艦隊再次全軍覆沒，唯一的收穫，恐怕是英國那位海上戰神納爾遜犧牲。

納爾遜是拿破崙的剋星，拿破崙對這位總是讓自己吃癟的對手卻是心懷崇敬的，後來的法國海軍，還被要求懸掛納爾遜的畫像。

艦隊被滅，海軍司令被俘，這些事影響不到拿破崙，此時他回師海上也於事無補，不如一門心思進發維也納吧。好在上帝給了他補償，很快他就收穫了他打架生涯最大的輝煌。

一八〇五年十一月底，拿破崙率五萬三千人進駐奧斯特里茨，在現在的斯洛伐克境內，當年是個荒蕪的平原，這附近已經雲集了奧俄聯軍八萬五千人。

大戰前夕，拿破崙就不斷示弱，希望能跟奧俄和談，而且部隊也做出了預備撤退的動作。聯軍想到特拉法加海戰法國海軍全軍覆沒，拿破崙撤回去也很正常，於是不準備搭理拿破崙示弱，想憑藉一場漂亮的戰役擊潰法軍的主力。

十二月二日一早，皇帝陛下加冕一周年的紀念日，聯軍開始進攻了。法軍果然很弱，整個右翼暴露，聯軍一擊即潰。然而，這一切都是計，法軍的兩萬增援部隊還沒有進入戰場，右翼的虛空也是拿破崙的誘敵之計，一切如拿破崙的計畫，俄奧聯軍被事先藏好的法軍冷不防地突破，只能向冰封的湖面上潰逃。不幸的是，拿破崙的炮群早就對準了這裡。

下午四點多鐘，惡戰結束，拿破崙騎馬巡視戰場，聯軍傷亡慘重，被俘兩萬六千人，一百八十六門大炮及四十五面團旗；法軍傷亡八千五百人，只有一面團旗的損失。法軍大勝。這場戰役的另外兩位主角，神聖羅馬帝國皇帝和俄國沙皇險些被擒。而這一場大戰因為雲集了歐洲三位皇帝，又被稱為三皇會戰，顯然，拿破崙這個半路出家的皇帝比那兩個天生貴胄加起來都強。

一八〇五年十二月四日，法奧達成停火協議，十二月二十七日，奧地利和法國簽訂和約。奧地利退出反法同盟，法蘭西斯二世放棄自己「神聖羅馬帝國皇帝」的封號。這樣一來，第三次反法同盟又被瓦解，神聖羅馬帝國的歷史也告終結。

奧斯特里茨戰役不僅是戰史上的重要戰役，也是拿破崙生命中最重要的一戰，此戰後，他真正確立了歐洲霸主的地位，開始了君臨歐洲的歷史。第三次同盟的幕後黑手——英國首相小皮特聽說戰役的結果後，當場就病倒，臨終時讓人摘下牆上的軍事地圖，說，今後十年都用不上了。

為了慶祝這個偉大的勝利，第二年，皇帝就下令，在巴黎市中心建造凱旋門，並親手奠下第一塊基石。

神聖羅馬帝國落幕，本來支離破碎的國土更碎了，在《德意志是鐵打的》中提到，普魯士崛起，一直妄圖剔除奧地利統一德意志，如今拿破崙將德意志西部和南部的十六個諸侯國組成萊茵聯邦，全部掌握在自己手裡，這就讓普魯士鬧心了。

第一、第二次的反法同盟，普魯士選擇看熱鬧，還忙著分波蘭，把名聲搞得很壞。第三次反法同盟，他家倒是很想出兵了，不過動作慢了，拿破崙眨眼工夫就結束了戰事，而他之所以動作這麼神速也是怕普魯士投入戰鬥，所以，第三次反法同盟失敗，普魯士也有點責任，不過事後，他家還派個使臣過去祝賀拿破崙獲勝。

為了拿回萊茵聯邦，普魯士張羅著再組團打架，英國和俄國馬上同意了，死馬當活馬醫，當時普魯士的陸軍號稱歐陸最精銳的部隊，英國和俄國也想讓普魯士對抗法蘭西試試看。

拿破崙一直視普魯士的腓特烈大王為偶像，也實在不願意與他一手建立的軍隊碰撞，可此時的普魯士王后是個特別能作（上海話「作」是驕縱、任性、要求高）的女人，認定了之前拿破崙在歐洲這麼手順，完全是因為普魯士沒有出手，普魯士的軍官甚至到法國大使館的台階上去磨刀叫板。在拿破崙提出和平條件讓普王偏安無效後，第四次反法同盟成立了。

一八〇六年十月，十六萬大軍進發柏林，不管之前拿破崙對這一戰有什麼樣神聖的想法，或者是歐洲其他國家對這場巔峰對決有什麼樣的期待，買票看熱鬧的全都後悔，一天之內的兩次大戰，普魯士軍隊即被摧毀，兩周後，法軍進入柏林，拿破崙來到腓特烈大王的墓前表示遺憾。

普魯士淪陷，波蘭人很高興。因為被俄國和普魯士分割，波蘭人對這兩個國家深惡痛絕，拿破崙被波蘭人視為救星，就指望他再幹掉俄國，恢復波蘭的國土。

臨近隆冬，滴水成冰，繼埃及的沙漠作戰後，法軍又面臨暴風雪中的戰場。幸虧有波蘭人幫忙，異常艱難，傷亡慘重，好在算是打贏了，俄軍退卻，法軍當然也無力追擊。

拿破崙累了，誰幹這麼多事不累啊，展開歐洲地圖，我們幫他清算一下戰果吧，老對手奧地利服了，不敢亂說亂動了；沙皇同意結盟，並接受拿破崙在歐洲所有的佔領；普魯士拆了，其西部的零碎國土被拿破崙整合成一個獨立的國家——威斯特伐利亞。拿破崙現在是法蘭西的皇帝、義大利國王、萊茵聯邦的保護者。大哥約瑟夫成為那不勒斯的國王，兩個弟弟路易和熱羅姆分別接掌了荷蘭和剛成立的威斯特伐利亞，都是國王。科西嘉人家族意識強烈，喜歡玩家族企業，所以，拿破崙派出去的高層管理人員，全是親屬。現在對拿破崙來說，土地太大，親戚太少是個問題。

皇帝的軍隊在歐洲大陸上歡騰，所有的重要港口和碼頭也都被法軍控制，可是，英倫三島，法國人依然夠不著。在大陸，拿破崙已經無限接近神了，可就是不能進化到水陸兩棲，真是人生憾事。

不能過海也有收拾他們的辦法，在柏林，這個軍事天才預備跟英國人打經濟戰，下達了著名的大陸封鎖令：整個歐洲大陸的市場對英國封閉，所有隸屬於法國的各國，與英國不僅不准發生貿易關係，而且要斷絕一般來往；對法國統治下的歐洲的英國僑民，一律宣布為戰俘；所有英國的貨物和商船，全部沒收。從這個命令上看，皇帝陛下在對待英國的問題上，已經完全喪失了理性。

無法說清楚到底大陸封鎖令是封鎖了誰。剛開始英國人是挺茫然，損失嚴重。可是英國畢竟還有遼闊的海外市場，按拿破崙的思路，想「餓死」英國，幾乎不可能。而歐洲市場對英國還有非常嚴重的依賴，封鎖的同時，大陸各國尤其是法國自己，損失更嚴重。

哪裡有封鎖哪裡就有走私。英國在葡萄牙等地設置了各種隱蔽的貨棧，走私生意如火如荼。為了保障大陸封鎖令的有效，拿破崙發兵葡萄牙，殺一儆百教育違紀份子。

到了葡萄牙也就到了西班牙，已經拜服在拿破崙的馬靴下成為附庸的西班牙人，正好有事請皇帝給幫個忙。

前面說過，現在西班牙的統治者是波旁家族的。正好王室內部父子君臣內訌，太子爺請拿破崙幫忙爭位。拿破崙覺得，既然法國的波旁王朝都已經被波拿巴王朝取代，西班牙的波旁王朝也沒有存在的必要了。所以他過去，直接將西班牙國王父子綁到法國關起來，然後派了自己的大哥約瑟夫過去當國王了。對拿破崙來說，換掉一個國王，跟各省幹部對調差不多。

本來拿破崙侵入歐洲這麼多國家，大家還都挺平靜的，奧地利和普魯士的老百姓還歡迎法軍進城呢。西班牙這個事，把性質搞壞了，英雄的西班牙人民覺得，他們的王室被綁架侮辱，自己的國家被法國人佔領，拿破崙是侵略者。於是，西班牙人居然自發地組織了反法的抵抗運動，英國人一看，趕緊過來支援這場歐洲大陸難得的民族覺醒運動。

拿破崙習慣了對反法同盟那各懷心事的聯合正規軍作戰，沒打過這種萬眾一心同仇敵愾的游擊戰爭，頭次遭遇這四面八方全民皆兵的戰法，法軍意外地遭遇了失敗，逼得皇帝不得不御駕親征，到西班牙平亂。

法軍陷在人民戰爭的汪洋大海裡，英國人反應奇快，馬上號召第五次反法同盟。這次只有奧地利歡迎，普魯士正在韜光養晦，預備準備充分後一舉復國；沙皇覺得，剛跟人家簽約不久，要毀約也得等一陣。所以，這第五次反法同盟，其實也就是奧地利人配合著西班牙的英軍在行動。

除去外部的壓力，拿破崙王朝的內部也出現了奸臣，不，應該叫叛臣。一直是拿破崙重要幕僚的塔列朗，這位政客中的極品，看多了王朝起伏，對局勢的發展高瞻遠矚，他似乎已經感覺到拿破崙進入了震盪期，還逐步向下。於是塔列朗未雨綢繆地開始給皇帝設計結局，主要動作就是跟英國人結黨。

大陸封鎖令讓法國經濟遭受打擊，拿破崙這第五次對反法同盟的戰鬥，顯得異乎尋常的艱苦，連屢敗屢戰的奧地利都讓法軍吃了不少苦頭。最要命的是，西班牙人把全歐洲都教壞了，此時奧地利、普魯士和德意志的其他地區的人民，突然都覺悟覺醒了，發現居然還有民族自尊心這種東西，都吶喊著要反侵略，抵抗法國侵略者呢。

拿破崙還是贏了，先取得了西班牙，建立了西班牙波拿巴王朝的統治，然後掉頭德意志戰場，再次進入維也納，擺平了奧地利。皇帝生氣了，不給奧地利臉了，他肢解了奧地利的國土。

連續三次以少勝多粉碎反法同盟，拿破崙帝國真正成為歐洲的主人，他經常去拜謁查理曼的陵墓，不知道從什麼時候開始，重建查理曼帝國成為他的動力和目標，現在，基本可以說，他做到了。

5. 人生不如意十常八九，無後為大

一八〇九年，四十歲的拿破崙站在歐洲版圖面前，他在想什麼？想女人啊，想到底有沒有女人能給他生個兒子啊。要不然這份龐大的家業，以後留給誰啊？

話說在柏林期間，應該是皇帝身心愉悅的至高點。拆了普魯士、揍了沙俄、恐嚇了奧地利、制裁了不列顛，拿破崙在軍事和政治上都獲得完美的勝利，而恐怕最讓他高興的事，是聽說自己有了個兒子。

拿破崙沒登大位前，每次出征在外，約瑟芬都給自己找安慰，私生活多姿多彩的。後來成為皇后，她收斂了，不敢了，她比皇帝大好幾歲呢，又一直不產育，皇后之位懸著呢，哪敢再放肆啊。倒是拿破崙補上了這一課，在巴黎，經常有各種女人被皇帝陛下臨幸。而就是這些女人中的一位，居然給拿破崙生了個兒子！

皇帝看不上孩子的媽，不過是露水情緣的產物，絕對不夠資格繼承法蘭西帝國的大位。這個事的最大意義就是，終於讓皇帝鬆了一口氣，原來自己沒有病，是有能力繁衍後代的，於是，再有合適的女人被皇帝看中，這個事就帶著特殊的意義了。

波蘭被從普魯士和俄國手中挽救回來成立了華沙大公國，由拿破崙最喜歡的薩克森國王去管理。波蘭人銘感聖恩，他們奉獻了皇帝最需要的東西表達感謝，一位金髮碧眼小巧玲瓏的美麗女郎，瓦萊夫斯卡伯爵夫人。

這位被稱為「波蘭夫人」的美女初見拿破崙時還不到二十歲。她恐怕是拿破崙唯一遇上的，一開始就拒絕他的女人。而這個小貓一般溫順的波蘭女孩為了國家成為皇帝的情婦後，卻是最懂事賢淑還死心塌地的。後來拿破崙將她帶回巴黎，她安靜地守在皇帝身邊，絕少拋頭露面，即使生下一個兒子而拿破崙不給這個私生子名份，這個小女人也不吵不鬧不生事端，甚至，她都不跟拿破崙提任何金錢上的要求。

約瑟芬讓拿破崙迷戀，波蘭夫人讓拿破崙疼愛，可這兩個女人，都擔不起法蘭西的未來，拿破崙需要一個血統高貴的兒子，也需要一個可以跟法蘭西帝國匹配的皇后。

四十歲那年，雖然依然深愛著這個女人，拿破崙還是痛苦萬分地下了休妻的決定，他甚至親自送走了約瑟芬，還答應經常去探望她，並維持她奢侈的生活，拿破崙自己其實一直很節儉。

透過奧地利梅特涅首相的牽線搭橋，拿破崙為法國迎來了一位來自哈布斯堡家族的皇后。拿破崙不是不知道法國人對奧地利女人的敵意，可他的選擇範圍也只能侷限於奧地利或者沙皇俄國。此時的沙皇不知道揣著什麼主意，拒絕了拿破崙對自己妹妹的求婚，所以奧地利的瑪麗公主就成了唯一的選項。

哈布斯堡家族的繁殖能力是最讓拿破崙欣賞的，好在瑪麗皇后也爭氣，兩年後，她為法蘭西帝國生下了最尊貴的太子，這個帶著萬千寵愛，和著一〇一響禮炮聲降落在這個世界的孩子，被皇帝封為羅馬王。對拿破崙來說，打下多少城池多大的江山能比得上這來之不易的兒子呢？

6. 戰神隕落

一切源於大陸封鎖令。本來經濟就不發達的俄國深受其害，英國是他家糧食和木材的主要市場，而封閉的俄國也就是從英國那裡獲得點殖民地產品改善生活品質。亞歷山大委身拿破崙，獲得的好處不過是一部分波蘭的土地，可現在跟對英的貿易相比，就如同為撿芝麻丟掉西瓜，俄國老百姓怨聲載道，沙皇自己也覺得這買賣不划算。於是，亞歷山大偷偷地就開放了港口，不僅私下恢復了跟英國的貿易，還幫著把英國的產品賣到了歐洲各地。

不光是俄國不聽話，西班牙的事也一直不能了結，雖然拿破崙的大哥成了西班牙國王，可這可憐的王位需要大量法國軍隊鎮守，西班牙不屈不撓孜孜不倦地反法活動從沒有消停過。英國有個叫威爾斯利的將領帶兵在葡萄牙登陸，給了西班牙的反抗運動巨大支持。打又打不完，撤又不能撤，可憐幾十萬的法國大軍，就這麼不明不白不清不楚地被牽制在伊比利半島，如同陷在爛泥裡。

拿破崙藝高人膽大，誰說西班牙打不完我就不能發動新的征戰啊。眼下當務之急，必須教訓沙皇，沙俄老實了，歐洲才算全部臣服，到時候英國自然不敢撒野了。

一八一二年六月，拿破崙啟動軍事生涯最大的冒險，發六十一萬大軍征俄。現在拿破崙再出兵，統帥的就是八國聯軍了，他岳父家的奧地利兵、普魯士兵、波蘭的、瑞士的、荷蘭的、義大利的，五花八門的。

進軍的時間選得很好，拿破崙知道，必須在天氣惡劣前速戰速決。大軍跑得也挺快，不到十月，進入了莫斯科。

這樣的遠征，後勤補給往往比戰場廝殺更重要，俄國人根本不跟拿破崙正面作戰，他們就是喜歡偷襲糧道。法軍疲餓交加進入莫斯科時，俄國人發揚了寧為玉碎不為瓦全的精神，他們居然燒掉了首都，然後集體撤離。拿破崙滿心歡喜進入的，是一座滿目瘡痍的廢都。既沒有安身之所，也沒有果腹之物，拿破崙在莫斯科百無聊賴等了幾天，確定沙皇絕對不會跑來投降後，下令撤退！

沙皇亞歷山大笑了，他所有的等待和犧牲就為了等這一天，俄軍會直接將歸心似箭想回家的法國人送回老家。這一路上，拿破崙又見識到了一種全新的戰爭藝術，那就是神出鬼沒輕捷靈動的哥薩克騎兵。他們行蹤飄忽地襲擊這支又冷又餓毫無戰鬥力和士氣的隊伍，找到機會甚至還屠殺他們，六十萬東征大軍最後活著到達波蘭的剩了不到九萬。而撤退中的拿破崙再次拋棄了自己的隊伍，他聽說巴黎有人乘機謀反，所以提前跑回家，這支殘部支撐回到巴黎的大約兩萬人左右。

雖然即時粉碎政變保住了王位，兵敗如山倒，波拿巴王朝已經不可避免地進入暮年。沙皇藉著大勝再次組織反法聯盟，這是第六次了。

所有的敵人都來了，沙俄、英國、要復國的普魯士、不顧親戚情分的奧地利、一直沒有放棄的西班牙和葡萄牙，在波羅的海受夠了氣的瑞典，還要加上，全歐洲民族主義覺醒的普羅大眾。

皇帝已經沒有軍隊了，法國稚嫩的年輕人都上了戰場，兵力比起聯軍還是相差甚遠。可就是帶著這樣一個新手的部隊，在一八一三年的上半年間，拿破崙還是可以取得對聯軍的勝利。毀滅開始於一八一三年十月的萊比錫會戰，拿破崙的大軍終於被擊潰。第二年，就在拿破崙還在戰場上苦苦掙扎的時刻，他留在巴黎鎮守的大哥約瑟夫開城投降，沙皇帶著聯軍進入巴黎，他送給拿破崙的首都是一座廢墟，拿破崙送給他的首都可真是金碧輝煌呢。老狐狸塔列朗主持了所有的工作，之前他已經和沙皇聯絡得非常愉快了。

拿破崙還想作困獸之鬥，可他手下的元帥們卻不願意再打了：「大哥，跟著你，有點累！」如今大勢已去，認慫放手，放大家一條生路吧。

一八一四年四月六日，拿破崙不得不簽下了退位詔書，路易十六倖存的弟弟在聯軍的扶持下登基，波旁王朝的路易十八。

拿破崙退位後吞服鴉片自殺，被搶救過來。沒死成就活著吧，聯軍對他還算客氣，讓他帶著四百多人馬去到一個叫厄爾巴的小島做島主，不僅年金優渥，還可以保留皇帝的頭銜呢。

好萊塢恐怖片有個規律，怪獸或者外星人或者妖魔鬼怪什麼的，一旦被打倒，當時肯定不會死，沉寂一會兒，讓大家的心在半空中飛一會兒，一定會突然跳起來嚇人一跳然後再打一場。強人如果一倒下就沒戲了，肯定影響票房。拿破崙作為深受各界喜愛的鳳梨派，絕對不會讓觀眾失望。

厄爾巴島的皇帝島主做一行愛一行，他做皇帝八方征戰，做了島主他就發展生計，這個小島子在他打理下，很快就有聲有色欣欣向榮的了。而且他還在島上築起了堅固的工事，讓很多人都覺得，這個神仙恐怕是收心從良預備在小島上終老了。

法國人就算是對拿破崙有微詞，可更不喜歡波旁王朝，尤其是路易十八像個廢物似的，跟拿破崙相比直接可以送去廢品收購站，法國的老百姓從來沒有這麼想念一個人啊。

拿破崙也想念大家，所以不到一年，他就帶著親隨和跟他一起去島上的幾百近衛軍悄然登陸了。這個夥計雖然打海戰不行，在海上逃跑卻是高手，如同他從埃及的回程，再次躲過了重重監視。

科西嘉的魔王回來了！這個消息讓巴黎都地震了。路易十八派人去阻截拿破崙，這些派去的軍隊，一見拿破崙就脫下帽子表達了對統帥的思念之情，隨後，這一路北上巴黎，所有被派來的軍隊都回到了舊主旗下，拿破崙說話算數，他說他不費一槍一彈就可以進入巴黎。

再次回來的拿破崙覺悟了，他知道他之前的統治過於獨裁專斷，上帝既然給了他第二次機會，他希望能改變所有的錯，重新來過。

反法同盟可不給他機會，本來這些人在維也納忙著戰後分贓呢，一聽說拿破崙回到巴黎了，慌了。好在隊伍還現成，趕緊把第七次同盟組織起來吧。

雖然倉促間，拿破崙根本無法組建趁手的軍隊，武器裝備也不好籌備，可他還是決定迎戰，甚至主動出擊。

全歐的敵人來自三個方向，俄奧的聯軍預備越過萊茵河；在比利時，英國和普魯士的聯軍已經在那裡等候，四個國家的兩支聯軍即將會合。南面是義大利西班牙方面的軍隊。最危險的當然是北面，如果四國軍隊會師，將是不可戰勝的力量，所以拿破崙決定主動出擊在比利時的英普聯軍，將他們消滅在俄奧聯軍過來之前。

英普聯軍駐守在布魯塞爾南郊滑鐵盧小鎮的一個高地上。這場戰役賭上了拿破崙的一切，所以第一次出擊時，久沒動手的拿破崙找到了猛虎出籠的狀態，首先遭遇的普魯士軍隊立即被擊潰，並向布魯塞爾撤退。

拿破崙下令格魯西元帥追擊普魯士軍隊。拿破崙的南征北戰消耗最大的就是他手下那些經驗豐富英勇善戰的將領，這位格魯西元帥沒什麼特別的才能，不過是拿破崙實在要用人而又無人可用的選擇。

格魯西接受的命令很簡單，追上普魯士軍隊，消滅他們，實在不能消滅，也要防止他們掉頭回來支援英軍。

送走格魯西和三分之一的軍團，拿破崙全力進攻英軍駐守的高地，守在高地上那個英國人是拿破崙的眼中釘肉中刺，在西班牙的時候就讓拿破崙很頭痛，如今他已經是威靈頓公爵了，更加得意而且囂張，他在高地上建起了堅固的工事，存心要調戲拿破崙最擅長的火炮。

拿破崙無法將他的火炮用到得心應手，因為天不遂人願，居然下起了瓢潑大雨，滿地的泥濘一塌糊塗。

拿破崙和威靈頓這一輪膠著的攻防戰從十一點打到下午一點，法軍四次衝上高地四次又被打回來，傷亡慘重，雙方都疲憊不堪，而此時，不論是拿破崙還是威靈頓都知道，有一個因素可以快速決定這場戰鬥的勝負，那就是，撤退的普軍和追擊的法軍誰會先回來增援。

正當拿破崙看準對手防線的缺口準備第五次進攻時，突然看到了黑鴉鴉一片人馬疾馳而來，讓他崩潰的是，來的是普魯士的軍隊！

法軍哪去了呢？格魯西元帥對皇帝很忠誠，也非常忠厚，他接受的命令是追擊普軍，所以高地那邊連天的炮響沒有干擾他，雖然他一直找不到普軍的蹤影，可在沒接到新的任務前，他是不會離開他的職位的。後人評價滑鐵盧戰役，很多人都說，是格魯西葬送了拿破崙。

滑鐵盧戰場的慘狀讓威靈頓公爵自己都不寒而慄，這個科西嘉人跑回來，又將這麼多無辜的年輕人送給了死神，算算他一生，又將多少人送上絕路呢。

不能再給拿破崙機會了，這次，他將被放逐屬於英國管轄的聖赫勒拿島，那裡潮濕炎熱，生活艱苦，而且不准帶兵，島上還有人專門監視，這次，他再也別想離開了。

這個不世出的強人在這個荒島上生活了五年，心理上的痛苦肯定遠遠大於條件簡陋帶來的煩惱，好在偶爾會有過去忠心的部從來探望他，所有的談話都要在島上的英軍嚴密監視下。有一天，有個部從送給拿破崙一副做工精良的象棋，後來這副象棋就陪伴他打發了很多無聊的歲月，不玩象棋的日子，他躑躅在海邊，研究這個海島的形態，他想，如果有一份詳細的路線圖，我可以逃離這個海島，或許有機會重來。

一八二一年五月五日，帶著不甘可能還有病痛，五十二歲的拿破崙在這個荒島死去，死因一直成謎。根據他留下的頭髮檢驗，體內的砒霜超標，於是很多人分析他死於中毒，最盛行的一種分析認為，給他吃砒霜也不是為了害他，是他忠誠的隨從為了幫他離開小島，想用每天一點砒霜讓他生病，或許英國人會同意他回大陸去治療。不過現在最權威的說法是胃癌，拿破崙一直為胃痛所苦，而他家好像有胃癌的遺傳。

他叫荒野雄獅，在失去所有的戰力後，找僻靜的地方孤獨而逝也符合身分。然而，最悲劇的是，後來，他在島上天天摩挲的象棋被拍賣，在拍賣清洗時，工人發現象棋底部有暗格，暗格裡赫然是聖赫勒拿島的地圖，能夠幫助拿破崙逃出孤島，逃出生天的地圖！這副象棋天天在他手裡摩挲，他居然一點兒也沒發現部下這份良苦用心。

拿破崙的三個女人結局各異，瑪麗皇后在老公第一次退位就跑回娘家。其實，在對待拿破崙的問題上，如果瑪麗皇后願意幫他說話，或者奧地利方面會柔和一點。可惜，奧地利自從出了泰瑞莎女王這樣一個高品質女人後，公主就一代不如一代。瑪麗成為法國皇后，有很多機會可以幫助法國和奧地利弭合矛盾，讓事情有另一個走向，可她似乎從不考慮這些。不能因此得出她忠於奧地利這個結論，感覺她更多地像頭腦簡單不懂事。她帶著兒子跑回維也納後，很快跟一個奧地利軍官打得火熱。第七次反法同盟預備對拿破崙宣戰時，奧地利方面曾諮詢她的想法，她居然說，她跟拿破崙不再有任何關係，她將自己置於盟國的保護之下！

約瑟芬死於拿破崙第一次被流放，據說約瑟芬死前又輝煌了一陣子。因為沙皇、普王之類的進入巴黎後，都對拿破崙一生鍾愛的女人很好奇，於是約瑟芬的城堡又車水馬龍了。一八一四年，路易十八突然下令召見約瑟芬，好在之前她得了感冒沒幾天就死了，否則，她去見路易十八這個動作，對拿破崙未免有點侮辱。拿破崙後來才知道約瑟芬死去的消息，傷心欲絕。據說，他死前還在呼喚約瑟芬的名字，這個女人給拿破崙留下的印記，深入肌骨，誰也不能取代。

約瑟芬是拿破崙最愛的女人，波蘭夫人毋庸置疑是最愛拿破崙的女人。即使是在聖赫勒拿島流放的日子，波蘭夫人也經常帶著孩子去探望他，不離不棄。上帝可憐這個女人，她生的那個私生子後來很有出息。

從一七八九年到一八一五年，法國人創造了近三十年最輝煌的歷史，一次次的革命動盪變遷沉浮，高潮迭起，精彩萬分。遺憾的是，這場華麗的大戲落幕時，雖然實質上的法國和整個歐洲都已經被這場變革深刻影響甚至改變，不過從表象上看，似乎是終點又回到起點，只可惜浪花淘盡無數英雄。看著波旁家的胖子國王又搖搖擺擺地登上了王位，老楊不得不感歎：果真神馬都是浮雲！

二十七、最後的波旁

路易十八是路易十六的弟弟，路易十七死在獄中，他就被奉為法王，雖然這個法王大部分的時間都找不到巴黎在什麼地方。

路易十八這個人，思想還是挺進步的，早年間對第三等級還報以同情和些許地支持。當然，對於推倒了波旁家王位這個事，他再開明也是不會接受的，路易十六逃跑被抓回來後，這些王室成員感覺事情有點嚴重了，有條件的都往外國跑，路易十八就是這個時候流亡在外。

拿破崙倒台，他在外國軍隊扶持下登基，拿破崙捲土重來時，他撒丫子溜出了法國，等到滑鐵盧拿破崙戰敗，他又以最快的速度出現在王位上，五十九歲的高齡了，肥胖兼嚴重的痛風，居然還身手靈活。反正這個夥計自己不出力打架，單等正確的時間出現在正確的位置。

復辟初期，路易十八發現，經過這一輪革命，讓法國完全回到當初是不可能了，比較明智做法，就應該對大革命產生的結果做出適當妥協，所以，他一開始就答應，建立君主立憲的國家體制，保障宗教自由和公民人身自由，而且絕對不會找革命黨翻舊帳。

一八一四年，路易十八的政府又搞出來一部憲法，號稱《一八一四年憲章》。這段時間，法國人換個憲法比巴黎的女人換衣服還快呢。這部憲法也沒什麼新鮮的，雖然是君主立憲，法王的權力肯定是比英王要大多了。

憲章沒引起法國百姓什麼興趣，對他們來說，讓大家過幾天安穩日子是最重要的，《憲法》愛怎麼改就怎麼改吧，只有一點，那些封建的苛捐雜稅或者是勞役絕對不能恢復了。

老百姓沒反應或者說麻木了，不等於路易十八的日子就好過了。被革命又沒丟了命的老牌貴族，天主教的高僧之類的就很不爽。他們吃了這麼大的苦頭，終於取得了最後的勝利，如果不能報仇雪恨，不能拿回失去的一切，他們這罪不是白遭了麼？

路易十八知道自己始終是這個階層的代表，他必須依靠這些遺老遺少的支持，所以他也必須對這些人妥協。

兩頭都想妥協，兩頭都妥協不了的結果，直接導致了拿破崙不費一槍一彈重返巴黎。路易十八再次復位後，他非常清楚，就是極端保王黨的行為不得人心才讓自己的政權如此脆弱，可在保王份子看來，就是因為之前沒有對拿破崙份子或者革命黨殘餘進行清洗和報復，才會導致拿破崙捲土重來。所以，保王黨決定加大力道和幅度清算自己的仇人們，而且，要報復的不僅僅是保王黨們。

歐洲人每次組團打架完了都要懲罰戰敗國並且分贓獎勵自己，本來他們只是想溫和地懲戒一下法國，拿破崙這一輪回來，讓他們受了驚嚇，所以認為必須嚴厲批評法國人。他們要求：法國退回一七九〇年的疆域，五年之內罰款七億法郎，搶來的藝術品和珍寶退回原主。

看到這個懲罰條列，先出賣了拿破崙，現在又在波旁政府任首相的塔列朗趕緊辭職，不想擔這個罵名，於是路易十八啟用了黎塞留首相。

這個黎塞留是原來那位黎塞留的家族後裔，天賦不錯。他接班的主要工作除了還賠款，就是幫助路易十八平衡跟極端保王黨之間的關係。王要和保王黨博弈，這種事在歷史上還是比較少見。

賠款工作進行得不錯，三年時間，也就是一八一八年，七億法郎還清了，反法同盟的軍隊總算撤出了法國；要歸還的藝術品，鑑於沒有清單，苦主也不全，羅浮宮還是偷偷留下了不少。黎塞留解決不了的，還是保王黨的問題，他們要求得太多，路易十八和黎塞留都知道，真按他們說的辦，估計又要引發革命了。

在民眾和極端保王黨之間的平衡，路易十八和他的閣僚們如履薄冰，可防不勝防，一個意外事件，讓這個平衡被徹底打壞，路易十八不得不對保王黨們低頭了。

一八二〇年二月的一天，在巴黎歌劇院門口，阿圖瓦伯爵的兒子貝里公爵被人刺殺。凶手名叫盧韋爾，號稱自己是受了神啟替天行道。阿圖瓦伯爵是路易十八的弟弟，路易十八無嗣，阿圖瓦伯爵是第一位的王位繼承人，而他的幼子貝里公爵當然也是王位繼承人。所以，貝里公爵遇刺，不僅是一位王室遇害，保王黨們將事件定性為，革命黨想讓波旁家族絕嗣，以達到再次推翻王朝的目的！

在這個指導思想下，路易十八的態度就必須很清晰了，那就是全力支持保王黨，讓他們該報仇的報仇，該殺人就殺人。這一輪行動最引人注目的是教士，保王黨認為，只有恢復當初的天主教地位和信仰，才能從根本清理忤逆份子。於是，教士們又出動了，關閉學校清理教授，開辦教會學校，連小學老師都必須出示有教堂神父簽字的「良民證」才能上崗教書。那一陣子，法國最有前途最熱門的專業就是上神學院。

法國大革命的標誌是三色旗，波旁家的標誌是白色，教士們穿的是黑袍，這一段歷史就是三色旗倒下，白色恐怖蔓延，黑色幽靈橫行其間。

一八二四年，路易十八駕崩，七十歲的老人家頭腦還是很清醒，臨終時，他預言：我的弟弟恐怕難以死在這張床上。路易十八的弟弟就是阿圖瓦伯爵，他繼位後是為查理十世。同樣大部分時間流亡在外，查理十世比路易十八努力多了。流亡海外時，他就天天忙於聯絡各路人馬配合反法同盟，波旁復辟後，他還不閒著，他又成了極端保王黨的頭目，他居住的地方簡直就是極端份子的大本營，而且也是個處處跟自己哥哥為難的小朝廷。

現在他終於登基了，為了表示自己恢復波旁王權的雄心壯志，他還專門跑到蘭斯去，按照當年的全套儀仗加冕。他的宣言是：寧可去砍樹，也不做英王那樣的國王！保王黨們迎來了自己朝思暮想的君主，查理十世也就配合著這幫看不清形勢鼠目寸光的倒楣孩子一步步走向滅亡。

查理十世最清楚自己的支持者需要什麼，他們最關心的不就是被革命奪取的財產和土地嗎。補償他們！補多少？十億！每個流亡的貴族可以得到一七八九年以前他從自己財產上收入的二十倍！限制出版物，嚴厲懲罰對天主教大不敬的人等等，總之是以最高的效率將法國帶回大革命之前的氛圍。

透過操縱議會，查理十世如願讓他最心儀的人成為首相，這個人叫做波利尼亞克。波利尼亞克是極端君主派，國內跟君主派對立而且實力雄厚的就是以工業資本家為主體的自由派。波利尼亞克再極端，坐上了首相之位也不能不考慮如何安撫或者壓制自由派，到底如何處理王權和自由派強大實力間的衝突呢？轉移矛盾啊。波利尼亞克覺得，如果這時候法國能發動對外的征伐，讓資產階級又看到海外的市場和法蘭西稱霸的希望，說不定對國王就崇拜了，服從了，不對著幹了，拿破崙不就是勝在武功卓絕嘛。

波利尼亞克興致勃勃提出一個整理歐洲版圖的方案，他認為，土耳其轄下的羅馬尼亞和小亞細亞應該割讓給俄羅斯，君士坦丁堡就歸普魯士，比利時可以劃給法國，這樣一分就天下大吉了。這個方案被人評價為是法國外交史上「最引人毛骨悚然」的文件，好在歐洲沒人搭理他。

這夥計進取心不止，歐洲沒人理他，他就決定打到非洲去主張霸權。好在他在非洲還是挺受重視的，一八三〇年七月，法軍開進了阿爾及利亞，似乎沒費什麼勁就讓對方的統治者獻城投降。雖然法軍在政治上取得了這個地區，可當地的百姓從來沒有屈服過，不屈不撓地反抗來自歐洲莫名其妙的侵略者。十幾年後，法國才宣布大致佔領，而阿爾及利亞人此起彼伏的反法鬥爭一直沒有放棄。

波利尼亞克這些作為對他主子沒產生什麼好影響，對法國也沒產生什麼好影響，如果非要找一個貢獻，那就是讓後來的阿爾及利亞人齊達內順利地進入法國踢球了。

自由派對國王和波利尼亞克這對君臣非常不滿，要求重新選舉內閣。查理十世以為首相剛剛佔領阿爾及利亞，支持率肯定很高，選舉我們不怕。誰知，阿爾巴尼亞的戰事又被無視了，自由派大勝，成為議會的多數。查理十世很無奈，不管他多麼想回到大革命前的光輝歲月，選舉議會這個事還是憲法，他或許可以操縱，卻不能廢除。所以，選舉就成了自由派反對他最有效的武器。

好在《一八一四年的憲章》還有國王最後的王牌，裡面有一條，如果國家安全受威脅，國王可以頒布特別法令，這個法令是早就準備好了的。

查理十世最後簽發的這項讓波旁徹底終結的法令叫做《七月敕令》，共四條：一，關閉報社；二，解散議會；三，改變選舉法，以後有土地的才有選舉權，商人繳的「營業稅」不作數；四，重新選舉。

這四條一公布，大家基本可以猜到，以法國人的脾氣和資產階級的實力，巴黎大街又要變成戰場了。

二十八、七月王朝

世界上恐怕沒有哪個城市的居民能夠像巴黎人這樣適應環境，沒事的時候，巴黎衣香鬢影，滿城春光；一有不爽，街上的石板路旁的大樹就被拿過來砌成街壘，將自己生活的家園直接變成屠場。你能想像嗎，行走在香榭麗舍大街上，不論你多麼的時尚精緻或者風情萬種，你腳下踩著的街道，都有可能被好幾代巴黎人的鮮血清洗過。

就在查理十世和波利尼亞克覺得自己出了一招狠棋的時候，巴黎人又築起了街壘，他們做武器巷戰之類的都是祖傳的手藝，不是因為想作亂而是動作嫺熟。巴黎聖母院在當天就豎起了三色旗，王室軍隊倉皇平亂，頃刻間就被幹掉了兩千多人！

第二天，羅浮宮和杜伊勒宮就被佔領，第三天，查理十世低頭認錯，想收回敕令，然而一切都已無可挽回。三天，僅僅用了三天，巴黎的市民就又推翻了一個國王，一個王朝！

巴黎人戰鬥力驚人，還爆脾氣一點就著，很適合給別有用心的人當槍使。這一次又被哪個方面利用了呢？大資產階級，大金融家之類的。他們在報紙上煽風點火，巴黎市民浴血苦戰時他們就躲著隨時預備捲逃，待看到國王逃跑了，他們馬上跳出來摘取勝利的果實。

巴黎人革命的時候要求的是共和，可在大資本家看來，法國一共和，就又成了全歐洲的眼中釘，又在全歐洲樹敵了，還是應該堅持君主立憲，可以選一個開明靠譜的國王嘛。

於是奧爾良公爵路易・菲力浦舉著三色旗出現了。奧爾良公爵這個名號一直是路易十三的一個兒子及其後裔世襲，在大革命期間，路易・菲力浦的父親一直是作為第三等級的貴族代表支持革命，而且還宣布自己放棄了貴族頭銜，改了個平民的名字，後來被雅各賓派送上了斷頭台。

路易・菲力浦前半生也一直在流亡，他是作為一個革命黨流亡的，七月革命成功，資本家和銀行家們需要一個革命黨自由派的國王時，路易・菲力浦當然是最好的選擇，況且他還擁有波旁王朝的血統呢。

巴黎老百姓的理想是建立一個共和國，可建立共和國這個事似乎比在街上砌街壘要難多了，而且他們也沒有能出頭露臉的領袖，只好退而求其次，接受一個盡量開明的君主立憲制國家吧。

路易・菲力浦在議會加冕成為法王，這個法王跟之前的好像不太一樣，所以也不好叫他路易十九，他本是奧爾良公爵，他的王朝就是奧爾良王朝吧，因為來自七月革命，大家習慣稱之為「七月王朝」。

國王是被選舉出來的，必須答謝選民，誰是他的選民？金融資本家。七月王朝開始的立國思想就是為這些黨國棟樑服務。然而，七月王朝也是個兩頭不到岸的產物，它勢必面臨兩股反對者，一股要求回到君主政治，一股要求共和。除了這兩股政治意向不同的反對派，立憲制內部還有分化，一些人被稱為「運動派」，他們認為法國應該在七月革命的基礎上深化改革，不斷完善憲法；另一些被稱為「抗拒派」，自覺得法國的革命應該適可而止了，就這樣能守住眼前的成果就不錯了。

路易・菲力浦國王號稱是平民國王，喜歡打把傘上街遛達，找家庭主婦聊天。這個親民形象可以理解為作秀，因為在他骨子裡，其實是很保守很怕改革的，他是「抗拒派」的首領，還要為金融資本家爭取利益。所以，不管他作秀或者不作秀，反對他的人總在那裡，不離不棄。

七月王朝這一段，法國正式進入了工業革命。法國的工業革命跟英國就沒法比了，這個國家因為種種原因，還停留在小農經濟階段。農村人口佔了七十%，所有人都在自己的地裡收穫維生的一切。法國是到了二十世紀三〇年代，才讓城市人口超過了農村人口，在歐洲大國中，真是一個特別的意外。

國王是個害怕革新，害怕新事務的人，所以法國的工業創新就更難見到了。但是基礎設施，比如鐵路、公路、運河什麼的還是蹣跚地前進著，法國人剛開始對鐵路都很排斥，可以巴黎為中心的鐵路網在一八四八年左右也算基本成型了。

雖然動作慢，但工業革命還是工業革命，它必然產生的結果就是產業工人增加了。如果是小資本家或者小工廠主能享有部分政治權力，為了他們自己的產業持續發展，他們也會制定讓工人好過些的政策法規，可如今當道的是大金融資本家，底層工人的生產生活狀況對他們並無直接影響，以致法國的產業工人生活得很不好。工作條件差，薪資低，工作環境惡劣，還經常爆發霍亂之類的大型疫症。整個七月王朝，各地工人的起義是經常發生的。

路易・菲力浦是波旁的血系，別指望他真的對權力毫無野心，統治的後期，他經常有操縱議會之類的動作。他也是沒辦法，國家亂啊，總找不到合適的人來管理。

最後一年，終於找到合格的首相了，所謂合格，是法王的感覺，因為這個首相最對他脾氣，大名叫基佐。

基佐在歷史上的大名主要是因為他是個了不起的歷史學家，說他是優秀的政治家，老楊都不好意思。這老哥的巨作就是《歐洲文明史》，經常被老楊拿來當參考書用，先在此隆重感謝他，然後，就是批判！

你說好好寫歷史就完了唄，你摻和什麼政治啊，你還不懂。基佐和法王一路的，都是極端的「抗拒派」，老人家認為，什麼都不壞，什麼都不用改。唯一比較有活力的行動就是終於鎮壓了阿爾及利亞人的反抗，終於將這個國家控制在法國手裡。

基佐最不贊成擴大選民人數和範圍，當很多人批評法國的選舉就是有錢人的遊戲時，這老傢伙的回答是：「致富去吧，有錢就能玩選舉了！」他對金融資本家的保護扶持是赤裸裸的，甚至犧牲民眾的利益鼓勵他們的投機行為，不僅中下層民眾不支持他，連高層的工業大資產階級都覺得他偏心眼。如此看來，法王和基佐的政府，支持範圍是非常狹窄的，基本可以說，下盤嚴重不穩。

法國黏滯不動，周圍的鄰居可都在進步，體制非常輕捷的英國，剛剛完成了自己的議會改革，讓法國鄰居很觸動。一八四七年，英國爆發生產過剩造成的經濟危機又牽連了法國，讓法國人的生活更糟糕，於是，讓基佐下台，政府改革的呼聲越來越高。這個時候，法國人還真的只是希望改革而已。

基佐老先生自己是個歷史學家，他居然不知道神祕年份來了，法國甚至整個歐洲都坐在火山口上了，這是，一八四八年。

二十九、法國一八四八

其他國家一八四八年的遭遇大致講過了，法國人如何經歷這個熱血澎湃的年份呢？他家事更熱鬧。

不知道從什麼時候起啊，法國人就喜歡舉辦飯局。我們老話說：革命不是請客吃飯！在法國，革命就是請客吃飯。有些事不值當上街幹仗，可又要表達訴求，怎麼辦呢？法國不是美食國度嘛，又小農意識，大家有事啊，可以坐下一起吃個飯，邊吃邊討論，吃好喝好說不定就什麼脾氣都沒有了。這種「飯局政治」成了各大門派表達政治願望的潮流了。聚餐人數和規模也越來越大，吃完後還發表相應的通告或者請願書。

基佐也知道這種飯局相當於政治集會，他可能是感覺吃飯能成什麼氣候呢，而且吃飯的時候頭腦一般都很遲鈍啊，這麼多年了，巴黎人民不都沒上街沒砌街壘了嘛，吃點飯能做出什麼事呢？因而對這種「飯局政治」，他從來是嘲諷加刻薄的。

一八四八年一月十九日，共和派又張羅飯局，看形勢，這次飯局陣仗很大。基佐有點慌，怕出亂子，這麼多人，萬一喝多了也是妨礙社會治安是吧，所以他下令，不許吃！

憲法沒規定不准聚餐吃飯吧，你說不許就不許啊。改期，飯局照舊。組織者還在各種報刊上發布了聚餐的消息，還說，這次吃飯，就是要提醒並要求政府改革議會選舉，改革不合理制度等等。

共和派的議員們歡欣鼓舞都要參加，就連底層的老百姓，雖然輪不上吃，可看到這個宴會的目的和訴求，還都挺興奮的。

宴會改在二月二十二日，主辦方開始在香榭麗舍大街擺桌子，看起來像大型流水席。二月二十一日，政府再次下令，不得聚餐開宴！

本來巴黎人是不想鬧了，能吃飯解決的事為什麼要對砍呢？現在吃飯不解決問題了，唯一能解決問題的辦法就是老辦法，於是，工人、大學生、手工業者又上街了！

路易・菲力浦發現事態嚴重，撤換了基佐，這老人家後來就到英國著書立說去了。法王換了好幾個首相試探民意，這次巴黎市民的目的非常明確，就是要讓國王下課，實現共和。眼看著好多的國民自衛軍都倒戈加入了起義，路易・菲力浦知道大勢已去，趕緊辭職，把王位傳給孫子，孫子的媽媽還妄圖成為攝政太后。在巴黎人的不依不饒下，這母子倆也只好流亡了。又一個王朝死在巴黎市民手裡，這次革命被稱為「二月革命」。

其實，不論法國的王位如何更替，國家性質如何轉變，會讓巴黎人上街打仗，根本的原因從來就是兩條，饑餓和失業，如果不解決這兩個問題，什麼政府什麼人上台都不穩當。

二月革命後，又是資產階級拿到了政權，巴黎的無產階級沒有明確的領導集團，每次戰鬥勝利後都迷茫，只好誰能組織政府收拾後事就聽誰的。好在這次資產階級學乖了，老老實實組織了一個共和制的政府，政府的帶頭人是當時著名的詩人拉馬丁，新成立的法蘭西共和國從前面算下來，是第二共和國。

和基佐一樣，拉馬丁在文化史上的地位是很高的，他被稱為浪漫主義詩歌的開創人。什麼是浪漫主義詩歌呢？就是不讚美神也不押韻講格式了，心裡怎麼想就怎麼寫，寫生活寫感覺寫心情寫屬於自己的喜怒哀樂。拉馬丁經歷了幾段美麗而沒有結果的愛情，所以就寫出了很纏綿很淒美的詩句，而開創了一個詩歌的新時代。不過，詩歌是最凝練的語言，要翻譯成另外的語言還保持原味幾乎不可能，看了幾首拉馬丁的詩，意境倒有，其他的沒感覺。

能操控文字不代表能操控一國政府，老楊一直都說，文人玩政治，沒幾個死得好看的，讓我們看看詩人的政府忙了些什麼。

天下是工人階級打下來的，打架的目的是失業和饑餓，這容易解決啊，政府開工程招募工人上班就行了。

巴黎成立了一個叫國家工廠的機構，招募失業工人，每天給兩法郎薪資，來者不拒，不用簡歷不用面試英語不用過四級。好傢伙，十二萬人過來報名。

國家工廠每天幹什麼呢？到郊外平整土地啊，修個溝渠鋪個馬路什麼的，剛剛巴黎不是經歷一場惡戰嘛，街壘要收走，砍倒的樹也要種上。可這些活不用十二萬人啊，那怎麼辦，沒事，薪資照發，每天過來點個卯到處晃蕩吧。

每人每天兩法郎呢，這個支出很龐大。政府要增加稅收，否則財政缺口太大了。工人不敢惹，找農民吧。之前不是說過，法國最多的還是農民，而且他們只要有一片地，總能對付著吃飽，沒事不上街鬧事。

四十五生丁稅，以土地稅為例，交一法郎的土地稅就要搭配四十五生丁的附加稅（一法郎＝一百生丁）。而土地稅基本都是由土地的直接經營者來交，所以等於是讓農民增加了四十五%的稅收。

農民不滿這種無理的增稅，國家工廠也難以為繼。共和國政府效率高啊，既然開不下去就直接關門唄。未婚的青年男工就參軍去，其他的到外省去，自謀職業。如此一來，工人又被直接得罪了。又來了，巴黎好不容易整理乾淨的大街又攏上了，又開打了。這是六月革命，想必是因為天氣比二月份暖和些，所以這次革命，更加激烈。

拉馬丁是個浪漫派詩人，這些年革命也親身經歷了好幾場，沒想到這次是自己被革，正預備接受命運的安排呢，可有狠角色不服輸。當時的陸軍部長路易・卡芬雅克認為，面對造反，一定要鎮壓。

卡芬雅克讓大炮上了街，對起義人群血腥鎮壓。他成功了，六月革命失敗。雖然整個革命過程，雙方死傷約一千人左右，可事後的清算規模就大了，大約有一點五萬人被捕，有四千多人被流放到阿爾及利亞，卡芬雅克早先是阿爾及利亞的總督，估計他是感覺那個地方適合改造革命黨，他還非常體面地給自己贏得了一個「六月屠夫」的光榮稱號。

經過革命的洗禮，共和國的性質變了，資產階級的溫和派顯然不夠用了，只有卡芬雅克這樣的鷹派可以維持法蘭西的秩序。

新成立的政府怎麼不頒布憲法呢？是啊，忙不過來。經過六月革命一番折騰，大家發現，新國家沒有憲法就沒有秩序，不穩定還不正式。所以，革命後制憲的效率加快了，十一月，第二共和國憲法獲得通過。

新憲法最大的亮點就是擴大的選舉權，根據新憲法，可以擁有選票的人口從原來的二十萬增加到九百萬。選舉總統，四年一屆，要連任必須重新參加選舉。在以卡芬雅克為首的這一派活動下，共和國的總統權力很大，可以不受議會的約束。

憲法出來了，選民也有了，選總統吧。大家想想為什麼卡芬雅克會支持讓總統的權力很大呢？因為他是候選人之一，而且，他覺得鎮壓六月革命他是國家英雄，這個總統之位，他幾乎可以手到擒來。拉馬丁也是候選人之一，他可沒有卡芬雅克這麼強大的自信。

法蘭西熱鬧了，第一次這麼多人選舉，而且是選國家的最高領導人啊。參選總統這個事，根本不需要經驗，天生都會。反正是天花亂墜地向選民許諾好處巴結選民唄。

法國大部分男人經過這麼多年的鬥爭，終於獲得了選舉的權力，可真到這一天，他們還迷茫，因為他們大部分都是文盲啊，那幾個候選人講的那些事他們也聽不懂啊。而且啊，六個候選人，有五個來自之前的臨時政府，法國老百姓對臨時政府可一點好感都沒有，要不然也不會革命了，更氣人的是他們還血腥鎮壓過革命呢。那五個都是臨時政府的壞人，老百姓不喜歡，就算不恨他們也不了解不認識他們，怎麼能讓他們成為國家的主宰呢，如此一來，剩下的那個人，臨時政府造孽都跟他無關，他形象完整，最重要的是，大家都認識他啊，他大名叫路易・波拿巴，誰都知道，這傢伙是大家都很崇敬很懷念的拿破崙大帝的親侄子！

一八四八年十二月十日，這個革命年度的最後一場革命，法國的老百姓用選票報了六月革命的仇，七百五十萬張選票，路易・波拿巴獲得了其中的五百五十萬張，以絕對優勢當選為法蘭西第二共和國也是法國歷史上的首位總統！

三十、不想當皇帝的總統不是好侄子

路易・波拿巴從哪裡冒出來的，拿破崙那一篇不是結束了嗎？

路易・波拿巴是拿破崙的侄子，拿破崙第二個弟弟路易和約瑟芬女兒的兒子。好複雜的關係啊，這不亂倫嗎？是有點亂，也就是說，約瑟芬跟前夫生的女兒嫁給了拿破崙的弟弟，又是小叔子又是女婿。

拿破崙帝國時代，路易被奉為荷蘭國王。在兄弟中，荷蘭國王算是靠譜的。拿破崙宣布大陸封鎖令，路易就堅決不配合，他認為，荷蘭是個商業國家對英國依賴很重，難道二哥叫我去當國王，是為了讓我害死這個國家嗎？大陸封鎖令期間，路易一直頂風作案跟英國偷偷交易，還經常上書皇帝希望通融。後來，拿破崙發兵沙俄，要求所有盟國出兵幫忙，路易也拒不配合，拿破崙對這個弟弟非常惱火，通融不過，他就罷免了路易的王位，將荷蘭併入了法國。

路易・波拿巴生在巴黎，二伯倒台就流亡國外，後來入了瑞士籍。

一八三二年，拿破崙的親兒子羅馬王死了。這個金尊玉貴的王太子，隨瑪麗皇后回到奧地利後，一直託庇在外公身邊，沒吃苦沒遭罪，身體還不好，二十一歲就得肺結核死了。

路易收到這個消息，馬上就開始以拿破崙的繼承人自居，開始了非常微弱地造反行動。七月王朝期間，他發動了兩次政變，都被壓制，一八四〇年那一次，他還被抓住關起來判了終生監禁。好在拿破崙保佑他，五年後，居然越獄跑到英國去了。二月革命，他感覺機會來了，回到法國開始積攢政治資本。

臨時政府很不歡迎這個傢伙，他滿世界貼傳單發廣告，居然把自己整成了議員而後是總統候選人。拿破崙給他留下了無法用金錢計量的資本，那就是民眾的崇敬，所以，他能在一八四八年十二月二十日宣誓成為法蘭西首任總統。而最讓其他落選者鬧心的是，這傢伙得便宜賣乖，當選後，還感慨：在法國，我一個人都不認識！

知道他一個人都不認識，臨時政府就預備看他熱鬧，路易跟那幾個候選人商量，能不能幫自己組閣，這幾位誰也不理他。

從大革命開始，法蘭西的政治特色就是派系林立。總統當選，他面臨一個選擇，將來他的政權需要依靠哪一些哪一派？

總統有哪些選擇呢？第一個當然是共和派，臨時政府那幫子，現在正把持著制憲議會；另一些是「秩序黨」，他們號稱是要穩住舊的秩序，其實就是想回到君主立憲制去。秩序黨也分兩派，一派支持波旁家族，一派支持奧爾良家族。總統自己當然也有支持者，也就是所謂的波拿巴派。

不管在哪一派眼中，這個總統衣著怪異，造型滑稽，每天就知道捯飭兩撇可笑的鬍子，看上去沒什麼腦子，要把他架空成為傀儡，是一點難度都沒有。然而他們沒想到的是，他們這些玩政治玩了一輩子的老麻雀，就是被這個看似糊塗的菜鳥狠狠調戲了。

眼下共和派勢力最大，而且不鳥總統，路易決定依靠「秩序黨」建立自己的地位。「秩序黨」也正有此意，他們當然也想藉助總統打擊共和派。「秩序黨」的奧爾良派大佬巴羅受命組閣，總統又把巴黎的衛戍部隊和國民自衛軍的指揮權交給了「秩序黨」正統派的一位將領，內閣和軍隊掌握在「秩序黨」手裡，議會操控在「共和派」手裡，這種安排，就是讓兩邊更加對立。

在總統的幫助下，藉助大選，「秩序黨」幹掉了共和派，不久就掌握了議會。現在「秩序黨」覺得自己一黨獨大，但等這個不著調的總統任期一到，他們就扶持自己的人選成為總統，進而還可以恢復君主立憲制。既然要扶持下任總統，就要早做準備啊。

「秩序黨」本來就不是一個正式的政黨，不過是苟合的一群政客，他們不是有的支持波旁家有的支持奧爾良家麼，開始內訌了。

臨時政府制定的憲法規定，總統不受議會控制，還可以撤換任命內閣，一看到「秩序派」取得了議會，路易就先一步罷免了巴羅的內閣，隨後，又用同樣的辦法剝奪了「秩序黨」掌握的軍權。在秩序黨內訌爭執下任總統的時候，國家的行政權和軍權都已掌握在路易手裡。

「秩序黨」不介意總統權力大，因為權力再大，一八五二年他也要下課重選。路易現在要考慮的問題是，如何能改變憲法延長總統任期呢？

修憲可是大事，需要四分之三的議員同意。總統先在全國發起了一個請願運動，居然有上百萬人同意修改憲法。

這下「秩序黨」感覺不對了，他們知道，現在修憲是民願所向，如果議會不通過，則路易總統大有理由發動政變實現自己的目的。果然，議會投票，儘管「秩序黨」佔大多數屈服了同意修憲，可還有一些極端份子之類的不同意，沒有通過修改憲法，這樣一來，總統只有一個辦法了。

特別要說明的是，從一八四八年當選到一八五一年三年中，路易大部分時間都懶懶散散，不按時上班，也不正經結婚，一天到晚混情婦，花錢如流水。他跟議會的重要矛盾之一，就是自己的薪水總是不夠用，為了讓自己收支平衡，跟議會討價還價成為常態。雖然是這樣，他在老百姓心目中形象還一直不錯，因為不管是共和制還是君主制都把人得罪光了，總統中規中矩的，形象親和，經常走訪民間，招待軍隊，增加軍餉，民眾支持率一直很高。他要求修憲連任，很多人支持他，「秩序黨」內訌，有些人看不到前途，都主動投到總統這邊來，所以，不管是選舉還是政變，路易要延長總統任期，支持者還是很多的。

一八五一年十二月二日，一個紀念日，拿破崙在這天登基，三皇會戰大獲全勝也是這一天，路易・波拿巴也選擇了這一天。

當晚，總統發布布告：讓人民投票決定是否延長總統任期並賦予他新的權力。同時，軍隊出動，所有反對派的大佬全部逮捕，並控制了需要控制的所有部門。

整個過程難度不大，就看巴黎市民什麼反應。共和派意識到他們一直擔心的政變開始了，趕緊上街鼓動市民暴動，力道太小了，很快就被鎮壓。

此時的總統，幾乎已經實現了獨裁，可他承諾的是，通過普選來確定自己的未來。二十天後，投票開始，路易再次完勝大選，他獲得了七百五十萬張的支持票，反對的還不到七十萬。這樣一來，總統任期延長到十年，總統還可以指定繼承人，一個獨裁的共和政府又確立起來了。

路易就滿足了嗎？他來自皇帝的家族，已經成了獨裁的總統，為什麼不繼續進一步成為皇帝？而且，這家人的血統就是喜歡通過共和制加冕為帝。

用了大約一年的時間，路易在搞輿論宣傳，或者說是，洗腦。拿破崙帝國的鷹標誌被掛得到處都是，原先「自由、平等、博愛」的口號悄悄地沒了蹤影。因為已經控制了宣傳機器，所以法國人每天收到的訊息就是，恢復帝制急迫且必要。對法國人來說，帝制或者共和他們都見過了，沒有哪邊是完美的，如今大家都很麻木，只要有飯吃，別擾民，政府怎麼折騰都行。唯一讓民眾有點擔憂的是，上一個皇帝哪都很好，太愛打仗了，戰端一起，誰也別想過安穩日子。這個皇帝也是那家出來的，要是遺傳了窮兵黷武怎麼辦？

路易深諳民眾的心聲，他再三強調：帝國是和平的！那沒問題了，大家投票吧！只要全民投票，路易一定可以達到目的，七百多萬張選票同意，只有二十多萬人反對！路易・波拿巴透過全民大選成為法蘭西第二帝國的皇帝。大革命的結果居然是民眾選舉了一個皇帝出來，真是法國特色的革命啊！

三十一、他是波拿巴，卻不是拿破崙

路易・波拿巴成為皇帝，自覺將羅馬王算作拿破崙二世，他自己順延為拿破崙三世。

拿破崙三世統治法蘭西十八年，一般的歷史書，都將之分為兩部分，前一部分是專制的帝國，皇帝試圖恢復帝國無上的皇權，後一部分是他發現普天之下莫非王土難以實現，為緩和矛盾，又出讓了部分權力，所以被稱為「自由帝國」，這兩部分，時間界限模糊，但從這個轉變來看，三世是個識時務者。

我們聽說專制統治就習慣性認為其腐朽落後，不過，對拿破崙三世我們還是公道點，在發展生產振興經濟方面，皇帝的工作算是合格偏優秀了。

在第二帝國時期，法國完成了工業革命，跟英國不能比，但是在歐洲也算前茅。最大的變化是蒸汽動力的全面使用，工業中的機械化成長了四倍，鐵路的里程數也成長了四倍。

拿破崙三世喜歡模仿拿破崙一世，可他非常智慧地選擇了和拿破崙的死敵英國和解，並簽訂了自由貿易協定，在這個協定下，英法獲得了漂亮的雙贏。

加利福尼亞和澳大利亞發現了金礦，並大規模開採，讓世界貿易空前的熱火。交通發達，貿易興旺，連帶生產企業當然都跟著大發展。法國的農民發現，守著一畝三分地餓不死也富不了，城市裡的機會似乎更好，終於讓頑固的法國農民離開了土地，投入了工業生產或者貿易；留在農村的人也有改善，拿破崙三世知道廣大的農民是他忠誠的票倉，所以對農業和農村改造的扶持力道也是非常大的，這段時間裡，法國的農產品年均成長率也創造了新高。

經濟的繁榮離不開銀行信貸業的發達，法國人慢慢忘記了早年密西西比泡沫留下的陰影，願意將錢交給銀行保管。就是在第二帝國時期，法國的銀行系統開始細分化服務，出現了專門的信貸銀行，這些金融方面的力量正是本時段法國經濟高速發展的重要基礎。

經濟發展，人民生活水準相應提高，看到法蘭西漸有盛世的榮光，拿破崙三世也需要打造形象工程，他下令，首都巴黎舊城改造。

不論巴黎現在多麼耀眼，我們可以想像十八世紀之前它的風貌。在前面的歷史裡，巴黎不是作為一個風情之都或者藝術之都被我們神往，而是因為血腥的街壘戰經常讓我們出冷汗。巴黎古老陳舊，年久失修，衛生設施匱乏，排水系統原始，整個城市擁擠而且骯髒，所以經常成為霍亂等疾病的疫區。

拿破崙三世啟用塞納的行政長官奧斯曼公爵規劃改造一個新的巴黎。這位奧斯曼大喊一聲：變身！巴黎就大變身了（看清楚，是奧斯曼不是奧特曼！）雖然不是超人，奧斯曼公爵真忙了不少事，從地面到地下，給巴黎動了大手術。現在去巴黎，基本就是檢查他的工作成果：市區擴大，巴黎大歌劇院拔地而起，國家圖書館、羅浮宮擴建；建立了龐大的地下水道系統；市中心建成了著名的「中央市場」，城市兩頭則是萬森公園和布倫森林公園；城市的主幹道綠化成為林蔭大道，塞納河上建立若干橋樑。

舊城改造總是個見仁見智的工作，奧斯曼在巴黎的規劃也經常受人詬病。他拆毀了兩萬五千多座舊的建築，取而代之是七萬多座全新的建築，肯定是強拆，所以巴黎的很多市民罵他，說他毫無品味，把那些帶有古老傳統和經典美感的老建築拆除，蓋了一些古怪難看的東西。其實，巴黎人最想罵他的是，道路拓寬整平了，以後再有街壘戰，對配有火炮等高精尖武器的正規軍就方便多了，奧斯曼的陰謀就是幫助皇帝鎮壓未來可能發生的市民起義。

巴黎新城的建設還有一個重要特點，就是讓階級分化更加明顯。以前窮人和富人都聚居在一起，大不了是一二層住有錢人，窮人住頂樓或者閣樓。經過現在的規劃，內城各方面條件好了，當然富人也就向內城集中，窮人尤其是工人環繞內城住在城鄉結合部，這一條無產階級居住的環狀地帶，被稱為「紅色腰帶」。一聽就知道這樣的貧富分化，內外有別會產生大麻煩。

法國在第二帝國時的經濟振興，究其根本原因，是因為之前的大革命，幾番政權更替，法國一直動盪不安。拿破崙三世當朝的時期，法國的政局大體上是穩定而和諧的，法國本來的經濟基礎不錯，只要能修身養性不鬧事，這會是一個很富庶祥和的國家。怕只怕，這個局面不知道能不能持續。

拿破崙三世一直以拿破崙一世為自己的目標和偶像，大家都知道，拿破崙在歷史上的大名，絕大部分來自於他的赫赫武功。現在法蘭西興旺發達，拿破崙三世覺得自己不能這麼不思進取，他蠢蠢欲動想幫二伯雪恥，他不敢找英國報仇，他想的是，拿回法蘭西在歐洲的大哥地位。

自從英國越來越威武，法國人知道海外殖民地是太重要了，所以一八五七年，首先鞏固了阿爾及利亞的全境佔領。

從一八三〇年法國人開進阿爾及利亞到第二帝國才勉強佔領，三十年的工夫才搞定這個北非國家，相比較法國人對另一個東方大國的蹂躪，阿爾及利亞的戰爭，屬於投入產出比極低。

看到英國在大清王朝打開了局面，法國也跟著加入了。一八四四年，跟清政府簽訂了《黃埔條約》，正式加入搶劫團夥，蠶食中國。

第二帝國時代，法國人在東方收入頗豐，最得意的事是夥同英國人一起在一八六〇年燒了圓明園。拿破崙一世透過征伐搶了歐洲的不少奇珍異寶，拿破崙三世時代對圓明園的劫掠，讓他對法國的文化貢獻一點兒不輸給他二伯。

因為大清政府罩不住了，隨後不久，柬埔寨和越南都落入法國手中，成為他家的殖民地。這一輪搶殖民地，法國人選擇和英國人聯手合作，絕不狗咬狗一嘴毛，因而效率極高，也讓法國人迎頭趕上，成為僅次於大英帝國的，世界第二大殖民帝國。搶殖民地對法國人來說是歡迎的，尤其是對資產階級，原料和市場，多多益善，法國經濟的一片大好也是殖民地的重要貢獻。

可惜地球這麼大，不知道那塊雲彩會下暴雨，法國人在顯赫的大清帝國如魚得水耍得興奮，沒想到自己會栽在一個南美小國手裡。

一八六〇年，南美的墨西哥爆發革命，新政府的總統說自己經濟困難，之前墨西哥欠歐洲幾個國家的債務就還不上了。

欠債不還，懂不懂法啊？幾個債主都是有船有兵有閒的主兒，英國、法國、西班牙，三家聯手，打上門去要債。

經過談判，英國和西班牙就先撤了，因為大家都有點顧忌北美的美利堅，當時美國人的想法是，我們美國不干預歐洲的事務，但你們歐洲人最好也別到美洲來搞事。法國人不信邪，因為他們看到美國當時正南北內戰呢，顧不上南美的事，而且拿破崙三世自己拿自己當幹部，覺得自己有責任有義務幫助墨西哥恢復君主制的秩序。

法國堅持在墨西哥主持大局，還派去了自己選的墨西哥國王。可是墨西哥的總統帶著他的支持者毫不退縮地用游擊戰抗爭，法國前後搭進去六千五百多人，三億法郎也沒穩定局勢。最要命的是，美國的內戰打完了，他們有空找法國人的麻煩了。

一八六七年，法軍被迫撤出膠著了五年的墨西哥戰場，皇帝扶持的墨西哥國王立即被推翻，處死。賠了大錢，還丟了老臉，法國人都很胸悶。

從拿破崙三世對墨西哥的態度，就知道這個夥計那點喜歡攬事管事的虛榮心，閒著沒事的時候，他就祈禱在歐洲趕緊出事，最好出大事。好在歐洲這個地區，只要想打架，不愁沒有戰場。

所有的賭徒變成賭徒，大都是因為初入賭場時，手氣和運氣都俱佳，因而沉溺不可自拔。拿破崙三世在歐洲戰場的初次練手，也讓他感覺很爽。

第一戰對陣沙俄，也就是克里木戰爭。在《羅馬帝國睡著了》中，大家已經了解到土耳其地區對歐洲各國的敏感和刺激。對巴爾幹半島最上心的，就是俄國。他家往東往北都沒有擴張的空間，往西又是黑幫林立的，所以，他家最好的發展方向就是向南，控制巴爾幹半島，還能擁有對地中海的出海口，以後在全球的各種博弈中佔盡好處。

俄國覬覦地中海，英國人就覺得印度很危險；土耳其是法國的傳統盟國，又是法國商品的重要市場，所以法蘭西也覺得危險。如此一來，本來第二帝國時期，英法就不錯，現在更有了結盟聯手的必要。

克里木戰爭好像驚動了很多國家，其實真打也就是一年，而且戰爭規模不大，俄國就戰敗認輸。戰爭規模不大，死的人一點不少，五十多萬人死亡，而且是法國人死的最多。雖然克里木戰爭號稱世界史上第一次的現代化戰爭，可真正戰死的士兵非常少，這幾十萬人大多死於霍亂等疾病。而法國人傳統的不太講衛生，也讓他們吃了大虧。

這些病死在異鄉的法國士兵，為他們的皇帝陛下爭取到了作東的權力，參戰諸國齊聚巴黎，由拿破崙三世主持了表彰戰勝國懲罰戰敗國的《巴黎和約》，法皇又騷包又得瑟，法國似乎又回到歐洲的頂峰，法國人忘記了皇帝曾經許諾的「和平」。

一朝嘗鮮就念念不忘，戰勝的感覺讓人欲罷不能。拿破崙三世這次預備幫助義大利對抗奧地利，最好是徹底趕走奧地利，讓在哈布斯堡王朝統治下，四分五裂幾個世紀的義大利實現統一。

德國卷介紹過義大利的撒丁王國，這個位於義大利西北部的國家是整個義大利半島唯一獨立的君主立憲制國家，經過十九世紀中期的改革，撒丁王國日益強大而且正以統一義大利為己任。拿破崙三世就在此時出現在撒丁王國身邊，許諾要幫助他們實現目標。

一八五九年，拿破崙三世和撒丁王國的首相聯手設套，讓奧地利主動宣戰啟動了戰爭。法軍和撒丁王國的聯軍配合默契，取得了開場的幾次重要戰役的勝利。拿破崙三世非常重視，甚至御駕親征到義大利前線督戰。拿破崙三世對戰爭的熱情有點葉公好龍，他也沒見識過真正的戰場，後人估計他是被戰爭的慘烈程度嚇壞了，居然在法撒聯軍即將取得最後的勝利的重要關頭，單獨和奧地利議和了！

嚇壞了倒不至於，對拿破崙三世來說，他不見得喜歡一個統一的義大利。這場戰爭削弱了老對手奧地利，也讓周圍的小國見識到了法蘭西的軍威，目的達到，況且，皇帝已經兌現諾言派兵幫忙，義大利方面也要兌現諾言，割讓尼斯和薩伏依給法國。

義大利暗地裡罵法國背信棄義，可法國人自己很膨脹，義大利的勝利讓所有人感覺，拿破崙三世已經洗刷了拿破崙一世的戰敗之恥。

得意得太早了，拿破崙三世是沒碰上此時歐洲真正的對手呢，他雖然聽說了，可他並不相信，身邊那個叫普魯士的國家終將統一德意志，讓一個兵強馬壯的軍事大國凜然矗立在法蘭西的門前！

《德意志是鐵打的》中，老楊詳細描述了普魯士三場大戰統一德意志的事，從普魯士的角度來說，大戰並獲勝是水到渠成，可到底參戰前，法國國內是個什麼環境呢？

十九世紀六〇年代以前，法國的經濟高速發展，英國美國德國一樣在發展。美洲和大洋洲的金礦開採，讓這些資本主義國家像打了雞血一樣橫衝直撞。大家都知道，這樣的經濟形勢容易引發過度投資然後就產品過剩，一八五七年，在美國首先爆發了經濟危機，進而影響全歐洲，後來這樣的經濟危機就搞成了慢性病，隔十來年，就發作一次。

法國人有班上有飯吃一般不鬧，一失業，習慣性地想到要造政府的反，而巴黎的工人們，經過這麼多次的革命行動，終於找到了組織和方向，他們已經非常清楚，要讓自己的權益有保障，必須參政議政或者直接掌握政權。資產階級在經濟危機中吃了大虧，其中頗有勢力的共和派自然認為所有的問題都是萬惡的君主製造成的。

這兩派的敵意很快就震動了拿破崙三世，這夥計最好的一點就是對工人運動多少有點敬畏。馬上鬆手，開始適度地增加自由度。這也是第二帝國後期所謂「自由帝國」的來歷。為了穩定政權，拿破崙三世又使用了自己百戰百勝的法寶，就是讓全民投票，看看自己君臨法蘭西這麼多年是不是不得人心。

法蘭西的農民兄弟忠誠而厚道，容易認死理。拿三很好的啊，沒苛捐雜稅盤剝百姓啊，還把咱村收拾得挺漂亮，幹嘛讓人家下課啊，我們頂他！就這樣，這一輪投票，皇帝又贏了，雖然支持率比以前是差多了，但還是取得了大多數選票，再次確認了帝國的合法性。

權也放了，自由也給了，可反對皇帝的人還是越來越多，看來要找一件事，轉移一下大家的注意力，轉移一下巴黎錯綜複雜的矛盾。

德國卷裡說過，拿破崙三世一頭栽進這場戰爭是受了俾斯麥陰謀的調戲，年事已高身體還不好的法國皇帝恐怕自己都不知道兩方實力上的差距。普魯士有四十七萬的人馬，加上南部德意志各諸侯國的大力支持，所有的德國人都知道，戰勝法蘭西，德意志將迎來一片晴朗的天空；法軍有二十萬人，跟普魯士無冤無仇，只聽說普魯士對皇帝陛下不禮貌，沒感覺有非要揍他們的必要啊。

這場戰爭無論從動機、實力還是士氣上看，法國沒打就已經輸了。七月宣戰，八月三十日拿破崙三世的主力被圍困在色當，普魯士的幾百門大炮對著城內猛轟，法軍傷亡慘重。皇帝再一次害怕了，雖然他後來說，他的投降是為了減少法國士兵的傷亡。九月二日，法皇舉起了白旗，俾斯麥一臉揶揄將皇帝迎進了自己的大帳，一個投降的皇帝比被冰雹打過的茄子還狼狽。

三十二、法國時尚產業的奠基人

走到這裡，「地主」們終於忍不住投訴了，老楊你帶我來法國，天天讓我們逛軍事博物館，「女地主」很悶躁，到巴黎了，什麼時候去購物啊？是啊，照顧「女地主」，趕緊進入巴黎那些耀眼的品牌店吧，老楊專門為大家找來了巴黎購物最好的導購小姐，法國皇后，歐仁妮。

拿破崙三世一輩子都挺混混，難得的安靜就是坐牢。這是個標準的浪子，一直做到法國總統，他依然保持單身，不結婚，純鬼混。

總統絕後不要緊，當了皇帝，就不能要單了，找老婆生孩子，那是帝國大事。波拿巴家族一直是歐洲各世家的眼中釘，歐洲的王室們將拿破崙視為魔頭，而非要隆而重之集合這麼多人打他一個，有個根源心理，就是覺得這家人出身低微，竊據皇帝之位，讓全歐洲的王室跟著掉價。皇位嘛，一定是祖上傳下來的才值錢，半路出家得來的，身分上總是差一點兒。

拿破崙三世在全歐洲物色公主，街坊鄰居都覺得很下嫁。後來他只好自由戀愛，自己找了一個。這是一位西班牙女郎，名叫歐仁妮。父親是西班牙貴族，親法派的，參加過法國軍隊的戰爭，所以後來在西班牙被視為敵人。他娶了一位美國商人的女兒，生下了兩個女兒，歐仁妮是最小的那個。

歐仁妮的媽媽是個精明女人，或者是因為來自商人家庭，對巴黎的社交界有很多憧憬，帶著兩個女兒在巴黎混圈子。歐仁妮十三歲，父親去世，母親帶著姐妹倆開始了四海為家的生涯，在各國的首都或者溫泉城市蹉跎歲月，也留意著如何能讓這兩個美麗的女兒有個好的未來。

混圈子的高手就是要讓圈子螺旋上升，終於有一天，歐仁妮混到了巴黎波拿巴家族的圈子裡。拿破崙三世一邊在歐洲各地物色公主，一邊敏感到自己在歐洲王室眼中的低微，他堂堂一個法皇，向維多利亞女王的侄女求親，人家還說要考慮考慮。就在這時，在某次 party 上，歐仁妮出現在拿破崙三世的視線裡。

歐仁妮是大美女，有個參照標準，後人將她與奧地利皇后茜茜並列，認為是當時的雙豔。歐仁妮可沒有英國侄女那麼大的譜，皇帝垂青，天賜良緣，趕緊辦喜事吧。成為皇后那一年，歐仁妮二十六歲，拿破崙三世四十四歲。

媳婦一定隨丈母娘，歐仁妮的媽精明能幹，歐仁妮在宮裡住熟了後就嘗試著干政。正好皇帝喜歡打架，只要老公一出門，她自然成為攝政，還挺強硬的。

歐仁妮不算旺夫，她干預的事結果並不好。墨西哥戰爭，傳說就是墨西哥的法國移民說服了皇后，在皇后的支持和堅持下，法國跑到地球另一邊輸了很丟人的一仗；另一次就是普法戰爭，面對普魯士的調戲，皇后比皇帝生氣，她認為皇帝必須親自出手收拾普魯士鄉下人；在色當即將被圍時，拿破崙三世看到形勢惡劣，曾可憐兮兮地要求撤軍回家，又是皇后堅強地認為老公無敵老公必勝，還說「老公，看你的！」於是老公就被生擒了。

歐仁妮也並不是對法國毫無貢獻，皇后的工作見效都比較慢。最了不起的工作，就是她一手扶持了蘇伊士運河的開鑿。為了縮短歐洲到印度和太平洋的距離，遏制英國的稱霸，從拿破崙一世開始，就計畫這個工程，因為種種阻滯沒有成功。到拿破崙三世這輩，皇后推薦了自己的表哥雷賽布，這位深諳埃及事務的外交官透過行賄等方式，終於讓埃及同意由雷賽布組建的「運河公開」負責開鑿運河。一八五九—一八六九年，經過十年的艱苦工程，這條地球上最重要的國際航道終於開通，皇后專門乘船參加了首航。

歐仁妮皇后比之前的法國王后都見過市面，因為他家的軍隊洗劫了圓明園，來自古老華夏的千年瑰寶被送到歐仁妮面前。她專門建立了楓丹白露宮的中國館，將這些東西集中保存，這裡收藏著上千件的中國寶貝。很多人都說，楓丹白露的中國館是圓明園在歐洲的重現。慈禧老佛爺斷沒想到，她辛苦收藏這麼些好東西就是為了便宜另一個女人。

行了，知道導購小姐來頭很猛，帶「地主」們去逛名牌店吧！

皇帝兩口子經常出門，他倆甚至跑到義大利，阿爾及利亞等自家佔領的土地上巡遊了一圈。皇后出門啊，東西就是多，大包小件的，尤其是皇后那些滿是蕾絲的蓬蓬裙，放在箱子裡總是不服帖。有個出身木匠家的小子幫皇后解決了行李打包的問題，平蓋的旅行箱解決了衣物擺放的麻煩。當時火車旅行剛盛行，這種不會把衣服壓成鹹菜，也不會在顛簸中滾倒的箱子受到大家的歡迎。

一八五四年，藉著替皇后服務的榮耀，小木匠在巴黎開設了自己的第一個皮具店，當然，在皇后的幫襯和推廣下，生意很快就做大了，從一個小作坊慢慢發展成規模化的工廠。

大家猜到了，這個木匠小子的大名肯定是路易・威登。香榭麗舍大街七十號，當年的小店現在是全球規模最大的旅行皮具店，現在是中國旅行者的最愛，至於這個品牌的價值，我想就不用再多介紹了。在中國，隨著人民生活水準越來越高，經常看到連賣菜的大嬸都背著一個飾有「LV」標誌的包包。路易・威登在天有靈，當為他的產品得到如此的普及感到興奮。

巴黎已經是香水之都了，歐仁妮皇后雖然來自西班牙，可不喜歡香水的女人基本沒有。進宮後，一家成立於一八二八年的香水店引起了歐仁妮皇后的注意。這家香水店根據客人的需要調配屬於客人自己的香水，產品浪漫而優雅，尤其他們為皇后特製的香水還帶著拿破崙時代的蜜蜂標誌，讓皇帝和皇后非常欣喜，從此成為皇宮的御用香水品牌。這家經歐仁妮皇后品題而後身價百倍的品牌就是嬌蘭。當年為皇后特供的金箔蜂姿琉金瓶的帝王之水也成為嬌蘭鎮店的瑰寶，代表這個品牌高高在上的皇室背景。

歐仁妮皇后還成就了兩個著名的珠寶品牌，一個叫卡地亞，一個叫蒂芙尼。卡地亞最早在巴黎的店就是為皇家服務，歐仁妮皇后是重要客戶；而遠在美國的蒂芙尼，則是因為收購了歐仁妮皇后的一顆鮮黃色鑽石而名聲大噪，這顆黃鑽還成為蒂芙尼的象徵。

一八五七年，一顆小行星被發現，被用歐仁妮的名字來命名。之前有星星被發現，人們都冠以各種神仙的名字，歐仁妮之後，開始用地球人的名字來命名了。

歐仁妮皇后不是路易十六那個敗家老婆，作為一個皇后，她好像也沒有因為高消費被詬病，不過，女人總是依附男人存在的，拿破崙三世被擒，美麗的皇后該何去何從，老楊後面再說。

三十三、那些花兒之三

第二帝國結束，法國的歷史即將進入一個全新的階段。在這個熱火朝天的革命時代，法國的文化界更是精英薈萃，名人輩出，我們暫停腳步，去探訪一下他們。

1.聖西門和傅立葉

市面上鬧成這樣了，最忙的除了鎮壓的軍隊維持的各類政府，恐怕就是各種思想家了。十八—十九世紀，法國的思想家，哲學家，不得不提的有兩位，一位叫聖西門，一位叫傅立葉。

聖西門出身於一個頗有傳統的貴族世家，不過這娃從小看就是個壞胚子，調皮搗蛋的，喜歡玩槍支之類的凶器。他懶散不愛學習，有一次老師實在看不下去，想用籐條抽他，沒想到先下手為強，把一把鉛筆刀插進了老師的屁股！

膽大妄為好闖禍，留在法國很危險，正好拉法耶特組織人馬去北美幫著美國人鬧獨立，聖西門趕緊跟上，去美國打了一架，算是度過了最容易學壞的青春時代。

大革命爆發，聖西門這樣的人肯定跟著摻和，一七九三年入獄關了快一年。靠投機土地發了一筆小財，又因為理財無方很快窮困潦倒，寄居在僕人家裡。

搞夠了，聖西門開始考慮問題了。雖然整個大革命，是資產階級徐徐上升的過程，不過，聖西門越過資產階級，看得更遠。

他認為，資本主義國家也是一個剝削人的社會，遊手好閒的無用權貴們高高在上，而為國家創造財富的百姓卻被壓在底層，他說：法國如果突然失去三千名科學家、藝術家和手工業者，整個民族就會變成一具沒有靈魂的僵屍；而法國如果死去三萬王公、貴族、元帥、主教，不會給社會帶來任何損害。

聖西門承認，資本主義取代封建主義是個進步，但是資本主義也只是過渡，將來一定有更好的社會制度出現，看明白了吧，這個夥計是個社會主義者。

他想像中的社會主義是什麼樣的呢?實行實業制度。簡單說，國家應該由實業家和學者管理，沒有特權階級，計劃經濟，人人工作，多勞多得，生產的目的就是滿足所有人的需要。而且他提出了無產階級要解放。不過，他依然沒想過要透過暴力革命達到目的。

他這個想法一說出來，估計就有人說，想得美!所有想得美的思想家，我們都叫他們空想社會主義。

空想沒有經濟價值啊，聖西門的僕人死後，沒人養他了，他更潦倒窘迫。六十三歲那年，他決定自殺，最神奇的是，他對自己打了七發子彈，只有一發打中，還僅僅只是打瞎了一隻眼睛。後來靠著學生的資助，勉強又活了兩年死去。

不要小看聖西門的空想，他的思想啟發了當時的很多人，他最大的粉絲就是拿破崙三世。想不到吧，在法國坐牢期間，拿破崙三世讀了很多書，成為了聖西門主義的忠實信徒，後來他能在大選中屢屢得手，跟他對聖西門思想的利用很有關係，而且實業制度也啟發了第二帝國的整個工業金融體系。

傅立葉是個富二代，因為雅各賓派的清算，讓他失去了生意，一貧如洗，所以他對革命實在提不起興趣。他認為，社會的改造應該透過良心發現來完成。傅立葉的思想我們特別熟悉，因為天天說啊，四個大字「和諧社會」。

他認為，資產階級建立的所謂文明制度也不過是社會發展的一個階段。這種制度是萬惡之源，是人與人互相敵對的戰爭，是貧富分化的極端，商業欺詐的樂園，道德敗壞的溫床。他主張消滅文明制度，建立和諧制度。

讓我們看看他理想的和諧社會跟我們想像的是不是一樣啊：成立一種工農結合的社會基層組織——「法朗吉」。每個「法郎吉」由大約一千六百人組成。在「法朗吉」內，人人工作，男女平等，腦力工作者和體力工作者，工人和農民合作工作，沒有城鄉差異，還能自由選擇工種，每次工作時間不超過兩個小時。

他還為「法朗吉」繪製了一套建築藍圖。所有成員都住在他設計的宮殿裡，有食堂、商場、俱樂部、圖書館等。一側是工廠區，另一側是生活住宅區。「法朗吉」是招股建設的。收入按工作、資本和才能分配。

這種和諧社會我們想都不敢想，傅立葉不僅敢想，他還付諸實現，他覺得，如果他能說服四千個有權勢的人，這個事就能做成，所以他給不少有錢人、貴族包括拿破崙三世都寫了信，非常拽地跟他們約時間，說是要找他們談話。每天中午十二點到一點，傅立葉同學就收拾打扮穿著正式地等待這些人過來聽課，望穿雙眼等到生命的盡頭，居然沒一個人上門的！

傅立葉這個當然更是空想，聖西門、傅立葉加上英國的歐文，他們是歐洲三大空想社會主義的思想家，他們的空想卻是馬克思思想體系的重要基礎。

2. 文學界的盛大聚會

看這個標題就知道，老楊要帶大家訪問十九世紀的法國文學圈。這個圈子不好混啊，高人牛人神人紮堆在這裡。我們就以拿破崙三世戰敗的一八七〇年為界吧，如果把整個十九世紀都算上，普通的文學青年都會眼花撩亂。

文學這東西，最是不好評論，誰說知音體不是文章，梨花體不算詩呢？作家只能按收入排榜，絕對不好按文章的優劣排榜，非要給韓寒和郭敬明的文字分個高下，估計會收到一車的板磚和臭雞蛋。面對十九世紀法國出產的這麼多作家，老楊必須做個取捨，如果真要一一介紹，恐怕這本書可以改名為《法國作家傳》。

徇個私，先訪問自己最喜歡的那個，好像之前提過無數次了，老楊的偶像，大仲馬。

老楊一說出這個名字，肯定會招到文化人的恥笑。中國的文學有個標準，特別是評價特定時代的文學時有個標準，那就是必須深刻反映社會現實，要麼挖掘出什麼要麼就批判什麼，不憂國憂民不痛不癢的文字，與人類發展社會變革就沒有意義，所以算不得一流作品。如果一個文學家不首先是個思想家或者政治家，則他的作品的檔次也不高。很多人都說大仲馬不算文學家，最多算通俗小說家，介紹十九世紀的法國作家，第一個提到他，說明老楊不懂文學。不懂就不懂吧，就像老楊從來不承認「三千里路雲和月」要比「楊柳岸，曉風殘月」更有文學價值。喜愛大仲馬，就是喜愛他是一流的小說家，他是古往今來最會編故事的人，而老楊一直認為，一個小說家最重要的工作，就是把小說寫好看，而不是把小說寫嚴肅或者承擔教化責任。

大仲馬是個混血兒，混得比較悲催，當時當地，他的奶奶居然是他爺爺的黑奴。大仲馬的祖上本來還能算個貴族，可因為黑奴血統，他父親行走江湖時，家族很忌諱他用家族的姓氏拋頭露面，於是父親就一直使用「仲馬」姓氏。到大仲馬行走江湖時，母親問他，用爺爺的姓氏還是奶奶的姓氏出門時，大仲馬依然選擇了黑奴的姓氏。他那時就不介意貴族的頭銜，所以後來才會成為一個支持共和的革命黨。

家境並不富裕，大仲馬進入巴黎的費用來自他高超的打彈子的手藝。碰上父親的老友，大仲馬在巴黎找了份公務員的工作，閒暇就給法蘭西劇院寫劇本，寫了三年，都沒有獲得認可，直到《亨利三世》大獲成功。

我經常感覺大仲馬有點類似馮小剛，一旦上道，他非常清楚什麼樣的東西能招徠更多的觀眾，要知道，一個人把自己的作品搞得高深莫測，曲高和寡是很容易的，而能得到大多數人的喜愛和追捧卻是非常難的，老楊最瞧不上一輩子沒整出過暢銷的作品，卻總說暢銷的作品媚俗不上檔次的人。

《亨利三世》後，大仲馬就算上道了，他的劇本成為收視保障，然而帶給他巨大財富的，卻是小說創造。最讓其他人嫉妒的是，本以為這傢伙是個專業寫劇本的，沒想到他寫小說的功力更高，所有嫉妒他的人中，感覺明顯的就是大文豪巴爾札克。

大仲馬的小說中，最受全世界歡迎的，肯定是《基督山恩仇記》。這本書的好看程度就不用介紹了，在那個沒有盜版沒有百度文庫的時代，這本書讓大仲馬暴富。

其實在《基督山恩仇記》之前，那套著名的《三劍客》已經讓大仲馬成為當時炙手可熱的作家，《三劍客》三部曲在報紙上連載，跟他同時連載的，是巴爾札克的作品，讀者每天看得不過癮，要求報社把巴爾札克的文章撤掉，版面留給大仲馬，這個事讓巴爾札克很抓狂，甚至還揚言要找大仲馬決鬥。雖然決鬥最後沒有實現，不過巴爾札克隔三差五總是拿大仲馬的血統來嘲笑，顯得很不厚道。老楊總是遺憾當時沒有網路，否則能直播這二位的對掐肯定很有意思。

大仲馬的小說以情節取勝，曲折驚險，高潮迭起，對話生動，人物鮮明。而他那種以歷史事實為基礎，似真似假發展故事情節的方式，也受到後世很多作家的模仿，比如我們的金庸老爺子，他就說過，大仲馬是對他影響最大的小說家，所以當金庸說到韋小寶參與了《尼布楚條約》的簽字時，我們都會心一笑。而他塑造的四個火槍手的形象，恐怕也是後來動不動就出現各種F4的靈感泉源。

大仲馬的作派特別舊文人，放浪形骸，揮霍無度，喜歡女人喜歡吃，不論女人還是美食都不節制，所以是個好色的大胖子。在巴黎當公務員期間，跟自己樓下的女裁縫同居，女裁縫為他生下了一個兒子。直到這個孩子七歲，大仲馬才接受他，但是拒不承認女裁縫是兒子的媽。

兒子當然就是小仲馬。大仲馬獲得撫養權後，就把小仲馬送進寄宿學校，小仲馬的成長過程中，見慣的是父親放蕩無羈的生活，以及他身邊眼花撩亂的各種女人和私生子女。都說小仲馬對底層女子的關懷和對家庭愛情的重視來自於父親非常惡劣的言傳身教，其實更應該說，小仲馬成年後那段聲色犬馬的日子也是家學傳統。

小仲馬開始文學創造時，屢被退稿，大仲馬就告訴他，最容易的辦法就是，你署名並說明你是大仲馬的兒子。小仲馬卻沒有這樣做，待《茶花女》引起編輯注意和重視時，小仲馬才公布了自己的身分。

一八四八年，《茶花女》問世，驚豔了法國文壇，甚至評論家認為《茶花女》的價值已經在大仲馬的《基督山恩仇記》之上。

《茶花女》是根據小仲馬自己的愛情故事寫成的，「茶花女」在歷史上確有其人，是當時的巴黎名妓瑪麗・迪普萊西。她喜歡茶花，每天身上必裝飾茶花一朵，時紅時白。如果她帶著紅色茶花，則表示，當天不接客；如果是白色茶花，其花語就是歡迎來訪。

小仲馬和瑪麗相遇在戲院，根據我們熟悉的歷史，文學小青年和名妓常常能夠一剎那互相吸引，而後天雷地火地火花四溢。而這又是個經典窮小子無力負擔的故事，瑪麗是名妓，生活品質上去了就下不來，小仲馬算個富二代，不過大仲馬的錢自己還不夠花呢，又能有多少支持兒子泡名妓呢。瑪麗原本以為一份真正的愛情能填充她出賣肉體產生的空虛，沒想到，唯一能填充空虛的其實只有財富，最後，小仲馬不得不放棄這段「他負擔不了的幸福」。

《茶花女》的女主角雖然是個妓女，但卻是歷史上最著名的純愛故事（這裡特別要為純愛正名，純愛重點是愛，不是有沒有上過床），可現實中小仲馬和茶花女故事，卻是充滿物質誘惑的罪惡。二十三歲的瑪麗最後死於肺結核，小仲馬並沒有臨終探視或者傾訴自己無悔不變的愛情。無論如何，將一個挺庸俗的愛情故事昇華到這麼純美的境界，還感動了古往今來這麼多人，成為永恆的愛情經典，不能不說，是作家的能耐。

《茶花女》獲得成功，小仲馬洗心革面成了婦女之友，後來的作品都是保障婦女兒童合法權利或者是愛惜婚姻遠離小三之類的，小仲馬如果混到今天，估計能成為電視劇之王。

特別要備忘的是，《茶花女》是第一部被翻譯進中國的外國小說，一八九七年，中國著名的不懂外文的翻譯天才林紓將其翻譯成文言文。這份洋人的愛情故事同樣轟動了中國，嚴復評價：可憐一卷茶花女，斷盡支那蕩子腸。《茶花女》進入中國，讓中國的文人拓開了思路，看來愛情不一定非要張生和崔鶯鶯，柳夢梅和杜麗娘啊，中國的愛情小說也由此進入了一個新的階段。

《茶花女》被改編成劇本上映，當年是萬人空巷，萬人爭說，小仲馬寫信給大仲馬，說，這麼轟動，我一時以為這是您的作品。大仲馬回信說：我最好的作品是你，我的兒子！

說完了老楊喜歡的大小仲馬，不得不把武林宗師請出來了，都認識，一位是雨果，一位是巴爾札克。

要說到這兩位大師，一定要先介紹十九世紀開始，歐洲文化界的兩個流派，一種叫浪漫主義，一種叫批判現實主義。

主義神馬的，最有愛了，因為這樣一分類，你看不看都知道大概是個什麼樣的東西。

浪漫主義，很好理解啊，浪漫嘛，花前月下卿卿我我是低級浪漫，高級浪漫就是遵從本心的浮想聯翩。如果現實讓你不愉快，你就想像一個讓你愉快的理想世界，然後極盡激情地描繪它讚美它，這就是浪漫主義了。浪漫主義的要點就是注重個人感情和感覺，沒有拘束地發洩出來，你可以大江東去，雄姿英發，也可以小喬初嫁，浮生若夢。

批判現實主義就嚴重了，在咱們國家，這一類的作品好像總是被評價最高。聽這名字就有點兒憤青，社會罪惡或者腐敗或者各種問題，發現、揭露、挖掘、批判而後結束，問題又多又大，就是沒有解決辦法。

法國的浪漫主義是大革命的產物，中世紀以來，人性一直被天主教和傳統貴族們禁錮著，文化的主流是循規蹈矩逆來順受的古典主義，而法國大革命的起起伏伏，又讓人感覺啟蒙運動宣導的「理性國家」也不靠譜。隨著人們越來越重視自己的內心狀態，天性得以釋放，浪漫主義自然就產生了。

浪漫主義文學的代表人物，就是維克多・雨果。

我們現在說到雨果，都冠以大文學家或者文豪這樣的稱呼，其實，雨果是個忙得要命的政治家。

雨果生於一個頗有政治氛圍的家庭，父親是拿破崙的大哥手下的軍官，共和黨人，母親卻是保王黨。雨果幼時成名，因為詩歌創作。十八歲，因為連續在重大的詩歌比賽中獲獎，他進入巴黎大學圖盧茲學院成為院士，成為一個名人。

年輕時的雨果是個保王黨，支持波旁家族，看不上拿破崙。他受到復辟後的路易十八的賞識，拿國王的津貼過著挺舒服的日子，還跟自己的初戀情人結婚了。

雨果伴隨著巴黎的政治空氣和革命精神成長，漸漸地接受了共和的思想。一八二七年，他寫了劇本《克倫威爾》，他為這個劇本寫的序言成為了文學史上的重要文獻，被認為是浪漫主義的宣言，浪漫主義文藝的經典，討伐古典主義的檄文，也就是這篇文章，讓他成為了法蘭西浪漫主義文學的代表人物。

一八三〇年，巴黎街上鬧「七月革命」，雨果把自己關在家裡創造《巴黎聖母院》。第二年，七月王朝正式建立，《巴黎聖母院》出版，革命空閒期，革命群眾有時間看小說，這本書很快獲得「史詩」之類的評價。而七月王朝發現這夥計有點影響力，就拉他下水玩政治。

三十九歲那年，雨果成為法蘭西文學院院士，三年後，成了作協主席，享受正部級待遇（法蘭西文學院主席）。

這時候的雨果有點御用文人的範兒（北京話派頭的意思），經常幫當時的法王路易・菲力浦歌功頌德，居然給自己搞到一個貴族的身分，他似乎還挺高興，證明這位同學的政治傾向那時是相當地搖擺不定。

玩政治的雨果不會寫東西了，他給情婦著名演員茱麗葉寫了個劇本，演出時被喝倒采。於是他就乾脆很久不寫東西，專心玩政治。

七月王朝被推翻，雨果加入了共和政府，路易・波拿巴競選總統，他還投了贊成票。可當波拿巴要求登基為帝時，雨果就不答應了。上篇說到，路易・波拿巴發動政變後，巴黎有零星的反抗暴動，雨果就是煽動這些暴動的主要責任人。所以拿破崙三世清算時，雨果就開始了漫長的流亡生涯。

流亡好啊，總算想起來作家才是自己的主業，在這期間，雨果除了極盡一個作家之能事諷刺挖苦拿破崙三世，就是寫下了偉大的巨著《悲慘世界》。這部作品無疑是雨果的巔峰，如果說《巴黎聖母院》僅僅是剖析了人與宗教的問題，則在《悲慘世界》中，雨果開始著重於人與人，人與社會的各方面。

雨果在拿破崙三世被俘後回到巴黎，面對普魯士的入侵，他號召巴黎人勇敢地反抗保衛國家，而後的巴黎公社運動，雖然他並不支持，但是後來公社被鎮壓時，他又到處奔走，希望政府能寬容對待巴黎公社的運動成員。應該說，晚年的雨果已經沒有了政治家那種階層黨派的狹隘見識，這反而讓他的政治影響力達到了巔峰。

話說英法聯軍燒了圓明園後，雨果曾著文批評這個行為，還希望法國有朝一日能將贓物歸還苦主。我們不能因此感覺雨果是中國人民的老朋友啊，只不過拿破崙三世是他的仇家，仇家幹的所有事，都值得批判。

雨果寫了不少東西，著作很多，他在情書這個項目上還保持著一項世界紀錄。他和初戀女友抵制了重重壓力結合，婚後不久，老婆就給他戴上了綠帽。雨果此時也毫不客氣地愛上了女演員茱麗葉，並從此開始，一天給茱麗葉寫一封情書，寫了快五十年，有一萬八千多封。雖然在這個過程中，雨果有移情別戀過，不過情書卻沒有中斷，嚴重懷疑後來的情書跟「情」無關，完全是寫成了習慣。

一八八五年，雨果辭世，法蘭西人給了他最高的榮譽最深切的懷念，巴黎舉行了國葬，棺槨放在凱旋門下供人瞻仰，然後被移入法國所有大賢最後的歸宿——先賢祠。《悲慘世界》被認是當時歐洲成就最高的文學作品之一，而在法國，唯一更與之抗衡的，就是巴爾札克的《人間喜劇》

前面說到巴爾札克形象挺不好的，作為鍾愛大仲馬的老楊，肯定是對巴爾札克略有不爽。爽不爽是我自己的事，不能因此抹殺這位大仙在文學界的地位，大家都叫他文豪呢！

《人間喜劇》是什麼？它不是一本書，它是一堆書。一八四一年，四十二歲的巴爾札克制定了一個工作計畫，他要寫盡法蘭西社會的方方面面，寫盡活在當時的各種人。他計畫寫一百四十部各種小說，結合成一部集子，叫《人間喜劇》，看完這些書，基本上對當時的法蘭西社會形態人民生活情景就有了一個大致的全面認識。可惜該計畫只完成了九十一部，巴爾札克就死翹翹了，九十一部作品中不少是名著，其中的《歐也尼・葛朗台》和《高老頭》最是著名。

巴爾札克的成名之路沒有雨果順利，三十一歲之前，雖然也寫了不少東西，都沒什麼影響力，據說不少是非常低級的三俗作品。讓他大紅大紫的的作品是《驢皮記》，一個潦倒的青年意外獲得了一塊驢皮，這皮能滿足他所有的欲望和願望，不過一旦實現了願望，驢皮就會縮小，同時壽命也縮短。如果總結中心思想，這部小說大概是說人的欲望對生命的摧殘。

這部小說不知道是不是反映巴爾札克的本心，一直覺得，這個夥計就是個欲望過多的人。巴爾札克成名後，特意給自己改了個名字，原本他叫奧諾雷・巴爾札克，他改成了奧諾雷・德・巴爾札克。別小看中間這個「德」字，加上這個字，巴爾札克就自己把自己送進了貴族圈子。

其實巴爾札克出身農民，不過他父親後來發達了。作為長子，他不被母親喜愛，很早就給丟進寄宿學校，幾乎被家人遺忘。後來在巴黎功成名就，上流社會可以把他看作是個標準的鳳凰男。鳳凰男的特點就是自卑和自傲都很極致，巴爾札克表現得特別明顯。

出名後，巴爾札克改了名字混跡巴黎的上流社會，他擺譜沒人理他，因為知道他的來歷。為了表示自己的憤懣，抑或是搞怪吸引人注意，他花了很大一筆錢，買了一根鑲滿寶石的巨大手杖，手杖上還刻著一句話：我粉碎一切障礙。

勵志故事上，喜歡將這根手杖描繪成巴爾札克堅強不屈戰勝困難爭取勝利的重要象徵，理性地看，這個動作多少有點冒傻氣。據說是達到目的了，後來他舉著這麼根手杖行走江湖，所有人都覺得還是對他客氣點好。巴爾札克身材肥胖，模樣磕磣，這根手杖讓他獲得了不少注視和關注。

買根奢侈的手杖不算什麼，巴爾札克的花錢之豪爽是出名了的。跟大仲馬一樣，喜歡吃，講究吃，尤其嗜吃牡蠣，一天吃上百個。沒錢就跟出版商預支，這個出版商不借就找另一個，反正以他的名氣，人家多少都會賣面子。也就是開銷太大，逼得他超負荷地寫作，據說是積勞成疾。像他這麼吃能身體健康才怪呢。

巴爾札克對女人的品味是個亮點，他鍾愛熟女，還不是一般熟，是熟透的那種。他的第一個情人，二十二歲那年，他看上了自家的鄰居伯爾尼夫人，這位夫人有九個孩子，比巴爾札克的老媽還老一歲。

有很多人認為巴爾札克喜歡大女人是因為缺乏母愛，這是寬厚的說法，巴爾札克自己都不避諱，他的理想是找一位有錢的女人。對一個總是債台高築，賺的永遠趕不上花的浪子來說，有錢的女人是最好的歸宿。以巴爾札克的外在條件，他抓住一個年輕而富有的貴族小姐的機率幾乎為零。

伯爾尼夫人有錢有頭銜，這是巴爾札克早年倚重的，幾年後，二十七歲的文豪又看上了一位公爵夫人，對方四十一歲。

巴爾札克找個有錢女人的理想終於有一天就實現了。有個烏克蘭的貴族婦女，給他寫了封匿名信表達了仰慕之情。巴爾札克憑著多年跟熟女打交道豐富的經驗，一眼就分辨出這位粉絲是個渴望激情還有能力消費激情的女人，於是他啟動了自己最擅長的武器，也就是文字，開始給這位夫人寫情書。這位貴婦就是罕斯卡夫人。

兩位網戀了好幾年，夫人被巴爾札克的文字迷得五迷三道，後來終於忍不住提出網友見面。一見之下，有人歡喜有人愁，巴爾札克賺了，罕斯卡夫人不僅有錢有地位，居然還是個美女。倒是罕斯卡夫人有點失望，巴爾札克不管怎麼打扮，都是個不修邊幅有點邋遢的胖子。

巴爾札克對付女人還是有辦法的，他最終還是搞定了。罕斯卡的老公死後，罕斯卡經過長時間的猶豫，終於下定決心嫁給他，並跟他到法國生活。巴爾札克實現了自己生活的最大理想，抱得美人歸，還有可能一勞永逸解決經濟窘境，然而，他沒意識到，這樁婚姻可能就是那張驢皮，婚後第五個月，巴爾札克死了。

沒有缺陷的文人，不是正常的文人。巴爾札克文豪兼大師的地位，不用老楊囉嗦了，他算是批判現實主義的重要代表。他死後，雨果為他寫了悼詞，他的敵人大仲馬願意為他扶靈，他的名字總是跟「偉大」聯繫在一起，讓我們忘記他所有的缺點吧。

說了是作家的大party，才四個作家怎麼夠呢？還有啊，這個時期的大名鼎鼎的法國作家還有司湯達和他的《紅與黑》，福樓拜和他的《包法利夫人》，梅里美和他的《卡門》，詩人波德萊爾和他的大作《惡之花》。

這個作家集團中，有一道亮眼的風景，就是女作家喬治．桑。喬治．桑的文學作品可能大家不熟悉，但是很多人都知道，她跟波蘭的音樂家蕭邦近十年的姐弟戀。喬治．桑是個民主派，還宣導婦女解放，應該算是最早的婦解份子。在巴黎的社交圈，經常看到喬治．桑一身男裝，穿著長褲出現，驚世駭俗，獨特而另類。喬治．桑開創了對農民和農村生活的描寫，清新的田園牧歌，為法國的文學增加了一種題材。

3. 女戰神還是浴女

看到這個標題，就知道，這是要介紹畫家了。對，先來的是路人皆知的名畫《自由引導人民的》的作者德拉克洛瓦。

德拉克洛瓦有個外號，叫「浪漫主義的獅子」，說他一提起畫筆，所有的激情就噴薄而出，不可抑制，所以他的畫大氣磅礴，色彩熾烈，極具張力。

前面說到《馬拉之死》的作者，雅克・路易・大衛是德拉克洛瓦的入門師傅，不過德拉克洛瓦的畫風顯然更受到荷蘭的畫家魯本斯的影響，尤其是色彩的應用。

《自由領導人民》取材於法國的七月革命，慘烈的街壘戰。德拉克洛瓦應該是在自己的工作室目睹了那三天的戰事，街壘戰中，有位叫克拉拉・萊辛的小姐，率先舉起了象徵自由的三色旗，還有個叫阿萊兒的少年，將三色旗插到巴黎聖母院的橋頭時，中槍犧牲。

這兩個人物構成了整個畫面的主題，德拉克洛瓦浪漫主義的構思，將圖中的少女與希臘的女神結合，高大聖潔。畫面左側那個帶著禮帽，穿著正式的年輕人，應該就是畫家本人。他緊握著槍，眼中閃著光，看得出，畫家為這三天的革命激動感動。

一八三一年，這幅畫在巴黎展出時，引起轟動，德國詩人海涅還專門寫了詩歌讚美。畫面太有煽動性了，政府感覺有點蠱惑作用，所以被送進羅浮宮，又被拿出來，一直到一八七四年，才算在羅浮宮安家穩定。

這幅畫顯然是被法國人認為是法蘭西民族精神的代表，而巴黎那幾年經常上演的街壘戰，也需要有個記錄，留個念想，後來這幅畫曾經被印在一百法郎的鈔票上。

因為《自由引導人民》太成功了，所以人們往往忽略了德拉克洛瓦其他的作品，在羅浮宮，他的作品被開闢了好幾間專門的展廳。德拉克洛瓦是蕭邦的好朋友，他為蕭邦和喬治·桑做過一幅畫，後來切割成兩張進入市場，都是重量級的名畫。

德拉克洛瓦是浪漫主義畫派的傑出代表，對後來的印象畫派和梵谷都產生了巨大的影響。浪漫主義是跟古典主義對抗而產生的，可我們不能說，古典主義的畫風就不能看了，十八－十九世紀，還有一位畫家雖然沒有德拉克洛瓦影響大，但也值得我們記錄一下。

法國新古典主義的旗手，安格爾。你可以不知道他的名字，但他的作品你肯定隨處可見，當然是仿製品。這幅作品就是《泉》，一說就知道，一個豐滿的裸女，左肩上扛著一個水瓶，水流傾瀉而下。

這幅裸女畫幾乎是西方人體畫美的極限了，安格爾用了二十六年時間，到七十六歲高齡才最終完稿。畫面中少女，圓潤細膩，青春柔美，表現出安格爾對女人身體由衷的崇拜和讚美。

安格爾有很多裸女圖，《土耳其浴女》和《瓦平松浴女》都是名作。如果大家將安格爾和德拉克洛瓦的作品放在一起看，就會明顯地看出區別。安格爾畫面恬靜而深幽，德拉克洛瓦激烈而熱情。安格爾像水，德拉克洛瓦則像火；安格爾讓人安寧，德拉克洛瓦讓人激動。

德拉克洛瓦和安格爾讓浪漫主義和古典主義碰撞出了最華美的畫面，兩人的爭論是當時法國畫壇的重要話題。而這兩人爭論的一個焦點就是，線條和色彩，哪個才是一幅畫最重要的。

高手要對抗才能產生，可能就是因為有彼此的存在，才讓各自的特點張揚到極致，這兩人的畫都是瑰寶。

三十四、共和國塵埃落定

1. 抵抗是愚蠢的壯舉

上一篇介紹了法國的文化名人，其實在法國這段歷史裡，歷史學家是個亮點，歷史這門學問似乎也深受歡迎。根據老楊之前表達過的迂腐思想，一個做學問的人，如果從了政，他受尊敬的程度多少會折扣些，比如前面說過的基佐。這一篇開頭，我們先要介紹另一個陷入政治的歷史學家，他叫梯也爾。

之前法國的這段革命史裡，雖然老楊沒有提到梯也爾這個人，但他可以說在每個階段都很積極，都在起作用，也許他對革命看得比別人都真切，所以他能寫成一部十卷本的巨著《法國革命史》。

梯也爾應該算奧爾良派，七月革命後，就是透過他的牽線搭橋，讓大銀行家支持路易・菲力浦建立了七月王朝，他被任命為首相。七月王朝後期，國王有了權力欲，首相梯也爾對權力也很在意，所以君臣有了芥蒂，另一位歷史學家，基佐取代了梯也爾打理內閣，梯也爾一落野，就成為刻薄的反對派。

路易・波拿巴參選第二共和國的總統，梯也爾幾乎是他的競選辦公室主任，盡力宣傳，是波拿巴取得大勝的頭號功臣。

跟雨果一樣，可以支持總統，但不願意看到波拿巴稱帝，他忘了，他當年為波拿巴競選做的所有宣傳都是描述和回憶拿破崙帝國的榮光。波拿巴成功後，梯也爾在巴黎策動暴亂，被鎮壓，他本人也被流放。後來還是回到巴黎，成為議員，堅持發表些讓皇帝不爽的言論。

一八七〇年，拿破崙三世色當被擒，巴黎震動。所有當年反對拿破崙稱帝的老革命都跳出來了，九月二日拿破崙三世投降，根據巴黎人民的暴動效率，九月四日，法蘭西第三共和國就誕生了，所有人都稱這個倉促誕生的共和國為「早產兒」，顯然是一小群反應迅速的政客投機成功。

共和政府當然是共和派當家，眼下的當務之急，巴黎人民還群情洶湧，而普魯士的俾斯麥抓了皇帝也沒有收手的意思，已經攻入了法蘭西的疆域，明顯向巴黎開來。共和政府只好請巴黎總督特羅胥將軍來主持大局，無他，不過是因為他手上有兵。

特羅胥這個丘八頭子絕不吃虧，既然求我，我就是老大，不僅要求全部軍隊的指揮權，還要做政府首腦！

這個時候還有選擇嗎，都聽特羅胥的吧，就這樣，一個看似預備領導抗戰維持全國局勢的國防政府誕生了。特羅胥爭權時氣場很強大，都以為他也是俾斯麥一流的人物，帶領法國人跟鐵血首相鐵血地死磕，沒想到的是，這個夥計居然是法國歷史上最大的窩囊廢之一。

眼看巴黎被圍，特羅胥就開始散布悲觀情緒，並斷言，跟普魯士對戰，將是一場愚蠢的壯舉，他主要工作就是派出梯也爾，仗著他的老臉到歐洲各國遊說，希望他們出面暫停普魯士的攻勢。

俾斯麥的目的已經很明顯了，他就是要進逼巴黎城下，逼這個曾經的歐洲霸主，割地、賠款，他誰的面子也不會給。梯也爾公費繞著歐洲旅遊了一圈，各家都招待得不錯，不過普魯士的軍隊一天也沒停歇，巴黎終於在普魯士的包圍之中。特羅胥政府認為，投降是唯一的出路。

國亂方顯忠良，有特羅胥和梯也爾這種膽小的，就有不要命的，比如甘必大。甘必大是個律師，也是組建第三共和國的重要人物。他跟巴黎大多數人一樣，覺得與其答應割地求和的條件，就不如放手一搏，在巴黎被困後，他居然冒死乘坐一個熱氣球飛出了城，到外省組建了幾十萬人的軍隊，跟普魯士作戰。

甘必大的努力比不上特羅胥的放棄，被圍在梅斯的法軍十八萬人向普魯士投降，巴黎已經沒有食物，老鼠都成為美食。巴黎人還是挺硬骨頭的，就是在這種情況下，還是不能接受政府投降，甚至不斷起義，抗議政府企圖投降。

越是這麼鬧，特羅胥越是覺得得趕緊投降，了斷了跟普魯士的麻煩，回頭再收拾這群「暴民」。一八七一年一月，普法停戰，巴黎交出所有的武器和防禦工事，除了留下一個師，其他的法軍全部成為戰俘。俾斯麥覺得早產兒政府不夠正式，於是要求他們趕緊選個像樣的國民政府出來談判，因為肯定是要巨額賠款的，政府不靠譜，以後欠款跟誰要啊？

這次選政府，其實就是選再戰還是和，如果主戰派能成為議會多數，當然他們會堅持抗戰。可惜，主和派佔了上風，他們的獲勝獎勵是，到俾斯麥跟前，接受他的侮辱。

梯也爾在這次選舉中成為政府首腦，成為談判代表，無論如何，他都要盡力讓法國的損失降到最低。其實也不能更低了，普魯士要求五十億金法郎，普魯士軍隊駐紮在北方，等賠款付清，他們再撤；割地呢？大家都猜到了，那片糾結了兩國幾百年的阿爾薩斯和洛林。梯也爾最值得表揚的工作是保住了阿爾薩斯省的貝爾福城，那裡算是個軍事要衝。

主和派政府和議和條款能夠成功，要歸結於外省的壓力。歷史上，法國的政治好像一直受巴黎的形勢左右，而這一次，巴黎本地人堅定主戰並拒不接受條約，是外省的選票讓這件事提前了結了。這個事也讓很多人看到，巴黎是法國社會動盪不安的原點和根源。

2.巴黎公社 聖地悲歌

因為雨果、甘必大等主戰刺頭的退出，此時的共和國政府內，大部分都是些君主派人士，所以意見非常容易統一。他們碰頭一商量，就認為政府設在巴黎，容易被巴黎這些職業暴民衝擊或者轄制，應該把首都遷出去，離開這個讓人頭大的是非之地。在梯也爾的堅持下，他們選擇了凡爾賽。梯也爾這段時間的表現出奇的鐵腕，他似乎已經下定決心將巴黎人得罪光。不僅遷都，還公布了一些法案，讓巴黎的中下層階級生活艱難。不過這次法國政府得罪的，已經不是巴黎的普通民眾，而是一支軍隊！

巴黎一直有一支半獨立的國民自衛隊，原來規定繳稅一定程度的市民可以加入，面對普魯士的進攻，甘必大下令，所有愛國志士都可以來。大量的巴黎工人加入了這支隊伍，大約有三十萬人，而且在巴黎成立了自己的中央委員會。巴黎人沒有軍隊的時候就敢和政府拚命，如今有了這樣一支大軍，更不可能安分守己了。

事態惡化的起因是大炮。國民自衛軍透過募捐或者是自己製造等方式搞到了四百多門大炮。法國政府對普魯士投降時承諾交出所有的武器，而國民自衛軍卻將大炮轉移，堅決不交。梯也爾想起這些大炮，就吃不下睡不著，他派出政府軍奪取這些大炮，引起國民自衛軍的反抗，他們抓住政府軍的軍官，百般羞辱後處死。

這個大炮事件直接導致了一八七一年三月十八日開始的巴黎工人起義。梯也爾下令所有的政府部門和軍隊撤離到凡爾賽，遷都行動像逃跑一樣完成了。

巴黎公社起義，算是革命聖地巴黎史上最壯美的一場行動。終於讓每次戰鬥都衝在前面的巴黎市民當家作主進入了市政廳，並建立起能為他們自己服務的政府。三月二十八日，經過民主選舉的巴黎公社宣誓成立。二十萬國民自衛軍和市民在市政廳廣場狂歡。這是世界上第一個號稱無產階級領導的政權，在整個無產階級的革命鬥爭史上，它有火炬或者燈塔之類的地位。

梯也爾政府看到普魯士的軍隊腿發軟，對待巴黎公社倒是很驍勇。梯也爾請求普魯士幫忙，不對，這個時候，應該叫他們德意志了。俾斯麥肯定支持啊，法國如果持續內戰，或者巴黎公社取得了勝利，他家的賠款找誰收啊，說不定還要打一場呢。本來德國只讓法國保留三萬人的軍隊，現在允許他們擴軍，還把十萬戰俘放回。

內戰正式開始，過程中有不少政客居中調停，可巴黎人太悍了，他們說調停就是反叛，而梯也爾也發了狠，也放話，為了法國，他可以放棄巴黎。

五月二十一日，在內奸的幫助下，梯也爾的軍隊從聖克魯門衝進了市區，最殘酷的「五月流血周」開始了，從二十一日到二十八日，雙方都殺紅了眼，巴黎再次變成屠場，不過，看起來，政府軍更像屠夫。巴黎公社最後的成員撤退到巴黎城東的拉雪茲神父公墓，憑藉墓碑之間的過道，堅持巷戰，不到兩百的公社成員對抗近五千的政府軍。

浴血奮戰以社員被俘而後被集體槍殺結束。拉雪茲公墓東北角的一段土牆，因為見證了巴黎公社社員最後的熱血成為重要的歷史古蹟，被稱為「巴黎公社社員牆」。

七十二天，這個偉大的政權存在了七十二天，可能是因為時間短暫，他們幾乎沒有時間犯錯，所以他們存在的如此完美如此讓人浮想並神往。

激戰中血流成河，公社社員作戰傷亡的數字一直不明，倒是戰後的清算，死的人不少，大約有兩萬未經任何審判被殺，還有一萬多人被流放到阿爾及利亞等地。前面提過，雨果等人雖然不支持公社的行動，但梯也爾事後的屠殺也讓人看不下去。梯也爾這一輪的屠殺，為他自己贏得了一個「醜陋侏儒」的光榮稱號。

公社失敗，滿城殺戮，有個沒被清算的公社社員叫歐仁•鮑狄埃悲憤難抑寫了一首歌詞，他本來是搭配《馬賽曲》的旋律，一八八九年，鮑狄埃死後的第二年，法國的工人作曲家皮埃爾•迪蓋特重新為這首歌詞譜了曲，後來這首歌傳遍世界，成為被翻譯語言最多的流行歌曲，名字叫《國際歌》。

3.九十年的選擇題答案

因為鎮壓巴黎公社有功，梯也爾眾望所歸成為法蘭西共和國的總統，當然他還兼任著首相，大權在握。

也許梯也爾是屠夫是反派，可對法蘭西第三共和國來說，他是有功的。透過發行公債，他提前十八個月付清了賠款，讓德國佔領軍離開了法國。還組建了一支有五十萬人的常備軍。在最短最快的時間裡，穩定了法國戰後的政治經濟形勢。

巴黎公社的失敗，給巴黎人留下了永久的傷痕，一次次的街壘，一次次的戰鬥，一群群的死亡，往事並不如煙，想起來就沉重萬分。巴黎人剽悍的血性終於被打頹廢了，他們爭累了，巴黎公社的革命，是革命的巴黎市民完美的謝幕，以後，他們不打了。

從一七八九年以來，法國的政局總是不能平穩落地，很大程度上，是因為巴黎人隔三差五地將局勢弄得更複雜，如今這個最危險的變數平靜了，政壇的幾股勢力幾大門派決定分出個高下，看誰最後掌握法國的未來。

我們再來復習一下這幾大門派：波旁派，他們還是堅持君主制的國家，讓波旁家的後裔，查理十世的孫子尚伯爾登基成為法王；奧爾良派，他們的主子是路易•菲力浦的孫子巴黎伯爵，他們的目標是君主立憲制的國家；波拿巴派，拿破崙三世被普魯士關了一年後，放他到英國，跟皇后歐仁妮團聚，他有個兒子叫歐仁，被這一派稱為皇太子，他們的目的也就很明白；共和派，這一派不用解釋，他們絕對不接受前面三個國王或者皇帝的。

梯也爾本來是奧爾良派，所以這一派認為，老梯會在站穩腳跟後恢復君主立憲制，讓巴黎伯爵成為法王。老梯是個手腕高明的政客，對於政客來說，加入任何派系都是為自己的權力目標服務，這跟信仰之類的事毫無關係。如今梯也爾已經是權力的頂峰，他幹嘛要給自己配個領導啊，成為總統後，梯也爾就有意無意逐漸疏遠了奧爾良派，生怕他們纏上自己。

老梯以為他提前付清了賠款，重建了戰後繁榮，他就立於不敗之地了。殊不知江湖上的幫派，從來是進入容易出來難。他忘了，整個議會就是一個以保王黨為主的議會，要不然他怎麼那麼容易成為總統呢。

看著賠款逐步付清，德國軍隊陸續撤走，保王黨預備清理不守規矩的叛徒。沒幾天，老梯就下課了，接替他的，是虔誠的天主教軍人，毫無政治頭腦和野心的麥克馬洪元帥。特別說明一下，大家熟悉的麥克馬洪線跟這位麥克馬洪元帥沒什麼關係，那是英國人的事。

如果說老梯摻和過過去這些年法國所有的政治鬥爭，麥克馬洪可以說參與過這段時間法國的所有的主要戰事。阿爾及利亞、克里木等地區的表現，還讓他很紅。色當戰役法皇投降，麥克馬洪就在身邊，也跟著舉了白旗，獲釋後，成為凡爾賽政府軍的領導，鎮壓巴黎起義也算他軍人生涯的一場勝利吧。

麥克馬洪是個有點極端的教徒，他參政的目的就是恢復「道德秩序」，所謂秩序就是指在天主教廷控制下的教權勢力，當然，教權勢力和王權勢力是共生共榮的。

條件成熟了，保王黨開始運作了。保王黨有兩支啊，原來就是因為分歧，最後便宜了共和派和波拿巴派。悲劇不能再重演了，這次保王黨的夥計們空前地有政治智慧，波旁派支持的尚伯爾伯爵沒有子嗣，就先由他登基恢復君主制，然而將奧爾良派的巴黎伯爵立為繼承人，將來政權再過渡到奧爾良派手裡，多好。

這兩幫人肯合體，那是空前強大了，所有人都等待這波旁勝利復辟那一天了。兩幫政客有智慧，他們這兩個主子就不太懂事，他倆在政體上就誰也不讓誰，後來為了旗幟還翻臉了。尚伯爾伯爵說是用波旁王室的白色旗，而且堅決不放棄列祖列宗的旗幟；巴黎伯爵要保留三色旗，也不鬆口。

保王派的合併因為爭論而擱淺，君主制的恢復自然也就停滯了。當時的教皇看得直跳腳啊，說：兩腦殘孩子哎，那不就是一塊破布嗎?!

波旁派和奧爾良派翻臉，麥克馬洪的任期被延長，等待這個問題解決。沒想到，悲劇又重演了，保王派的內訌，再次便宜了波拿巴派，拿破崙三世雖然死了，可他兒子已經成年了，而且已經出現了一股擁戴「皇太子」的勢力！

現在不論是保王派還是共和派都想到了路易·波拿巴是如何意外地漁翁得利登基為皇。為了對付兩邊共同的敵人波拿巴，保王派和共和派決定擱置爭議，趕緊搞出一部憲法來，杜絕波拿巴家的復辟之路，之前因為幫派鬥爭，共和國建立這麼久了，一直就沒制定憲法！

一八七五年，又一部憲法通過，這次的憲法由三個法律文件組成，很簡單，很簡陋，甚至有點不倫不類，因為政體根本不能確定。連憲法都不知道怎麼制定，顯見政體之爭是當務之急，保王派和共和派的終極較量，趕緊確定一個體制，要不然寫歷史的人都會煩死！

甘必大回到了我們的視線，作為共和派的首領，領導了共和派的鬥爭。麥克馬洪和甘必大的政治素養高下明顯，這二位到底怎麼鬥法，真是枯燥的政治，我們已經看了九十年，實在不能再看了，直接公布結果吧。

一八七九年，共和派終於取得了兩院和內閣，麥克馬洪辭職，共和派的格列維成為總統。這個老夥計當選時七十一歲，也不敢亂操心，大小事議會說了算，法國正式成為一個議會制的共和國。法國人九十年的鬥爭，不僅讓皇帝國王統統滾蛋，連總統都用來做了擺設，革命得相當徹底。

六月，共和國塵埃落定，選擇題出了最終的結果，為了慶祝這個勝利，參眾兩院規定：法國的首都還是巴黎；《馬賽曲》成為法國的國歌；七月十四日，定為法國的國慶日。

三十五、共和國政府和三塊板磚

法國的君主派就是輸在分裂，這段體制之爭的戰爭中，共和派一直整齊劃一地行動。共和派也不是一個固定的黨組織啊，他們不過是支持共和的人抱團而已，一旦得手，他們肯定要分派劃地盤的。共和派在分裂，分成了兩支，一支很溫和，一支很激進。溫和派比較務實，雖然現在法國並不完美，我們不用急著瘋跑，應該謹慎漸進慢慢地推行改革，一定要等到最安全最有把握的機會，不要引發社會動盪；激進派認為，改革就應該大刀闊斧，最好是一步到位。

這兩派有個焦點問題的對峙，那就是要不要報仇。找誰報仇？當然是德意志。那份割地、賠款的條約喪權辱國啊，法國人現在提起德國人，就牙根癢癢。法國經濟剛剛恢復點兒，法國人就呼籲政府，收復失地，報仇雪恨。溫和派覺得，仇要報，但是要等機會，這一派就喜歡說「等機會」，所以有人叫他們「機會主義派」；激進派顯然天天張羅著揍德國人。

法國經過快一個世紀的各種革命，真有點傷不起了，所以共和國剛開始的這段，溫和派比較討好，他們小心翼翼地扶持著搖擺的第三共和國走過了學步期。然而，一次次的各種衝擊，也終於讓溫和派支持不住了。

第一件動搖了溫和派統治的大事，布朗熱事件。說到這個事件之前，我們要交代未來法國歷史的一個重要刺頭，如果沒有他，十九世紀前後的法國歷史恐怕沒這麼熱鬧，這個人叫克列孟梭。

這是個醫生的兒子，早年自己也學醫，第二帝國時期，言論不夠和諧，坐過牢。後來遊歷了美國，對美國的政治制度和國家形態非常讚賞。拿破崙三世被俘，他被臨時政府選為區長，正式進入政界。讓他曝光率很高的是，在凡爾賽與巴黎公社對峙期間，他充當調停人，來往行走，當然，這個工作基本無效。

第三共和國確立，克列孟梭進入議會，成為激進派的大佬，天天放炮，經常對溫和派的政府進行各種攻擊，大嘴有時還很刻薄，他有個外號叫「老虎」。

溫和派很溫，他們總是力求淡化「復仇」情緒，重點擴展法國的海外殖民地。激進派對這個事很看不上，於是，激進派就預備給溫和派一個刺激，刺激就是來自於布朗熱。

一八八六年，克列孟梭推薦了自己中學的校友，布朗熱將軍擔任陸軍部長。克列孟梭的推薦有自己的目的，因為他感覺布朗熱是個激進的鷹派，會支持對德復仇。在激進派支持下，布朗熱開始打造形象，我們不能說他是作秀啊：改善士兵的生活待遇，原來用飯盒吃飯，現在給用盤子（估計是能裝多點？）；營房的崗亭刷上紅白藍三種顏色；還准許軍人留鬍子；取消特權階層的兵役豁免；將五年兵役縮短為三年。最吸引眼球的是，他號召徵召新兵，要隨時預備對德開戰！

效果真好，布朗熱馬上成了明星，他全身戎裝，騎著黑馬穿行在巴黎的街道，一臉的堅毅，有復仇戰神的感覺，一時間他成為法國最紅的政治人物，超過在朝的總統總理。

這樣一個人成為明星，讓溫和派有點慌張，於是下令讓布朗熱下放外省。布朗熱乘火車離開巴黎那天熱鬧了，約十五萬人到車站送他，有幾個激進派的議員爬上火車頭，不准火車開動！

溫和派還沒處理好這個偶像，自己內部又出了問題，當時的總統格列維的女婿，居然夥同別人倒賣由總統發放的榮譽軍團勳章。布朗熱的擁躉們這下更鬧了，你看看總統什麼德行，給我們布朗熱將軍提鞋都不配。

溫和派一慌啊，越做越錯，他們居然將布朗熱解除了軍籍！本來共和國法律規定，軍人是不能參政的，現在布朗熱不是軍人了，他一參加大選，誰能與敵啊？

果然，一八八九年，布朗熱參選成為議員，而他之前組合的來自各派的粉絲自動成為布朗熱黨人，也跟著水漲船高進入了眾議院，反對派已經發現，布朗熱可能會是推翻現有制度和現有政府的一把軍刀。

此時布朗熱的地位幾乎接近神，滿大街流行的是他的肖像和像章，關於他的歌曲有三百多首，他隨便幹點什麼，就有人寫詩寫曲的謳歌他。

軍刀出鞘，就應該見血封喉，布朗熱黨人就煽動他，讓他直接政變，奪取政權。布朗熱顯然是個外表強悍內心虛弱的人，對政治的認識很傻很天真，他覺得，半年後他一定能靠大選走到權力的頂峰，不需要搞政變這種得罪人的事。

政治角力，不進則退，天予不取，你就自認倒楣。溫和派痛定思痛，很快發現了布朗熱的弱點，藉口他跟保王黨之間有陰謀，說要逮捕他。誰知，這個天天號稱要為法蘭西流血犧牲的大英雄，聽說政府要逮捕自己，既不抗爭也不辯護，他帶著情婦跑到比利時去了！

這下子偶像崩塌，原來這夥計是這麼個玩意啊？結果這玩意破罐子破摔，不惜丟人丟到奶奶家，一年後，他情婦肺結核死了，他居然在墓前飲槍自盡！一個該殉國的人殉情了，激進派方面表示壓力很大。一手捧紅布朗熱的克列孟梭恨鐵不成鋼，非常刻薄地評價：這夥計死了和活著都一樣，不過是個陸軍少尉。意思是說，布朗熱的智商情商，也就配個陸軍少尉了。

布朗熱輕飄飄地死了，他留下的影響卻很沉重，法蘭西的民族主義空前高漲，對德發動復仇戰呼聲越來越高。倒楣的共和國政府又遭遇了醜聞。

前面介紹過第二帝國歐仁妮皇后的表哥雷賽布，他一手主持了蘇伊士運河的開鑿，立了大功，而後接了個新的工程，雷賽布和著名的工程師艾菲爾，對，就是造巴黎鐵塔那位，聯手建立了巴拿馬運河公司，預備按蘇伊士運河的模式開鑿巴拿馬運河。

巴拿馬運河的難度超出了雷賽布的算計，工程本來就困難重重，運河公司的人還都喜歡拿工程款揮霍，很快資金鏈就遭遇了危險。運河公司決定到法國發行一種按期抽籤還本的債券度過難關。債券可不能想發就發，要政府同意啊，最正常的辦法，行賄唄。把「有關部門」的人物都買通，債券自然就通過了。

債券順利發行了，運河公司拿到錢了，不久就宣布負債十二點八億法郎而破產，工程進行了不到一半就停工了。破產就破產吧，跑到那麼遠的地方開運河，總是有風險的，雖然購買債券的幾十萬投資者損失嚴重，可在政府的安撫下，這個風波也就過去了。

誰知，三年之後的一八九二年，這個破產事件的蓋子被揭開，巴拿馬公司掩蓋真實經營狀況還濫用挪用投資，整個一夥騙錢的，而他們騙錢的過程中，賄賂了大量的政府官員，都有名有姓有憑有據被提出來，發表在報紙上。

這可真是個爆炸事件，引發群情激憤。議會不得不出面調查。不過，不論是運河高層還是涉案議員，集體死不認罪。最後的解決辦法是，雷賽布父子五年徒刑罰款，鐵塔艾菲爾兩年徒刑，至於議員嗎，太多了，又沒證據，都無罪吧。

議會認為他們無罪，可民眾都看出了其中的貓膩，涉案的議員每天出現在報紙上受老百姓調侃，日子過得也挺狼狽，有幾個臉皮薄的就直接辭職了，而克列孟梭硬著老臉堅持了一陣，在大選中敗北，暫時離開了權力中心。

好在這個事件，牽連了不少的激進派，所以溫和派的政府沒有被他們藉機打擊，算是又逃過一劫，事不過三啊，第三次就怎麼也躲不過了。

第三次危機就大發了，前後綿延了十二年才水落石出。起因是法國派了個間諜到德國駐巴黎大使館。這位充當清潔工的間諜，專門負責從大使館每天的辦公室廢紙中發現端倪。這天，清潔工發現了一張署名「D」的便箋紙，寫給德國駐巴黎的武官施瓦茨考本，上面是法國陸軍參謀部的絕密資料，關於法軍布防等情報。

第三共和國規定，軍官不能參與政治，這些軍官也許不會公開表示自己的政治意向，可內部派系縱橫，跟政界一樣複雜。法國陸軍參謀部抓內鬼，看著都有背景，都不敢動，正好有個叫德雷福斯的上尉軍官，是個猶太後裔，當時正好歐洲流行排猶主義，就他吧，而且他的名字正好是「D」開頭的，誰當間諜傳情報還用自己的真名啊？

不到一個月就了結了此案，德雷福斯被革職，發配到法屬圭亞那的「魔鬼島」服刑。內奸被除，按說消息就不會洩露了，可法國的情報還是在向德國流動，這時有些法國軍官就懷疑德雷福斯可能是被冤的，而他的家人也到處發帖子喊冤。

法國的反間諜處處長皮卡爾是個有良知的軍官，從懷疑到調查，他很快鎖定了真正的內奸，埃斯特拉齊。雖然他手上的證據足夠釘死嫌疑人，可陸軍參謀部絕對不能承認自己的錯誤，還把皮卡爾趕到突尼斯去打阿拉伯人了。

皮卡爾可不願意這件事就此湮滅，他將他的調查結果告訴了他的朋友，很快這個事又引發了全民熱議，迫於壓力，參謀部重審此案，維持原判，埃斯特拉齊無罪。

普通老百姓可能容易被糊弄，可有思想有見識的知識份子是不會被蒙蔽的，當時很多有良知的知識份子開始發起了對這個事件的討論，挺身而出衝在最前面的，就是著名的作家，左拉。

左拉出名是描寫比較大膽，經常被保守派說他寫淫書。他在法國文學史上還是很有地位的，《小酒店》、《娜娜》、《萌芽》都是我們應該熟悉的作品。

參謀部維持原判的判決一下來，左拉就在當時的《震旦報》上發表文章，他寫的是給總統的一封信，開頭用了「我控訴」三個黑體字，信中指名道姓地指責參謀部的軍官。影響太惡劣了，法院判處左拉一年徒刑，罰款三千法郎，左拉因此被迫流亡英國。

左拉的行為刺激了報紙銷量，法國進入了報業的高速成長期，一個知識份子的良知是會對社會有明顯影響的。左拉跟德雷福斯不認識，可他卻因為仗義執言為之獲罪，在民眾中引發很大的反響，也讓這個案子引起了所有人的關注，每天老百姓都在等著案件的新進展，看報紙，尤其是看不同報紙的不同態度，成為生活中一件很重要的事。民眾根據自己的分析分成了兩派，一派認為德雷福斯可能冤枉，應該重審，一派認為絕對不能重審，政府和軍隊的面子放哪裡啊。不願重審的除了高級軍官，還有就是排猶份子、君主派和教會等。

一八九八—一八九九這兩年，德雷福斯的案子是法蘭西社會生活的重要內容，兩派意見對峙，激烈論戰，除了打嘴仗，有些地方還動手，朋友鄰里甚至夫妻都有可能因為對這個事態度不一，發生爭吵和矛盾，法國吵翻天了！好在一八九九年，這個事稍微緩解了，應該感謝當時的總統福爾，他看社會情緒太緊張太激動，決定犧牲自己娛樂一下大家，他居然在跟情婦鬼混時心臟病突發死掉了，標準的「牡丹花下死」。

新上任的總統盧貝本來是傾向重審的，可他現在的位置注定了他必須和稀泥。他提出個折衷的方案，德雷福斯罪名成立，但是可以特赦。

德雷福斯是從「魔鬼島」回來的，誰也不知道過去五年他遭了什麼樣的罪，頭髮花白，神情蒼老而倦怠，他願意接受特赦，也就意味著，他接受了自己有罪這個事實。

直到一九〇六年，要求重審派的骨幹克列孟梭當上了法國總理，才重開此案宣布了德雷福斯無罪，蒙冤十二年後，恢復了名譽和軍籍。若干年後，德國的當事人施瓦茨考本逝世，他的回憶錄披露了真相，真正的內奸正是埃斯特拉齊，作為一個德國人的立場，明知道德雷福斯是冤枉的，他又能做什麼呢？

從上面的記述大家已經感覺到，法國的民眾對政府真有不少的懷疑和失望。德雷福斯事件成為打量溫和派的最後一塊板磚，一八九九年大選，激進派取得了眾議院的多數。一九〇六年，刺頭克列孟梭當上了總理，一算時辰，第一次世界大戰就在眼前，這樣一個脾氣暴躁的政府很危險啊。

激進派上台，做了一件他們一直想做的大事，也就是政教分離，教會不能再影響法國的政治生活。法國的自由民主鬥爭一直以去教會化為重要工作的。但因為第二帝國攪和了一陣，讓本已被大革命整得有點衰的教會又復活了，而整個法蘭西的政治鬥爭政局混亂中，一直有一支叫教權派的力量。

一九〇三年，曾經做過神學院學生的孔勃成為總理，不知道是不是早年在教會混得不如意，脫離教會後，他的意見比誰都大，他處理政教分離這個事就更加果斷：吊銷所有教會學校的執照，也不許再批准教會辦學，宗教團體的財產被查封出售，法國政府和梵蒂岡一刀兩斷。

雖然當時的教皇很想收拾法國，還到法國去號召教徒們造反，不過大約是法國人的思想已經被調教得比較進步開放了，沒跟著教皇他老人家鬧事，政教分離這個事，辦的時候有些阻滯，事後過了也就過了，再以後天主教不過是個宗教而已了。

老百姓不反對政教分離，可工人要反對事多錢少啊。二十世紀初，隨著集會、罷工這些自由的確定，工人運動開始多了，當然不是早年動不動就搶武器在街上亂打那種。他們現在有了自己的政黨和組織，所以就有訴求有目的地組織有序的罷工或者遊行。

克列孟梭成為總理，本來是工作努力，要求嚴格，雷厲風行表現很好的，結果爆脾氣沒扛住考驗，鎮壓了幾次工人運動，被歸入「屠夫」一類，不得不暫停了自己的政治生涯。克列孟梭的經歷再次證明，在野罵人比在朝執政容易多了。

三十六、那些花兒之四

老楊幾乎沒有詳細介紹過共和國的總統或者總理們，因為介紹不過來，從共和國成立到第一次世界大戰，法蘭西的內閣換得太多太快，寫出來大家全得迷糊。好在，這段時間出現的科學文化等領域的人物要比總統總理之類的有用多了。

1.法國是個放高利貸的

這一篇大致介紹一下法國的經濟。第二帝國經歷了經濟的高速發展，而後是資本主義世界生產過剩引發的經濟危機，接著就是皇帝御駕親征再沒回來，全體老百姓勒緊褲腰帶還賠款，十九世紀末又遭遇經濟危機，基本上，第三共和國溫和派掌權的階段，經濟疲軟，大約也就是因為經濟不行，才引發那麼多政治問題。

從一八七〇年開始，歐美等國家進入二次工業革命，而法國也在磕磕絆絆中完成了這個過程。進入二十世紀，法國的經濟又找到了感覺，開始回暖，重新上升。就是在這個時期，雷諾、雪鐵龍、標緻三大汽車廠成立，當時法國的汽車產量僅次於美國；雖然美國的萊特兄弟發明了飛機，可後來創下飛行高度、飛行距離等世界紀錄，並為第一次世界大戰生產出大量戰機的，卻是法國的法爾芒兄弟；法國第一個建成了水力發電站，並實現了遠距離送電。這些工業要求的煤、鐵、鋼等原料產量當然也是成倍成長。相伴隨的，一些壟斷公司也就形成了。

不過，要看整個經濟全局，法國跟當時的美國、德國是不能比的。法國人保守還膽小，依舊很小農。農民每人守一小塊地養活一家，農業無法規模化，農業科技也就發展緩慢；工業上中小企業大量存在，得過且過，工業設備和技術也無法大規模更新。而且，法國的企業家們，喜歡賺快錢，實體盈利後，他們更願意投資金融行業。

整個十九—二十世紀，法國因為第二帝國的銀行業基礎好，所以產生了大量的金融巨頭。他們喜歡把錢往國外放。人家英國對外投資吧，都是選擇實體，法國人覺得太累，還是放貸來錢快，省心。法國人的錢都流向各國放貸，利息日進斗金，都說法蘭西是個放高利貸的，法國人自己還挺得意，殊不知，大量的資金流到國外，本國的工業因為資金的匱乏就難以做大，這些，恐怕就不是金融家們願意考慮的問題了。

一八八九年，為了慶祝法國大革命一百周年，巴黎舉辦了盛大的世界博覽會，吸引了三十五個國家三千多萬人。這次博覽會的大明星是專為這次盛會建起的艾菲爾鐵塔。工程師艾菲爾的方案在七百多個設計方案中脫穎而出，這個幸運的夥計得以用自己的名字來命名這座法國的象徵。龐然大物耗用了七萬多噸鋼鐵，顯示了這段時間，法國冶金工業的巨大實力。

這一段法國富裕，請客送禮出手都挺大方的。為了慶祝美國獨立一百周年，法國人還製作了一個巨大的自由女神像運過去，這禮物看著是相當體面。

2.居禮夫人的鬱悶

最近講居禮夫人真應景，但是，無論日本福島出了什麼亂子，我們都不能質疑居禮夫人的偉大。

一八六八年，居禮夫人——瑪麗出生於波蘭華沙。當時的波蘭處於沙俄的統治下，作為女性，她不能在俄國或者波蘭接受高等教育，為了出國念書，瑪麗做了整整八年家庭教師，終於得以進入巴黎大學學習。

在巴黎大學，二十七歲的瑪麗跟講師皮埃爾・居禮結婚，從此成為了居禮夫人。兩口子的生活重心就是一起做研究。

十八世紀，一位德國的科學家從瀝青鈾礦中分離出了鈾，居禮夫人發現，瀝青鈾礦的總放射性要大於其中鈾的放射性，於是得出結論，瀝青鈾礦中一定含有放射性比鈾更強的物質。此後二人的工作就是分析分離瀝青鈾礦，終於在一八九八年發現兩種天然放射性元素鐳和釙。

一九〇三年，居禮夫人獲得諾貝爾物理學獎。這是諾貝爾獎史上第一位女性獲獎者。一九〇六年，皮埃爾・居禮意外被馬車撞死，居禮夫人非常堅強地選擇了繼續完成兩人未竟的事業。

知道了有鐳這種東西存在，居禮夫人下一個目標就是將其提煉出來。用瀝青鈾礦提煉鐳是很燒錢的，因為瀝青鈾礦很貴，居禮兩口子一直不富裕，大量的瀝青鈾礦他們根本負擔不起。

這位高智商人士很快想到了，瀝青鈾礦是用來提煉鈾的，取走了鈾，剩下的就是礦渣，礦渣不用那麼貴嘛。而且她認定，要找的物質，一定是存在於礦渣中的。皮埃爾去世後，居禮夫人獨立完成的，絕對是體力活。每次把二十多公斤的廢礦渣放入冶煉鍋熔化，連續幾小時不停地用一根粗大的鐵棍攪動沸騰的材料，而後從中提取僅含百萬分之一的微量物質。從一八九八—一九〇二年，這個動作的幾萬次的重複，消耗了幾十噸礦石殘渣，終於得到〇．一克的鐳，還測定出了它的原子量是二二五。

一九一一年，居禮夫人因為鐳的提煉，獲得當年的諾貝爾化學獎。一個女科學家跨界獲得兩次諾貝爾獎，人類有史以來她是獨一無二的。而在丈夫死後，她還成為第一位巴黎大學的女講師。

居禮夫人一生的研究為人類的科學開闢了一片新天地，並由此誕生了一門「放射學」的學科。雖然獲得了兩次諾貝爾獎，居禮夫人從沒有富裕過，她的獎金都用來做研究。她提煉出的那一點兒鐳，應該說是價值連城，可她發現了放射性物質可以治療癌症後，就毫不猶豫將之捐贈給相應的組織。最了不起的是，她完全可以為鐳的發現申請專利，可她沒有，她慷慨地送給了全人類。

因為長期的放射物質研究，居禮夫人在晚年健康狀況極差，最後死於惡性貧血。好在她培養出來的接班人很多，比如她的大女兒在一九三五年就獲得了諾貝爾化學獎，小女兒寫成了《居禮夫人傳》，我們從小對居禮夫人的許多故事都耳熟能詳，大約就是出自這本書。

居禮夫人無疑是世界上頂尖的偉大女性之一，生命中唯一的瑕疵，可能是在在四十五歲時，曾經因為桃色緋聞名聲受損，被法國人稱為「波蘭蕩婦」。

守寡的女科學家愛上了丈夫的學生，比自己小五歲的著名物理學家朗之萬。朗之萬家有惡妻，想離婚而不遂。老婆盯梢跟蹤兼查短信，終於繳獲了重要物證——居禮夫人的情書！惡妻將之公布給報社，這段不倫之戀成為好長一段時間巴黎娛樂版的頭條。

居禮夫人是科學家，情書寫得頗為直觀，不會明喻暗喻之類的修辭，文字玉體橫陳，跟她發現的物質一樣，很放射，讓法國人都覺得看不下去。而在朗之萬老婆的添油加醋中，居禮夫人的小三形象極惡劣。本來法國男女之間的關係挺渾濁的，面對居禮夫人事件，他們突然集體清澈了，於是，「波蘭蕩婦」這個綽號就出現了。

居禮夫人因此消沉了很長時間，朗之萬也是個沒擔待的男人，躲在惡妻身後任由其撒潑。好在沒有因此毀掉一個偉大的女人，從這件事中恢復後，居禮夫人繼續投入了工作，一直到生命的終結。居禮夫人的成就，讓同期的很多男科學家都相形見絀，可他們的成果也不能被埋沒，尤其是巴斯德。

巴斯德絕對是世界醫學史的頂端人物，他幫我們發現了疾病是細菌引起的。巴斯德是理論和實踐一樣厲害的人，不僅發現了細菌，還知道怎麼殺死他們。牛奶和啤酒裡的細菌導致其極易腐壞不可儲存，可如果用常規方式高溫加熱又影響味道，巴斯德發明了在五十—六十度的環境中保持半個小時這種殺菌方式，也就是著名的「巴氏消毒法」。到今天，我們吃的喝的很多東西都得益於這種辦法。一個科學家，致力於研究殺死致病細菌是值得敬重的！

3.印象中的印象派

整個法國歷史，這一篇是老楊最喜歡的，因為以下介紹的這幾位大哥，一直讓老楊頂禮膜拜。這篇我們介紹印象畫派。

原來我們介紹過古典主義、浪漫主義、楓丹白露之類的文藝名詞，潮流變化得很快。藝術的演變不是孤立的，它往往受到政治經濟或者科技的影響，與時俱進。

教廷當道時，繪畫是為他們服務，內容都是神仙，尤其喜歡畫在牆上或者屋頂上，講究氣勢宏大，寶相莊嚴；文藝復興，以人為本了，普通人也成為模特兒，《蒙娜麗莎》就跑到畫上去了；到十九世紀，繪畫面臨了一個很大的挑戰，很多人當時都覺得，恐怕以後畫畫找不到飯吃了，如同大家都開始玩 ipad 了，賣實體書的也要吃不上飯了一樣。

給繪畫業一個突然打擊的，是法國一位叫達蓋爾的年輕人，發明了照相機！都能拍成相片了，要畫畫的幹嘛，我要是蒙娜麗莎，每天傻子一樣坐在那裡一個表情僵一天，等你畫四年，我腦子裡有水啊？達文西的面子也不能給啊！

繪畫的出路在哪裡，能不能以全新的思路和風格崛起？一八六三年，在巴黎一個沙龍上，展出了一幅畫，把大家都看傻了——《草地上的午餐》，作者馬奈。

這幅畫原名為《浴》，這是一幅樹林中的野餐圖，兩男兩女，三角構圖。最吸引人眼球的，是畫面的中心，在兩個衣冠楚楚的紳士之間，從容淡定姿態優雅地坐著一位裸女。

裸女這個題材，法國的畫家都畫膩歪了，馬奈這幅，不過是個裸女的側面，怎麼會把大家看傻呢？是啊，裸女是見過了，裸男也沒問題，可是女的裸得這麼徹底，男的穿得這麼整齊，這個搭配還真是沒見過。除了題材有點驚人，對比強烈的整塊塗抹的色塊，也是讓傳統的學院畫派覺得很粗糙很草率，整個法國繪畫界，反感或是讚美，分成兩派，開始了激烈的辯論和討論，馬奈在這段時間裡，稱為焦點人物。

都說馬奈是印象派的奠基人，應該就是來源於這幅畫，他自己也沒正式宣布成為哪個門派的旗手，但他開闢的這個路線，自有後人來發揚光大。

一八七四年，有幾個被學院派鄙夷的年輕畫家組織了一場集體展覽，其中有一幅叫《日出・印象》的畫，描繪了法國一個港口的早晨。晨曦微啟，海面被染成淡紫，逆光的小船在蕩漾，遠處是依稀隱約輪廓模糊的碼頭和工廠，這是一個薄霧的早晨，萬物籠罩在柔和的水氣中。

來看展覽的批評家冷笑地打量了半天，然後評價，這幅畫，還真是印象派。這就是印象派最正式的開宗立派了，雖然此時「印象派」三個字，代表著是不知所云的亂塗亂畫。

看了《日出》就知道，到底什麼是印象派，一言以蔽之，油畫開始用寫意的手法了。之前那幾個門派，不管他們在技法或者是理論上有什麼區別，他們一直有個共同的追求，那就是：寫實，逼真。畫得好像真的哦，是一個很重要的標準。現在不一樣了，現在有相機了，再像也不過是跟攝影作品一樣，畫那麼像沒有意義啊。

批評家看不起《日出》，恐怕可以斷言，這個老夥計從沒早起去碼頭看過這個情景，光和影的瞬間變化，讓每一個剎那都有獨特的美麗，而要抓住這些瞬間，需要畫家快速地表達。不可能再像過去一樣，勾勒線條，根據明暗陰影之類的填充顏色。《日出》這樣的畫不能近看，近看就是一團團的油彩，但如果退後幾米欣賞，誰說這不是一個薄霧如煙，空氣清新的早晨。

莫內是印象畫派的創始人，印象派的大部分理論和技法都由他發揚出來，很多的印象畫家都有個共同特點，就是生前窮得叮噹響，死後作品成為至寶。莫內的妻子在另一個城市生孩子，他甚至沒有錢買一張過去的車票。

進入老年後，莫內突然對睡蓮的題材很有興趣，創作了大量名畫，二〇〇八年，莫內的一幅《睡蓮》在倫敦的克利斯蒂拍賣行以四千一百萬英鎊拍出。

貝多芬的不幸是作為一個音樂家耳聾了，一樣不幸的是莫內，他患了白內障，幾近失明。作為光和影的大師，他的好幾幅《睡蓮》居然在幾乎看不見的情況下完成的。哪些清波和睡蓮、光影和變幻都已經深深地刻在他心裡了，難得的是，面對這麼大的痛苦，莫內筆下的睡蓮池，依然如此靜謐。

大多數印象派畫家都喜歡畫風景，只有一位，將印象派的人物畫，推上了高峰，他就是雷諾瓦。

雷諾瓦是很受歡迎的畫家，因為他的畫，顏色很溫暖，畫面都很甜美。他喜歡畫女人，年輕的女人，柔潤的皮膚，豐滿有彈性，帶著自然的光澤，很快樂很明朗。

《紅磨坊的舞會》應該算是雷諾瓦最著名的作品之一，描繪了巴黎紅磨坊街一個露天的舞會，這麼多人物擠在一幅畫裡，人頭攢動，可每個人都有不同的表情，熱鬧狂歡的氣氛迎面而來。

一八九九年紅磨坊酒吧在巴黎蒙馬特地區開業，很快名聲就傳遍了歐洲。蒙馬特高地在十九世紀是巴黎最多姿多彩的地區，因為有大量藝術家在這裡混雜，作畫之類的。藝術家紮堆的地方，絕對不能缺少酒和女人，漸漸的蒙馬特地區就成為所謂的「紅燈區」。普法戰爭的失敗，全民情緒低迷，「紅燈區」的作用就在於振奮大家的精神，輕快活潑露大腿的康康舞風靡一時。紅磨坊能這麼出名，雷諾瓦的這幅名畫也有宣傳的功勞。一九九〇年，這幅畫的拍賣價格是七千八百一十萬美金，那時候美元還沒像廢紙呢。

介紹印象派畫家，一把眼淚一把鼻涕的。雷諾瓦晚年因為嚴重的風濕病，幾乎癱瘓，手指僵硬不能作畫，他只好將畫筆綁在手上，雷諾瓦到死都維持作品溫暖明亮美好的風格，病痛也沒在畫布上留下任何痕跡。

經過莫內、雷諾瓦等人的努力，印象派被嘲笑被鄙視被習慣而後終於有一天被接受和喜愛，並取代學院派成為了藝術世界的主流畫派。印象派在不斷地創新發展變化中，產生了一群所謂後印象主義的大家。

後印象主義對印象主義就有點質疑和懷疑了，最明顯的態度就是收藏在美國波士頓美術館的名畫《我們從何處來？我們是誰？我們向何處去？》。但凡有人問你這樣的問題，你一定要警惕，問話的人會不會自殺，這種哲學問題最容易把人引入絕途。

作者叫高更，一個很作的男人，過了很作的一生。他本來是個股票經紀人，還娶了個好人家的閨女，生活安逸富足的中產階級。人到中年，生了四個孩子，上有老下有小的時候，他居然辭掉工作，說是要專心畫畫！

因為少年時曾遊歷過祕魯，又當過一陣子遠洋船員，高更愛上了熱帶海島的生活，於是跑到大溪地創作。為了去大溪地，他幾乎傾家蕩產。在熱帶的陽光海風中，靈感洋溢，高更自我感覺畫出了不少優秀的作品。回到巴黎，他在大溪地的創作只有一小撮人表示了認同。失望的高更只好回到海島，還患上了嚴重的疾病。禍不單行，就在此時，他聽說他兒女的死訊，尤其是鍾愛的小女兒去世後，高更徹底崩潰了。他服毒自盡，沒死，這種死去活來的過程讓他腦子突然清楚了，接著，就完成了這幅偉大的作品。

畫面中都是島上的土著，自然地赤裸著身體，熱帶的陽光照耀著健康的膚色。右邊是嬰兒，左邊是老頭，中間是摘蘋果的年輕人，形體和輪廓都很簡化，大塊豔麗的塗色，氣氛有點兒神祕，內涵很哲學，大家自己理解吧。

高更自殺沒死成，這個幸運不是誰都有。大家猜到，我們要說到的，是梵谷。嚴格說，梵谷是荷蘭人，但是因為他總在法國混，最精華的作品出在法國，又死在法國，我們就在法國畫家中介紹他吧。

說到梵谷，就一定要討論，到底後印象主義跟印象主義有什麼不同。莫內抓住光影的瞬間變化，寫意描繪景致，很美好。而且無論是莫內還是雷諾瓦都很少將自己的情緒表達在畫作上。後印象主義畫家就問了，無論你畫得景物多麼美，那也只是客觀的存在，畫家自己在哪裡呢？一幅畫只要反映景物就夠了嗎，畫家充其量只是個機械的臨摹者或者記錄者？

梵谷之所以成為梵谷，就是因為他每一幅畫都帶著他自己。

都說梵谷是瘋子，精神病人或者癲癇患者，這個事也不用定論，不是天才的瘋子不是好瘋子，不是瘋子的天才不是真天才。

最早梵谷可是個正常的孩子了，還立志當教士呢。揣著單純的善良，梵谷自費到一個比利時的一個礦區去當教士，跟礦工同吃同住，同甘共苦。他是個教士，教士不用這麼深入基層，教會和礦區都覺得這小子這麼投入，可能有陰謀，將他炒了魷魚。

這以後梵谷到了巴黎，開始全心畫畫，也開始了由弟弟提奧供養資助的日子。梵谷和提奧演繹了古今中外最引人感動的兄弟情。

梵谷在巴黎認識了印象畫派的諸多名人，尤其是高更。高更從大溪地帶來的陽光燦爛的油畫，感動了梵谷，他瘋狂地嚮往哪些鮮亮的陽光和陽光中的萬物，他決定到法國南部去找到他需要的陽光。

梵谷到了法國南部的阿爾小城，並向高更發出邀請，想跟他共同作畫切磋。比遇上一個瘋子更麻煩的事就是兩個瘋子湊到一起。阿爾城毋庸置疑是梵谷創作的巔峰時代，他幾乎全部的優秀作品都出在這裡，那些瘋狂的故事也發生在這裡。

兩人最早還能和平共處，還共同完成了一幅作品《阿爾的舞廳》，這幅畫上海世博會期間曾經來參展。時間長了就有分歧，誰也說服不了誰。這兩人吵什麼呢?高更認為，畫家應該憑記憶加點想像作畫，梵谷覺得應該畫自己看到的。這點事，有什麼好吵的，各畫各的唄。可兩人就是吵，甚至還動手。

高更覺得一天到晚陪著個瘋子吵架沒意思，就說要離開阿爾回巴黎去。梵谷像被拋棄的女人一樣發起瘋來，又哭又鬧一會兒哀求一會兒恐嚇一會兒威脅，就是不准高更走。高更比梵谷大幾歲，多少能容忍點兒，於是決定暫時不走。後來有幾次高更半夜醒來，發現梵谷一聲不響在床邊看他。

太嚇人了，高更覺得，還是離開為好。有天，高更出去散步，突然聽到身後有急切的腳步聲，一回頭，看到梵谷拿著把打開的剃刀，想對高更丟過來。可能是高更的陰沉嚴厲的臉色嚇住了梵谷，他拿著剃刀跑了。為安全起見，高更決定還是在外面住一夜，清晨起來，他聽到了驚人的消息，梵谷割下自己一隻耳朵，用手帕包著郵寄給了妓女蕾切爾，還囑咐人家好好保存!

高更知道，梵谷這是犯病了，趕緊打電話給提奧，通知家屬將梵谷送進了精神病院，自己逃之夭夭了，後來，兩人再沒有見面。

最近這個事新的說法是，高更和梵谷爭奪妓女大打出手，高更是個玩劍的高手，一劍出手，砍掉了朋友的一隻耳朵，自切耳朵這篇說辭，完全是梵谷為了保護朋友。

都不重要了，幾個月後，梵谷開槍打死了自己，死時三十七歲。又過了幾個月，他那情深意篤的兄弟提奧也死去了，就像有人說的，提奧是為梵谷而生的，梵谷離開了，他也跟著去了。

梵谷一生畫了不少畫，賣出去的只有一幅，《紅葡萄園》，現藏於莫斯科博物館。其他的畫作，在他和提奧死後被弟媳瓊安娜收藏。提奧和瓊安娜結婚，讓梵谷挺不高興，以為弟弟對自己的照顧以後就要攤薄了，他沒想到的是，他之所以有今天的地位，全賴瓊安娜在他死後的推廣和宣傳。

南部阿爾小城的陽光都被梵谷收在畫裡。很多人都不理解，到底那幅神作《向日葵》好在哪裡，可以隨便就賣幾個億出來。試試盯著看一陣吧，你會發現那每朵花都是活的，每片花瓣都飽含陽光和激情。梵谷現在已經是向日葵的化身了，因為他像向日葵一樣癡迷而熱烈的追求陽光。寫這段文字的時候，正逢咱家的詩人海子臥軌自殺的紀念日，網上很多人在懷念，面朝大海，春暖花開，這兩個悲劇的天才一樣地追求明亮和溫暖，只是，內心深處的孤獨和寒冷，多少陽光都不夠……

整個後印象主義時代有三傑，梵谷、高更還有一位是塞尚。塞尚的成就不遜於前面這兩位，他甚至被稱為「現代繪畫之父」。他最著名特點最鮮明的畫作應該是《聖維克多山》，都說這幅作品氣象莊嚴龐大雄渾，老楊沒看出來，總感覺畫面亂糟糟的。這個老夥計好像很喜歡這座山，畫了好幾十幅。塞尚認為景物不是看到什麼就是什麼，還應該帶有畫家的自我意識，看山不是山，塞老這個境界挺高深。

塞尚死後，巴黎為他辦了個大型作品展，有個西班牙的年輕人在展覽上深受觸動，他覺得他可以把塞尚對於結構的探索發揚光大，並延伸出屬於自己的藝術風格，這個年輕人就是畢卡索。而他一手開創的那個門派，就是所謂的立體主義。

印象主義當道時，新的流派也在不斷地挑戰大家的品味。進入二十世紀，因為後印象主義的嘗試，畫家就覺得，畫畫可以更主觀，想怎麼畫就怎麼畫，誰都看不懂一點兒也不要緊。

一九〇五年，巴黎的秋季沙龍，九名青年畫家展出了他們的作品，更大膽，更狂躁，沒有空間也沒有造型，顏色隨意塗抹，鮮豔得刺目，彷彿是打翻了顏料罐子。批評家又感覺被雷了，當時展廳中央有一座義大利雕塑家多那泰羅的雕塑，就諷刺說：這簡直是把多拿泰羅放置在野獸的包圍中啊！從此，這群畫畫如宣洩的傢伙就被稱為「野獸派」。他們的代表人物就是現在大名鼎鼎的馬蒂斯，最著名的作品是《舞蹈》。

這個時期法國還出了一位雕塑家，從繪畫界這麼多巨星的光芒中顯身出來，毫不遜色，創造了米開朗基羅之後，雕塑界的另一個巔峰，他就是「思想者」羅丹。

必須打住了，在法國介紹畫家就像在德國介紹音樂家一樣，剎不住車就能寫出一本書來。眼看就要進入第一次世界大戰了，算我們戰前的放鬆吧。

三十七、高盧的復仇

1.復仇之火，即將燎原

「兄弟啊！咱們別執著於門口這點破事好不好？地球很大呢，還有好多好多可好玩的地方了，我們出去玩好不好？」

「坑爹呢？家門口的事你都處理不好，你上哪丟人現眼去啊？人家割走你那麼大一片地，你還出去玩，玩個頭啊你！」

這就是第三共和國成立之初那幾年，溫和派和激進派經常發生的爭吵，到底是先搶殖民地還是先找德國報仇。溫和派覺得爭奪殖民地對法國的資產階級發展無疑是有利的，而且還可以將國內戰爭失利後的一肚子鳥氣宣洩到外面去；激進派則認為，忙於海外的戰事，會轉移對德國的復仇之心。這兩派誰也不知道，發展到最後，這兩件事合併為一件事，兩派的目標都能實現。

溫和派先掌權，他們說了算，所以法國這陣子滿世界忙著搶地盤。很有收穫的，到第一次世界大戰前，法國的殖民地面積達到一千零六十萬平方公里，統治著超過五千萬的殖民人口。

在亞洲，一八八七年法國將越南、柬埔寨、寮國三國合併成為印度支那聯邦，想以此為基地進佔東南亞或者中國。值得一提的是，一八八五年，中越軍隊曾在鎮南關——諒山一線大敗法軍，還直接導致了當時法國內閣倒台，可惜這樣的神勇在那個時代並不多見。

更大的動作還是在非洲，從地中海到幾內亞灣，整個西非基本都淪陷，法屬西非要比法國本土大了好幾倍。

殖民地的收益是很明顯的，到二十世紀初，激進派雖然還是叫囂著報仇，可對殖民地擴張卻是不反對了，要知道，法國在殖民地貿易額已經遠遠超過他家跟歐洲幾個陸上近鄰規模總和了。

殖民地擴張也不容易，當地的百姓不會坐視國破家亡，哪裡都有強度不等的反抗，法國的軍隊在國外一點不輕鬆，而更要戒備的，是其他殖民帝國的敵意和遏制，比如在非洲，法國人就要跟英國打好商量，要不然，強盜之間的火拼是隨時會發生的。

英法兩國在非洲的地盤大致是這樣，英國掌握南部和東北，法國重點在西部和北部。在英國卷裡介紹過，英國人做了個雙C計畫，預備打通埃及到開普敦，殖民地縱貫非洲連成一片；法國也有個計畫，雙S計畫，他家想的是打通塞內加爾到索馬利亞，橫貫非洲地盤連接成片。

這兩個強盜計畫終於在蘇丹的法紹達城（現在的科多克）狹路相逢了。法軍和英軍對峙，法國人此時最恨的是德國佬，對於跟自家結怨近千年的英格蘭，感覺還好，而且法國人也想到，萬一有一天要找德國人報仇，這頭先得罪了英國人是何其不智啊。於是，法國人選擇了撤退。

英國人紳士啊，聽說人家主動撤了，還挺不好意思的。哥倆好吃杯酒吧，好好商量一下以後咱們哥倆怎麼分非洲這塊大蛋糕。

一九〇四年，代表著英法徹底和解，並在未來共同進退的《諒解協約》簽字，本來雙方就商量好以剛果河和尼羅河的中心點劃分地盤，現在更細地規定，法國絕對不騷擾英國的埃及，英國承認摩洛哥的事務是法國的責任。

英法這哥倆在非洲玩得痛快，就忘了歐洲大陸上還有個夥計。德國卷裡介紹了，俾斯麥下台後，德皇威廉二世終於可以闖禍了，他最鬧心的就是自家窩在中歐，地盤忒小，現在打出去也有點來不及，因為好地方都被英法兩家佔了，現在再想玩殖民地，就只有一個辦法，黑吃黑，從其他強盜手裡搶。

德皇在非洲的冒險，就是那兩次摩洛哥危機（參看《德意志是鐵打的》），法國最後以出讓法屬剛果的一部分安撫了威廉二世，在法德的宿怨上又加了一層，非洲的糾紛，恐怕還是要回到歐洲才能從根源上解決。

法國拉攏了英國，還是覺得心裡沒底，要想收拾德國，最好的辦法是跟沙俄聯手，兩邊夾擊。俾斯麥在位，就知道法國人一直打這個注意，所以非常小心地維持與俄國的關係。威廉二世不動這個腦筋，他跑去跟奧匈帝國聯手了。沙俄可不受德意志的鳥氣，你不跟我玩，我去找高盧人玩。就這樣，法國如願跟沙俄接上了頭。

法國的主營業務不是放高利貸嗎，現在看老毛子，越看越愛，於是，法國人決定，大把地向俄國放款，一百多億法郎，流水般東去，進了沙俄的各個行業。這筆法郎好有一比啊，那可是滾滾長江東逝水，奔流到海不復回。

法國和俄國一夥，德國和奧匈一夥，剛剛法國和英國喝了和解酒，土耳其站在德國一邊，都不是一個人戰鬥，所以誰也不怕戰鬥，只要有人跳起來，大家都敢上。

德國人準備好了，有大軍百萬，法國人還沒有，只有五十四萬的軍隊。所以主戰的激進派就要求，將原來屢次改革變成的兩年兵役恢復為三年，此時的法國總統是普恩加萊，雖然議會制的國家，總統基本是擺設，但在此時，普恩加萊被選舉上位，則是因為他堅定主戰。在他主持下，法國修改了兵役法，法國擴軍成功。

到一九一四年，歐洲的空氣壓抑著衝動，都知道大戰一觸即發，法國內部，大部分人摩拳擦掌想報仇雪恨，反戰者大都是社會主義份子。

前面說法國的工人運動開始有組織有系統地行動，原因就是他們有了自己的政黨性組織，社會黨，而該黨派的創始人之一饒勒斯就是此時法國最反戰的一位。一九一四年的夏天，老饒到處奔走聯絡，又是撰文又是演講，就是想把法國從戰爭邊緣拖回來。

一九一四年六月二十八日，巴爾幹的火藥桶先炸了，奧匈帝國的王儲遇刺。而在法國，加速這一過程的則是饒勒斯遇刺，那是七月三十一日。老饒一死，整個法國失去了冷靜的力量，剩下的就是戰鬥的衝動了。

八月三日，因為比利時不給借道，德軍向比利時宣戰，當天夜裡，法國向德國宣戰。法國的子弟兵從來沒有像今天這麼驕傲，出征那天，留在家裡的婦孺都走上街頭，向士兵們獻花歡呼，光榮得一塌糊塗。最了不起的是，從來沒有團結友愛的各政黨派系，空前的融合，社會主義者、保守派、激進派緊密圍繞在政府周圍，成立了一個囊括所有力量的「神聖聯合」政府，一切為了勝利！

2.血染的風采

（本篇內容請拿出《德意志是鐵打的》配套閱讀）

兩次大戰，法蘭西大地都是西線的主要戰場，不管是德國人還是英國人還是後來的美國人，在別人家打架肯定是不會小心輕放，保護公物的，讓我們看看美麗的法蘭西如何度過這場浩劫。

我們已經知道德國那邊的戰鬥總指揮是參謀總長小毛奇，而法國這邊的總參謀長，就是霞飛。霞飛我們不陌生，上海的淮海中路，早先叫霞飛路，就是用他的名字命名的，這夥計在法國還有個暱稱「老爹」。

老爹不僅有個女裡女氣的芳名，還是個作派懶散的人，喜歡睡覺，為人保守，但這樣的人，一般遇上大事都比較鎮定，尤其適合在最危險的時刻主掌大局。

大家猜，法國一對德國下手，先打哪裡？當然是阿爾薩斯和洛林地區，對法國人來說，報仇的目的就是收復故土，當然是先下手，佔住了再說。

法國這個動作正中小毛奇下懷，因為他家主力的進攻方向快速經過比利時，從背後繞道進入巴黎。誰能想到德國人會出這麼損的招啊，這廂邊境上幾次戰役都沒佔到便宜，那廂敵人已經逼近了塞納河！

巴黎危殆，平民開始逃難，八天中五十萬人逃離了巴黎，到處都是聳人聽聞的傳聞，懷疑到處都是敵人，所有跟日耳曼沾邊的東西都被攻擊和損毀。前線的總參謀長霞飛保持鎮定清醒，先保住政府部門吧，內閣和政府先到波爾多去辦公。

德軍進展太順，意氣風發的，距離巴黎只有十五英里。登陸的英軍已經不敢戀戰，節節敗退，德軍的先頭部隊追擊得十分興奮，根本等不及兄弟部隊的協同支援，孤軍深入。法國的飛行員從空中看到這支縱隊的冒險急進，報告給了當時巴黎的駐防司令加利埃尼。加利埃尼馬上做出判斷，可以與德軍在馬恩河大戰一場。霞飛經過考慮，同意了加利埃尼的作戰申請，並說服忙著逃跑的英軍掉頭堅持戰鬥。

加利埃尼徵調了巴黎一千兩百多輛計程車，將巴黎的法軍連夜送上了戰場，這是人類戰爭史上第一次用小汽車運送士兵，讓雷諾計程車成為一個傳奇，從此被稱為「馬恩河計程車」。

從九月六日凌晨開始到九月十一日，德軍統帥部終於下令全線撤退。英法聯軍取得了開戰以來第一場勝利，並以此戰的勝利，保住了巴黎，改變了戰爭的進程。當年十二月，法國政府搬回了巴黎。

馬恩河戰役擊退了德軍，聯軍乘勝追擊。德軍渡過埃納河後，不跑了，挖戰壕，築工事，預備跟聯軍長期對峙。打了幾次，佔不到便宜，聯軍也只好認了，也跟著挖戰壕，築工事，最折磨人的塹壕戰開始了。

塹壕戰就是消耗，看哪邊人多，看哪邊先耗盡。德國將土耳其拉下水，英法人手不足，只好屢屢找義大利，拉他來幫忙。搖擺不定的義大利終於決定了自己的歸宿，不過他不打德國人，他只對奧匈帝國宣戰。好在東線的戰事也開始了，德國人的注意力，被俄國人拉過去一部分。

第一次世界大戰開始前，所有人都感覺，可能跟歐洲歷史上的戰鬥一樣，一兩次戰役分出了勝負就結束了，沒想到一轉眼就快一年。戰壕裡的法國兵滿身泥濘，風吹雨淋，日曬寒冷，簡陋的伙食，一身的蝨子，每天都要死人，每天都在戰鬥。這麼多生命也沒換來實質上的勝利或者收穫，兩邊就是在各條戰壕裡膠著。

人的消耗可以補充，彈藥裝備很快就跟不上了。不得不從軍隊抽回技術人員，還雇傭大量的女工，加緊軍工生產。

最難的是堅持，堅持中最難的是受人非議。戰事黏滯，損失慘重，一開始全民鬥志激昂的巴黎出現了鬆動和抱怨，議員們把馬恩河的功勞歸於加利埃尼，然後就指責霞飛，忙活了一年，沒有任何效果。霞飛是強悍而且有實力的，在巴黎民眾中聲望頗高，雖然飽受壓力，還是頑強地領導著法軍的戰鬥。為了對抗德軍新採用的芥子氣，法國人也毫不示弱地將窒息性毒氣彈投入生產，一九一五年的核心內容就是，變著法子讓對手家裡多死人。

西線黏滯的戰事讓法國人抓狂，讓德國人更悶躁，接替小毛奇的德軍參謀總長預備畢其功於一役，直接將英法聯軍打廢，一九一六年，德國人選擇了凡爾登，並布下了一千多門大口徑炮。

霞飛任命了貝當將軍來統領凡爾登的戰役。這是一名老將，開戰前他就已經預備退休了，主持凡爾登大戰時，老爺正好六十，自己也沒想到，自己的事業，要從六十歲以後才開始。

一九一六年二月二十一日，德軍正式動手，那一千門大炮在寒冷的空氣中轟鳴，漫天都是穿梭呼嘯的炮彈，德軍這次是狠了心痛下殺手，一點兒不節省彈藥，法軍的陣地頓時血肉橫飛，德軍踏著法國人的破碎的屍體攻克了第一道防線。

貝當接手時，凡爾登周圍已經被炸成月球表面了，補給線也被切斷。老將出馬第一件事就是恢復給養，一邊下令戰士們死頂，一邊趕修被毀壞的公路。這條生命線以驚人的速度恢復了，近萬人的運輸大隊開始瘋狂地日以繼夜地向戰場輸送援兵和物質，每天這條路上要經過幾千輛卡車。十九萬援軍，上萬噸的軍火源源不斷地注入凡爾登的陣地。法軍在每一條戰壕裡搏命，高盧人的血性讓他們一步都不退。

德軍預備在凡爾登給法軍放血，沒想到把人家切得鮮血淋漓，自己也失血過度，兩邊都葬送了幾十萬好兒郎的性命，戰場已是地獄，可是，凡爾登還在法國人手裡，德軍沒能突破這道血肉長城。

凡爾登全靠搏命死磕，因為貝當知道，他要不到更多的援軍，英法的大部隊此時正在索姆河上流集結，預備發起一場對德軍的大戰，希望能一舉突破眼下塹壕戰的膠著。當然，索姆河一開打，凡爾登的壓力能減輕不少。

七月，索姆河戰役終於啟動了。英法聯軍的突然進攻，打了德軍一個措手不及。德軍的軍事素養讓他們在最短的時間就重組了縱深防禦，跟英法對峙，將戰役變成了拉鋸戰。

從夏天打到秋天，連綿的陰雨中，道路泥濘。也不知道到底算誰贏了，英法聯軍以八十萬人的代價，將自己的陣地向前推進了五－十公里，德軍死了五十三萬多人，雖然丟失了大片陣地，可還算是擋住了聯軍的腳步，沒讓他們突破成功。

十二月，凡爾登的戰事也結束了，跟索姆河戰役的狀態相反，德軍以巨大的代價將陣地推進了七－十公里，沒能突破法軍的防線。

這一年，兩場血戰，法國、英國、德國傷亡人數共傷亡兩百萬人，彈藥之類的東西就根本無法統計了。要說收穫，應該是德軍已經漸露疲態，似乎堅持不了多久了。

一九一六年，所有人都累了，哪有這麼打的啊，什麼樣的絞肉機也沒這個效率啊。幾個主要參戰國內，呼籲和平的聲音越來越高，打成這樣，勝負還重要嗎?停手吧！

年底，法國議會為了平息輿論，撤掉了霞飛，他被授予法國元帥稱號，交出了法國軍隊的指揮權。一九一七年五月，在協約國屢屢受挫的情況下，被稱為「凡爾登英雄」的貝當上任成為法軍的總司令。

這不是誰指揮軍隊的問題，現在重要的是有人安撫國民。堅實的聯合政府出現了裂痕，社會主義者中又有人出來用各種辦法張羅著要停戰，法國又出現了罷工潮。最要命的是，三月份，俄國革命了，沙皇被罷黜，臨時政府根本無法要求士兵們繼續作戰。

雖然戰爭中，法國對出版物和各種消息實行了一定的控制和封鎖，俄國的消息還是傳到了法國軍中，前線部隊大約有九十多個團發生了譁變。貝當上任，第一件工作就是鎮壓這些譁變。

軍隊譁變，勝利無期，物價昂貴，食品限制，這些都讓社會動盪不安，「神聖聯合」內部出現了分歧，終於在一九一七年八月徹底散夥。

此時的法國需要強硬派，需要重新凝聚百姓和士兵的力量，堅持並打贏這場戰爭，帶法蘭西度過這道難關。法國誰最強硬？所有人同時想到了「老虎」克列孟梭，還有比他又臭又硬的傢伙嗎，雖然議會沒人喜歡他，可必須是他才能力挽狂瀾。

一九一七年十一月，克列孟梭出任法國總理，他的上台宣言是：對內作戰，對外作戰，我就是作戰！

七十六歲的克列孟梭戴上法國兵的鋼盔視察前線，親自鼓舞士兵們的士氣，懲罰貪生怕死的人。對國內的局勢，所有宣揚反戰的，一律鎮壓；派專人監督軍工物質的生產，擴大徵兵，老頭的意思很明確，誰也別想阻擋我打贏這一仗。

因為英法聯軍在開戰以來合作上總是出現問題，讓德軍佔了不少便宜，他們總結教訓後，有法國的福煦將軍出任了聯軍的最高指揮，幾次戰鬥，檢驗出統一指揮的聯軍是好用多了。

克列孟梭上台組閣時，俄國那邊突然「一聲炮響」，接著德軍的東線戰場突然不見了。德國人衝列寧同志會心地一笑，非常俐落地將兵力從東線調往西線，預備決戰。

因為之前德國的無限制潛艇戰得罪了美國人，美軍已經預備登陸歐洲參戰，現在對法國來說，到底德軍和美軍誰先出現，這是個問題。

顯然德國人效率更高，一九一八年年，再一次，德國人兵臨巴黎城下，德國的大炮已經開始對巴黎轟炸，在又一次的全城混亂中，克列孟梭發表講話，表示，即使巴黎失守，他也將領導法國人戰鬥到最後一刻。老虎的煽動功夫是一流的，法國力量重新凝聚，大戰初期眾志成城的精神再次出現在巴黎。

美國人來晚了，好歹還是來了。隨著美軍登陸，德國人走到了盡頭。十一月九日，德皇退位，兩天後，整個西線的大喇叭都宣布，戰爭結束，協約國取得了最後的勝利。

3.老人家你傷不起

打完了到巴黎開會是傳統，克列孟梭肯定會想辦法維持這個傳統，在巴黎開會，第一是讓法國有面子，顯得像個歐洲領導；第二是在自家的地盤上開會，吵嘴動手都有主場之利。

巴黎和會，克列孟梭是個少數派，因為英美都不願意把德國往死裡整，尤其是整個和會，美國人更願意討論如何對付和遏制東邊突然冒出來叫布爾什維克的那家人。克列孟梭本來就是個不怕鬧事的刺頭，還生薑之性，老而彌辣，根本不介意難看和翻臉，大家沒見過這麼為老不尊的老爺子，快八十歲的人窮凶極惡的，也實在不好意思話說得太過，據說美國總統威爾遜差點被他氣得坐船回家，英國首相勞合・喬治差點跟老頭打起來。

克列孟梭果然有主場優勢，配合他在和會撒潑的，是法國的報紙《晨報》，他們發起了一個「德國佬應該賠款」的運動，告訴所有的法國人，必須讓德國人賠錢，因為此時法國的物價昂貴、物品匱乏、貨幣崩潰這些事，都需要德國人的賠款來買單。法國人集體支持賠款。

後來的巴黎和約大部分項目達到了克列孟梭的要求，最大的成功是拿回了阿爾薩斯和洛林，法國開採薩爾地區的煤礦十五年，摩洛哥危機時被德國人訛去的非洲殖民地也要回來了。德國軍隊減到十萬人，萊茵河以西全部及以東五十公里成為永久非軍事區等等。

賠款這個事不好定奪，天文數字吧，法國人恨不得把德國砸碎了變賣呢。後來實際點兒，第一期，在一九二一年五月二十一日前，必須拿出兩百億金馬克，其中五十％歸法國。

說是這麼說，和約也簽字了，賠款這些東西怎麼保障呢？克列孟梭說了，有盎格魯—撒克遜聯盟的諾言，一旦德國人反悔搗亂，英美聯軍隨時跟法國人一起揍他！

法國人不都像總理這麼天真，他們都感覺，《凡爾賽和約》既無抵押也無保證，隨時有可能變成一張草紙。

三十八、戰爭不是你想躲，就能躲

第一次世界大戰勝利了，帶給法國什麼呢？失去了十分之一的人口，四分之一的產業遭受嚴重的損失，一九一八年年，預算赤字高達一百八十億，欠美國一百六十億，欠英國一百三十億，物價成倍地上漲，戰前對外的高利貸借款大部分都有去無回，尤其是對沙俄的那部分，幾乎所有法國人的生活都陷入艱難。

前面說過，老楊迴避介紹第三共和國總理或者總統之類的政府首腦，因為介紹不起，劃根火柴的工夫，他家就能換好幾次內閣。其實人還是那幾個人，翻來覆去，一會兒退休，一會兒又上班，一會兒當總統，一會兒當總理，都有點一腦袋漿糊，看著戰後破破爛爛的法蘭西大地，一籌莫展。

克列孟梭老爺子沒想到，戰後第一次大選他角逐總統之位居然就失手。老爺子戰時對國家有功，大家領情，可老爺子這種又臭又硬又愛放炮的脾氣，誰都煩他，和平社會他影響和諧啊。老頭氣急敗壞地退出政壇，又操起了在野罵人這個主營業務。

不論多少人組閣，戰後的十年裡，法國的領導人就揣著一個想法，法國的問題，一定要靠德國的賠款才能解決。德國人沒說不賠啊，沒錢啊。你每天在我門口罵街要債沒用啊，沒錢就是沒錢，你咬死我，我也是個沒錢的窮鬼。

窮瘋了的法國人抓狂了，不給錢，老子只好動手搶了！一九二三年一月法國帶著比利時集合了十萬人的軍隊開進了德國的魯爾區。

德國的政府號召德國人民「消極反抗」，佔領區的企業停工、居民不納稅、不執行佔領當局的命令，不替佔領當局運送貨物或者傳遞文件。一個挺興旺的工業區進入假死狀態，法國人看著這具「屍體」也毫無辦法。

很顯然，德國的賴帳行為得到了英美的支持，法國在這件事上基本孤立，所以，想從德國那裡要出錢來挽救法國經濟，基本上就不用指望了，自己想辦法吧。

大戰時的總統普恩加萊再次成為德國總理，因為戰時的形象，他讓民眾對政府的信心稍有恢復，而他也非常果斷地改革貨幣制度，發行新法郎，將法郎穩定在當時極低的價值上。穩定而低廉的法郎正好可以刺激出口，讓法國產品更有國際競爭力。終於，遏制了經濟的進一步惡化，由此時起，經濟開始逐步恢復。到一九二九年，工農業的生產達到了戰前水準，有的部門甚至還超過了。

戰後的法國政治界還有一件大事，上篇說到的法國社會黨分裂了，因為共產國際的產生，要不要加入共產國際成為社會黨的一個爭論議題，堅持加入共產國際的那部分，離開社會黨，成立了法國共產黨。

一九二九年，法國人很高興，華爾街的股票崩盤，整個資本主義世界陷入經濟危機，法國感覺自家毫無影響，一切都蒸蒸日上。因為普恩加萊剛剛穩定了貨幣，家裡黃金儲備還不錯，加上法國基本上還是個農業國家，華爾街的股票崩潰暫時威脅不到種地的，所以，經濟危機席捲而來時，法國人暗喜自家得以倖免。

當然沒有倖免，對法國這樣的國家來說，經濟危機來得晚但可能影響得更長遠。三〇年代初開始，法國人終於看到傳說中的經濟危機了，汽車業、紡織業都遭受重創，連帶農業，農產品，甚至是招牌產品的葡萄酒，價格都嚴重下跌。一九三五年，鋼產量減少了一半，鐵少了三分之二，棉紗和汽車減產三十五%，失業人口超過四十萬。

從第三共和國建立，大家就有一個感覺，管事的特別肉（**北方人說「肉」，就是動作慢、磨蹭的意思。**）。除了戰時的聯合政府和後來的老虎克列孟梭，所有的內閣都疲軟，出現問題時就一副「茫然帝」的表情。這次危機讓很多人沒有工作，沒有寄託了，有些想法偏激的人就開始聚在一起，試圖透過外界施壓，讓議會振作點，有個新面貌。

其實，經濟危機後，歐洲很多國家都開始出現想法偏激的人，有兩個最偏激的還成了氣候，讓很多人崇拜，一個叫墨索里尼，一個叫希特勒。法國一些激進的右翼份子就感覺，自己國家也應該有類似這樣更強有力的政府，法西斯也不壞啊。

所謂右翼，我們通常對他們沒什麼好感，比如喜歡參拜靖國神社的日本人，都叫做右翼軍國主義份子。法國這段時間出現的右翼團體最引人注目的則是「火十字團」，他們可是人見人愛的，因為大部分的成員都是第一次世界大戰的退伍軍人，法國人對他們懷著尊敬。

「火十字團」的想法可能是推翻議會建立某種獨裁法西斯統治，不過他們表達得很平靜，就是每個星期天沿著愛麗舍的田園大街遊行。

共和國的議會有個特點，就是越危機的時候他越掉鏈子。「火十字團」在街上踱步，也許哪天人家一高興就能掏出傢伙衝進市政廳，解散議會成立一個新政府。可偏偏就在這個很敏感的時刻，議會又搞出了個大醜聞。

有個法籍的俄國人，也是個猶太人，叫斯塔維斯基。長期在法國銷售某種債券。其實這傢伙是個開皮包公司的騙子，從事的是金融詐騙的活動。但他之所以一直混得風生水起，自然是上面有人，政府有人罩他。

騙子總有被揭露的一天，露餡後，斯塔維斯基就跑到阿爾卑斯山一個小別墅躲起來，可法國對他的逮捕和審判卻遲遲沒有定論，顯得很貓膩很腐敗。後來有一天，斯塔維斯基突然死掉了。警方鑑定為自殺，但大多數人卻認為他是被殺滅口了。

此案的檢察官是當時的內閣總理肖當的親戚。之前已經有證據顯示，部分眾議員跟斯塔維斯基勾結得很深。所以，斯塔維斯基「被自殺」後，右翼團體就在巴黎多個地點聚眾示威，聲討跟「盜竊犯勾結的議員」。大家知道法西斯份子最恨猶太人，這個騙子還恰好是猶太人，所以讓右翼份子們更是激憤。

示威行動有些失控，開始有人衝擊議會大樓，引發了員警的鎮壓，造成了十七個人死亡，幾千人受傷的結果。這件事發生在一九三四年二月六日，被稱為「二・六事件」。這本來是「火十字團」推翻共和國最好的機會，可不知為什麼，他們就撤退了。共和國經歷了一次巨大的危機，居然沒有倒，不過，這樣的打擊，還能挺住幾次呢？

右翼幫派因為這個事件空前團結，左翼呢？反對法西斯，反對獨裁，維持民主共和國的人總是有的。本來共產黨和社會黨分裂後，兩邊挺不友好的，看到眼下這個局勢，只好拋棄前嫌，重新攜手。

社會黨和共產黨聯手，就將左翼的團體都吸引到自己周圍，一九三五年七月十四日，慶祝國慶日，社會黨、共產黨以及代表資產階級的激進黨派聯手也組織了大遊行，五十萬人從巴士底獄走到了共和國廣場。這個遊行是法國政治歷史上的重要事件，它標誌著一個叫「人民陣線」的組織成立了。

此時的法國，左翼右翼已經壁壘分明，右翼組織了「民族陣線」與「人民陣線」對抗，大家都感覺這兩邊早晚會打一架引發內戰，不過好在他們暫時希望在議會選舉上決出勝負。

左翼贏了，社會黨取得了組閣的機會，這可是法國政壇一個全新的開始，組閣的是法國歷史上一個挺悲情的人物，勃魯姆。

新內閣新氣象，社會黨人上台，當然要照顧廣大工人群眾的利益。勃魯姆內閣做了幾項改革措施，社會主義者嘛，最重要的就是將大型的工業先收歸國有。針對普通民眾的改革中，有幾樣到現在法國人都很感激。比如說：從此法國人每周工作四十小時；增加薪資；周日或者假日，羅浮宮之類的地方可以對民眾開放；最牛最人性的一條是，可以享受每年兩周的帶薪假期！帶薪假期啊，之前貧困的法國人一輩子都不敢想像有休假這種事，不上班還有薪資拿！大家可以注意，上世紀三〇年代法國的一些出版物，經常有一家老小在海邊度假這樣的畫面，都是帶薪休假的福利。

勃魯姆的改革目的的確是想惠及大眾，不過，這樣的恩施，首先要以一個富裕的國家經濟為基礎，法國的國庫空蕩蕩，法國的平民百姓還沒到能實現這種幸福生活的階段。因為無以為繼，勃魯姆的改革只能暫停。

不久，勃魯姆在外交問題上再次遭遇無奈。西班牙出事了！現在整個歐洲，大多數國家都存在著法西斯份子和人民陣線兩大幫派，西班牙的法西斯份子頭目叫佛朗哥，他發動叛亂，要推翻西班牙的人民陣線控制的政府，並獲得了他這一派兩位大哥希特勒和墨索里尼的支持。

都說西班牙的內戰是第一次世界大戰的預演，兩種意識型態終於在這裡公開地交鋒。左翼的人民陣線現在也有大哥啊，蘇聯和共產國際。史達林願意幫忙，蘇聯的武器一批批進入西班牙，史達林可不做賠本的慈善事業，武器不免費，西班牙用自家的黃金換來的。鑑於西班牙是內戰，史達林也不可能派蘇軍進入西班牙幫忙，所以透過共產國際在全世界號召同志，組成志願軍到西班牙參戰。五十多個國家的熱血青年，懷著激情和正義感，或者還有些浪漫的理想主義，組成了大名鼎鼎的「國際縱隊」進入西班牙，幫助人民陣線戰鬥。

法國不也是人民陣線當政嗎？跟西班牙的政府是革命同志啊，西班牙的人民陣線向著法國深情地呼喚，希望這個鄰居能施以援手。可是，無論是英國還是法國，甚至美國，他們都決定「不干涉」西班牙的內政，任由德義聯合佛朗哥荼毒了西班牙。

為什麼「不干涉」，從最近的新聞看，英法這兩個國家似乎挺喜歡「干涉」的啊，佛朗哥在西班牙也殺人無數，引發人道危機，怎麼這兩個主張自由平等人權的國家不幫忙呢？

原因有兩個，一，恐共；二，恐德。恐共是第一次世界大戰後資本主義世界的主流思想了，現在五十個國家的共黨份子聚集在西班牙，如果他們成功幹掉佛朗哥，一個共產黨領導的西班牙就誕生在地中海上，歐洲主要國家的身旁！英法美心中，共產黨是一種高速擴張蔓延的超級病菌，它出現在東北歐已經引發恐慌，如果出現在西歐，大家還過不過了？

至於恐德，這也不是祕密了。第一次世界大戰把英法的經濟打得一塌糊塗，法國滿目瘡痍，然而損失最大的卻是，打掉了高盧人尚武好戰的血性。對法國人來說，身邊希特勒的崛起，就如同家門口開了個黑社會的社團，別惹他，凡事陪笑臉，出門最好繞道走。黑社會要找人火拼，你還能往跟前湊嗎，有多遠躲多遠啊。英法都懷著對希特勒小心伺候的心，他們敢幫忙嗎？

勃魯姆也很無奈，他代表人民陣線上台，打心底還是支持人民陣線的。可民選的政府和法西斯最大的不同是，不是你心裡怎麼想就能怎麼做，要思量所有的利弊關係。法國的所有派系中，右翼肯定是一致支持佛朗哥的，左翼有分歧，社會黨和激進黨都覺得應該「不干涉」，共產黨是支持西班牙政府的。勃魯姆權衡再三，激進黨又屢屢以退出內閣要脅他，所以他最終選擇了「不干涉」。「不干涉」的做法完全不顧共產黨的感受，共產黨人也不幹了。人民陣線開始動搖分裂，勃魯姆看著形勢不好，只能掛冠而去。法國的人民陣線就此終結。激進黨上台組閣，戰前法國的著名人物達拉第成為政府總理。

法國對西班牙法西斯放縱的結果，是讓自家陷在了德國、義大利、西班牙三個法西斯政權的包圍裡。在對待法西斯崛起的問題上，法國基本可以算是窩囊透頂。

上篇介紹過，老虎克列孟梭在巴黎和會上，差點跟英國首相打起來。當時他們對罵而後動手的主要議題是，老虎堅持將萊茵左岸開闢為非軍事區。可一九三六年，當德軍提著鞋子踮著腳悄悄進入這一地區時，人數和裝備都不如附近的法國軍隊，只要高盧人敢開火，就能將德軍趕回去。可法國表現得像傻小子，他們看著德軍過來駐下後就知道咧著嘴哭，一邊哭一邊找到國聯告狀，國聯說，別哭啊，看我幫你罵他！罵了兩句，德國人淡淡一笑，這個事就算過去了。

也就是這個試探的動作，堅定了希特勒的進取心。一九三八年，他全取了奧地利。法國人這次連哭都沒哭。

現在，達拉第政府上台，希特勒很客氣地過來通知他們：德意志想要肢解法國的盟友捷克斯洛伐克，法國人是接受呢還是不接受呢？第一次世界大戰結束後，為了自家的安全，法國在歐洲範圍內到處賠笑臉交朋友，為了轄制德國，捷克斯洛伐克跟法國燒了黃紙拜了兄弟成為盟國。

這可愁死人了。墨索里尼組織所有人到慕尼黑開會，討論捷克的問題。聽說要開會，巴黎人歡欣鼓舞啊，為什麼高興？狂人取得奧地利直截了當就動手，現在人家居然先開會，說明人家講道理，不想打了，和平有望啊。只要達拉第在會上好好表現，希特勒拿到他想要的東西，歐洲就安靜了，和諧了，祥和了，以後誰也不打架，都好好活著。

達拉第是帶著這樣的民意到了慕尼黑。一九三八年九月三十日，《慕尼黑協定》正式簽署。這個協定的內容大家都很熟悉了，連簽了字的達拉第自己都有點不好意思。簽完後回家的飛機上他非常忐忑，他認為，他會收到很多法國人的鄙視和責罵，也許一走下飛機，一個臭雞蛋就會迎面砸在臉上，他甚至還想是不是打把雨傘擋擋。

事實與他想像的正相反，他以一個英雄的面目降落巴黎，全巴黎用歡呼和讚美，獻花與笑聲來迎接他，都說他拯救了和平，拯救了全法國，是古往今來最大的英雄。

這個滿城歡騰的畫面我們好熟悉啊，那是一九一四年，法國人送自己的子弟兵上戰場，高盧的勇士要找德意志復仇的時候！從這兩個畫面對比大家可以看出，第一次世界大戰這三十年來，法國的膽量和勇氣幾乎已經消失殆盡了，而西班牙和捷克的事件，也傷透了之前想依附法蘭西的小國的心，這個曾經的歐洲霸主，如今的形象窩囊得可憐。

咱家的歷史教訓最深刻，最明白，從來沒有一個民族是因為謙恭和退讓而不受欺凌的，也從來沒有一個國家因為害怕戰爭就能躲避戰爭。法蘭西，將因為他的「舉國怯懦」，迎來史上最大的屈辱和不幸。

三十九、亡國的歲月

1. 溫泉水能安撫亡國的心？

一九三九年九月一日，納粹德國閃襲波蘭，九月三日，達拉第幾次厚著老臉求希特勒談判無效後，只好硬著頭皮宣戰，法蘭西無奈地進入了第二次世界大戰。

歐洲所有國家的第二次世界大戰史都是厚厚的一本書，法國的比較簡單，因為德國人在他家真沒花什麼功夫。

法國怕德軍怕得要命，第一次世界大戰之後自然也要做點準備工作。態度決定一切，第一次世界大戰後對法國來說，能避免戰爭是最好的，實在要打，最好是將敵人防範於大門外，擋著別讓他們進來就行了，反正我們也不準備打出去。根據這個思路，一九二九年新上任的國防部長馬其諾就提出，乾脆起個柵欄造個長城吧。偉大的馬其諾防線從北邊的法國比利時邊境到南邊的法國義大利邊境拔地而起，全長七百公里。

馬其諾防線絕對不是豆腐渣工程，一九二九年正好是法國經濟興旺的日子，工程不差錢，也不想省錢，花掉了法國一年的財政預算，大約超過五十億法郎。工程怎麼樣？工程實在是高，它由一組組相互獨立的築壘式防禦工事群構成。每一組工事包括一個主體工事和一些觀察哨所，相互間以電話聯繫。主體工事距地面三十米，指揮部、炮塔、發電設備、修理設備、醫院、食堂、宿舍設施一應俱全，工事外則密布金屬柱、鐵絲網。工事內糧食和燃料的儲存一般可堅持三個月。全線共布署三百四十四門火炮，建有一百五十二個炮塔和一千五百三十三個碉堡，所建地下坑道全長達一百公里，道路和鐵路總長四百五十公里。綜上所述，馬其諾防線絕對當得起「固若金湯」四個大字！

看到這麼一個龐然大物豎在門口，法國很放心，他們都想啊，要是正面進攻馬其諾防線，日耳曼人肯定是雞蛋碰石頭，說不定，就在馬其諾防線，法軍就把來犯的德軍全滅了。

所以，雖然宣戰了，法國人心態還很放鬆。波蘭也是盟國，因為事先有約定有承諾，被迫只好宣戰，可宣了不一定要戰。波蘭那邊炮火隆隆，法軍躲在馬其諾防線後面，為波蘭吶喊助威。

德軍有五十個師就在馬其諾防線對面，法國人決定沒事不騷擾他們。最鬧心的就是，在馬其諾防線跟德軍對看，日子也挺無聊的，好在政府和軍方都了解基層部隊的疾苦，組織了豐富多彩的軍營文化活動。有演出、有電影、有舞會，有牌局，總理還發了一萬顆足球過來，駐軍可以組隊做個小型聯賽。總之在馬其諾防線駐守的歲月，跟帶薪休假差不多，法國大兵都長胖了。

從英法宣戰開始，波蘭那邊就等待著西線戰事啟動分擔自己的壓力，從一九三九年九月到一九四〇年八月，史上稱為「奇怪的戰爭」，西線的英法軍隊，完全不進入戰爭狀態。

英法不怕閒著，德國人可沒閒著，一九四〇年五月十日，他們按計劃在西線發動了全面進攻。德國人跟法國人腦子長得不一樣，法國人覺得，我既然修了個防線，德軍就應該對著防線撞上來；可德國人想的是，我好好的幹嘛跟一堵牆過不去啊，碰上擋道的，我可以繞道走啊。

漂亮的「曼斯坦因計畫」，德軍大兵壓境，佯攻比利時和荷蘭，德國名將古德里安率一千五百輛坦克克服重重困難通過了阿登山區。荷蘭、比利時相繼繳械，裝甲師節節推進一直到海邊，摩托化步兵緊隨其後。這不到一個月的時間裡，盟軍最有效的工作就是敦克爾克的完美撤退，二十七萬英軍和十萬法軍，藉著英格蘭強大的艦隊力量，逃離了這個即將淪陷的國度。這十萬法軍是幸運的，因為沒趕上船的其他北方部隊全部成為德軍的俘虜。

六月十日，政府再次遷往波爾多，就在這一天，義大利向法國宣戰，在背後捅了一刀子。在阿爾卑斯山，法軍的六個師成功阻擋了三十二個師的義大利軍隊，說明法軍的戰鬥力是不差的。不過，最怕的是精神被打垮了。大批的百姓逃亡到南方，難民阻塞著道路，所有車輛都不夠用，沿途一片混亂，物價暴漲，連水都成了奢侈品。

德國人要來了，他們天上有飛機，地上有坦克，打是打不贏的，只有投降才能結束這噩夢般的日子。一小隊德軍就能讓一個城市投降，所有人都想，只要投降，我們就不會被轟炸，被屠殺。偶爾還有幾個人大聲呼喊著讓法國人團結起來，抗戰反侵略，不當亡國奴，可這些聲音太小了，有一個叫戴高樂的准將，他自己躲在倫敦號召法國人民反抗，這不是站著說話不腰痛嗎？

趕緊投降！這是一九四〇年六月，全法國人的心聲。世界史上恐怕沒有哪一個國家，如此上下同心地希望被亡國。六月十八日，時任總理貝當元帥向德國請求停戰，不知道當年在凡爾登戰場血拼德國人的英雄貝當，當時有沒有想到自己有乞降的這一天。

六月二十一日，在距巴黎北部八十公里的貢比涅森林小車站雷通，一九一九年年十一月十一日簽署法德停戰協定的地方，當年協約國部隊總司令福煦將軍的專列車廂內，法國簽下了屈辱的停戰協定。前後大概就是一個月，歐洲曾經的霸主，曾號稱西歐最強的高盧人就被納粹德國踏在腳下。也許亡國對法國人來說不算什麼，可亡得這麼快，就有點像神話了。

六月二十五日，條約生效，法國被一分為二，北方，大約國土的五分之三屬於納粹德國的佔領區，他們拄著刺刀按自己想法管理；南方的五分之二允許法國人自己管自己吧，這麼大一個國家，說沒就沒了也不合適。

波爾多城也被劃給德國，所以政府還要遷出去，現在當家掌舵的是貝當元帥，他帶著大家搬到了維希。

維希在哪裡？法國中部一個小城，它的特產大家都見過，有一種藥妝的化妝品那叫薇姿（VICHY）就是來自這裡。維希是法國旅行的熱門景點，最著名的就是溫泉，傳說這裡的溫泉對皮膚病、風濕甚至腸胃病有奇效。薇姿能成為所謂的「藥妝」，廣告說也是來自這裡的溫泉水。

投降時，貝當老爺子八十四歲了。大部分老頭子有個特點，怕死還渴望權力。因為老爺子又救了大家，所以搬到維希的「法國議會」被要求授予貝當全權以制定新的憲法。法國真是好久沒有新憲法了，既然重新制憲了，那就又是一個新的國家了。第三共和國正式死亡，龜縮在維希這個國家也不知道算什麼，後來就叫「維希法國」了，老貝當大權獨攬，成為「元首」，老頭耄耋之年還過了一把獨裁的癮，真是幸福的晚年生活啊。

維希政府老少爺們泡在溫泉裡偶爾傷心，偶爾江山北望，好在維希的溫泉能治病的，亡國導致的心病恐怕也能治，日子也不是不能過。

2.在沒有溫泉的地方

現在的法國人分成了三個部分，第一部分是納粹德國佔領下的北方法國，巴黎上空飄揚著「卍」字旗。德國人好像正有組織地將德國人遷居到這裡，開展工農業生產活動。阿爾薩斯和洛林更離譜，德軍一進入，他們就表示了歡迎，還說是願意回到「國家的懷抱」，這兩地的年輕人爭先恐後加入了德國軍隊。最開始逃難離開北部的法國人，看著德國人挺懂禮貌的，彬彬有禮的，也都陸續回到了佔領區，成為德國統治下的高盧順民。順民的日子並不好過，德國人在自己家都「要大炮不要牛油」，要求老百姓為了戰爭勒緊褲腰帶，他們更不可能讓法國人吃飽喝足了。在佔領區，所有的生活資料一律實行配給，吃飯憑票，很難見到肉類，甚至衣服鞋襪也都是配給的，相比之下，農村人的生活比城市略微好過點兒。

第二部分是南部的維希法國，雖然還號稱是法國，基本跟德國的殖民地沒區別，工業產品和農業產品優先向德國人納貢，而因為原料匱乏，工農業也沒什麼有規模的生產。士兵復員找不到工作，生活貧困而艱難。

除了法國本土這兩塊吃不飽穿不暖的法國人，還有一部分法國人，他們不願意做順民，也不願意泡溫泉，他們要收復國土，要跟納粹作戰，於是，他們選擇過海到英國去，那裡是反擊德國的大本營，那裡有個叫戴高樂的傢伙，在等著接應他們。

戴高樂，男，生於一八九〇年，籍貫：法國里爾，家庭出身：教會學校教師。參加過第一次世界大戰，受過傷做過戰俘當過軍校教師。一九四〇年，戴高樂被任命為法蘭西的陸軍次長。從宣戰開始，就一直張羅著跟德軍拚命。法國節節敗退時，他建議法國政府應遷往法屬北非，並繼續領導抗戰。當時主戰派在所有法國人看來是腦殘兼非主流。

一九四〇年六月十七日，戴高樂送一位英國將軍回倫敦，飛機即將關閉艙門那一刻，他突然跳上了飛機，跟著英國人一起去了倫敦。英國首相現在是好戰的邱吉爾，戴高樂知道去找他才有前途（老楊沿用主流歷史書的寫法，但在很多歷史書中，國家尚未完全淪亡，作為一個高級軍官這樣跑到英國去，可以定性為叛逃，所以後來貝當政府定他「叛國罪」，判處他死刑）。

戴高樂到達倫敦的當天夜裡，貝當就向德國人要求停戰。當天戴高樂就在英國廣播電台發表了他那篇著名的六・十八講話！我是戴高樂將軍，我現在在倫敦。我向目前正在英國領土上和將來可能來到英國領土上的持有武器或沒有武器的法國官兵發出號召，向目前正在英國領土上和將來可能來到英國領土上的一切軍人工廠的工程師和技術工人發出號召，請你們和我取得聯繫。無論發生什麼情況，法蘭西抵抗的火焰絕不應該熄滅，也絕不會熄滅。

剛到倫敦時，邱吉爾首相真沒把一個法國准將看在眼裡，戴高樂口口聲聲說自己「代表法國」也讓邱吉爾很不以為然。法國高瘦子和英國矮胖子後來成為第二次世界大戰中著名的一對夥伴冤家，他們離奇地互相吸引又互相嫌棄。

沒有被泯滅了血性的法國人，不願意當亡國奴的法國人，知識份子、技術人員、學生、學者想方設法來到倫敦，聚集在戴高樂組建的「自由法國」麾下，不久，邱吉爾就不得不承認，戴高樂可以代表「法國」，他將成為法國抵抗運動的唯一領袖。

七月，戴高樂號稱他已經擁有了一支七千人的軍隊。帶著這支軍隊殺回法國去顯然是不現實的，戴高樂決定先到法屬北非地區，想在那裡先站穩腳跟。

戴高樂在北非的工作，不僅是軍事上的，還有政治上的，因為一九四二年底登陸的美國人似乎並不願意讓他成為法國的唯一代表。對美國人來說，法國已經淪陷，戰後要不要讓法國恢復還要重新考慮，所以，美國人扶持了自己看中的法國代表。戴高樂看出他未來的工作，不僅要對抗德國佔領法國，還有防止德軍之後盟軍佔領法國。好在戴高樂是穿軍裝的人中間最會玩政治的，他成功地將美國人扶持的「法國代表」排擠出局，自己成為法國海外抗戰的唯一老大。就是在北非這段勾心鬥角，讓戴高樂和美國存了芥蒂，以後的戴高樂什麼時候都不給美國佬好臉色。

一九四三年，「法蘭西民族解放委員會」在阿爾及利亞成立，它實際上就相當於一個法國的海外戰時政府。在海外鬧騰沒用，在盟軍登陸前，只有法國本土才算真正的抗戰。大約從一九四一年開始，也許是生活所迫，也許是終於感覺到了屈辱，或者是一時激憤，漸漸開始有人組團對抗德軍了。到一九四二年，隨著盟軍在海外戰場有了成績，各種法國國內的反抗團體越來越多，簡單合併後，成為了法國的抗德游擊隊。

對戴高樂來說，取得海外抗戰的領導權是空洞的，能夠收編國內的游擊隊，法國本土認可他領導抗戰才是實在的，這時，他得到了一個優秀的幫手，讓・穆蘭。

照片上的讓・穆蘭清雋俊朗，喜歡戴條圍巾。生於大學教授家庭的穆蘭前半生異常順遂，學習法律，進入政界，先是法國最年輕的區長，後來成為法國最年輕的省長。

德國人來的時候，法國政界降聲四起，讓・穆蘭是不肯降的。德軍開進了他主持的厄爾—盧瓦爾省，因為拒絕跟德軍合作，穆蘭被關進了監獄。在獄中，他想自殺殉國，用意外發現的玻璃碎片割了喉嚨。德國人及時發現，救了他，脖子上留下一個疤痕，所以後來戴著圍巾就成為他的標誌。德國人怕他再尋死，只好將其釋放，他輾轉逃出國境，來到倫敦找到了戴高樂。

一九四一年十二月三十一日晚至一九四二年一月一日，作為戴高樂和自由法國的代表，四十三歲的穆蘭隻身傘降到法國南部薩龍地區。穆蘭這次冒險出差的使命是：建立自由法國與國內抵抗組織的聯繫。穆蘭潛回國的工作業績可能大大超過了戴高樂對他的預期，他在法國各地穿梭遊說，居然將支離破碎各自為戰，有點土匪習氣的各路游擊人馬整合在一起，而且這些「土匪頭子」都願意奉戴高樂為老大，以「戰鬥法國」為戰旗有系統有組織地抗戰（本來是叫「自由法國」，後來戴高樂改成了更煽動的「戰鬥法國」）。後人說：「在讓・穆蘭到來之前，法國曾有一些抵抗者。在讓・穆蘭到來之後，法國有了抵抗運動」。

在法國從事這種地下活動危險重重，半年後，穆蘭終於沒逃脫德軍的圍捕。被蓋世太保酷刑折磨而死。讓・穆蘭的犧牲是戴高樂和戰鬥法國的巨大損失，好在法國的抵抗運動很快就不用孤軍奮戰了。

3. 解放

一九四四年，六月六日，盟軍登陸諾曼第，開闢了史達林望眼欲穿的第二戰場。隨著盟軍的迫近，法國各地的抵抗組織開始了陸續發動起義，法國共產黨則非常聰明地組織了巴黎的起義。

八月十九日起義開始，巴黎人唯一有點殺傷力的武器是汽油彈，再就是他們祖傳已久的街壘戰功夫，八月二十三日巴黎的德軍就投降了。

戴高樂一聽說巴黎起義，下令火速增援。他的人馬到達時，巴黎已經解放。戴高樂毫不客氣地摘取了勝利的果實，他以正規軍司令的姿態進入巴黎，接受來自全城的歡呼和歡迎。

老戴一流政治家，任何時候都頭腦清楚，當時有人建議他，趕緊到市政廳去宣布成立新的共和國，他說，法蘭西共和國一直存在，「戰鬥法國」是它的化身，我是共和國的總統，幹嘛還要再宣布成立一個共和國呢？如此一來，什麼手續也不廢，戴高樂自己將自己任命為戰後法國的最高領導了。

八月二十六日，巴黎舉行盛大的遊行，慶祝重生，而法國全境是一直到一九四五年五月才取得了最後的解放。整整淪陷了五年的法蘭西重新站起來了。

對於法國淪陷期間的地下抗戰，不同的歷史書說法各異，很多人並不認可，法國真有自己所說的「聲勢浩大」的民間反德運動嗎？真有各種可歌可泣的大量犧牲故事嗎？大家想想，一九四〇年是舉國要求投降，怎麼會過了幾年就轉了脾氣，找回了自尊心，開始大規模民間抗戰了呢？所以，老楊一直陰暗地認為，恐怕是德國治下，戰爭期間，為生活所迫的小規模暴亂而已。讓・穆蘭統一的那支所謂游擊大軍，似乎也沒看到什麼特別的抗戰事蹟。倒是在聽說盟軍登陸後，法國游擊隊英勇出擊，炸鐵路，炸橋樑，算是幫了點忙。

至於巴黎起義，更讓老楊迷惑。傳說巴黎城內有數萬德軍和幾十輛坦克，英勇的巴黎人民居然用汽油彈讓他們在三天之內投降了，到底是巴黎人的神勇，還是德軍的日暮西山，失去戰意？而且，在德軍已經陸續撤退的情況下，法國共產黨不等正規軍過來，就率領平民百姓肉搏德軍的全副武裝，也許是為了早日解放首都，也許更多地是為了後來的政治資本？

四十、第四共和國——失敗的試驗

美國的計畫本來是，扶持法國復國，而後將之發展為自家的附庸。可戴高樂有辦法讓美國的算盤打散。先進入巴黎宣布復國，取得大權，而後組織所有的法國軍隊，全力配合盟軍的戰鬥，最後甚至很積極地跟著打到了德國境內。

人家辦了事出了力，不能不給報酬，戴高樂先上車後買票，逼著同盟國承認他是盟軍的一員，當然順理成章地成為戰勝國的一員。

一九四四年八月二十一日至十月七日，美、英、蘇、中各國的代表在華盛頓附近的一座古老莊園敦巴頓橡樹園舉行會議。會議規劃了聯合國憲章的基本輪廓，解決了聯合國建立的主要問題。大家注意，這時還沒法國什麼事呢。誰知道一年以後，聯合國五大常任理事國確定，其中就有剛復國的法蘭西，不能不說戴高樂戰後這一輪玩國際政治玩得很高明。

又是戰後重建，第一個建什麼？工業還是農業還是金融業？都不是，建立法國人的自尊心。第一次世界大戰是純粹的法德戰爭，第二次世界大戰不一樣，這期間更多是法國人對法國人的戰爭，所有在戰中為德國人服務過的，當過翻譯帶過路的「法奸」，都要抓出來，批鬥、整死。維希政府大小頭目更是要好好審判。貝當本來被判了死刑，戴高樂考慮到他至少為法國守住了半壁江山，後改為終生監禁，將他流放一個海島，據說這個流放地各種條件比當年拿破崙的強多了，老貝當活了九十五歲。

清洗「法奸」很正常，可漸漸不正常的就來了。很多在第二次世界大戰期間委身了德國人的女子，被清理出來，頭髮剃光，衣服剝光，遊街示眾。法國男人對於這些投靠了敵人的女子憤恨無比，奇怪的是，他們對這些女人的仇恨還超過他們恨德國人或者是投降的法國男人。他們覺得似乎只有盡力羞辱這些女人，才能找回高盧男人的尊嚴。男人的劣根性表現在，他們自己都做不到的事，卻要求女人做到，如果女人沒有做到，則罪過要大於男人的一倍！投降已經很悲哀，此時的法國男人更悲哀！

清理工作基本結束，要考慮一下國內政權的問題了。以後的法蘭西怎麼走？大多數法國人覺得，第三共和國不好，亂糟糟的，換內閣比女人換衣服還勤快。再修一部憲法吧，再給法國一個全新的開始。這次終結第三共和國是採用的全民公決，最大的亮點是，在這個很早就宣揚人權的國度，此時才第一次出現女性的選民。

並沒有所謂全新開始，原來說過，第三共和國的問題在哪裡？政府太肉。為什麼肉？議會制的國家，議會掌握大權，議會有好多人，好多黨派啊，而且法國的政黨，歷史又不長，根基又不深厚，沒有可以出來獨當一面獨挑大樑的黨派，於是就「亂紛紛你方唱罷我登場」。

戴高樂很明白癥結所在，所以他認為，法國要建立強有力的政府，必須提升總統的權力，讓權力集中一點，不要讓政府總是被政黨控制，這樣行政效率就會高一點。

法國人不幹，被德軍佔領了五年，被禁錮、被壓迫、沒有自由，現在好不容易是法國人自己的天下了，法國人需要自己的政治權力，他們希望看到各黨派針鋒相對，互相鬥嘴，能隨時產生「思想碰撞的火花」，讓法國人感覺終於獲得了「真正的自由」。

就這樣，導致第三共和國慘敗的議會制又回到了法國。戴高樂沒能實現自己的理想，而且認定這個制度會再次慘敗，所以非常踴地辭職走人了。他自信法國人早晚還會請他回來，只是沒想到，他在科隆貝鄉下的隱居時間會這麼久。

一九四六年五月，新憲法又出爐了，別算這是第幾部憲法了，老楊自己都暈了。最暈的是，這部憲法跟原來那部幾乎沒有區別，一個毫無權力的總統，一個必須在議會黨派之間玩蹺蹺板的總理。早知如此，何必換呢？第三共和國死得比竇娥還冤呢！死了就死了吧，這個借屍還魂的，叫法蘭西第四共和國。

第四共和國存在了十二年，換了二十二屆內閣，平均在崗不到半年。這對法國人和世界上其他人的記憶力是個巨大的挑戰，主要國家的外交官早上起來上班的第一件事要問祕書：今天法蘭西的總理還是昨天那個不？最麻煩的是剛記住這個總理的名字，還沒記住模樣高矮胖瘦，下一位總理又出現了。

老楊不是外交官，不能受這個折磨，記不住就不記了，我們找這十二年的重要事件簡單說說吧。

經濟方面又走了一條拋物線。戰後幾年，法國經濟再次經歷了一場快速的經濟復興。第四共和國成立之前，戴高樂的臨時政府就已經將法國幾乎所有的大型企業收歸國有。這一輪經濟復興奇蹟的製造者，叫做讓・莫內。

讓・莫內是個國際談判專家，所以他的經濟計畫帶有全球化的視角。他認為法國工業設備陳舊，法國人頭腦頑固僵化，所以，一定要加快現代化建設，提高生產率，要從物質的角度來改造國家。實現這個計畫，最重要的辦法就是增加投資，改良法國的工業基礎硬體。投資就是要錢，錢從哪裡來？第二次世界大戰後法國的一窮二白基本不用介紹了。

有錢！美國人有錢，而且他必須給錢！美國一定要在西歐取得自己的大佬地位，如果美國不拉扯這些小弟，他們人窮志短倒向蘇聯就麻煩了。美國向歐洲輸血的「馬歇爾計畫」，法國是最大的受惠國之一，從美國獲得了二十億美元的黃金作為國家儲備。歐洲局勢越是不確定，美國人越是要大把大把的撒鈔票，美金源源不斷地進入法國這片幾乎被榨乾的土地，終於滋養它復甦並成長。

在這段時間裡，法國外交上最重要的突破是跟德國和解。西德和法蘭西都是美國的小弟，美國老大說，一家人不計前嫌，兩邊也就不好再橫眉冷對。而在讓・莫內看來，既然法德都可以和好，和平共處，那麼整個西歐，完全可以團結成一個大家庭嘛。

歐洲歷史上有很多大人物都設想過，將歐洲統一為一個整體，西歐各國都不大，切得細密，導致很多資源都不能最大化的使用，而中間人為的障礙和壁壘都會阻礙發展。以前談統一歐洲，都感覺應該是將西歐大地整合為一個國家，由拿破崙那樣的人物來完成。莫內心想，不需要將國家主權統一啊，比如法德兩國，阿爾薩斯、洛林的問題糾結了上千年，也不過是些資源上的爭執，尤其是煤和鋼這些戰爭資源的問題。如果所有國家的煤和鋼合併起來使用，大家還打什麼呢？如果西歐的資源都合併了，那該地區就不會有戰爭，而西歐對外戰爭時，這些資源不可以協調得更有效率嗎？

一九五一年四月，在法國的主導下，西德、義大利、荷蘭、比利時、盧森堡和法國簽約成立了「歐洲煤鋼共同體」，第二年，合作擴大，「歐洲經濟共同體」、「歐洲原子能共同體」相繼成立。這標誌著歐盟最終成立已經進入流程。法國的莫內因為在其中的重要作用，被人稱為「歐洲之父」。

法國的經濟復興沒堅持太久，因為又遭遇了資本主義世界週期的經濟危機。一九五二——一九五三年，又一輪工業生產下降，失業人口激增。

第四共和國的政府，從成立之初都遭人埋怨，因為效率低下，還總亂糟糟的，幾個黨派誰也轄制不住誰，天天內耗。這中間耐不住寂寞的戴高樂還跳出來組建了一個法蘭西人民聯盟，將局面搞得更加混亂。

國內有矛盾向外轉移，這個是執政的金律。往哪轉啊，不還有殖民地嗎！

法國人說到殖民地，也頗為心酸。其實第二次世界大戰之後，很多其他國家的殖民地都陸續脫離了宗主國得到了獨立。法國人看不開，就是不肯放手。他們放不下的原因有兩個，一，第二次世界大戰後法國地位淪落，在歐洲已經很二流，這點殖民地代表著過去大國的榮光，所以不願意放棄；二，法國政壇的右翼份子們堅持要保留殖民地，並對殖民地的反抗活動果斷鎮壓。殖民地獨立是大勢所趨，如今的法蘭西能駕馭這些大勢嗎？

第一個把法國人拉下水並焦頭爛額的就是印度支那。第二次世界大戰後，英國人從日本人手中解放了印度支那，又將其轉還給法國政府，一九四九年，法國人將印度支那上升為法蘭西聯邦的附屬國。誰知，越南人毫不領情。

有個在巴黎混了很長時間的越南共產黨，大號叫胡志明，第二次世界大戰末期組建了一個叫「越盟」的政黨，趁日本人撤退在河內成立了政府還代表越南宣布獨立，當然，當時根本不會有國家承認他。胡志明多次跟法國人談判想達到目的，被拒絕後，兩邊的戰爭就全面展開。

越南的抗法鬥爭打了八年，比第二次世界大戰時間還長，越南那麼個小國怎麼能抗住這樣的戰爭呢？胡志明是共產黨，背後當然有蘇聯和中國幫忙。法國呢？他也有美國幫忙。看出來了吧，這不是個小小的越南要獨立的問題，這又是個反共的大問題。

一九五四年，在河內以西兩百多公里處的奠邊府小村，法軍大規模集結，預備畢其功於一役，一舉殲滅越軍主力，取得戰場控制權。這場越南獨立戰爭最慘烈的奠邊府戰役經常被人稱為「血戰」，因為打到最高潮時，戰場進入類似冷兵器時代的肉搏戰。而法軍也根本沒有想到，一直以游擊戰形態出現的越軍，居然擁有火力強大的炮群。

奠邊府戰役以法軍投降告終，當時的法國內閣因此下台。現在的問題是，法軍在越南肯定是個爛攤子了，哪個人能大著膽子上來接手，並處理善後呢？

弗朗斯上台了，激進黨左翼的領袖。在第四共和國的二十二屆內閣中，他值得記錄，因為他臨危受命，而且放下了，果斷了結了印度支那的戰事，並簽署了《日內瓦協定》，越南以北緯十七度為界，北方由胡志明政府控制，南方則有越南的末代君主保大皇帝組建的政府掌握。雖然越南的事遠遠沒有結束，後面的戰事甚至更殘酷更浩劫，可法國人逃出來了，終於從這個泥潭中抽身了。為了這場毫無必要的越南戰事，法國大約用掉了幾兆法郎，死了近十萬人。

弗朗斯政府看得開，在談判之下，突尼斯和摩洛哥都獲得了獨立。可是，誰都可以走，阿爾及利亞不能走！同樣是殖民地，法國人對這幾個地區的感情是不一樣的。第二次世界大戰時戴高樂的「戰鬥法國」政府曾設在阿爾及利亞。在法國人看來，阿爾及利亞是法國領土在非洲大陸的延伸，它不是殖民地，它就是法國，它實實在在是自己的土地。

阿爾及利亞人對法國人的深情是從來不領情的。一九五四年十一月，爭取阿爾及利亞獨立的「民族解放陣線」（簡稱「民解」）開始跟法國人動手。為了鎮壓，法國也不斷向阿爾及利亞增兵，又導致了一場更為慘烈且後患無窮的阿爾及利亞獨立戰爭。

到一九五六年，大約有四十萬的法軍在阿爾及利亞疲倦地應付民解的游擊戰，天文數字的法郎砸在這片人口不過兩千萬的土地上。

阿爾及利亞戰爭期間，埃及預備將蘇伊士國家收歸國有，英法和以色列想藉此出兵找埃及打架。結果被美蘇兩位大佬壓制住。這趟出兵又是花錢兼丟人的軍事冒險，法國軍界右翼認為，蘇伊士運河沒了，阿爾及利亞就更不能丟了，而法國人大部分則認為，政府辦事是越來越不著調了。

民解大本營和根據地都設在邊境，法國對這些據點的轟炸就很容易傷及他人，周圍的國家比如突尼斯就到聯合國告狀，說法軍的飛機炸了他家的平民。鬧得聯合國頭痛，於是英美兩家出面勸阻法國，別打了，收手吧。

法國政府願意收手，在阿爾及利亞的法國軍團卻不幹。你們說收手就收手，那我們之前的玩命戰鬥都是二愣子行為了。他們發動叛亂，佔領了「總督府」，還搞了個古怪的「救國委員會」，說要反攻到法國去。眼看為了阿爾及利亞這點破事，法國又要打內戰。這時，叛亂份子們突然打出了「戴高樂萬歲」的旗號，叛軍的意思，他們需要戴高樂代表政府來解決爭端，而他們認為，以戴高樂的行事風格，一定會不惜一切將阿爾及利亞留在法國。迫於壓力，一九五八年，戴高樂被選為總理。

四十一、古稀的智慧和青春的風暴

戴高樂看到他又成了法國人的大救星，心裡暗爽卻不表露出來。但等局勢不能控制了，要打內戰了，他才以救世主的面孔降臨。這次出山，是別人請他來的，他當然可以開條件坐地叫價。

這都火燒眉毛了，等您老出來解決阿爾及利亞的事呢！戴老說，先不急，不解決根本問題，什麼事也做不了，老夫十二年前就說你們的憲法不著調，看，果然出亂子了吧。來來來，少安毋躁，咱們先把憲法改了再說啊！

這時候戴老說什麼就是什麼，修憲就修憲吧。一九五八年九月，新憲法又出爐了，這家人搗鼓一本憲法比網上寫手們寫一部穿越小說快多了。全民公決，不錯，八十％以上的支持，新的共和國誕生了，這是法蘭西第五共和國。

新憲法最大的特點就是總統的權力極大，國家元首兼三軍統帥。總統任命總理，各部官員由總理向總統推薦等等。最牛的是有一條，碰上緊急事件，總統可以專斷獨裁。一九五九年一月八日，戴高樂成為第五共和國第一屆政府總統。

目的達到了，快辦正事吧！不就是阿爾及利亞嗎，讓他們獨立就好了。戴老自己是軍人出身，知道怎麼對付軍人，一定要順著毛摸。親臨阿爾及利亞安撫當地各路人馬，戴老當年在阿爾及利亞曾帶領「戰鬥法國」抗戰，不管是當地土著還是法國軍隊都給他面子。

歷經重重考驗，戴高樂甚至是頂住了死亡和再次內戰的威脅，終於在一九六二年七月，承認了阿爾及利亞的獨立。這是一場大解脫，全法國人都鬆了一口氣。儘管還是有些不願意接受這個結局的人繼續鬧，甚至戴高樂依然是他們刺殺的對象。阿爾及利亞問題流毒無窮，一直到上個世紀末都在困擾著法國。雖然是又從一個泥潭裡拔出了腳，可腳上的泥卻總是甩不掉。

說說大權在握的戴高樂總統的統治吧。法國已經今非昔比，是二流國家，可骨子裡的驕傲放不下。這個情結，戴高樂尤甚，所以他任內最主要的工作就表現在外交上的特立獨行，希望藉此重塑大國形象。

戴高樂老爺子在咱家的形象極好，因為一九六三年，法國承認了中華人民共和國，並在第二年正式讓中法建交。隨後老爺子在還走訪拉丁美洲，多次公開表示支持卡斯楚。

做了這兩件事，基本上就看出戴高樂的立場了，這夥計從第二次世界大戰跟盟軍混開始，就不爽美國，連帶著不爽美國最親密的小弟——英國。對美的強硬讓戴高樂在很多人心中很偶像。

一九四九年，美國一手設計並成立了北大西洋公約組織，法國肯定要給大哥面子，當然是成員之一。戴高樂不願意在北約僅僅是個「成員國」，他就跟美國要求，成立一個英法美三國的領導機構，三家有平等的指揮權。看著美國人不搭理自己，戴高樂老爺子也火了：我說來了不算，以後你說的也不算，以後北約，不准用法國的軍隊，還通知美國，把法國領土上北約的駐軍和基地全撤走。當然，老戴也不敢做絕，他最後也沒敢說讓法國正式退出北約。

本來老戴對歐洲一體化這個事是非常不以為然的，還嘲笑當時的各種條約。他上台後，發現這種聯合對經濟很有益啊。而且他馬上想到，如果深化緊密這個合作，西歐各國聯成一體，就有實力抗衡美國了。既然要做，就做得更好一點。法國和德國原來僅僅是和解了，現在完全可以更親密嘛。戴高樂和西德總理阿登納實現了互訪，真正拋棄前嫌並修好。法國和德國的關係是後來歐盟成立最重要的基礎。不過，老戴嫌棄英國人，英國人幾次要求加入歐洲大家庭一起玩，老戴就是不准他們進門。

老戴敢這麼硬，他是有底氣的。他是軍人出身，看重武備。第二次世界大戰後他就堅持認為，沒有核武器的國家絕對是不安全的，一九六〇年法國原子彈爆炸了，八年後，又引炸了氫彈，在當時的國際上引發不少反對浪潮。核武器這件事，你只要能扛住剛開始的輿論譴責，以後大膽持有基本沒人敢管你了。

戴高樂外交工作挺漂亮，都說他搞經濟差點，其實也不算很差。跟之前所有的階段一樣，第五共和國一開局，又是十年的黃金時代，經濟騰飛。而法國這段時期的經濟發展，有一個很重要的原因是擺脫了阿爾及利亞的戰爭，加上戴高樂將法郎貶值刺激出口等政策，經濟自然就上來了。

前面說過，可能在工業創新或者規模化方面，法國比不上美國和德國，可這家人的特點是能玩出精品來，比如「協和」超音速噴射式客機，讓法國領導歐洲的航空業。

戴高樂執政的頭幾年，六〇年代，法國人已經擁有大房子、電視機、電冰箱、小汽車，還偶爾舉家出門度假。這在同時代我們的父母看來，真是奢侈而萬惡的資本主義生活啊！

一九六五年，戴高樂通過大選獲得連任。這次，他是被全體人民選為總統的。之前的憲法規定，總統是被議會選的，法國人一直不能接受全民選總統這個事，因為他們記得原來的拿破崙三世就是民選的。可議會忘了，如今法國總統權力很大的，他想做的事，一般可以實現。其實民選總統很好嘛，人家美國總統不就是民選的嗎。

這次大選的成功標誌著老戴個人聲望和民眾支持率都到了極高位，跟他競選並失敗的人中，有一位叫密特朗，時年四十九歲。

一轉眼，老戴執掌法蘭西十年了，差不多也該遭遇危機了。進入六五年後，法國的經濟發展又出現停滯，也可以看作資本主義週期性的經濟危機又發作了（這病是沒治了）。第二次世界大戰中法國人吃夠了苦頭，大多數父母都不會讓第二次世界大戰後出生的孩子太吃苦，而戰後法國乃至歐洲的經濟都是一個高速發展的狀態，戰後的出生的孩子不愁吃穿，很懂享受。不僅生活沒有壓力，升學也沒壓力，法國大學擴招了，十年時間，大學數量增加了兩倍，大學生很多。

經濟發展停滯，大學生越來越多，畢業後能找到工作嗎？前途在哪裡？人生應該如何規劃呢？年輕人一迷茫，就容易受外界影響，六〇後期，全世界的年輕人都迷茫啊。一九六六年，咱家的紅衛兵破四舊去了；一九六七年，美國的年輕人反越戰；一九六八年義大利和英格蘭的學生反對現有教育體制。這四個國家迷茫的孩子都選擇了走上街頭，要暴力。

法國學生的血液裡從來不缺少上街的勇氣。一九六八年三月，學潮從巴黎大學的楠泰爾分校開始，學生們佔領了學校的行政大樓，五月運動蔓延到巴黎大學。校方請來了員警，員警一出面，事態就不容易控制，導致了更加聲勢浩大的遊行。大學生為了表示他們尊重法蘭西的傳統，在街上起了街壘，預備跟員警對抗。

街頭活動在法國從來不會冷清，學生運動很快吸引了工人和知識份子參與其中，工人們發動了全國總罷工，有八十多萬人上街遊行。工廠、商店、銀行、郵局能關門的都關門了，電話、公車之類的當然也不通了。

雖然員警上了街，學生們還說員警是黨衛軍，可實際上員警並不敢跟示威人群真動手。共和國的政府也知道，這次的行動，並不是要推翻政府或者是支持什麼新政權，遊行不過是想表達訴求而已。可他們的訴求又有點含糊不清，更多地像是情緒發洩，所以這個局面對第五共和國和戴高樂總統來說，都是不知道如何解決的一場危機。

如果說之前歷史上所有的法國革命起因都是因為溫飽，這次的運動還真不是，戴高樂也納悶啊，不缺吃少穿啊，這鬧什麼呢？「這場革命不是因為麵包，而是因為玫瑰」。法國的年輕人在溫飽之外，出現了信仰上的迷茫，他們努力尋找屬於自己這一代人的價值觀，他們想要更自由、更寬鬆、更有激情和想像的生活，他們想要顛覆眼前的一切。

六〇年代，在歐美的歷史裡，是個固定名詞，包含豐富的概念，它可能象徵了釋放、浪漫、理想主義或者還帶著點革命的激情，當然更多的還有吸毒，性解放，搖滾或者擾亂社會治安。可這就是一段激情燃燒的歲月，一段青春歲月最閃亮的記憶，也許當時的年輕人，現在回想起這段日子會有年少輕狂不堪回首的感覺，可我相信，他們中的很多人，會因為經歷過那樣一個時代而覺得此生無悔。

戴高樂七十八歲了，能想像這個年紀的老人家如何面對這一場突然怒放的青春焰火嗎？他中止在羅馬尼亞的訪問提前回國，發表電視講話，遺憾的是，他蒼老的聲音在這片焰火中如此的不和諧。老戴從來沒像今天這麼虛弱過，他選擇帶了家小遠走德國。

冷靜下來的法國人開始擔憂了，總統都走了，這個國家會怎麼樣？好在戴高樂很快又回來了，他因為取得了軍隊的支持，終於也淡定了，再次發表講話，說自己絕對不會離職。隨後，他組織自己的支持者發動了一場反示威，人數也快百萬，終於讓這場著名的「五月風暴」平息了。

戴高樂和他的政府經歷了這場大風暴，雖然表面上還完好，根基已經被毀壞，一九六九年四月，根據民意測驗的結果，戴高樂已經失去了一半人以上的愛戴和支持。老人家非常識時務地引咎辭職，再次下野，回到科隆貝終老。

一九七〇年九月，戴高樂因心臟病去世。他曾留下遺囑，不要國葬、不要任何儀式，不要授予榮譽。法國人根據他的要求，給了他一個簡陋得幾乎寒酸的葬禮，可是他出殯那天，巴黎五十萬市民冒著大雨走到凱旋門，寄託自己的哀思，全法國的教堂都響起了鐘聲，接替他的龐畢度總統說，法蘭西失去了親人。在雨中，很多法國人可能都在想，沒有戴高樂的法國，會是什麼樣子呢？

四十二、四天王、女人和政治

1. 繼承——龐畢度

龐畢度總統應該說是戴高樂的門生，教師出身，一直是戴高樂的重要幕僚。一九六二年，他做了六年的法國總理，領導了三屆政府，在前兩個共和國的歷史上，這簡直不可想像。所以，在戴高樂離開後，他是接班最好的人選。

門生的作用就是繼承，龐畢度延續了戴高樂的外交政策，保持法蘭西的獨立而自尊的形象，不向美國人低頭，也不搭理英國人。

龐畢度是第一位造訪中國的西歐在位的領導人。那是一九七三年九月，六十二歲的龐巴度已經重病在身。但是他很興奮，去中國訪問，這是當年戴高樂就很嚮往的事情。這不是老楊意淫啊，大家想想，既然戴高樂和龐畢度都願意跟社會主義國家交往，一個古老神祕的東方大國，誰不想去看看呢，他家還收著早年從中國「請」回去的奇珍異寶呢，肯定會想看看哪些東西的原產地吧。

迎接龐畢度總統的是周恩來總理和鄧小平副總理，此時的鄧小平不久前剛從江西回京，恢復職務。而不管是對戴高樂還是龐畢度來說，他們更願意見到的，是傳說中幾近神話的毛澤東。因為導致了戴高樂提前下課的五月風暴，讓年輕人衝動而狂熱的各種思潮中，最影響巨大的，就是毛澤東思想。

一九七四年，龐畢度在任內死於白血病。雖然只做了五年總統，但這五年法國政府是穩定而和諧的，龐畢度成功地安定了戴高樂辭職前後整個法蘭西的躁動和不安，讓法蘭西第五共和國，平安地走上了正軌。

一九六九年為了紀念戴高樂領導法國人民在第二次世界大戰中復國成功，龐畢度建議建造一座現代藝術館。恐怕是因為羅浮宮、楓丹白露宮之類的古老城堡顯得太老派了，所以這座現代藝術館一定要大膽、前衛、出位。

建築成型後，把頗有品味的法國人雷得不輕，顯然是設計師的思路跑太遠了，一般的地球人跟不上了。大樓所有的鋼骨管線之類的全部暴露在外，哪些錯綜複雜遊走在牆體外的管道，突兀乖張，好多人感覺整體像煉油廠。

這，就是著名的龐畢度藝術中心，在塞納河右岸的博堡大街上，怎麼看都不太像地球人造的，好不好看需要自己去體會一下。它與羅浮宮、奧塞美術館並稱為巴黎三大藝術博物館，在其怪誕的外表下，藏在內裡的東西應該是不會讓大家失望。

2.危機——德斯坦

德斯坦說他是「世界上屈指可數的財政金融權威之一」，恐怕沒人會反對。成為總統前，一直是財長，而他能在大選中獲勝，跟他在經濟工作方面的專業和經驗分不開，他戰勝的對手，還是那個叫密特朗的傢伙。

一九七九年，德斯坦和當時的德國總理施密特共同倡議建立歐洲貨幣聯盟，是歐元誕生的重要推手之一。後來二〇〇二年，他成為歐盟的制憲委員會主席，主持起草了《歐盟憲法條約》，所以他很牛地被稱為「歐盟憲法之父」。

不論這個傢伙在法國或者歐盟的歷史上有什麼樣的顯赫地位，讓他大出鋒頭的，肯定是緋聞，還是他自己招認的緋聞。

二〇〇九年，八十三歲的老德斯坦出版了一部新小說，老爺子愛好文學，寫點小說防止智力退化很好的。不過一個八十三歲的老人家寫這麼火爆的內容，不知道會不會影響養生。

這部叫《王妃與總統》的小說聽名字像是文學網站騙未成年少女的，但如果故事寫得繪聲繪色，天衣無縫，加上作者本人的身分，就讓人懷疑它可能是事實是某種當事人忍不住的爆料。它講的是一位八〇年代的法國總統，在英國遇上了美麗的王妃，兩人一見傾心。王妃因為王子另有所愛，婚姻失意，所以一直在不同的男人身上尋找真愛。年輕英俊的法國總統義不容辭地用自己的愛和身體撫慰了這位受傷的王妃。有不少場景描述得很生動，看過的人都說，像是一個八十三歲老頭的甜蜜回憶，而不是癩蛤蟆想吃天鵝肉的憑空虛構。因此，老德在晚年，成功地讓自己和戴安娜王妃產生了美妙的聯繫。

德斯坦不介意爆猛料，別人更不介意。法國著名的豔星碧姬・芭杜也曾出自傳，講述過德斯坦總統跟她的風流祕事。

千萬不要認為老楊動輒喜歡挖人私生活，偷窺政治人物的臥室，實在是法國的總統，在這些事上，幾乎從不避諱，後來的幾位，大有爭先恐後之勢，比起成為一個優秀的總統，似乎這幾位更看重風流老男人這個形象。

一九八一年，德斯坦再次大選，失敗。七〇年代的中東石油危機，法國本土幾乎是不產石油的，進口一受阻，生產生活都非常困難。經濟狀況不好並不是德斯坦落敗的唯一原因，他還是毀於法國遺留在非洲的事務。

中非共和國有位狂人叫博卡薩，著名的非洲獨裁者。關於他的故事已經被編得神乎其神了，說他窮奢極欲到了變態的程度，最著名的是說這夥計喜歡吃人肉。博卡薩的故事，我們到非洲旅行時再慢慢說。這個博卡薩在一九七七年搞了個中非帝國，一擲千金鋪張奢華地自己安排了個加冕儀式登基為皇帝。中非一向奉法國為主，德斯坦開始挺支持博卡薩的，後來這夥計驕奢淫逸太過了，還搞大屠殺，引發了人道災難，法國人不能不管，就動手推翻了博卡薩。

博卡薩覺得自己是被德斯坦陰了，於是就說當年德斯坦曾經收受過他贈送的一顆鑽石，肯定是價值不斐的。這個畫面挺熟悉啊，最近狂人卡札菲就說當年他贊助過薩科奇大選。德斯坦沒薩科奇運氣好，他也不能開著飛機去炸中非出這口惡氣，他因為「鑽石事件」在大選中落敗，敗給了老對手，密特朗。順便說一句，對博卡薩來說，他送人幾萬法郎的鑽石在感覺上就是在抽菸時隨手送出了一個打火機而已。

3. 新潮——密特朗

說密特朗新潮，有多層解讀。這位總統絕對為法國的時尚產業出力了，他的衣服鞋襪都是巴黎頂尖的品牌，所有人都認為他有無可挑剔且非常高端的著裝品味。

另一層意思說新潮，就是他的治國方式，他玩了一把法國式的社會主義。隨著資本主義世界一輪輪遭遇經濟危機，有的人就認為，社會主義是治療這種慢性病的良藥。

密特朗兩次大選分別輸給戴高樂和德斯坦，此次再出征，已經六十歲了。而他能夠最後獲勝，也是因為他在德斯坦政府的經濟危機中承諾的社會主義，對所有法國人來說，這個值得試試。

一上任就是大張旗鼓的企業國有化進程。資源、軍工、科技類等一些關鍵的大企業逐步收歸國有。把私企變為國企，總不能硬搶吧，還是要掏錢買啊。一下子買這麼多企業，哪有錢啊？沒錢就分期付款，因而又產生一筆利息費用。這還不光是花錢的問題，人家不幹啊，我經營的好好的企業，為什麼要賣給國家啊？法國的企業主怨聲載道的，對密特朗很不滿。

既然是社會主義國家，就要對人民好一點。擴大社會保障，減少上班時間，延長帶薪休假時間，廢除死刑，放寬移民政策等等。社會主義好，社會主義也挽救不了一個老牌的資本主義國家。經濟沒有好轉，失業人數還屢創新高。經濟改革的步子太大，容易扯著蛋，密特朗在第一任總統任期，日子並不好過。

一九八六年，議會選舉，密特朗為代表的左翼失守。總統是左翼的，議會是右翼的，怎麼辦？只好將反對派領袖席哈克任命為總理，這樣一來，法蘭西第五共和國的政壇上第一次出現了非常戲劇性的左右共治。

還是那句話，反對派在野特別囂張，一上台就容易露怯。本來大家都覺得密特朗不行了，要讓他下課呢，誰知道，這個席哈克上來更不中用。相比之下，密特朗沉穩踏實有城府，席哈克張牙舞爪的很浮躁。就是靠著席哈克這種反向襯托的幫助，一九八八年，密特朗就奇蹟般地大選連任了，他應該非常感謝席哈克。

其實，密特朗在第一次當選時，已經發現身患癌症。第一任期還能堅持，第二任期就非常勉強了。在第二任期的後一段，左翼再次遭遇大選失敗，密特朗不得不又任命了反對派的總理。

密特朗一直被認為是堅強的抗癌勇士，跟疾病戰鬥了近二十年。但最讓人佩服的，是這位身患前列腺癌的老幹部，百忙之中病痛之餘還兢兢業業地撲在找小三養情婦這個艱辛的事業上，並引發了巨大的醜聞。

總統養小三不是醜聞，竊聽別人的私生活才是醜聞。一九八二年，藉口一場針對猶太人的恐怖爆炸案，密特朗成立了愛麗舍宮的反恐小組。主要工作就為了防止恐怖事件發生，怎麼防止呢？竊聽重要人物的電話唄。

在那個沒有網路的時代，反恐工作真是簡單，一九八三—一九八六年間，反恐小組利用愛麗舍宮的電話竊聽系統對一百五十多位政要、記者、作家、法律界人士和藝術家進行電話竊聽並錄音，有的甚至牽連到了他們的親友。三年中被反恐小組竊聽和錄音的達一千三百六十八人之多，電話錄音近六千份。在許多竊聽記錄上，都有密特朗總統留下的「已閱」字樣。

說是反恐，其實內部人都知道，這個小組是密特朗一個很好用的私人工具，可以幫他掩飾醜聞，也可以幫他獵豔。密特朗有個跟他從戰爭年代一起成長的志同道合的老婆，還有個一直甘居地下的情人，另外的一夜情無數，據總統的司機說，一晚上帶著總統輾轉不同的戰場非常辛苦，當然，是司機辛苦，總統不覺得辛苦。

密特朗包養的小三生了個女兒，這個私生女成了法國最高機密。愛麗舍宮反恐小組竊聽電話的主要目的，就是防止私生女被曝光，因此衍生出來的工作內容，就是竊聽總統喜歡的明星電話，以滿足他老人家永不疲倦的色心。

一九九三年，愛麗舍宮的竊聽風雲被公布，被竊聽的人要討個說法，這樁公案不得不引起巴黎檢察機關的重視，開始調查。檢察機關遭遇了重重阻擾，一直不能審理，最後拖到了二〇〇四年，才算有了大致的結論，十二名當事人將受到嚴懲，不過，主犯逃脫了，因為他死了。

一九九六年，密特朗的葬禮上，總統小三帶著私生女和總統夫人及孩子一起現身，法國人表示了對這種狀況大度而開放的心態，他們對遺孀們表達了相同的慰問和哀思，並一致認為那個一直不能見光的私生女是挺可愛也挺可憐的。而讓小三和正室一起出殯為自己送終，顯見密特朗真是個很新潮的老爺子！

4.落網——席哈克

在法國，一個政府首腦的婚外情似乎不算醜事，相反，可能一個沒有情人的政府首腦更讓法國人不放心。法國人一直標榜，在性愛這件事上，他們自然開放而且健康，比其他國家鬼鬼祟祟，總想著起床後要立個牌坊的高尚好幾等。

席哈克情人眾多，自以為花花公子形象很成功，其實他很悲催的。最近有爆料，當年他的政敵密特朗總統曾經約會過他的女人，顯然這兩位「左右共治」的總統和總理，在法蘭西政府之外，還有共用的東西。席哈克手下的女雇員對這位花花公子上司的工作做過悲劇的技術統計：三分鐘，包括沐浴！這才是法國第一等的國家機密，席哈克居然不組織一個小組控制這個資料外傳。

席哈克能贏得大選，並不是他有幫助法國的妙招，而是因為在總理的位置上交過學費了，所以非常清楚選民喜歡聽到什麼，看到什麼。從上個世紀九〇年代開始，法國經濟一直沒什麼起色，在西方諸國中，法國的高失業率一直是頭痛的問題。席哈克的政府也沒創造什麼奇蹟。二十一世紀的頭幾年，經濟有緩慢地恢復，也不算發展的很好。席哈克在做總理期間，就忙著把剛剛被國有的企業再私有化，虧得他們這麼折騰，國家都沒給折騰散了。

席哈克任內，有一件事讓他很露臉，那就是二〇〇三年，聯合國安理會上，席哈克正面對抗小布希，對伊拉克戰爭說「不」，在國際上贏得了很多國家叫好。如今他的接班人薩科奇領頭打進利比亞，大有跟席哈克爭鋒之勢，讓我們看看薩科奇此舉能不能獲得更牛的政治資本。

然而席哈克卸任後，卻有一件事讓他很丟臉，他成為法國歷史上第一個可能要出庭受審的政府首腦。席哈克涉嫌貪腐，有人指控他在一九七七年至一九九五年任巴黎市長期間，設立多個「虛假公職」，用市政府資金為所屬政黨工作人員發放薪水，這些人並不是真正的雇員，「薪水」也就成了席哈克所屬黨派一筆黑色收入。兩名擁有獨立調查和指控資格的法官先前各自對席哈克展開調查，今年三月八日，本來席哈克要出庭受審，打一場法蘭西的世紀官司，可在三月九日，不知道哪個環節出了問題，案件延期了，說是延遲到今年六月再處理，結果我們只能拭目以待。據說如果罪行成立，席哈克將面臨十年監禁和十五萬歐元的罰款。

席哈克今年七十九歲了，根據他卸任總統時的財務審計，全部家產一百三十萬歐元，在歐洲，也不過就是個中產階級而已。貪腐案之前，法國人民調結果顯示，在所有法國的政府首腦中，席哈克受歡迎的程度名列前茅，對待這樣一位老同志，不知道法國的司法機構會不會高抬貴手，手下留情，或者發個五百人的調查問卷，看看民意是不是可以放老席一馬呢？

四十三、那些花兒之五

終於最後一篇了，用藝術之香開頭，就必須以文化的清香來收尾，至少感覺上，整個法國歷史，花開一路。

1. 人生是一場無休、無歇、無情的戰鬥

這句名言，出自羅曼・羅蘭。二十世紀的法國文學，羅曼・羅蘭顯然是不能忽略的人物，搞笑的是，老楊最早注意這個傢伙，是因為覺得他名字好聽，而且很可能還是個美女。

羅曼・羅蘭一八六六年一月出生於法國中部的一個律師家庭，從小就喜歡文學和音樂。十五歲後遷居巴黎，研究所畢業後在巴黎大學和巴黎高等師範學院教藝術史，並開始文學創作。

今年二月初看到深圳中學生的一份閱讀清單，各學校都有不同，但是大部分的學校，《名人傳》赫然都排在前列。這部《名人傳》就是羅曼・羅蘭最著名的作品之一。

《名人傳》由三位名人的傳記組成，一位是貝多芬，一位是米開朗基羅，一位是托爾斯泰。羅曼・羅蘭為什麼會選擇這三位來立傳呢？第一個原因，當然是因為這三位夠偉大，在自己的專業領域裡，無疑都是頂端的人物，宗師級的大家；另一個原因則是，這三位的人生，都算是坎坷重重，

不幸連連，成長的每一步都要克服和戰勝不同的阻礙。

整部《名人傳》，三位主人翁的生平和事業軌跡都不是重要的，最重要的是記錄這三位不懈的鬥爭，不僅要戰勝命運還要戰勝自己。在羅曼・羅蘭的筆下，這三位是真正的英雄。同時，作者也闡明了什麼才是真正的英雄，那就是擁有強大的精神力量，無論歷程多麼艱苦，道路多麼黑暗，總是保持一個明朗向上的心境和永不言敗的精神，而真正的英雄，也從不會因為自己的痛苦放棄對人類的愛和信心，他們最後的成果也必然是服務和美好了整個人類。從這個意義上看，在物質建設和精神建設嚴重不對等不匹配的今日中國，讓孩子們讀《名人傳》是有積極的意義的。

挑戰自我完善自我，在逆境中提升自己是羅曼・羅蘭的生命追求，所以他同時創作了小說《約翰・克利斯朵夫》（以下簡稱《約翰》）。

《約翰》幾乎是勵志小說的代名詞了，老楊知道的九十%的成功人物，介紹自己的閱讀經歷，其中一本一定是這個。這是一部關於一個醜陋的小男孩，歷經艱苦，終於成為一個大音樂家的故事。很明顯，主人翁的原型，肯定是貝多芬。

整部小說共有十卷，一百二十多萬字，不僅是一個音樂家的史詩，更是法蘭西和德意志兩個民族的記錄，小說涉及國家、民族、理想、奮鬥、友情、愛情、親情等各個方面，作為一部人物傳記，宏大而且磅礴，洋溢著奮鬥的激情和不屈的力量。老楊本人最喜歡小說的結尾，一直拿來做各種簽名之用，偶爾它也能振奮老楊的精神：

聖者克利斯朵夫渡過了河。他在逆流中走了整整的一夜。現在他結實的身體像一塊岩石一般矗立在水面上，左肩上扛著一個嬌弱而沉重的孩子。聖者克利斯朵夫倚在一株拔起的松樹上；松樹屈曲了，他的脊骨也屈曲了。那些看著他出發的人都說他渡不過的。他們長時間的嘲弄他，笑他。隨後，黑夜來了。他們厭倦了。此刻克利斯朵夫已經走得那麼遠，再也聽不見留在岸上的人的叫喊。在激流澎湃中，他只聽見孩子的平靜的聲音，——他用小手抓著巨人額上的一絡頭髮，嘴裡老喊著：「走罷！」——他便走著，傴著背，眼睛向著前面，老望著黑洞洞的對岸，削壁慢慢的顯出白色來了。

早禱的鐘聲突然響了，無數的鐘聲一下子都驚醒了。天又黎明！黑沉沉的危崖後面，看不見的太陽在金色的天空升起。快要倒下來的克利斯朵夫終於到了彼岸。於是他對孩子說：

「我們到了！唉，你多重啊！孩子，你究竟是誰呢？」

孩子回答說：「我是即將來到的日子。」

變成中文後還能如此細膩真摯，要感謝提到中國著名的翻譯家傅雷。在另一個世界裡，法國的作家更應該深深感謝傅雷先生，沒有他精彩的翻譯，就沒有巴爾札克之流在中國的地位。像《約翰》這樣的作品，如果譯者本人對羅曼・羅蘭的思想和精神沒有些許共鳴，也不可能翻譯得如此到位，感動了好幾代中國人。

在《約翰》的開篇的譯者獻辭中，傅雷寫到：這不只是一部小說，而是人類一部偉大的史詩。它所描繪歌詠的不是人類在物質方面而是在精神方面所經歷的艱險，不是征服外界而是征服內界的戰蹟。它是千萬生靈的一面鏡子，是古今中外英雄聖哲的一部歷險記，是貝多芬式的一闋大交響樂。願讀者以虔敬的心情來打開這部寶典罷！

羅曼・羅蘭是個文學家，音樂評論家，也是思想家，更是一位充滿愛心的人道主義者，他追求自由民主平等和光明。對於資本主義制度，他有很多不滿和微詞，所以俄國的十月革命，他成為布爾什維克的支持者，後來更成為史達林的粉絲。

稍有歷史知識的人都知道，史達林同志應該不是羅曼・羅蘭這樣的人會欣賞的，所以，終於有一天，羅曼・羅蘭決定親自去蘇聯看看。看完後，他失望了，雖然沒有公開宣布他之前錯了，私下卻寫下了偶像崩塌後的憤慨和悲哀。

羅曼・羅蘭獲得一九一五年的諾貝爾文學獎，第二次世界大戰期間，巴黎被德軍佔領，他一直被嚴密監視，生活在禁錮和壓抑中。可惜他沒有等到完全的復國，四四年年底，七十八歲的羅曼・羅蘭逝世。

二十世紀的法國文壇還有一位人物應該認識，他叫馬塞爾・普魯斯特，最著名的作品是《追憶似水年華》。不熟悉他的名字和作品都不要緊，他代表的一個寫作流派大家都知道，也就是著名的「意識流」。這位大仙的作品老楊就不介紹了，因為每次看都有點頭暈，意識不清晰的人，不要隨便研究「意識流」，容易被帶進溝裡。

2. 人應對自己的行為負責

前面介紹過笛卡爾時說過，有人認為笛卡爾「我思故我在」是荒謬的，因為所有的事，第一件肯定是存在，人被無緣無故地丟在世界上，稀里糊塗地長大，成為什麼樣的人，結成什麼樣的果都是自己的行動造成的，跟思不思的一點關係都沒有。持有這個觀點的人，他叫沙特，他代表的這一派哲學，叫存在主義。

啟蒙思想之後，法蘭西的哲學界在數量和品質上都比德意志輸了一籌，所以，二十世紀，他家最招牌的哲學家沙特就不能不提。

老楊不知道什麼是存在主義，德國卷講到過尼采，他宣導的個人意識可能是這個流派的某種基礎。而沙特的存在主義，很明顯就是標榜個人自由，自我的存在和自我的實現是放在第一位的。而老楊一直陰暗地認為，沙特的哲學思想恐怕是為他自己放蕩不羈的生活提供一個強詞奪理的解釋和藉口。

說到沙特就不能不說到西蒙・波娃。西蒙・波娃是女權運動的創始人，她最著名的作品《第二性》被認為是有史以來探討女性最全面最理性的作品，是一本全球化的超級暢銷書，甚至被人稱作西方女人的「聖經」。

沙特和波娃相識於巴黎高等師範學院，在一次教師資格考試上，沙特第一名，波娃緊隨其後，兩人就產生了傳奇般的愛情。

這兩位的愛情被認為是二十世紀兩性關係的經典，他們肯定不是因為「純愛」被人銘記。沙特戴個厚眼鏡，一副木訥的樣子，骨子裡卻跟其他法國男人一樣，在女人方面，永遠沒有端正的態度。好在波娃也是特立獨行的女人，一個女人混成哲學家，我們就不能以普遍標準來要求了。

兩人從確立關係那一刻開始，就有約定，不結婚、不生子、不承諾、不糾結，甚至，不用忠誠。個人自由嘛，身體和思想都是自由的，想在一起時，就大膽去，要尊重自我內心的想法和意識。雙方不僅可以按自己的需要發展任何關係，最好還能跟自己分享細節，沙特好像還特別喜歡了解波娃和其他男人的故事。

沙特和波娃的私生活混亂，情人名單很長，作為女性先鋒代表的波娃當然也不介意嘗試同性戀之類的行為。波娃是上世紀二〇—三〇年代的女人，她的行為拿到今天，依然還可以被當作「先鋒」，不過，根據最新的法國人的研究，波娃這個「先鋒」的形象，恐怕是她刻意打造的。

因為沙特的地位，他在很多人心目是「大神」一般的存在，要說沙特「神」到什麼程度呢，一九六四年，他拒絕了當年的諾貝爾文學獎。理由是，沙特這個名字夠驚天動地了，不需要一個官方榮譽來點綴。諾貝爾獎這東西，能發給你，你就是牛人，如果給你你還不要，那你就不是人了，那絕對是「神」。

作為存在主義的追隨者，波娃是沙特最忠實的粉絲。沙特提出了「協約愛情」的要求，要培養「同事情侶」這種新型關係，波娃不敢不答應，不答應顯得自己不夠進步，跟不上偶像的思路啊。對於波娃跟不同男人的關係，後世有研究認為，她純粹就是為了配合沙特或者是有點負氣，至於她還根據沙特的要求為他介紹年輕的女學生，落下「拉皮條」這樣的名聲，則不能不說是波娃的悲哀。作為女性大知識份子和女權主義的代表，波娃的所作所為似乎沒有明顯提高女性的地位啊。

無論如何，波娃的犧牲也算有價值，沙特一生閱女無數，但一直視波娃為靈魂伴侶，不離不棄，而且很多人都認為，此二人的成就有很大一部分原因來自於彼此的激勵。他們奇特的愛情整整維持了五十年，一直到生命的終結，死後葬入同一墓穴。

沙特認為：人在這個世界上是自由的，人的行動選擇也是自由的。人的選擇既沒有任何先天模式，也沒有上帝的指導（他是無神論者），也不能憑藉別人的判斷，人是自己行動的唯一指令者，但是人應該為自己的行為負責。

3.悶騷的藝術——法國電影

很早以前，誰跟老楊說他喜歡看法國電影，老楊絕對認為他裝十三裝得不可救藥。這幾年，沉下心，好好看了幾部，發現這種電影，雖然節奏緩慢，劇情平淡，但如果以一種很文藝很感性的心態欣賞，其實是不錯的，最適合黃小琥歌曲中的意境：周末晚上，關上手機，窩在沙發裡，一杯紅酒配電影。

其實，不要說看電影的人很「裝」，電影本身拍得就很「裝」，有人告訴我，法國人知道拍商業大片肯定趕不上好萊塢了，又要維持他家電影發源地的地位，所以打造了藝術電影的招牌，刻意留下這些「裝」的痕跡（按這個邏輯推導，所謂「文藝範兒」就是「裝十三」）。

一八九五年十二月二十八日，在巴黎卡普辛路十四號大咖啡館的「印度沙龍」內，法國的路易・盧米埃爾兄弟用『活動電影機』將自己拍攝的膠片放映至銀幕上。活動影像的攝取和放映在技術上成為可能，電影就算是正式誕生了。雖然那段時間有不少人做同類的研究，電影界還是一致公認一八九五年十二月二十八日是世界電影的發明日。那天放映了《工廠的大門》、《火車進站》、《水澆園丁》、《牆》等幾部短片，所有人看得很新奇很過癮。

在世界電影的發展史上，有一段時光是必須記錄的，那就是法國的新浪潮電影。一九五九—一九六四年間，第二次世界大戰後出生的導演紛紛亮相了。前面說到，歐洲第二次世界大戰後出生的這些人，都有點莫名的失落和迷茫，焦慮而沒有方向。尤其是法國人，淪陷的恥辱，戰後國家地位的降低，越南戰爭和阿爾及利亞戰爭的失利，政府的無力和混亂，法國的文化人開始厭惡政治，痛恨傳統，覺得所有事都應該被顛覆。

新浪潮是要幹什麼呢？是要做自己，要張揚個性，電影要帶有明顯的主觀性和感性；迴避政治，關注平常人的平常事；走出攝影棚，拍都市、街景、人的處境等等，「沒有作品，只有作者」是新浪潮電影人留下的口號。

新浪潮運動的時間雖然不長，但無論是電影意識還是拍攝技術上，都帶給後來的電影界以巨大的影響。不過，這些電影有時過於主觀和自我，我們又不是導演肚裡的蛔蟲，他們拍出來的東西，可能只有導演一個人看得懂。老楊從不認為晦澀算是高境界，電影讓人看不懂，就算是落了下品了。

法國人非常在意法國電影在世界電影界的地位，一九三二年，義大利舉辦了威尼斯電影節，法國人不想讓義大利人專美，到義大利被法西斯所控制時，法國人就舉辦了自己的電影節與之對抗，也就是一九三九年開始籌備的戛納國際電影節（坎城影展）。後來因為第二次世界大戰爆發，真正開始舉辦第一屆電影節時，等到了一九四六年。

南部海濱小城戛納碧海藍天，陽光明媚，特別適合世界各地的美女過去秀身材，所以，戛納電影節成為世界上最大的電影節。戛納國際電影節堅持專業評判的立場和標準，不以票房論輸贏，所以，在戛納獲獎的影片，大部分我們是既沒看過也沒聽說過，電影院也不敢放，怕沒人看。

無論如何，法國電影就是代表著藝術，它是法蘭西龐大的藝術氛圍中非常重要的一部分。雖然老楊庸俗地認為，電影如果沒有全身藍光的外星人，或者山崩地裂、牆傾楫催則不能值回票價，但是根據我們對法國文化藝術的了解，這樣的國家，似乎就應該拍這樣的電影，慢悠悠的，有意境，很抒情很悶騷。那部簡單得不能再簡單的法國電影《蝴蝶》讓老楊看一次感動一次。

四十四、結束

所有人都期待老楊寫一部香豔華麗的法國史，沒想到的是，大部分的篇幅都用來描寫錯綜無聊的法國政治，尤其是大革命之後，一點不好看，一點不好玩，老楊自己也寫得厭倦而疲憊。然而有什麼辦法呢，這就是法國歷史，所有人都認為法國的特產是香水、時裝和紅酒，其實，法國還有一個更大的特產是各種政治理念和政治術語，可以說，過去的二百—三百年間，只要講到世界政治，法國就必須經常被提及。

文化藝術是芳香沁人的，政治鬥爭就算不是臭的，味道也肯定不好，可惜整個法國的歷史，就是這兩種氣味的混雜纏繞，如同神奇的高盧人在不洗澡的狀況下，大力發展香水產業。

太陽王路易十四有句名言：言多而廢話少，難！已經寫了一本廢話，就不再廢話了吧！

法國歷史年表

墨洛溫王朝（481—751）

1 克洛維一世（481—511）

2 克洛塔爾一世（511—561）

3 希爾佩里克一世（561—584）

4 克洛塔爾二世（613—629）

5 達格貝爾特一世（623—639）

6 克洛維二世（639—657）

7 丕平二世（687—714）

8 查理馬特（688—741）（「鐵錘」查理）

加洛林王朝（751—987）

1 丕平三世（751—768）

2 查理一世（768—814）

3 路易一世（814—840）（「虔誠者」路易）

4 查理二世（843—877）（「禿頭」查理）

5 路易二世（877—879）（「口吃者」路易）

6 路易三世（879—882）

7 卡洛曼（883—884）

8 查理三世（882—887）（「胖子」查理）

9 厄德（888—898）

10 查理三世（898—922）（「傻瓜」查理）

11 羅貝爾一世（922—923）

12 魯道夫（923—936）

13 路易四世（936—954）（「海外歸來者」路易）

14 洛泰爾（954—986）

15 路易五世（986—987）（「懶惰者」路易）

卡佩王朝（987—1328）

1 于格・卡佩（987—996）

2 羅貝爾二世（996—1031）（「虔誠者」路易）

3 亨利一世（1031—1059）

4 腓力一世（1059—1108）

5 路易六世（1108—1131）（「胖子」路易）

6 路易七世（1131—1180）（「小路易」）

7 腓力二世（1179—1223）（「奧古斯都」）

8 路易八世（1223—1226）（「獅子」路易）

9 路易九世（1226—1270）（「聖路易」）——十字軍親征者

10 腓力三世（1270—1285）（「禿頭」腓力）

11 腓力四世（1285—1314）（「美男子」腓力）

12 路易十世（1314—1316）（「固執者」路易）

13 約翰一世（1316）

14 腓力五世（1316—1322）（「高個子」腓力）

15 查理四世（1322—1328）（「美男子」查理）

瓦盧瓦王朝（1328—1589）

1 腓力六世（1328—1350）

2 約翰二世（1350—1364）（「好人」約翰）

3 查理五世（1364—1380）（「賢明者」查理）

4 查理六世（1380—1422）（「瘋子」查理）

5 查理七世（1422—1461）（「勝利者」查理）

6 路易十一（1461—1483）

7 查理八世（1481—1498）

8 路易十二（1498—1515）（奧爾良支）

9 弗朗索瓦一世（1515—1547）（昂古萊姆支）

10 亨利二世（1547—1559）

11 弗朗索瓦二世（1559—1560）

12 查理九世（1560—1574）

13 亨利三世（1547—1589）

波旁王朝（1589—1792）

1 亨利四世（1589—1610）

2 路易十三（1610—1643）（「正義者」路易）

3 路易十四（1643—1715）（「太陽王」）

4 路易十五（1715—1774）

5 路易十六（1774—1792）

6 路易十七（1785.3.27—1795.6.8）（注：掛名國王，由革命政權看管，夭折）

法蘭西第一共和國（1789—1804）

其中一七九九年由拿破崙出任終身執政

法蘭西第一帝國（1804—1815）

1 拿破崙一世 拿破崙・波拿巴

2 拿破崙二世（1811.3.20—1832.7.22）（注：掛名「羅馬人國王」）

波旁王朝（復辟）（1814—1830）

1 路易十八（1755.11.17—1824.9.16）

2 查理十世（1757.10.9—1836.11.6）（法蘭西國王1824—1830）

七月王朝（1830—1848）

「街壘國王」路易・菲力浦一世（原為大金融家）

法蘭西第二共和國（1748—1852）

總統拿破崙三世路易・波拿巴（係拿破崙一世繼女之子，拿破崙一世原配約瑟芬親外孫）

法蘭西第二帝國（1852—1871）

拿破崙三世路易・波拿巴

法蘭西第三共和國（內閣制）（1871—1940）

法蘭西第四共和國（內閣制）（1945—1958）

法蘭西第五共和國（總統—總理制）（1958—至今）

夏爾・戴高樂為首任總統

作者：楊白勞
定價：350元

【本書簡介】

現代西方世界有兩個重要源頭，一是古希臘，另一個就是古羅馬，可以說沒有古希臘羅馬，也就沒有現代的西方世界。羅馬帝國前後延續了千年的歷史，至今還影響著西方世界，到處都有受古羅馬影響所遺留下來的痕跡。所以，要了解西方世界的歷史，就必須先從了解羅馬帝國開始。

本書作者楊白勞，以輕鬆、詼諧、幽默的筆調，把原本艱澀、繁複的歷史進程，疏理得有條不紊、淺顯易懂，讓讀歷史也變得如此簡單有趣。即使是原本對世界史望之怯步的讀者，也因為《世界歷史有一套》這系列書，重新咀嚼世界歷史，優遊於世界史裡並帶來了全新的閱讀體驗。

世界歷史真有趣，《世界歷史有一套》是最好看、最易懂的世界史讀本。

好書推薦

作者：楊白勞
定價：350元

【本書簡介】

從古羅馬時期的英倫三島説起，一直到1066年來自法國諾曼第的威廉一世征服英格蘭之後，現在的英國是過去1000年中幾次合併的結果。英國是19世紀的世界大國和海上霸主，當時有著「世界工廠」的稱號，世界上第一個工業革命和工業化的國家，西方資本主義的倡導者，並且是早期議會民主制度的誕生地，無論在科學技術還是文學藝術都有顯著的貢獻。在其頂峰時期，大英帝國曾經控制了世界四分之一的土地和三分之一的人口，故稱為「日不落帝國」，是人類歷史上最大的帝國。然而二十世紀前50年，經歷了兩次世界大戰的英國國力減退。而在後半個世紀中，這個龐大的殖民帝國的殖民地紛紛開始獨立，香港也於1997年回歸中國。

雖然英國在第二次世界大戰後國力減弱和經濟不景氣，「鐵娘子」柴契爾夫人在1979年當選為首相後，便大力推行改革，成功削減部分福利開支和削弱工會的力量，同時，壓縮政府公共開支，降低税收，提倡自由經濟，在經濟上實行大規模私有化政策，政府減少對經濟活動的管制和干預。於是，英國經濟最終走出了長期滯漲的局面。在幫助英國經濟復甦和保持國際上的影響力同時，也逐步加大了貧富差距，導致部分英國人的反對。繼任者梅傑首相任內英國經濟一直不振。其後工黨領袖東尼・布萊爾於1997年當選為首相後，英國經濟慢慢才得以恢復。現在，英國雖然國家富強、但在國際政治和外交舞台上扮演的角色已大不如前， 英國是大英國協成員，並在1973年正式加入歐盟。2010年5月11日，大衛・卡麥隆正式接替戈登・布朗，出任英國首相。

好書推薦

作者：楊白勞
定價：350元

【本書簡介】

日耳曼人最早分布在北海和波羅的海周圍的北歐地區。後來逐漸南移，大約在西元前半個世紀，開始定居在萊茵河以東、多瑙河以北和北海之間的廣大地區。

西元800年，法蘭克大帝國中有許多講德語的日耳曼部落所講的方言被稱為「德意志」。西元814年查理大帝去世，法蘭克大帝國分成了東、西兩個王國。講法語的西法蘭克王國後來演變成今天的法國，而講德語的東法蘭克王國的居民逐漸產生了一種「同屬一國」的感覺，當這些講「德意志」語的部落後來建立了自己的王國時，他們不但用「德意志」來稱呼自己的語言和人民，還用它來命名自己的國家。

二次世界大戰以前，在德國1000多年的歷史上曾經歷過三個帝國與一個共和國。第一帝國是指西元962-1806年的神聖羅馬帝國，1806年帝國被拿破倫一世推翻。

第二帝國是指1871年-1918年的德意志帝國。1914年開始的第一次世界大戰以德國的失敗和第二帝國的瓦解而告終。戰爭也導致德國建立了聯邦制的魏瑪共和國，並在魏瑪城召開國民議會制訂憲法，一般稱之為《魏瑪憲法》。1933年以希特勒為首的社會主義工人黨（即納粹黨）上台執政，宣告了魏瑪共和國終結。

第三帝國是指1933-1945年希特勒執政的法西斯德國。於1939年發動了第二次世界大戰。1945年5月8日，德國在投降書上簽字，第三帝國宣告完結。

1949年5月，在美、英、法合併的西佔區，宣布成立德意志聯邦共和國（即西德）。同年10月，蘇聯佔領區內成立德意志民主共和國（即東德）。

到了20世紀80年代中後期，在東西方關係逐漸緩和的氛圍中，東西德國日益走向統一，1990年7月實行了貨幣統一，1990年10月3日實現了政治統一。

世界歷史有一套之聞香法蘭西／楊白勞著. -- 一版.-- 臺北市：大地, 2014.03
面：　公分. --（History：64）

ISBN 978-986-5800-21-5（平裝）

1. 法國史

742.1　　103002865

世界歷史有一套之聞香法蘭西

HISTORY 064

作　　者	楊白勞
發 行 人	吳錫清
主　　編	陳玟玟
出 版 者	大地出版社
社　　址	114台北市內湖區瑞光路358巷38弄36號4樓之2
劃撥帳號	50031946（戶名　大地出版社有限公司）
電　　話	02-26277749
傳　　真	02-26270895
E - mail	vastplai@ms45.hinet.net
網　　址	www.vastplain.com.tw
美術設計	普林特斯資訊股份有限公司
印 刷 者	普林特斯資訊股份有限公司
一版二刷	2016年02月（修訂版）

定　　價：350元

本書原出版者：現代出版社有限公司，簡體版原書名：《世界歷史有一套之聞香法蘭西》作者：楊白勞，版權經紀人：丹飛。經由中文繁體字版權代理：中圖公司版權部，授權台灣大地出版社在台灣、香港、澳門地區獨家出版發行。